21세기를 위한
21가지 제언

더 나은 오늘은 어떻게 가능한가

21세기를 위한 21가지 제언

― 더 나은 오늘은 어떻게 가능한가 ―

유발 하라리 | 전병근 옮김

Yuval Noah Harari

21 Lessons for the 21st Century

김영사

21세기를 위한 21가지 제언

1판 1쇄 발행 2018. 9. 3.
1판 28쇄 발행 2019. 1. 17.

지은이 유발 하라리
옮긴이 전병근

발행인 고세규
편집 박민수 | 디자인 이경희
발행처 김영사
등록 1979년 5월 17일(제406-2003-036호)
주소 경기도 파주시 문발로 197(문발동) 우편번호 10881
전화 마케팅부 031)955-3100, 편집부 031)955-3200 | 팩스 031)955-3111

값은 뒤표지에 있습니다.
ISBN 978-89-349-8297-5 03900

홈페이지 www.gimmyoung.com   블로그 blog.naver.com/gybook
페이스북 facebook.com/gybooks   이메일 bestbook@gimmyoung.com

좋은 독자가 좋은 책을 만듭니다.
김영사는 독자 여러분의 의견에 항상 귀 기울이고 있습니다.

이 도서의 국립중앙도서관 출판시도서목록(CIP)은 서지정보유통지원시스템 홈페이지
(http://seoji.nl.go.kr)와 국가자료공동목록시스템(http://www.nl.go.kr/kolisnet)에서
이용하실 수 있습니다. (CIP제어번호 : CIP2018026450)

나의 동반자 이치크와 어머니 프니나, 할머니 파니에게,
그들의 사랑과 지원에 감사하며

차례

하찮은 정보들이 범람하는 세상에서는 명료성이 힘이다. 이론적으로는 누구나 인류의 미래에 관한 논쟁에 참여할 수 있지만 명료한 전망을 유지하기란 대단히 어렵다. 심지어 그런 논쟁이 진행되고 있는지, 핵심 질문은 무엇인지 알아차리지도 못할 때가 많다. 우리 같은 수십억의 사람들은 그런 것을 일일이 조사해볼 여유가 거의 없다. 그보다 다급하게 처리해야 할 것이 많기 때문이다. 출근을 해야 하고 아이를 돌봐야 하고 나이 든 부모도 보살펴야 한다. 불행히도, 역사에는 에누리가 없다. 당신이 아이를 먹이고 입히느라 너무 바빠서 잠시 자리를 비운 사이에 인류의 미래가 결정된다 해도, 당신과 아이들이 그 결과에서 면제되지는 않는다. 이건 아주 부당하다. 하지만 누가 역사는 공정하다고 했던가?

　역사가로서, 나는 사람들에게 먹을 것과 입을 것을 주지는 못한다. 하지만 어느 정도 명료함을 추구하고, 사람들에게 제공할 수는 있다. 그럼으로써 지구촌의 경기장을 평평하게 하는 데 도움을 줄 수도 있을 것이다. 그 결과 아주 조금이라도 더 많은 사람이 우리 종의 미래에 관한 토론에 참여할 힘을 얻는다면 내 소임은 다한 것이다.

내 첫 책 《사피엔스》는 인류의 과거를 개관하면서 하찮은 유인원이 어떻게 지구 행성의 지배자가 되었는지 살펴보았다.

두 번째 책 《호모 데우스》에서는 생명의 장기적인 미래를 탐사하면서, 어떻게 인간이 결국에는 신이 될 수 있을지, 지능과 의식의 최종 운명은 무엇일지 생각해봤다.

이 책에서는 지금, 여기의 문제에 주목해보려고 한다. 초점은 시사 현안과 인간 사회가 당면한 미래에 있다. 바로 지금 무슨 일이 일어나고 있는가? 오늘날 우리가 직면한 최대의 도전과 선택은 무엇인가? 우리는 무엇에 관심을 가져야 할까? 우리 아이들에게는 무엇을 가르쳐야 할까?

물론, 70억 사람에게는 70억 가지의 의제가 있다. 이미 말했듯이, 큰 그림에 대해 생각하는 것만 해도 상대적으로 드문 사치다. 뭄바이 빈민촌에서 두 아이를 기르느라 분투하는 홀어머니의 관심사는 다음 끼니다. 지중해 한가운데 떠 있는 배 안의 난민들은 수평선 위로 뭍의 신호를 찾느라 혈안이다. 런던의 초만원 병원에서 죽어가는 남성은 한 번 더 숨을 쉬기 위해 남은 힘을 다 짜낸다. 이들 모두에게는 눈앞의 일들이 지구온난화라든가 자유민주주의의 위기 같은 문제보다 훨씬 다급하다. 이런 사람들 모두에게 정의를 베풀 수 있는 책은 없다. 그런 상황에 처한 사람들에게 줄 교훈이 내게 있는 것도 아니다. 나도 그들에게서 배울 수 있기를 바랄 뿐이다.

이 책에서 내가 말하는 의제는 전 지구 차원의 것이다. 전 세계 사회를 규정하고 지구 전체의 미래에 영향을 미칠 가능성이 높은 주요 힘들을 살펴본다. 기후변화는 생사의 다급함 한가운데 있는 사람들로서는 관심 밖의 일일 수도 있다. 하지만 결국에는 그로 인해 뭄바이 빈민촌마저 살 수 없는 곳이 되고, 지중해에는 엄청난 새로운 난민 물결이 밀려들고, 보건 분야에는 세계적 위기가 닥칠 수 있다.

현실은 수많은 가닥의 실로 직조된다. 이 책은 우리가 지구 차원에서 당면한 곤경의 다양한 면들을 다루려고 한다. 모든 문제를 망라했다고는 할 수 없다. 《사피엔스》《호모 데우스》와는 달리 이 책은 역사적 서사를 의도하고 쓰지 않았다. 오히려 교훈의 선집이라고 하겠다. 교훈이라고 해서 단순명료한 해답을 제시하지는 않는다. 독자 스스로 더 생각해보도록 자극하고, 우리 시대의 주요 대화 중 일부에 참여하도록 돕는 것이 목표다.

이 책은 실제로 그동안 대중과 나눈 대화 속에서 집필되었다. 많은 내용이 독자와 언론인, 동료 들이 내게 했던 질문들에 답하면서 작성되었다. 일부 글의 초고는 이미 다른 형태로 출간되기도 했다. 그 덕분에 피드백을 받고 나의 주장을 다듬을 기회가 있었다. 어떤 부분은 기술에 초점을 맞췄고, 어떤 부분은 정치, 어떤 부분은 종교,

어떤 부분은 예술에 초점을 맞췄다. 어떤 장은 인간의 지혜를 예찬하고, 다른 장에서는 인간 어리석음의 결정적 역할을 강조한다. 하지만 책 전체를 관통하는 질문은 동일하다. 지금 세계에는 무슨 일이 일어나고 있으며, 이 사건들의 심층적인 의미는 무엇인가?

도널드 트럼프의 부상은 무엇을 뜻하는가? 가짜 뉴스가 전염병처럼 번지는 데 대해서는 무엇을 할 수 있을까? 자유민주주의는 왜 위기에 빠졌나? 신은 부활하고 있나? 새로운 세계대전이 다가오나? 서구와 중국, 이슬람 문명 중 어느 것이 세계를 지배할까? 유럽은 이민자에게 문을 열어두어야 하나? 민족주의는 불평등과 기후변화 문제를 풀 수 있을까? 테러리즘은 어떻게 해야 할까?

이 책은 지구 차원의 관점에서 썼지만 개인의 차원에도 소홀하지 않다. 오히려 그 반대다. 나는 우리 시대의 거대한 혁명들과 개인의 내적인 삶이 연결돼 있음을 강조하고 싶다. 예를 들어, 테러리즘은 우리 마음 깊이 자리잡은 공포의 단추를 누르고, 수백만 개인의 사적인 상상을 납치하는 방식으로 작동한다. 마찬가지로, 자유민주주의의 위기 또한 의회나 투표소뿐만 아니라 우리 뇌의 뉴런(신경세포)과 시냅스(접합부)에서도 함께 벌어진다. 진부한 말이지만 모든 사적인 것은 정치적이다. 하지만 과학자와 기업, 정부가 인간 두뇌를 해킹하는 법을 학습하는 시대가 되면서, 이 뻔한 말은 과거 어느 때보다도 불길하다. 따라서 이 책은 전체 사회는 물론 개개인의 행동까지 두루 관찰한다.

지구촌 세계는 우리의 사적인 행동과 도덕에도 유례없는 압력을 행사한다. 우리 각자가 모든 것을 포괄하는 숱한 거미줄 안에 포획돼 있다. 이것은 한편으로는 우리의 행동을 제약하지만 동시에 우리의 미동까지도 아주 먼 목적지까지 전송한다. 우리의 일상사가 지구 반대편 사람들과 동물들의 삶에 영향을 주고, 어떤 사적인 동작이 예기치 않게 전 세계를 불지를 수 있다. 아랍의 봄에 불을 붙인 모하메드 부아지지의 자기희생이라든가, 자신의 성추행 피해 사연을 공유해 미투 운동을 촉발한 여성들이 그런 사례다.

이러한 우리 사생활의 지구적 차원을 감안할 때, 우리가 갖고 있는 종교적, 정치적 편견과 인종적, 젠더적 특권, 그리고 제도적 억압에 대한 무의식적인 공모 관계를 드러내는 것이 어느 때보다 중요하다는 사실을 알 수 있다. 하지만 그게 현실적으로 가능한 일일까? 우리가 살고 있는 세계가 내 삶의 지평을 훨씬 넘어 확장되면서, 인간의 통제에서도 완전히 벗어나고 있고, 모든 신과 이데올로기마저 의심하는 상황에서 나는 어떻게 확실한 윤리적 기반을 찾을 수 있을까?

이 책에서는 먼저 현재 우리가 처한 정치적, 기술적 곤경에 대해 살펴본다. 20세기가 끝날 무렵 파시즘, 공산주의와 자유주의 간의 거대한 이념 전쟁은 자유주의의 압도적 승리로 귀결되는 듯 보였다. 민주적 정치와 인권, 그리고 시장자본주의가 전 세계를 정복하도록 예정된 것처럼 보였다. 하지만 늘 그렇듯이, 역사는 예상 밖의 선회를 했고 파시즘과 공산주의가 붕괴한 후 지금 자유주의는 곤경에 처했다. 그러면 이제 우리는 어디로 향하는가?

이 질문이 특히 통렬하게 다가오는 것은 정보기술과 생명기술 분야의 쌍둥이 혁명이 지금껏 인류가 맞닥뜨려온 최대 과제를 던지는 시점에서 자유주의가 신뢰를 잃고 있기 때문이다. 정보기술과 생명기술을 합친 힘은 조만간 수십억의 사람들을 고용 시장에서 밀어내고 자유와 평등까지 위협할 수 있다. 빅데이터 알고리즘은 모든 권력이 소수 엘리트의 수중에 집중되는 디지털 독재를 만들어낼 수 있다. 그럴 경우 대다수 사람들은 착취로 고생하는 것이 아니라 그보다 훨씬 더 나쁜 지경에 빠질 수 있다. 그것은 바로 무관함irrelevance(사회에서 관련성을 잃고 하찮은 존재로 전락한다는 뜻 — 옮긴이)이다.

정보기술과 생명기술의 융합에 관해서는 이미 전작《호모 데우스》에서 상세히 논했다. 하지만 그 책은 장기적인 전망 — 수 세기, 심지어 수천 년의 관점 — 에 초점을 맞춘 반면, 이 책은 당면한 사회적, 경제적, 정치적 위기에 집중한다. 이 책에서 관심은 비유기적 생명의 창조 여부보다는 복지국가, 특히 유럽연합과 같은 제도에 닥친 위협에 있다.

이 책에서 신기술이 야기할 모든 영향을 다룰 생각은 없다. 특히 오늘날 기술은 많은 놀라운 약속들을 제시하고 있지만, 이 책에서 나의 의도는 주로 그것이 초래할 위협과 위험을 조명하는 것이다. 기술 혁명을 주도하는 기업과 사업가 들은 자신들이 만든 것을 예찬하는 노래를 부르게 마련이다. 따라서 사회학자나 철학자 그리고 나 같은 역사학자가 할 일이란 경고음을 내고 치명적인 잘못을 유발할 모든 가능성에 대해 설명하는 것이다.

먼저 우리가 직면한 도전들을 개관한 후에 2부에서는 앞으로 일어날 수 있는 반응들을 폭넓게 살펴본다. 과연 페이스북 기술자들이 AI를 이용해 인간의 자유와 평등을 수호할 지구촌 공동체를 만들 수 있을까? 그 대안은 세계화의 과정을 되돌리고 민족국가가 힘을 회복하는 것일까? 혹시 그보다 더 뒤로 돌아가 고대 종교적 전통의 원천에서 희망과 지혜를 길어 와야 하는 것은 아닐까?

3부에서는 비록 기술적 도전들이 유례없이 크고 정치적 불일치가 극심하다 해도, 계속해서 우리의 두려움을 조절하고 자신의 견해에 대해 조금씩만 겸허해진다면 인류는 위기에 대처할 수 있다는 사실을 알게 될 것이다. 여기서는 테러리즘의 위협과 전 지구적 전쟁의 위험, 그리고 그런 분쟁을 촉발하는 편견과 증오의 문제에는 어떻게 대처해야 할지 살펴본다.

4부에서는 탈진실post-truth개념을 살펴보고, 어느 정도까지 세계의 전개 상황을 이해할 수 있으며 정의와 잘못을 구분할 수 있는지 묻는다. 호모 사피엔스는 자신이 만든 세계를 이해할 능력이 있는가? 현실과 허구를 구분할 분명한 경계가 있을까?

마지막 5부에서 나는 다양한 실가닥들을 한데 모아 이 혼돈의 시대에 처한 우리의 삶을 보다 포괄적으로 살펴본다. 바야흐로 옛 이야기는 붕괴했지만 그것을 대신할 만한 새 이야기는 아직 출현하지 않았다. 우리는 누구인가? 인생에서 무엇을 해야 하나? 필요한 기술은 무엇인가? 오늘날 과학과 신, 정치와 종교에 관해 우리가 아는 것과 모르는 것을 모두 감안할 때, 인생의 의미에 대해서는 무엇을 이야기할 수 있을까?

너무 야심차게 들릴지도 모르겠다. 하지만 호모 사피엔스에게는 여유가 없다. 철학과 종교, 과학 모두 시간이 다 돼간다. 사람들은 수천 년 동안 인생의 의미를 두고 논쟁해왔다. 그러나 이 논쟁을 무한정 계속할 수는 없다. 다가오는 생태학적 위기, 커져가는 대량살상무기의 위협, 현상 파괴적인 신기술의 부상은 그런 여유를 허락하지 않을 것이다. 아마도 가장 중요하게는, 인공지능과 생명기술이 인간에게 생명을 개조하고 설계할 힘을 건넬 것이다. 머지않아 누군가 인생의 의미에 관한 명시적이거나 묵시적인 어떤 이야기를 기반으로 이 힘을 어떻게 쓸지 결정해야 할 것이다. 하지만 공학자는 인내심이 평균보다 훨씬 낮고 투자자는 최악이다. 생명을 설계할 힘으로 무엇을 할지 당신이 모른다 해도, 답을 찾을 때까지 1,000년의 시간을 시장 권력이 기다려주지는 않을 것이다. 시장의 보이지 않는 손은 자신의 맹목적인 답을 당신에게 강요할 것이다. 인생의 미래를 분기 수익 보고서에 맡기는 것이 만족스럽지 않다면, 삶이 무엇인지에 대한 생각을 분명히 할 필요가 있다.

마지막 장에서 나는 개인적인 이야기도 얼마간 털어놨다. 한 사피엔스가 또 다른 사피엔스에게 건네는 말이다. 곧 우리 종이 주인공인 무대의 막이 내려가고 완전히 다른 극이 시작되려 한다.

이 지적인 여행을 시작하기 전에, 한 가지 결정적으로 중요한 점을 강조하고 싶다. 이 책 내용의 많은 부분이 자유주의 세계관과 민주주의 체제의 단점들을 논의하지만, 그것은 자유민주주의가 유독 문제가 있어서가 아니다. 오히려 근대 세계의 도전적인 문제들을 다루기 위해 인류가 지금까지 개발한 정치 모델 중 가장 성공적이고 가장 쓸모가 많다고 생각하기 때문이다. 모든 사회에 모든 발전 단계에서 적합하지는 않을지 몰라도 자유민주주의는 다른 대안들에 비해 더 많은 사회와 상황에서 그 가치를 입증해왔다. 따라서 우리 앞에 놓인 새로운 도전들을 검토하면서 자유민주주의의 한계들을 이해하고, 어떻게 하면 지금 상황에 맞게 개선할 수 있을지 탐구할 필요가 있다.

불행하게도 현재의 정치적 분위기에서는 자유주의와 민주주의에 관한 모든 비판적 사고가 독재자나 다양한 비자유주의 운동들만의 독점물이 될 수도 있다. 하지만 그들의 유일한 관심사는 자유민주주의의 신용을 떨어뜨리는 것이지 인류의 미래에 관한 열린 토론에 참여하는 것이 아니다. 그들은 자유민주주의의 문제를 두고 논쟁하는 것은 더없이 좋아하면서도 자신들을 향한 비판은 어떤 것도 거의 참지 못한다.

저자로서 나는 어려운 선택을 해야 했다. 내 말이 맥락을 벗어난 채 인용되면서 지금 움트기 시작한 독재 체제를 정당화하는 데 사용될 위험을 감수하고라도 내 생각을 터놓고 말해야 할까? 아니면 나 자신을 검열해야 할까? 비자유주의 정권의 특징은 바로 국경 밖에서조차 자유로운 발언을 더 어렵게 만드는 것이다. 그런 정권이 늘어나면서, 우리 종의 미래에 관해 비판적으로 생각하는 일은 점점 위험해지고 있다.

얼마간의 고심 끝에 나는 자기 검열보다 자유로운 토론을 선택했다. 자유주의 모델을 비판하지 않고서는 그것이 갖고 있는 결점을 고치거나 극복할 수는 없다. 하지만 이 책부터가 사람들이 마음대로 생각하고 바라는 대로 자기 의견을 표현할 수 있는 상대적 자유를 누릴 때 비로소 쓰일 수 있었다는 사실에 유념해주기 바란다. 당신이 이 책을 가치 있게 여긴다면 표현의 자유 또한 가치 있게 여겨야 한다.

2018년 여름
유발 노아 하라리

기 술 적   도 전

생명기술과 정보기술이 합쳐지면서 사상 최대 도전에 직면한 바로 지금 인류는

지난 수십 년간 세계 정치를 지배했던 자유주의 이야기에 대한 믿음을 잃고 있다.

1

환멸

역사의 끝은 연기되었다

인간은 사실과 숫자, 방정식보다는 이야기 안에서 생각한다. 이야기는 단순할수록 좋다. 모든 사람, 집단, 민족은 자기 나름의 이야기와 신화가 있다. 하지만 20세기 동안 뉴욕과 런던, 베를린, 모스크바의 글로벌 엘리트들은 세 가지 거대 이야기를 만들었고, 그것으로 모든 과거를 설명하고 전 세계의 미래를 예측할 수 있다고 주장했다. 파시즘 이야기, 공산주의 이야기, 자유주의 이야기다. 제2차 세계대전을 거치면서 파시즘의 이야기가 나가떨어졌고, 1940년대 후반부터 1980년대 후반까지 세계는 단 두 가지 이야기, 공산주의와 자유주의의 격전장이 됐다. 그 후 공산주의 이야기가 무너지면서 자유주의 이야기가 인류의 과거에 대한 지배적인 안내자이자 세계의 미래를 위한 필수적인 매뉴얼로 남았다. 적어도 글로벌 엘리트들이 볼 때는 그런 것 같았다.

자유주의 이야기는 자유의 가치와 힘을 신봉한다. 이 이야기에 따르면 수천 년 동안 인류는 억압적인 정권 치하에 살면서 정치적 권리와 경제적 기회, 개인의 자유를 별로 누리지 못했으며, 개인과 사상과 상품의 이동에도 심한 제약이 있었다. 그렇지만 인류는 자유를 위해 싸웠고 한 걸음 한 걸음 자유는 지반을 넓혀갔다. 민주 정부는 야만적인 독재 체제를 대신했고 자유 기업은 경제적 제약을 극복했다. 사람들은 편협한 사제들과 완고한 전통을 맹목적으로 따르는 대신 스스로 생각하고 자기 내면의 소리를 따르는 법을 터득했다. 그리고 열린 길과 튼튼한 다리, 부산한 공항이 장벽과 해자, 철조망이 쳐진 담장을 대체했다.

자유주의 이야기는 세상의 모든 것이 좋은 상태에 있지는 않으며, 여전히 극복해야 할 장애물이 많다는 사실을 인정한다. 우리 행성의 많은 지역이 독재자의 지배를 받고 있으며, 심지어 가장 자유주의적인 국가에서조차 많은 시민이 빈곤과 폭력과 억압으로 고통받고 있다. 하지만 최소한 우리는 이런 문제를 극복하기 위해 우리가 무엇을 해야 하는지는 안다. 즉, 사람들에게 더 많은 자유를 주는 것이다. 우리는 인권을 보호하고, 모두에게 투표권을 부여하고, 자유 시장을 확립하고, 개인과 사상과 상품이 세계 전역에 걸쳐 최대한 쉽게 이동할 수 있도록 해야 한다. 이 자유주의 만병통치약—약간의 차이만 있을 뿐 조지 W. 부시와 버락 오바마가 똑같이 받아들이는 것들 — 에 따르면, 우리의 정치와 경제 체제를 계속 자유화하고 세계화하기만 하면 우리는 모두를 위한 평화와 번영을 이룰 것이다.[1]

누구도 막을 수 없는 이 행진에 동참하는 나라는 남보다 빨리 평화와 번영의 보상을 누릴 것이다. 이 필연적인 행진에 저항하려 드는 나라는 응분의 대가를 치르고, 결국에는 그들 역시 광명을 찾고, 국경을 열고, 사회와 정치, 경제를 자유화할 것이다. 시간이 걸릴 수도 있지만 결국 북한과 이라크, 엘살바도르까지 덴마크나 아이오와처럼 될 것이다.

1990년대와 2000년대에 이 이야기는 지구촌의 기도문이었다. 브라질에서 인도에 이르기까지 많은 정부가 거침없는 역사의 행진에 동참하기 위해 자유주의 처방을 채택했다. 그렇게 하지 않는 나라는 지나간 시대의 화석처럼 보였다. 1997년 빌 클린턴 미국 대통령은 중국 정부가 정치 자유화를 거부하는 것을 두고 '역사의 잘못된 편'에 섰다고 힐책했다.[2]

하지만 2008년 세계 금융위기가 닥친 이래 전 세계 사람들은 자유주의 이야기에 점점 환멸을 느끼게 되었다. 장벽과 방화벽이 다시 유행이다. 이민자와 자유무역협정에 대한 저항감은 높아만 간다. 겉만 민주적인 정부들은 사법 체계의 독립성을 전복하고, 언론 자유를 제한하며, 어떤 반대도 반역으로 몰아간다. 터키와 러시아 같은 나라의 스트롱맨은 새로운 유형의 반자유주의적 민주주의와 노골적인 독재를 실험한다. 오늘날 중국 공산당을 두고 역사의 잘못된 편에 서 있다고 자신 있게 선언할 사람은 드물 것이다.

영국의 브렉시트 국민투표와 미국의 도널드 트럼프 부상으로 뚜렷이 각인된 해였던 2016년은 이러한 환멸의 파도가 서유럽과 북미의 핵심 자유주의 국가들에까지 가 닿은 순간임을 의미했다. 몇 년 전만 해도 미국인과 유럽인은 이라크와 리비아를 무력으로 자유화하려 애썼지만, 이제는 켄터키와 요크셔 주민의 다수가 자유주의 청사진을 바람직하지 않거나 이룰 수 없는 것으로 보게 되었다. 어떤 이들은 옛날의 계층화된 세상을 다시 그리워하게 되었고, 이제 와서 인종적, 민족적, 젠더적 특권을 포기하지 않으려고 한다. 또다른 이들은 (옳든 그르든) 자유화와 세계화라는 것이 결국에는 대중을 제물로 소수 엘리트에게 힘을 건넨 거대 사기라고 결론 내렸다.

1938년, 사람들에게 주어진 전 지구적 이야기의 선택지는 세 가지였고, 1968년에는 두 가지밖에 없었다. 그러다 1998년에는 한 가지 이야기만 득세하는 듯 보였다. 급기야 2018년 우리 앞에는 하나도 남아 있지 않게 되었다. 최근 수십 년 동안 세계의 상당 부분을 지배했던 자유주의 엘리트들이 충격과 혼미의 상태에 빠진 것도 당연하다. 하나의 이야기만 존재한다는 것은 가장 마음이 놓이는 상황이다. 모든 것이 완벽하게 분명하기 때문이다. 하지만 급작스럽게 아무런 이야기도 없어진 상태는 끔찍한 일이다. 아무런 의미도 파악할 수 없게 된 것이다. 흡사 1980년대 소련의 엘리트처럼 지금 자유주의자들은 어떻게 해서 역사가 예정된 경로에서 벗어났는지 이해하지 못하고 있다. 현실을 해석할 대안적인 프리즘도 가진 게 없다. 방향감을 잃은 이들은 마치 역사가 자신들이 머릿속에 그린 해피 엔딩에 이르지 못한 것이 아마겟돈을 향해 돌진하는 일이라도 되는 양 종말론적 사고에 빠져들었다. 현실을 직시하지 못하면 정신은 재앙적 시나리오에 집착하게 된다. 지독한 두통을 치명적인 뇌종양의 신호라고 상상하는 사람처럼, 많은 자유주의자들은 브렉시트와 도널드 트럼프의 부상이 인류 문명의 종언을 예고한다고 우려한다.

모기 죽이기에서

생각 죽이기로

　　　　방향감 상실과 임박한 종말에 따른 불안감은 파괴적 기술 혁신의 가속으로 악화된다. 자유주의 정치 체제는 인류가 산업 시대를 거치면서 증기기관과 정유공장, 텔레비전으로 대표되는 세상을 관리하기 위해 구축된 것이었다. 그러다 보니 현재 정보기술과 생명기술 분야에서 일어나는 혁명적 변화에 대처하는 데 곤란을 겪고 있다.

　정치인과 유권자 모두가 신기술을 좀처럼 이해하지 못한다. 그 폭발적인 잠재력에 대한 통제는 말할 것도 없다. 1990년대 이래 인터넷은 다른 어떤 변수보다 더 크게 세상을 바꿔놓았지만, 인터넷

혁명의 방향을 이끄는 것은 정당이 아니라 기술자들이다. 인터넷에 관해 투표를 해본 적이 있나? 민주주의 체제는 지금도 기술의 충격을 이해하느라 허우적대고 있다. AI의 부상과 블록체인block chain(중앙 관리자 없이 네트워크에 참여하는 모든 사용자가 모든 거래 내역 등의 데이터를 분산, 저장하는 기술—옮긴이) 혁명 같은 후속 충격에는 대처할 준비도 거의 돼 있지 않은 상태다.

지금도 이미, 금융 시스템은 컴퓨터에 의해 너무나 복잡해진 상태여서 그것을 이해할 수 있는 사람이 드물 정도다. AI가 점점 개선되면서 조만간 금융 시스템을 이해하는 인간은 아무도 없어지는 상황에 이를지도 모른다. 정치 과정에는 어떤 영향을 미칠까? 똑똑한

알고리즘이 예산이나 새로운 세제 개혁안을 승인하기를 정부가 초라하게 기다리는 장면을 상상할 수 있나? 그러는 사이 피어투피어 방식peer-to-peer(중앙 집중식 관리 시스템을 사용하지 않고, 상호 연결된 노드[피어peer]들이 서로 자원을 공유하는 방식—옮긴이)의 블록체인과 비트코인 같은 암호화폐가 기존 통화 체계를 완전히 재편하면서, 결국에는 근본적인 세제 개혁이 불가피해질지도 모른다. 가령, 그때 가서는 달러에 세금을 매기는 것이 불가능하거나 무의미해질 수 있다. 왜냐하면 대부분의 금융 거래가 국가 통화나 어떤 화폐로 명확히 교환하는 방식을 취하지는 않을 것이기 때문이다. 따라서 정부는 완전히 새로운 세금—아마 정보(미래 경제에서 가장 중요한 자산일 뿐 아니라 수많은 거래에서 교환되는 유일한 품목)에 대한 세금—을 창안

해야 할지도 모른다. 정치 체제는 재정이 고갈되기 전에 위기에 대처할 수 있을까?

그보다 훨씬 더 중요한 것이 있다. 정보기술과 생명기술 분야의 쌍둥이 혁명은 경제와 사회뿐 아니라 신체와 정신까지 재구성할 수 있다. 과거에 우리 인간은 바깥 세계를 지배하는 법을 터득해왔다. 하지만 우리 내부 세계에 대한 지배력은 미미했다. 댐을 짓고 강을 막는 법은 알았지만 몸의 노화를 멈추는 법은 몰랐다. 관개 시설을 설계하는 법은 알았지만 뇌를 설계하는 법은 몰랐다. 모기가 귓속에서 앵앵거려 잠을 방해하면 모기를 잡는 법은 알았지만, 머릿속에서 생각이 윙윙거려 밤잠을 설칠 때는 우리 대부분이 그런 생각을 죽이는 법을 몰랐다.

생명기술과 정보기술의 혁명을 통해 우리는 우리 내부 세계까지 통제할 수 있고 나아가 생명을 설계하고 만들 수도 있게 될 것이다. 우리는 뇌를 설계하고 삶을 연장하고 우리의 생각도 임의로 죽이는 법까지 터득할 것이다. 그 결과가 어떨지는 아무도 모른다. 인간은 언제나 도구를 현명하게 사용하는 것보다 발명하는 데 훨씬 뛰어났다. 강 상류에 댐을 지어 흐름을 조작하는 것은, 그것이 더 넓은 생태계에는 어떤 복잡한 결과를 초래할지 예측하는 것보다 더 쉽다. 그와 마찬가지로, 우리 정신의 흐름을 바꿔놓는 일은 그것이 개인의 심리나 우리 사회 체계에는 어떤 결과를 가져올지 예지하는 일보다 쉬울 것이다.

과거 우리는 우리를 둘러싼 세계를 조작하고 전 지구를 개조하는 힘을 얻었다. 하지만 지구 전체 생태계의 복잡성은 이해하지 못한 결과, 우리가 부주의하게 초래한 변화로 인해 전 생태계가 파괴됐고, 지금 우리는 생태계 붕괴 위기에 직면했다. 다가오는 세기에 생명기술과 정보기술은 우리 내부 세계를 조작하고 우리 자신을 개조할 힘까지 줄 것이다. 하지만 우리는 아직까지 우리 자신의 정신이 얼마나 복잡한지 이해하지 못하고 있다. 이런 상황에서는 우리가 만들어낼 변화가 정신계에 너무 큰 혼란을 초래하는 나머지 이마저 고장이 나버릴지도 모를 일이다.

생명기술과 정보기술의 혁명은 기술자와 기업가, 과학자 들이 만들지만, 이들은 자신들의 결정이 어떤 정치적 함의를 갖는지 거의 알지 못하고, 어느 누구도 대표하지 않는다. 의회와 정당이 알아서 행동을 취할 수 있을까? 현재로서는 그럴 것 같지 않다. 기술의 파괴적 혁신은 정치적 의제에서 우선 사안도 아니다. 그 결과, 2016년 미국 대선 기간에도 파괴적 기술과 관련해 주로 언급된 것은 힐러리 클린턴의 이메일 스캔들이었고,[3] 실직에 관한 온갖 이야기 중에도 자동화의 잠재적 충격 문제는 어느 후보도 언급하지 않았다. 도널드 트럼프는 유권자들에게 그들의 일자리를 멕시코와 중국이 가져갈 것이며, 따라서 멕시코 국경에 장벽을 건설해야 한다고 경고했다.[4] 하지만 알고리즘이 일자리를 가져갈 거라는 경고는 하지 않았고, 캘리포니아 접경에 방화벽을 세워야 한다는 제안도 하지 않

27

왔다.

이것은 자유주의 서방의 심장부에 있는 유권자들조차 자유주의 이야기와 민주적 절차에 대한 신뢰를 잃어가는 한 가지(유일한 것은 아니더라도) 이유가 될지 모른다. 보통 사람은 인공지능과 생명기술을 이해하지 못할 수도 있다. 하지만 자기 옆을 지나가는 미래를 감지할 수는 있다. 1938년 소련과 독일 혹은 미국에 살았던 보통 사람은 삶의 조건이 암울했을 수는 있지만 자신이 세상에서 가장 중요한 존재이며 미래라는 말을 끊임없이 들었다(물론 그가 유대인이거나 흑인이 아니라 '보통 사람'임을 전제로 했을 때 얘기다). 그는 선전 포스터를 보았고 — 여기에는 보통 석탄 캐는 광부, 철강노동자, 영웅적인 포즈를 취한 가정주부가 그려져 있었다 — 그 속에서 자신을 봤다. "저 포스터 속에 있는 건 나야! 나는 미래의 주인공이야!"[5]

하지만 2018년의 보통 사람은 점점 자신이 사회와 무관하다고 느낀다. 수많은 신비한 단어들 — 세계화, 블록체인, 유전공학, 인공지능, 기계 학습machine learning — 이 테드 강연과 정부 싱크탱크, 하이테크 콘퍼런스 같은 곳에서 신나게 오르내리지만, 보통 사람은 이 중에 자신에 관한 이야기는 아무것도 없다고 의심할 법하다. 자유주의 이야기는 무엇보다 보통 사람에 관한 이야기였다. 어떻게 하면 사이보그와 알고리즘 네트워크의 세계에서도 그런 적실성을 유지할 수 있을까?

20세기에 대중은 착취에 맞서 봉기를 일으켰고, 경제에서의 핵심적 역할을 정치권력으로 환산하려 했다. 이제 대중은 자신이 사회와 무관해질까봐 두려워한다. 그래서 너무 늦기 전에 자신에게 남은 정치권력을 사용하는 데 필사적이다. 브렉시트와 트럼프의 부상은 전통적인 사회주의 혁명과는 반대되는 궤도의 사례를 보여준 것일 수 있다. 러시아, 중국, 쿠바에서 혁명을 일으킨 것은 경제에서는 핵심적이었으나 정치권력은 누리지 못한 사람들이었던 반면, 2016년 트럼프와 브렉시트를 지지한 것은 아직 정치권력은 누리고 있지만 자신의 경제 가치를 잃는 것이 두려웠던 많은 사람들이었다. 아마도 21세기 포퓰리즘 반란은 사람들을 착취하는 경제 엘리트가 아니라 더 이상 사람을 필요로 하지 않는 경제 엘리트에 맞서는 구도로 전개될 것이다.[6] 이는 지는 싸움이 될 가능성이 높다. 착취에 반대하는 것보다 사회와 무관해지는 것에 맞서서 투쟁하기가 훨씬 힘들기 때문이다.

자유주의

불사조

자유주의 이야기가 신뢰의 위기에 직면한 것은 이번이 처음은 아니다. 지구 전역에 걸쳐 영향력을 얻은 이후에도 이 이야기는 19세기의 절반 동안 주기적으로 닥친 위기를 이겨냈다. 세계화와 자유화의 첫 번째 시기는 제1차 세계대전의 피바다로 귀결됐다. 그때는 제국들의 힘의 정치가 전 지구적 진보의 행진을 가로 막았다. 사라예보에서 프란츠 페르디난트 대공이 피살되고 며칠 뒤 세계 열강은 자유주의보다 제국주의를 훨씬 더 신봉하고 있으며, 자유와 평화로운 교역을 통한 세계 통합보다 야만적인 힘에 의한 영토 확장에 더 관심이 많다는 사실이 드러났다. 하지만 자유주의는 프란츠 페르디난트의 순간을 이겨냈고, 혼란 속에서 이전보다 강해진 모습으로 다시 떠올랐으며, 이번 대전은 '모든 전쟁을 끝내는 전쟁'이 될 것이라고 다짐했다. 인류는 전례 없는 살육을 목격하면서 제국주의의 끔찍한 대가가 무엇인지 알게 되었고, 이제는 마침내 자유와 평화의 원칙 위에 새로운 세계 질서를 창조할 준비가 되었다고들 했다.

그다음 히틀러의 순간이 닥쳤다. 1930년대와 1940년대 초반 파시즘은 한동안 무적인 듯했다. 이 위협에 승리를 거둔 것도 잠시, 곧바로 다음 위협이 찾아왔다. 1950년대부터 1970년대 사이 체 게바라의 순간이 이어지는 동안 자유주의는 또 한 번 다 죽어가는 것처럼 보였다. 미래는 공산주의에 속한 듯했다. 하지만 결국 붕괴한 것은 공산주의였다. 슈퍼마켓은 성치범수용소보다 훨씬 강한 깃으로 판명났다. 더 중요한 것은 자유주의 이야기가 그 어떤 경쟁자들보다 훨씬 유연하고 역동적인 것으로 입증됐다는 사실이다. 자유주의는 자신이 가진 최선의 생각과 실천 중 일부를 채택함으로써 제국주의와 파시즘, 공산주의에 모두 승리했다. 특히 자유주의 이야기는 공산주의로부터 배운 결과, 공감의 반경을 넓혀 자유와 나란히 평등까지 중요한 가치로 받아들였다.

자유주의 이야기는 초기에만 해도 주로 중산층 유럽 남성의 자유와 특권에만 관심을 가졌을 뿐 노동계급이나 여성, 소수자, 비유럽인의 고충에는 눈을 감은 듯 보였다. 1918년 승전국인 영국과 프랑스가 들떠서 자유에 대해 이야기할 때도 세계 전역에 이르는 제국의 신민들은 염두에 두지 않았다. 예를 들어, 인도가 자치권을 요구했을 때 영국은 1919년 암리차르 대학살로 응징했다. 당시 영국 육군은 비무장 시위대 수백 명을 학살했다.

제2차 세계대전을 겪고 난 후에도 서방의 자유주의자들은 자신들의 이른바 보편적 가치를 비서방 사람들에게 적용하는 데 무던히도 애를 썼다. 그리하여 1945년 네덜란드가 5년에 걸친 야만적인 나치 점령에서 해방됐을 때도, 그들이 거의 맨 처음 한 일은 옛 식민지 인도네시아를 재점령하기 위해 군대를 소집해 세계 절반을 가로질러 파병한 것이었다. 1940년 네덜란드가 나치의 침공을 받았을 때는 개전 4일 만에 독립을 포기했지만, 자신들이 인도네시아 독립을 진압하는 데는 4년이 넘는 길고 격렬한 싸움을 마다하지 않았다. 세계 곳곳에서 일어난 민족해방 운동이 자유의 수호자라고 자처한 서방보다 공산주의 모스크바와 베이징에 희망을 건 것도 놀랄 일이 아니었다.

그렇지만 자유주의 이야기는 조금씩 지평을 넓혀갔다. 적어도 이론상으로는 모든 인간의 자유와 권리를 예외 없이 존중하게 되었다. 자유의 원이 확대되면서 또한 자유주의 이야기는 공산주의식 복지 제도의 중요성에도 눈떴다. 자유도 어떤 유의 사회 안전망과 결합되지 않으면 큰 가치가 없다는 사실을 깨닫게 된 것이다. 사회 민주적 복지국가는 민주주의와 인권과 더불어 국가가 지원하는 교육과 의료를 한데 결합했다. 심지어 초자본주의 국가라 할 수 있는 미국도 자유의 보호에는 최소한 어떤 식으로든 정부의 복지 서비스가 필요하다는 사실을 깨달았다. 굶는 아이에게 자유는 없다.

1990년대 초까지 사상가들과 정치인들은 하나같이 '역사의 종언'을 반겼다. 확신에 찬 목소리로, 과거의 정치적, 경제적 문제는 다 해결됐으며, 민주주의와 인권, 자유 시장과 정부의 복지 서비스로 재단장한 자유주의 패키지야말로 여전히 유일한 해법이라고 주장했다. 이 패키지는 전 세계로 퍼져나가 모든 장애물을 극복하고 모든 국경을 지우는 한편, 인류를 하나의 자유로운 지구 공동체로 바꿔놓을 운명인 것처럼 보였다.[7]

하지만 역사는 끝나지 않았다. 프란츠 페르디난트의 순간과 히틀러의 순간, 체 게바라의 순간에 이어 이제 우리는 트럼프의 순간에 처했다. 그렇지만 이번에 자유주의 이야기가 마주한 상대는 제국주의나 파시즘, 공산주의처럼 일관된 이데올로기를 가진 적수가 아니다. 트럼프의 순간은 훨씬 더 허무주의적이다.

20세기의 주요 운동은 모두 전 인류를 위한 미래 청사진이 있었던 데 반해 도널드 트럼프는 그런 것은 제시하지 않는다. 그와는 정반대다. 그의 주된 메시지는 어떤 지구 차원의 청사진을 만들고 증진하는 것은 미국의 일이 아니라는 것이다. 마찬가지로, 영국 브렉시트 지지자들도 '분리된 영국'의 미래를 위한 별다른 계획이 없다 — 유럽과 세계의 미래는 자신들의 지평을 훨씬 넘는 것이라고 본다. 트럼프와 브렉시트에 찬성표를 던진 사람들 대부분은 자유주의 패키지를 전면 거부한 게 아니다. 주로 세계화에 대한 믿음을 잃었을 뿐이다. 그들은 여전히 민주주의와 자유 시장, 인권, 사회적 책임을 믿는다. 하지만 이런 좋은 생각들도 국경에서는 제한될 수 있다고 생각한다. 실제로 그들은 요크셔와 켄터키에서 자유와 번영을 보존하기 위해서는 국경에 장벽을 세우고 외국인에 대해서는 비자유주의적 정책을 채택하는 것이 최선이라고 믿는다.

떠오르는 중국의 슈퍼파워도 거의 거울처럼 닮은 이미지를 보여준다. 중국은 국내 정치 자유화는 경계하면서도, 세계 다른 나라들에 대해서는 훨씬 더 자유주의적인 접근법을 택해왔다. 사실상 자유 무역과 국제 협력에 관한 한 시진핑이야말로 오바마의 진정한 계승자처럼 보인다. 마르크스레닌주의는 잠시 뒤로 제쳐둔 채, 자유주의 국제 질서에 꽤 만족스러워하는 것 같다.

다시 기승을 부리는 러시아는 자신을 자유주의 세계 질서의 훨씬 강력한 경쟁자로 본다. 하지만 러시아는 군사력은 재편했어도 이념적으로는 파산했다. 블라디미르 푸틴은 러시아와 세계 곳곳의 다양한 우파 운동 진영에서는 확실히 인기가 있다. 하지만 스페인 실직자나 불만에 찬 브라질 국민, 초롱초롱한 눈망울의 케임브리지 학생 들까지 사로잡을 전 지구적 세계관은 갖고 있지 않다.

러시아는 자유민주주의에 대안적인 모델을 제시한다. 하지만 이 모델은 하나의 일관성을 가진 정치 이념이 아니다. 그보다는 몇몇 올리가르히(과두재벌)들이 국가의 부와 권력 대부분을 독점하고는, 언론 통제를 통해 자신들의 활동을 숨기고 지배를 다지는 정치 관행에 불과하다. 민주주의는 다음과 같은 에이브러햄 링컨의 원칙 위에 서 있다. "모든 국민을 잠시 속일 수 있고, 일부 국민을 늘 속일 수 있어도, 모든 국민을 늘 속일 수는 없다." 정부가 부패해서 국민 생활을 개선하지 못하면, 결국 그 사실을 깨닫는 사람이 많아지면서 정부를 대체할 것이기 때문이다. 하지만 정부가 언론을 통제하는 상황에서는 링컨의 논리는 힘을 잃는다. 시민이 진실을 알지 못하도록 막기 때문이다. 집권 과두제는 언론 독점을 통해 모든 정책 실패를 반복해서 남 탓으로 전가하고 국민의 관심을 외부 위협 — 실제든 상상이든 — 으로 돌릴 수 있다.

그런 과두제 아래 살다보면 늘 이런저런 위기가 국민 의료나 공해 같은 따분한 문제보다 우선한다. 국가가 외부 침략이나 끔찍한 전복 사고에 직면했다는데 누가 과밀 병원과 강물 오염에 대해 걱정할 시간이 있겠는가? 이런 식으로 끝없는 위기의 흐름을 만들어냄으로써 부패한 과두제는 지배를 무한정 연장할 수 있다.[8]

하지만 이런 과두제 모델은 실행력에서는 지속성이 있어도 아무에게도 매력을 발휘하지는 못한다. 다른 이데올로기들은 자랑스레 자신들의 청사진을 설파하는 데 반해, 올리가르히들은 집권하고 있으면서도 자신들의 통치에 자부심이 없어 다른 이데올로기로 연막을 치는 경향이 있다. 그래서 러시아는 민주주의인 체하고, 지도부는 과두제보다 러시아 민족주의와 정교회의 가치에 대한 충성을 공언한다. 프랑스와 영국의 우익 극단주의자들이 러시아의 지원에 의존하고 푸틴에 대한 흠모를 표시하는 일은 있을 법도 하지만, 두 나라의 유권자들조차 실제로 러시아 모델을 빼닮은 나라 ─ 고질적인 부패와 각종 서비스 장애, 법치주의 부재, 엄청난 불평등의 나라 ─ 에서는 살고 싶지 않을 것이다. 통계에 따르면, 러시아는 국부의 87퍼센트가 상위 10퍼센트 부유층 손에 있는, 세계에서 가장 불평등한 나라 중 하나로 꼽힌다.[9] 프랑스 '국민전선'을 지지하는 노동계급 유권자 중에서 이런 부의 분배형을 자국에도 이식하고 싶어 하는 사람이 얼마나 될까?

사람들은 자신의 발로 투표한다. 세계를 여행하는 동안 나는 미국이나 독일, 캐나다, 호주로 이민 가고 싶어 하는 사람은 많이 만나봤다. 중국이나 일본으로 이주하고 싶어 하는 사람도 어느 정도 있었다. 하지만 러시아로 이민 가는 게 꿈이라는 사람은 단 한 명도 보지 못했다.

'글로벌 이슬람'으로 말하자면, 여기에 끌리는 사람은 주로 날 때부터 이슬람교를 접한 경우다. 시리아와 이라크의 일부 사람들에게 매력을 발휘할 수 있고, 심지어 독일과 영국의 소외된 무슬림 청소년에게도 통할 수 있겠지만, 그리스나 남아프리카공화국이 — 캐나다나 한국은 말할 것도 없고 — 자신들의 문제를 해결할 치유책으로 세계 이슬람국 연합에 합류할 것 같지는 않다. 이 경우에도 역시 사람들은 발로 투표한다. 독일에서 태어난 무슬림 청소년 중에서 무슬림 신정 체제에서 살기 위해 중동에 간 사람이 한 명이라면, 반대로 자유주의 독일에 가서 새 삶을 시작하고 싶어 하는 중동 청소년은 아마 100명은 될 것이다.

이렇게 본다면 현재 겪고 있는 믿음의 위기는 이전 사례에 비하면 덜 심각한 것일 수 있다. 지난 몇 년 사이에 일어난 사건들 때문에 좌절감에 빠진 자유주의자라면 1918년과 1938년, 1968년에는 상황이 훨씬 더 나빴다는 사실을 떠올리기만 해도 된다. 결국 인류는 자유주의 이야기를 포기하지 않을 것이다. 다른 대안이 없기 때문이다. 사람들은 이 체제에 분노한 나머지 배를 걷어찰 수는 있겠지만, 달리 갈 데가 없어 결국에는 돌아올 것이다.

그렇지 않으면, 사람들은 어떤 종류든 전 지구적 이야기를 가지려는 마음을 완전히 접고, 대신 자국의 민족주의와 종교적 이야기에서 안식처를 구할 수도 있다. 20세기에만 해도 민족주의 운동은 극도로 중요한 정치 주역이었다. 하지만 거기에는 세계를 독립된 민족국가들로 분할하는 것에 대한 지지 외에는 세계의 미래를 위한 일관된 청사진이 없었다. 그 결과 인도네시아 민족주의자들은 네덜란드 지배에 맞서 싸우고, 베트남 민족주의자들은 자유 베트남을 원했지만, 인류 전체를 위한 인도네시아의 이야기나 베트남의 이야기는 없었다. 그러다 보니, 인도네시아와 베트남 그리고 다른 모든 자유 민족들이 어떻게 서로서로를 연결해야 할지, 또 핵전쟁 위협 같은 전 지구 차원의 문제에는 어떻게 대처해야 할지 설명해야 할 때가 됐을 때, 민족주의자들은 하나같이 자유주의나 공산주의 사상에 의지했다.

하지만 자유주의와 공산주의 모두 이제 신임을 잃었다면 인류는 하나의 전 지구적 이야기라는 생각 자체를 포기해야 할까? 결국 이 모든 지구적 이야기들 — 심지어 공산주의까지 — 도 서방 제국주의의 산물 아니었나? 왜 베트남 시골 사람들이 트리어 출신 독일인(카를 마르크스 — 옮긴이)과 맨체스터 기업가(프리드리히 엥겔스 — 옮긴이)의 머리에서 나온 사상을 믿어야 한단 말인가? 혹시 모든 나라는 저마다 오랜 전통에 따른 고유한 길을 택해야만 할까? 어쩌면 서방 사람들도 세계를 관리하려는 노력을 잠시 멈추고 기분 전환 삼아 자기 일에 집중해야 할까?

단언컨대, 그런 일이 지금 지구 전역에서 일어나고 있다. 자유주의의 고장으로 공백이 생기자 잠정적이나마 각 국가의 지나간 황금 시절을 그리워하는 환상이 그 자리를 메우고 있다. 도널드 트럼프는 미국의 고립주의에 대한 촉구에다 '미국을 다시 위대하게 만들자'는 약속을 연결했다. 마치 1980년대나 1950년대의 미국이 21세기에도 미국인들이 어떻게든 되살려야 하는 완벽한 사회였다는 듯이. 브렉시트 지지자들 역시 영국을 독립 강국으로 만드는 꿈을 꾼다. 마치 아직도 빅토리아 여왕 시대에 살고 있는 듯이, 그리고 지난 시절에나 통했던 '영광의 고립'이 인터넷과 지구온난화 시대에도 실행 가능한 정책이라는 것처럼. 중국 엘리트들은 자신들의 고유한 제국과 유교의 유산에 다시 눈을 뜨면서 그것을 서방에서 수입해 온 미심쩍은 마르크스 이데올로기의 보완재나 대용품으로까지 생각한다. 러시아에서 푸틴이 공식적으로 제시하는 청사진도 부패한 과두제의 건설이 아니라 옛 차르 제국의 재건이다. 볼셰비키 혁명이 일어난 지 100년이 지난 지금 푸틴은 러시아 민족주의와 정교회의 신앙심에 힘입은 전제 정부를 통해 옛 제정 시대의 영광을 되찾는 한편 발트해에서 캅카스까지 세력을 확장하겠다고 약속한다.

이처럼 민족주의적 애착과 종교적 전통을 뒤섞은 향수 어린 꿈은 인도와 폴란드 외에도 수많은 체제의 버팀목이 되고 있다. 하지만 이런 환상의 힘이 중동만큼 극단적인 곳도 없다. 이곳 이슬람주의자들은 1,400년 전 예언자 무함마드가 메디나 시에서 세운 체제를 그대로 모방하고 싶어 한다. 이스라엘의 근본주의 유대교도들은 한 술 더 뜬다. 2,500년 전 성경 시대로 돌아가려는 꿈을 꾼다는 점에서 그들은 이슬람주의자들마저 능가한다. 이스라엘 집권 연립정부의 각료들은 지금 이스라엘의 국경을 성경 속의 이스라엘에 좀 더 가깝게 확장하려는 희망을 공공연히 밝힌다. 심지어 알아크사 이슬

38

람사원 자리에 고대 예루살렘의 야훼 신전을 재건하려 든다.[10]

자유주의 엘리트들은 이런 상황을 공포의 눈길로 본다. 그리고 인류가 늦지 않게 자유주의의 길로 복귀해 재난을 피할 수 있기를 희망한다. 2016년 9월 오바마 대통령은 마지막 유엔 연설에서 청중을 향해 "세계가 민족과 부족, 인종, 종교와 같은 해묵은 분할선을 따라 날카롭게 나뉘고 궁극에는 갈등 속으로 퇴보하는 것"을 경계했다. 그는 대신 "자유 시장과 책임 정부, 민주주의와 인권, 국제법의 원칙이 (…) 금세기 인간 진보를 위한 확고한 기반으로 남기"를 기원했다.[11]

오바마가 자유주의 패키지를 두고 숱한 한계에도 불구하고 다른 어떤 대안보다도 실적이 훨씬 좋았다고 한 것은 옳았다. 대부분의 사람들은 21세기 초 자유주의 질서의 보호 아래 경험했던 것보다 더 큰 평화나 번영을 누려본 적이 없다. 인류 역사상 처음으로 전염병에 의한 사망자가 고령으로 인한 사망자보다 적었고, 기아로 숨진 사람이 비만으로 인한 사망자보다 적었으며, 폭력에 의한 사망자가 사고로 인한 사망자보다 적었다.

하지만 자유주의는 우리가 당면한 가장 큰 문제들에 대해서는 명확한 답이 없다. 생태학적 붕괴와 기술적 파괴라는 문제 말이다. 자유주의는 전통적으로 경제 성장에 의지해 어려운 사회적, 정치적 갈등을 마술처럼 해결했다. 자유주의가 프롤레타리아와 부르주아를 화해시키고, 신앙인과 무신론자, 토박이와 이민자, 유럽인과 아시아인까지 화해시킨 비결은 모두에게 파이의 몫을 더 키워주겠다는 약속이었다. 실제로 파이의 크기를 끊임없이 키워감으로써 그것이 가능했다. 하지만 경제 성장은 지구의 생태계를 구하지는 못할 것이다. 오히려 정반대로 경제 성장이야말로 생태학적 위기의 원인이다. 경제 성장은 기술적 파괴도 해결하지 못할 것이다. 경제 성장 자체가 점점 위력을 더해가는 파괴적 기술의 발명에 의존하고 있기 때문이다.

자유주의 이야기와 자유 시장 자본주의의 논리는 사람들이 거대한 기대를 하게끔 부추긴다. 20세기 후반부에 각 세대는 — 휴스턴에 살든, 상하이에 살든, 이스탄불에 살든, 상파울루에 살든 — 이전 세대보다는 나은 교육, 뛰어난 의료 서비스, 더 큰 소득을 누렸다. 하지만 다가올 수십 년 동안에는 기술적 파괴와 생태학적 붕괴가 합쳐져서 젊은 세대는 현상 유지만 할 수 있어도 다행일지 모른다.

결국 우리에게 남겨진 과업은 세계를 위한 갱신된 이야기를 만드는 것이다. 산업혁명의 격동이 20세기의 참신한 이데올로기를 낳은 것처럼, 다가오는 생명기술과 정보기술 혁명을 맞이해서도 새로운 청사진이 필요할 것으로 보인다. 따라서 앞으로 10년은 치열한 자아성찰과 새로운 사회-정치 모델 구상이 두드러지는 시기가 될 것이다. 자유주의는 1930년대와 1960년대 위기 때처럼 다시 한 번 자기 혁신에 성공해서 이전보다 더 매력적으로 떠오를 수 있을까? 전통적인 종교와 민족주의는 자유주의자가 주지 못하는 답을 줄 수 있을까? 그들은 아주 오랜 지혜를 활용해서 갱신된 세계관을 만들어낼 수 있을까? 아니면, 과거와 깨끗이 단절하고, 오랜 신이나 민족뿐 아니라 근대의 핵심 가치인 자유와 평등마저 넘어서는 완전히 새로운 이야기를 만들어낼 때가 된 걸까?

현재 인류가 이런 질문들에 대해 어떤 합의를 이루기란 요원해 보인다. 우리는 여전히 환멸과 분노의 허무주의적 순간 속에 있다. 사람들은 옛 이야기에 대한 믿음을 잃었지만 새로운 것을 수용하는 데는 이르지 못했다. 그래서 그다음은 무엇이란 말인가? 그 첫걸음은 어둠의 예언을 진정시키고, 공황 상태에서 당혹으로 전환하는 것이다. 공황도 일종의 오만이다. 이것은 세계가 어느 방향으로 가고 있는지 — 나쁜 방향이라는 것을 — 정확히 안다는 우쭐한 느낌에서 나온다. 당혹은 보다 겸허하다. 그래서 보다 명민하다. 만약 거리로 달려 나가 "종말의 날이 왔다!"라고 외치고 싶다면, 자신에게 이렇게 말해보라. "아니야, 그건 아니야. 사실은 내가 세상이 어떻게 돌아가는지 이해하지 못하는 것뿐이야."

이어지는 장에서 나는 우리가 직면한 당혹스러움 속의 새로운 가능성들은 무엇이며, 어떻게 하면 여기서 앞으로 나아갈 수 있는지 밝혀보려고 한다. 하지만 인류의 곤경에 대한 잠재적 해법을 탐색하기 전에 우리는 기술이 제기하는 도전을 보다 정확히 파악할 필요가 있다. 정보기술과 생명기술 혁명은 아직까지는 요람기에 있다. 그것이 현재 자유주의가 직면한 위기에 어느 정도까지 책임이 있는지는 논쟁적인 주제일 수 있다. 버밍엄과 이스탄불, 상트페테르부르크와 뭄바이에 사는 사람들 대부분은 아직 인공지능의 부상과 그것이 자신들의 삶에 미칠 수 있는 영향에 대해서는, 안다고 해도 희미하게 알 뿐이다. 하지만 기술 혁명은 앞으로 수십 년 내에 탄력을 받을 것이고, 그로 인해 인류는 지금껏 겪어보지 못한 가장 힘든 시련에 직면하리라는 것은 의심의 여지가 없다. 이 과정에서 인류의 충성을 얻고자 하는 이야기가 있다면 그 이야기는 무엇보다 정보기술과 생명기술 분야의 쌍둥이 혁명에 대처할 능력이 있는지 시험받게 될 것이다. 자유주의와 민족주의, 이슬람 혹은 다른 어떤 참신한 신조가 2050년 세계를 건설하려 한다면, 인공지능과 빅데이터 알고리즘과 생명공학을 이해하는 데 그칠 것이 아니라 그것들을 유의미한 새로운 서사로 통합할 필요가 있을 것이다.

이런 기술적 도전의 본질을 이해하려면, 아마도 고용 시장 이야기로 시작하는 게 가장 좋을 것이다. 2015년 이래 나는 세계 곳곳을 여행하면서 정부 관리들, 사업가, 사회활동가, 학생들과 인간이 처한 곤경에 대해 이야기했다. 사람들이 인공지능, 빅데이터 알고리즘, 생명공학에 대한 이야기에 참을성을 잃거나 지루해하면 단 한마디 마술같은 단어로 사람들의 주의를 다시 모을 수 있었다. 바로 일자리다. 기술 혁명은 조만간 수십억 인간을 고용 시장에서 몰아내고, 막대한 규모의 새로운 무용無用 계급을 만들어낼지 모른다. 이는 현존하는 이데올로기는 모두 어떻게 대처해야 할지 모르는 사회적, 정치적 격변으로 이어질 것이다. 기술과 이데올로기에 관한 모든 이야기는 대단히 추상적이고 멀게 들릴 수 있다. 하지만 대량 실직 — 혹은 개인 실업 — 이라는 매우 현실적인 전망 앞에서는 아무도 무관심한 상태로 있을 수 없다.

기 술 적   도 전

2

일

네가 어른이 되었을 땐 일이 없을지도 몰라

우리는 2050년 고용 시장이 어떤 모습일지 모른다. 기계 학습과
로봇이 거의 모든 분야의 일 — 요구르트 생산부터 요가 강습까
지 — 을 바꿔놓을 것이라는 데는 대체로 합의가 이루어진 상태다.
하지만 변화의 본질이 무엇인지, 변화가 얼마나 임박했는지에 대해
서는 견해차가 있다. 어떤 이들은 10~20년 이내에 수십억 명이 경
제적 잉여 인력이 될 거라고 믿는다. 다른 이들은 장기적으로 볼 때
자동화는 계속해서 새로운 일자리를 창출할 뿐만 아니라 모두에게
더 큰 번영을 안겨줄 거라는 입장을 고수한다.

　어느 쪽일까? 정말 우리 앞에 끔찍스러운 격변이 임박한 걸까, 아
니면 그런 예측이야말로 근거가 희박한 신기술 반대자들이 보이는
과잉 반응의 또 다른 예에 불과할까? 답하기 어렵다. 자동화가 막

대한 실업을 야기할 거라는 공포는 19세기까지 거슬러 올라간다. 그리고 지금까지 한 번도 현실로 닥치지는 않았다. 산업혁명이 시작된 이래, 기계 한 종에 사람의 일이 하나씩 사라질 때마다 새로운 일이 또 생겨났고, 평균적인 생활 수준은 극적으로 올라갔다.[1] 하지만 이번에는 사정이 다르다고 생각할 이유는 충분하다. 기계 학습이야말로 확실히 판도를 바꿔놓을 것이라는 이유에서다.

인간에게는 두 가지 유형의 능력이 있다. 육체적 능력과 인지적 능력이다. 과거 기계가 인간과 경쟁한 것은 주로 순수 육체적 능력에서였다. 반면에 인간은 인지력에서 기계보다 월등하게 유리했다. 그 결과, 농업과 산업 분야의 수작업은 모두 자동화되었지만, 인간에게만 있는 인지적 기술이 필요한 새로운 서비스직들이 생겨났다. 인간만의 인지적 기술이란 학습과 분석, 의사소통, 무엇보다 인간 감정을 이해하는 능력을 말한다. 그렇지만 AI는 이제 이런 기술에서도 점점 인간을 추월하고 있다. 여기에는 인간 감정의 이해까지 포함된다.[2] 우리는 육체적 능력과 인지적 능력을 넘어, 인간이 언제까지나 확고한 우위를 유지할 제3의 활동 영역을 알지 못한다.

AI 혁명은 컴퓨터의 처리 속도가 빨라지고 똑똑해지는 것에 국한되지 않는다는 사실을 아는 게 대단히 중요하다. 여기에는 생명과학과 사회과학 분야의 획기적인 발전들도 가세한다. 인간의 감정과 욕망, 선택을 뒷받침하는 생화학적 메커니즘에 대한 우리의 이해도가 높아질수록 컴퓨터가 인간 행동을 분석하고 의사 결정을 예측하는 능력도 개선되면서 사람 운전사와 은행원, 변호사까지 대체할 수 있게 된다.

지난 수십 년 신경과학과 행동경제학 같은 분야에서 이룩한 연구를 통해 과학자들은 인간을 해킹할 수 있는 수준에 이르렀다. 특히 인간의 의사 결정 과정에 대한 이해가 이전보다 훨씬 좋아졌다. 그 결과 음식부터 배우자에 이르기까지 모든 것에 대한 우리의 선택이 어떤 신비로운 자유 의지가 아니라 아주 짧은 순간에 확률을 계산하는 수십억 개의 뉴런에서 비롯하는 것임을 알게 됐다. '인간의 직관'이라고 과시해온 것이 사실은 '패턴 인식'으로 드러난 것이다.[3] 좋은 운전사, 은행원, 변호사라고 해서 교통이나 투자, 협상에 관한 마술적 직관이 있는 것이 아니라, 반복되는 패턴을 인식함으로써 부주의한 보행자나 부적격 대출자, 부정직한 사기꾼을 알아보고 피할 뿐이다. 또한 인간 두뇌의 생화학적 알고리즘도 완벽과는 거리가 먼 것으로 나타났다. 우리 뇌는 어림짐작이나 손쉬운 방법, 그리고 현대의 도시 정글보다 아프리카 초원 시절에 맞춰진 시대착오적 신경회로에 의존한다. 좋은 운전사와 은행원, 변호사조차 때로는 멍청한 실수를 저지르는 게 당연하다.

이 말은 AI가 그동안 '직관'이 필요하다고 여겨져온 업무에서도 인간을 능가할 수 있다는 뜻이다. 만약 AI가 신비한 직감이라는 면에서 인간의 영혼과 경쟁할 필요가 있다고 생각한다면, 이는 불가능하게 들린다. 하지만 AI가 확률 계산과 패턴 인식에서 실제로 인간의 신경망과 경쟁해야 한다면, 이는 그리 어렵지 않게 들린다.

특히 AI는 다른 사람에 관한 직관이 필요한 업무에서는 인간보다 더 뛰어날 수 있다. 보행자로 붐비는 거리에서 차량을 운전하는 일이나, 낯선 사람에게 자금을 대출하는 일, 사업 협상에서 흥정하는 일 등 많은 분야에서 다른 사람의 감정과 욕망을 정확히 측정하는 능력이 필요하다. 저 아이가 길로 뛰어들려는 걸까? 정장 차림의 남성이 내 돈을 가지고 사라질까? 저 변호사가 위협을 주려고 저러는 걸까, 아니면 그저 허풍일까? 그런 감정과 욕망이 비물질적인 영혼에서 나오는 것이라고 생각되는 한, 컴퓨터는 인간 운전사와 은행원, 변호사를 대체할 수 없을 것이다. 하지만 이런 감정과 욕망이 사실은 생화학적 알고리즘에 불과하다면, 이런 알고리즘을 해독하고 업무를 처리하는 데 컴퓨터가 호모 사피엔스보다 훨씬 더 뛰어날 수밖에 없다.

보행자의 의도를 예측하는 운전사, 잠재적 대출자의 신용을 평가하는 은행원, 협상 테이블에서 분위기를 감지하는 변호사는 마법에 의지하지 않는다. 오히려 자신도 모르는 사이에, 뇌는 상대의 얼굴 표정과 음성의 높낮이, 손의 움직임, 심지어 체취까지 분석하는 방법으로 생화학적 패턴을 파악한다. AI가 적절한 센서만 갖춘다면 인간보다 훨씬 더 정확하면서도 믿을 만하게 모든 일을 처리할 수 있을 것이다.

따라서 실직의 위협은 정보기술의 부상에서만 야기되는 것이 아니다. 정보기술과 생명기술이 합쳐지면서 증폭된다. 기술의 결과가 fMRI(기능적 자기공명 영상. 혈류와 관련된 변화를 감지해 뇌 활동을 측정하는 기술이나 기기 ― 옮긴이) 스캐너에서 노동 시장에 이르기까지는 멀고 복잡한 과정을 거치겠지만 수십 년이면 충분하다. 지금 뇌과학자들이 편도체와 소뇌에 대해 알아내고 있는 것들을 2050년 컴퓨터가 활용하게 된다면 인간 심리치료사와 보디가드를 능가할 수 있을 것이다.

AI는 인간을 해킹하고 지금껏 인간 고유의 것이었던 기술 분야에서 인간을 능가하는 데 그치지 않을 태세다. AI는 또한 인간이 아니라서 갖는 고유한 능력까지 있다. 이것이 AI와 인간 노동자 사이에 정도의 차원을 넘어 질적인 차이를 만들어낸다. AI가 보유한 비인간 능력 중에 특별히 중요한 두 가지는 연결성과 업데이트 가능성이다.

인간은 개별자이기 때문에 서로서로 연결해서 모두를 최신 상태로 유지하기가 어렵다. 반면에 컴퓨터는 개별자가 아니어서 하나의 탄력적인 네트워크로 통합하기가 쉽다. 따라서 우리가 직면한 위협은 수백만의 개별 인간 노동자를 수백만의 개별 로봇과 컴퓨터로 대체하는 것이 아니다. 오히려 그보다 개별 인간은 통합된 네트워크에 의해 대체될 가능성이 높다. 따라서 우리가 자동화를 생각할 때, 인간 운전사 한 명을 자율주행 차량 한 대와 비교하거나 인간 의사 한 명을 AI 의사 하나와 비교하는 것은 잘못이다. 그보다 인간 개인의 능력들을 합산한 것을 통합 네트워크의 능력과 비교해야 한다.

가령, 인간 운전사는 바뀐 교통 법규에 익숙하지 않아서 위반할 때가 많다. 게다가 모든 차량이 제각각 움직이다 보니 두 대가 동시에 같은 교차로에 이르렀을 때 운전사들은 서로 의도를 오해해 충돌할 수 있다. 반면에 자율주행 차량은 모두 연결될 수 있다. 두 대의 차량이 같은 교차로에 다가갔을 때에도 둘은 사실 별개가 아니다. 단일 알고리즘의 부분들이다. 따라서 서로 오해를 일으켜 충돌할 위험이 훨씬 적다. 교통부가 교통 법규를 변경하기로 결정할 때에도 모든 자율주행 차량은 정확히 같은 순간에 손쉽게 업데이트될 수 있다. 프로그램의 버그만 차단하면 모든 차량이 새로운 교통 법규를 글자 하나까지 정확히 준수할 것이다.[4]

비슷하게, 만약 세계보건기구가 새로운 질병을 파악하거나 연구소가 신약을 생산한다 해도 이런 상황을 세계 모든 인간 의사들에게 일제히 숙지시키기란 불가능에 가깝다. 반면, AI 의사—각각 인간 한 명의 건강을 담당하는—는 세계에 100억 개가 있다 해도 순식간에 업데이트할 수 있고, 그것들은 새로운 질병이나 신약에 대한 자신들의 피드백까지 서로 주고받을 수도 있다. 이런 연결성과 업데이트 가능성이 가져다줄 이점은 너무나 커서, 최소한 일부 분야의 일자리에서는 설사 개별적으로는 어떤 사람들이 여전히 기계보다 낫다 해도 인간 노동자 **전부**를 컴퓨터로 대체하는 것도 무리가 아닐 수 있다.

개별 인간에서 컴퓨터 네트워크로 전환하면 개별성의 이점을 잃게 된다는 반대 의견이 있을 수 있다. 예를 들어, 한 명의 인간 의사가 오진을 했을 때에는 세상의 모든 환자가 죽는 것도 아니고, 모든 새로운 치료법의 발전이 중단되는 것도 아니다. 반면에 모든 의사가 사실상 단일 시스템일 때 그 시스템이 실수를 저지르면 결과는 재앙적일 수 있다. 하지만 사실인즉 통합 컴퓨터 시스템은 연결성의 이점을 극대화하면서도 개별성의 혜택까지 누릴 수 있다. 동일한 네트워크에서도 많은 대체 알고리즘을 운영할 수 있는 것이다. 그럴 경우 멀리 떨어진 정글 마을의 환자는 스마트폰을 통해 한 명의 권위 있는 의사가 아니라 실제로 100개의 상이한 AI 의사들과 연결될 수 있고, 이 AI 의사들의 상대적인 수행 능력은 끊임없이 비교된다. IBM 의사의 처방이 마음에 들지 않는다면? 문제없다. 킬리만자로 산비탈 어딘가에서 발이 묶인 상태라 해도 바이두Baidu 의사에게 쉽게 접속해서 두 번째 의견을 들어볼 수 있다.

인간 사회가 누릴 혜택은 막대해 보인다. AI 의사는 수십억 명의 사람들에게 훨씬 저렴하면서도 훨씬 질 좋은 의료 서비스를 제공할 것이다. 현재 아무런 의료 서비스도 받지 못하는 사람에게는 특히 그럴 것이다. 학습 알고리즘과 생체 센서 덕분에 개발도상국 가난한 마을의 주민도 스마트폰을 통해 지금 세계 최부유층이 최신 도심 병원에서 받는 것보다 훨씬 나은 의료 서비스를 누릴 수도 있다.[5]

마찬가지로 자율주행 차량은 지금보다 훨씬 나은 교통 서비스를 제공할 수 있을 것이다. 특히 교통사고 사망률 감소가 기대된다. 현재 교통사고로 인한 사망자 수는 연간 125만 명에 이른다(전쟁과 범죄, 테러로 인한 사망자를 합친 수의 2배에 해당한다).[6] 이런 사고의 90퍼센트 이상이 바로 사람의 실수에 의한 것이다. 음주운전이나 운전 중 문자 메시지 발송, 혹은 운전 중에 졸거나 딴생각을 하다가 사고가 나는 경우다. 미국 연방 고속도로교통안전국이 2012년에 낸 통계에 따르면, 미국 내 교통사고 사망 사건의 31퍼센트가 과음, 30퍼센트가 과속, 21퍼센트가 운전자 주의 분산 때문이었다.[7] 자율주행 차량은 이런 일을 절대 일으키지 않는다. 물론 자율주행 차량도 나름의 문제와 한계가 있을 것이고, 어떤 사고는 불가피할 것이다. 그럼에도 컴퓨터로 인간 운전자를 대체했을 때 도로 위 사상자 수는 90퍼센트 가까이 줄어들 것으로 전망된다.[8] 다시 말해, 자율주행 차량으로 전환하면 연 100만 명의 생명을 구하는 효과가 있을 것으로 보인다.

따라서 단지 사람의 일자리를 보호한다는 이유로 교통과 의료 같은 분야의 자동화를 막는 것은 터무니없는 일이 될 것이다. 결국, 우리가 보호해야 할 궁극의 목표는 사람이지 일자리가 아니다. 남아도는 운전사와 의사는 다른 일자리를 찾아야 할 것이다.

기계 안의
모차르트

적어도 단기적으로는, AI와 로봇이 전 산업의 일자

리를 완전히 없애버릴 것 같지는 않다. 좁은 범위의 규격화된 활동이 전문인 일은 자동화될 것이다. 하지만 넓은 범위의 기술들을 동시에 구사하고, 뜻밖의 상황에도 대처해야 하는 유동적인 일에서는 기계가 인간을 대체하기란 훨씬 어려울 것이다. 가령, 의료 분야를 생각해보자. 많은 의사들은 거의 전적으로 정보 처리에만 집중한다. 즉, 의료 데이터를 읽어들이고 분석한 후에 처방을 생각해낸다. 반면에 간호사는 아픈 주사를 놓고, 붕대도 갈고, 난폭한 환자를 진정시키려면 운동력과 더불어 감정 기술까지 좋아야 한다. 따라서 장차 우리는 믿을 만한 간호 로봇을 장만하기 전에 스마트폰에 AI 가족 주치의부터 먼저 두게 될 가능성이 크다.[9] 아마 환자와 노약자를 돌보는 휴먼 캐어 산업은 앞으로도 오랫동안 인간 일자리의 보루로 남을 것이다. 실제로, 사람들의 수명은 길어지고 출산율은 낮아지면서 연장자를 돌보는 일이야말로 인간 노동 시장에서 가장 빠르게 성장하는 분야 중 하나가 될 가능성이 크다.

사람을 돌보는 능력과 더불어 창의성 또한 자동화가 넘기 어려운 장애물이다. 요즘은 음악을 파는 데는 사람이 필요하지 않다. 아이튠스 스토어에서 음악을 직접 내려받을 수 있다. 하지만 음악을 만드는 작곡가와 뮤지션, 가수, DJ는 여전히 피와 살로 된 인간이어야 한다. 완전히 새로운 음악을 만들기 위해서만이 아니라 가늠할 수 없을 정도로 많은 가능성 중에서 선택하기 위해서라도 우리는 그들의 창의성에 의존한다.

그럼에도, 결국에는 어떤 일자리도 자동화의 위협으로부터 절대적으로 안전한 상태로 남아 있지는 못할 것이다. 현대 세계에서 예술은 보통 인간의 감정과 결부돼 있다. 우리는 예술가의 역할이 우리 내부의 정신적 힘들을 연결하는 것이고, 예술의 모든 목적은 우리를 서로 간의 감정으로 연결하거나 우리 내면에 어떤 새로운 느낌을 불러일으키는 것이라고 생각하기 쉽다. 그러다 보니, 예술을 평가할 때도 그것이 청중에게 미치는 감정적 영향으로 판단하는 경향이 있다. 하지만 예술이 인간의 감정에 의해 규정된다고 했을 때, 외부 알고리즘이 인간의 감정을 셰익스피어나 프리다 칼로, 혹은 비욘세보다 더 잘 이해하고 조종할 수 있다면 어떤 일이 일어날까?

결국 감정이란 것도 어떤 신비로운 현상이 아니다. 생화학적 과정의 결과물일 뿐이다. 따라서 그리 멀지 않은 미래에 기계 학습 알고리즘은 우리 몸의 겉과 내부에 장착된 센서를 통해 실시간 전달되는 생체측정 데이터를 분석해서 개인별 성격 유형과 바뀌는 기분을 알아낸 후 특정한 노래 — 심지어 특정 調 — 가 우리에게 어떤 감정적 영향을 미칠지 계산할 수 있을 것이다.[10]

모든 형식의 예술 중에서도 특히 음악이 빅데이터 분석에 가장 취약할 가능성이 높다. 왜냐하면 입력과 산출을 정확히 수학적으로 서술할 수 있기 때문이다. 입력은 음파의 수학적 패턴이고 산출은 신경 (에서 일어나는) 폭풍의 전기화학적 패턴이다. 수십 년 내에 기계 알고리즘이 수백만 가지 음악을 섭렵하고 나면, 어떤 노래를 입력했을 때

어떤 효과가 나오는지 예측하는 법도 알아낼 수 있을 것이다.[11]

가령 당신이 남자친구와 심하게 싸웠다고 가정해보자. 음향 시스템 담당 알고리즘은 즉시 당신 내면의 혼란스러운 감정을 간파하고는, 당신 개인에 관한 정보와 인간의 일반적인 심리에 대한 이해를 토대로 당신의 우울한 기분에 딱 들어맞고 괴로움을 달래주는 맞춤곡을 들려줄 것이다. 이때 듣게 되는 노래는 다른 사람에게는 잘 맞지 않을 것이다. 하지만 당신의 성격 유형에는 완벽하게 들어맞는다. 당신의 깊은 슬픔과 접촉할 수 있도록 도와주고 난 알고리즘은 이제 당신의 기분을 북돋워줄 것 같은 — 아마 당신의 잠재의식이 자신도 알아차리지 못하는 행복한 어린 시절의 추억과 연결해주기 때문일 텐데 — 세상에 단 하나뿐인 곡을 골라 들려줄 것이다. 그런 AI의 기술은 인간 DJ로서는 꿈도 못 꿀 일이다.

그럴 경우 AI가 우연한 경험의 기회를 다 없애고 우리의 이전 호오好惡로만 짜인 좁은 음악 고치 속에 우리를 가둘 거라며 반대할 수도 있다. 그렇게 되면 새로운 음악 취향과 스타일의 탐험은 어떻게 되는가? 아무런 문제가 없다. 간편하게 알고리즘의 완전 무작위 선택율을 5퍼센트 정도로 맞춰놓으면 자신도 예상하지 못했던 인도네시아 전통 음악인 가믈란 합주단이나 로시니의 오페라, 최신 K팝 히트곡을 들을 수 있다. 나아가 AI는 점차 당신의 반응까지 모니터해 우연성의 수준을 3퍼센트로 내리거나 8퍼센트로 올려가면서, 성가신 것은 피하되 탐험은 최적화할 이상적인 무작위 수준을 알아낼 것이다.

또 다른 반대 의견으로 알고리즘이 사용자의 감정 목표를 어떻게 설정할지 불분명하다는 지적이 있을 수 있다. 만약 당신이 남자친구와 싸웠을 뿐이라면, 알고리즘은 당신을 슬프게 해야 할까, 기쁘게 해야 할까? 그럴 경우 알고리즘은 '좋은' 혹은 '나쁜' 감정이라는 융통성 없는 척도를 기계적으로 따르지 않을까? 살다 보면 슬픈 느낌이 좋을 때도 있지 않을까? 이런 질문은 당연히 인간 음악가와 DJ에게도 적용될 수 있다. 하지만 알고리즘에는 이 수수께끼에도 제시할 수 있는 재미있는 해법들이 많이 있다.

한 가지 해결책은 그냥 고객에게 맡겨두는 것이다. 당신은 어떤 식으로든 자기 감정을 헤아리고, 알고리즘은 지시를 따르는 방식이다. 자기연민에 빠지고 싶든 기뻐 날뛰고 싶든, 알고리즘은 당신이 이끄는 대로 무조건 따른다. 실제로 알고리즘은 당신이 알아차리지 못하는 사이에, 당신이 바라는 것이 무엇인지 파악하는 법을 학습할 수도 있다.

또는 당신 자신의 선택을 믿지 못한다면 알고리즘에 당신이 신뢰하는 저명한 심리학자의 추천을 따르도록 지시할 수 있다. 남자친구가 결국 당신을 차버렸다면 알고리즘은 슬픔의 5단계 공식에 따라 다음과 같이 당신을 안내할 수 있다. 처음에는 바비 맥퍼린의 〈걱정 마, 잘될 거야Don't Worry, Be Happy〉를 들려주어 일어난 일을 부인하도록 돕고, 다음에는 앨라니스 모리셋의 〈넌 알아야 해You

Oughta Know〉로 당신의 분노를 더 자극하고, 다음에는 자크 브렐의 〈날 떠나지 마Ne me quitte pas〉와 폴 영의 〈돌아와 머물러줘Come Back and Stay〉로 '밀당'을 권했다가, 다음에는 아델의 〈당신 같은 누군가Someone Like You〉와 〈여보세요Hello〉로 당신을 우울의 구덩이 속으로 빠뜨린 후, 마지막에는 글로리아 게이너의 〈난 이겨낼 거야I Will Survive〉로 당신이 눈앞의 상황을 받아들이도록 응원한다.

다음 단계에서는 알고리즘이 노래와 선율 자체를 손보기 시작해서 조금씩 바꿔나가다가 마침내 당신의 변덕에 맞춘다. 그런 과정이 없으면 당신은 탁월한 곡의 특정한 부분만 싫어할 수도 있다. 그럴 때면 알고리즘은 당신이 그 짜증나는 부분을 들을 때마다 심장박동이 빨라지거나 옥시토신(호감을 느낄 때 뇌에서 분비되는 신경전달물질 — 옮긴이) 수준이 미세하게 떨어지는 것을 감지하고 그런 사실을 알아차린다. 알고리즘은 당신을 불쾌하게 하는 음들을 삭제하거나 수정할 수 있을 것이다.

장기적으로, 알고리즘은 전 곡을 작곡하는 법을 터득할 수도 있다. 마치 사람의 감정을 피아노 건반처럼 연주하는 것이다. 당신의 생체측정 데이터를 사용해서, 온 우주에서 당신 혼자만 감상할 수 있는 맞춤 선율을 만들어낼 수 있을 것이다.

사람들이 자신을 예술과 연결하는 것은 그 속에서 자신을 발견하기 때문이라고들 한다. 그렇다면 가령, 페이스북이 당신에 관해 아는 모든 정보를 기반으로 맞춤식 예술을 만들기 시작한다면 놀라우면서도 다소 불길한 결과가 나올 수도 있다. 그럴 경우 당신의 남자 친구가 떠났을 때 페이스북은 아델이나 앨라니스 모리셋의 가슴을 아프게 한 미지의 사람보다는 특정한 그 망할 자식에 관한 맞춤 노래로 당신을 달래줄 것이다. 그 곡은 심지어 당신이 그와 맺은 관계에서 겪은 실제 일들까지 떠올리게 해줄 텐데, 그것에 대해서는 세상의 그 누구도 알지 못할 것이다.

물론, 맞춤 예술은 결코 인기를 얻지는 못할 것이다. 사람들은 계속해서 모두가 좋아하는 공통의 히트곡을 선호할 것이기 때문이다. 어떻게 당신밖에 모르는 곡에 맞춰 함께 춤추고 노래할 수 있겠는가? 사실 알고리즘은 맞춤 제작한 희귀곡보다 세계적인 히트곡을 만드는 데 적응력이 훨씬 뛰어나다는 것을 보여줄 수도 있다. 수백만 명의 사람들로부터 수집된 막대한 생체측정 데이터베이스를 사용해서, 어떤 생화학 단추를 누르면 무도장에서 모두가 미친 듯 몸을 흔들게 하는 글로벌 히트곡을 만들 수 있는지 알 수 있을 것이다. 예술의 본질이 정말 인간의 감정을 고양하는(혹은 조작하는) 것이라면, 그런 능력을 가진 알고리즘과 인간 뮤지션이 경쟁할 가능성은 없거나 희박할 것이다. 주요 연주 악기에 해당하는 인간의 생화학 체계를 이해하는 능력에서 인간은 알고리즘을 따라갈 수는 없기 때문이다.

인간의 생화학 체계만 알면 위대한 예술이 나올까? 답은 예술을 어떻게 정의하느냐에 달렸다. 만일 아름다움이 실제로는 청중의 귀에 있다면, 그리고 고객이 언제나 옳다면, 생체측정 알고리즘은 역사상 최고의 예술을 생산할 가능성이 있다. 하지만 예술이 인간의 감정보다 더 깊은 무엇에 관한 것이라면, 그리고 우리의 생화학적 진동 너머의 진실을 표현해야 한다면, 생체측정 알고리즘은 그리 뛰어난 예술가가 되지 못할 수도 있다. 하지만 그 점에 관해서는 대부분의 인간 예술가도 사정은 같다. 단지 예술 시장에 진입해서 많은 인간 작곡가와 연주자를 대체하는 것이 목표라면, 알고리즘은 곧장 차이코프스키를 추월할 필요는 없다. 브리트니 스피어스를 능가하는 것만으로도 충분할 것이다.

새로운
일자리라고?

　　예술에서 의료에 이르기까지 모든 분야의 전통적인 일자리 다수가 사라지면 새로운 인간 일자리의 창출로 상쇄될 것이다. 알려진 질병을 진단하고 익숙한 치료를 관장하는 데 집중하는 일반 의사들은 AI 의사로 대체될 가능성이 높다. 하지만 바로 그 점 때문에 획기적인 연구를 수행하고 신약이나 수술 절차를 개발하기 위해서는 인간 의사와 연구소 조교에게 훨씬 더 많은 돈을 지급해야 할 것이다.[12]

　AI는 다른 방식으로 새로운 인간 일자리 창출을 도울 수 있다. 인간은 AI와 경쟁하는 대신 AI를 정비하고 활용하는 데 집중할 수 있을 것이다. 가령, 드론이 인간 비행사를 대체하면서 일자리가 사라졌지만 정비와 원격 조종, 데이터 분석, 사이버 보안 분야에서는 새로운 기회가 많이 생겨났다. 미군의 경우 무인기 프레데터나 리퍼 드론 한 대를 시리아 상공으로 날려보내는 데 30명이 필요한데, 그렇게 수집해 온 정보를 분석하는 데는 최소 80명이 더 필요하다. 2015년 미 공군은 이 직무를 맡을 숙련자가 부족해, 무인 항공기 운용 인력 부족이라는 역설적인 위기에 직면하기도 했다.[13]

그렇다면 2050년 고용 시장은 인간-AI의 경쟁보다는 상호 협력이 두드러진 형태가 될 가능성이 높다. 경찰부터 은행 업무에 이르기까지 인간과 AI가 한 팀을 이루면서 인간과 컴퓨터 모두를 능가할 수 있을 것이다. 1997년 IBM의 체스 프로그램인 딥 블루가 세계 챔피언 가리 카스파로프를 꺾은 후에도 인간이 체스를 그만두는 일은 일어나지 않았다. 오히려 AI 트레이너 덕분에 인간 체스 챔피언은 실력이 유례없이 좋아졌고, 잠시나마 '켄타우로스'로 알려진 인간-AI 팀이 체스에서 인간과 컴퓨터 모두를 능가했다. 마찬가지로 AI는 인간이 사상 최고의 형사, 은행원, 군인으로 단장하는 데도 도움을 줄 수 있을 것이다.[14]

하지만 문제는, 그렇게 생겨난 새로운 일자리는 모두 고도의 전문성을 필요로 할 가능성이 높고, 따라서 비숙련 노동자의 실직 문제를 해결할 수는 없을 거라는 점이다. 그런 일자리를 실제로 메울 사람을 재교육하기보다 아예 새로운 인간 일자리를 창출하는 것이 더 쉬운 일로 판명될 수 있다. 이전에 자동화 물결이 밀려들었을 때, 사람들은 특별한 기술이 필요 없는 기계적인 직업을 또 다른 비슷한 수준의 일로 바꿀 수 있었다. 1920년 농업이 기계화하면서 해고된 농장의 일꾼은 트랙터를 생산하는 공장에서 새 일을 찾을 수 있었다. 1980년 공장 노동자는 실직하더라도 슈퍼마켓의 현금출납원으로 새 출발을 할 수 있었다. 그런 직업 변화가 가능했다. 농장에서 공장으로, 다시 공장에서 슈퍼마켓으로 옮겨가는 데는 훈련이 많이 필요하지 않았다.

하지만 2050년에는 현금출납원이나 방직공장 노동자가 로봇에게 일자리를 잃고 나서 암 연구원이나 드론 조종사, 혹은 은행의 인간-AI 팀원으로 새 일을 시작하기란 거의 불가능할 것이다. 필요한 기술을 갖추지 못할 것이기 때문이다. 제1차 세계대전 때 징집돼 온 수백만의 신참 병사에게 기관총을 맡기고 수천 명의 전사자를 낸 것은 그래도 이해할 만하다. 개별 기술이 크게 중요하지 않았기 때문이다. 하지만 오늘날 아무리 드론 조종사와 데이터 분석가가 부족하다 해도 미 공군이 그 자리를 월마트 퇴직원으로 메울 리는 없다. 경험 없는 신병이 아프가니스탄의 결혼 축하 파티를 탈레반의 고위급 회의로 오인하는 사고를 바랄 사람은 없다.

결과적으로, 인간 일자리가 많이 생긴다 해도 새로운 '무용' 계급의 부상은 불가피할지도 모른다. 실제로는 두 세계의 최악을 함께 겪을 수도 있다. 높은 실업률과 숙련 노동력의 부족이 동시에 닥치는 것이다. 많은 사람이 19세기의 마차 몰이꾼이 아닌 말의 운명을 맞을 수 있다. 마차 몰이꾼은 택시 기사로 전환할 수 있었지만, 말은 점점 고용 시장에서 밀려나기 시작해 결국에는 완전히 퇴출됐다.[15]

더욱이 남은 인간 일자리도 결코 미래 자동화 위협으로부터 안전할 수 없을 것이다. 기계 학습과 로봇은 계속 개선될 것이기 때문이다. 40세에 실직한 월마트 현금출납원이 초인적인 노력 끝에 간신히 드론 조종사가 됐다 해도 10년 후에 그는 다시 자기 변신을 해야만 할 수 있다. 그때쯤이면 드론을 날리는 일도 자동화됐을 수 있기 때문이다. 이처럼 직업의 변동성이 커지면서 노조를 조직하거나 노동권을 확보하는 일도 더 어려워질 것이다. 이미 오늘날에도 선진국에서 생겨나는 많은 신규 일자리는 보호받지 못하는 비정규직이거나 자유계약직, 혹은 일회성 업무직이다.[16] 버섯구름처럼 급속하게 생겨났다가 10년도 안 돼 사라지는 직업을 가지고 어떻게 노조를 결성할까?

마찬가지로 인간-컴퓨터 켄타우로스 팀도 평생 동반자 관계로 정착하는 대신 인간과 컴퓨터 간의 끊임없는 주도권 다툼으로 얼룩질 가능성이 높다. 인간들로만 이뤄진 팀 — 가령, 셜록 홈스와 왓슨 박사 — 은 보통 서로 협력해서 수십 년을 이어갈 항구적인 위계질서와 틀을 잡는다. 하지만 IBM 왓슨 컴퓨터 시스템(2011년 미국 TV 퀴즈쇼 〈제퍼디!〉에서 우승하며 유명해진 컴퓨터)과 한 조를 이룬 인간 탐정이 겪게 될 정해진 틀이라고는 수시로 찾아드는 파괴적 혁신일 테고, 항구적인 위계질서라고는 반복되는 기술 혁명뿐일 것이다.

어제의 (로봇) 조수는 내일의 감독관으로 변신할 가능성이 높은 데다 모든 상호 업무 규약과 지침서는 매년 다시 써야만 할 것이다.[17]

체스 세계를 꼼꼼히 들여다보면 장기적으로 상황이 어느 방향으로 전개될지 단서를 얻을 수 있다. 딥 블루가 카스파로프를 꺾고 난 후 수년 동안 체스에서 인간-컴퓨터의 협력이 빛을 발한 것은 사실이다. 하지만 최근 몇 년 사이에 컴퓨터의 체스 실력이 너무나 좋아진 나머지 이제 인간 협력자의 가치는 사라졌고, 조만간에는 완전히 있으나 마나 한 존재가 될 상황에 처했다.

결정적인 이정표가 세워진 날은 2017년 12월 7일이었다. 체스에서 컴퓨터가 인간을 이겼을 때가 아니라, 구글의 알파제로 프로그램이 스톡피시 8 프로그램을 꺾은 순간이었다. 스톡피시 8은 2016년 세계 컴퓨터 체스 챔피언이었다. 수백 년 동안 체스에서 쌓아온 인간의 경험은 물론 수십 년간 누적된 컴퓨터의 경험에 접속할 수 있었고, 초당 7,000만 수를 계산할 수 있는 프로그램이었다. 반면 알파제로는 불과 초당 8만 수의 계산을 수행했을 뿐이었다. 인간 창조자는 알파제로에게 어떤 체스 전술도 가르쳐주지 않았다. 심지어 표준 오프닝standard opening(게임을 시작할 때 둘 수 있는 표준적인 수—옮긴이)조차 알려주지 않았다. 그 대신 알파제로는 최신 기계 학습 원리를 자가 학습 체스에 적용해 자신을 상대로 한 시합을 반복했다. 그럼에도 신참 알파제로는 스톡피시를 상대로 모두 100회의 시합을 벌여 28승 72무를 기록했다. 패한 적은 한 번도 없었다.

알파제로는 인간으로부터 배운 것이 없었기 때문에, 시합에서 승리했을 때 알파제로가 구사한 수와 전술의 상당수가 인간의 눈에는 파격적이었다. 완전히 천재적이진 않아도 충분히 독창적이라고 할 만했다.

알파제로가 백지 상태에서 체스를 학습하고 스톡피시를 상대로 한 시합을 준비하며 자신의 천재적 재능을 개발하는 데 걸린 시간이 얼마인지 상상할 수 있겠는가? 네 시간이었다. 오자가 아니다. 수 세기 동안 체스는 인간 지능의 더없는 자랑거리로 여겨졌다. 하지만 알파제로는 완전 무지 상태에서 네 시간 만에 창의적 완숙의 경지에 도달했다. 그 과정에서 인간이 지도하며 준 도움도 전혀 없었다.[18]

알파제로 말고도 상상력을 발휘하는 소프트웨어는 더 있다. 이제는 체스 프로그램의 다수가 단순한 수의 계산뿐 아니라 '창의성'에서도 인간 선수를 능가한다. 인간만 출전하는 체스 토너먼트 시합에서 심판은 선수들이 몰래 컴퓨터의 도움을 얻는 속임수를 적발하느라 여념이 없다. 속임수를 적발하는 한 가지 방법은 선수가 구사하는 독창성의 수준을 모니터하는 것이다. 만약 선수가 이례적으로 창의적인 수를 구사하면 심판은 사람의 수일 리가 없다고 의심할 때가 많다. 컴퓨터의 소행으로 추정하는 것이다. 적어도 체스에서는 창의성은 이미 인간보다 컴퓨터의 트레이드마크가 됐다! 따라서 체스가 탄광의 카나리아라면, 우리는 이것을 카나리아가 죽어가고 있다는 경고로 이해해야 한다. 지금 인간-AI 체스 팀에 일어나고 있는 일은 앞으로 경찰, 의료, 은행 업무에서 활동할 인간-AI 팀으로도 이어질 수 있다.[19]

결국, 새로운 일자리를 창출하고 그 자리를 채우기 위해 인간을 재교육하는 일은 단 한 번의 노력으로 되지는 않을 것이다. AI 혁명은 일대 분수령을 이룬 뒤에 고용 시장이 새로운 평형 상태에서 안정을 찾는 식의 일회성 사건은 아닐 것이다. 그보다는 점점 커지는 (혁신적) 파괴의 폭포가 될 것이다. 이미 지금도 자신이 평생 같은 일을 할 거라고 보는 사람은 극소수다.[20] 2050년이면 '평생 직장'이라는 생각뿐 아니라 '평생 직업'이라는 생각까지 원시적이라고 간주될 것이다.

앞으로 우리가 끊임없이 새로운 일자리를 만들어내고 노동자들을 재훈련할 수 있다 하더라도, 평균적인 인간이 그런 끝없는 격변의 인생을 살아가는 데 필요한 감정의 근력을 유지할 수 있을지 의아해할 수도 있다. 변화는 늘 스트레스로 가득하다. 21세기 초 세계는 미친 듯 바빠지면서 온 지구는 스트레스라는 유행병을 앓고 있다.[21] 고용 시장과 개인 직업의 변동성이 커지는 상황에서 사람들은 현실에 잘 대처해나갈 수 있을까? 아마도 사피엔스의 정신이 나가는 것을 막으려면 지금보다 훨씬 효과가 큰 스트레스 경감 기술 — 약물부터 뉴로피드백neuro-feedback(뇌파 측정을 통한 조절 훈련 — 옮긴이), 명상에 이르기까지 — 이 필요할 것이다. 2050년 '무

64

용' 계급이 출현하는 원인에는 일자리의 절대 부족이나 관련 교육의 결여뿐 아니라 정신 근력의 부족도 포함될 것이다.

확실히 지금까지의 이야기 대부분은 추측이다. 이 글을 쓰는 지금—2018년 초—도 자동화로 많은 산업이 파괴됐지만 대규모 실업은 발생하지 않았다. 사실 많은 나라에서 미국과 같이, 실업률은 사상 최저를 기록 중이다. 기계 학습과 자동화가 미래에는 달라질 직업들에 어떤 유의 충격을 줄지 아무도 확실히 알 수는 없으며, 시간의 흐름에 따라 관련된 상황이 어떻게 전개될지 구체적으로 추정하기란 극도로 어렵다. 그 이유는 특히 정치적 결정과 문화적 전통이 순전히 기술적인 돌파 못지않게 상황 전개에 영향을 주기 때문이다. 따라서 자율주행 차량이 인간 운전자보다 안전하고 저렴한 것으로 판명난 후에라도 정치권과 소비자들이 수년 동안, 아마 수십 년까지도 변화를 막을 수 있을 것이다.

하지만 그렇다고 현실에 안주할 수는 없다. 새 일자리가 사라진 일자리를 충분히 메워줄 거라고 가정하는 것은 위험하다. 이전의 자동화 물결 기간에 그런 일이 일어났다고 해서 21세기의 아주 다른 조건 아래서도 같은 일이 반복될 거라는 보장은 없다. 그것이 초래할 수 있는 사회적, 정치적 혼란은 너무나 두려운 것이어서, 시스템 전반에 걸친 대량 실업의 개연성이 낮다 하더라도 우리는 그 문제를 아주 심각하게 생각해야 한다.

19세기에 산업혁명은 기존의 사회적, 경제적, 정치적 모델로는 대처할 수 없는 새로운 조건들과 문제들을 야기했다. 봉건주의와 군주제, 전통 종교는 산업화된 대도시와 수백만의 뿌리 뽑힌 노동자, 본성상 끊임없이 변하게 마련인 근대 경제를 경영하는 데 적합하지 않았다. 그 결과 인류는 완전히 새로운 모델—자유민주주의와 공산주의 독재, 파시즘 체제—을 개발해야 했고, 이 모델들을 실험하여 쭉정이에서 알곡을 가려내고 최선의 해법을 실행하기까지 1세기에 걸쳐 끔찍한 전쟁과 혁명을 겪어야 했다. 디킨스 소설에서 묘사된 탄광의 아동 노동, 제1차 세계대전과 1932~1933년의 우크라이나 대기근은 인류가 치른 수업료의 일부에 불과했다.

21세기 정보기술과 생명기술이 인류에게 제기한 과제들은 이전 시대에 증기기관과 철도, 전기가 제기한 것들보다 훨씬 더 크다. 우리 문명의 막대한 파괴력을 감안하면 더 이상의 실패한 모델이나 세계대전, 유혈 혁명을 용인할 여유가 없다. 이번에는 실패하면 핵전쟁이나 유전공학에 의한 괴물, 생태계의 완전한 붕괴를 초래할 수도 있다. 따라서 우리는 산업혁명에 직면했을 때보다 더 잘해야 한다.

착취 대상에서
무관한 존재로

잠재적 해법은 크게 세 가지 범주로 살펴볼 수 있다. 일자리가 사라지는 것을 막으려면 어떻게 할 것인가, 새로운 일자리를 충분히 만들기 위해서는 어떻게 해야 하나, 최선을 다해 노력했는데도 사라지는 일자리가 새로 생기는 일자리보다 많을 때는 어떻게 할 것인가.

　실직 자체를 막는 것은 매력적이지 않을뿐더러 현실적으로도 가능성이 낮은 전략이다. AI와 로봇에서 얻을 수 있는 막대한 긍정적 효과를 포기할 수는 없기 때문이다. 그럼에도 자동화의 충격을 줄이고 재적응에 필요한 시간을 벌기 위해 정부가 일부러 자동화의 속도를 늦추기로 결정할 수는 있다. 기술은 결코 결정론적이지 않다. 무언가가 가능하다는 사실이 반드시 그래야만 한다는 뜻은 아니다. 신기술이 상업적으로 성공할 것 같고 경제적으로 수익성이 있어 보이더라도 정부는 규제를 통해 막아낼 수 있다. 가령, 지난 수십 년 동안 기술적으로만 보면 인간 장기 시장도 생겨날 수 있었다. 저개발국의 인간 '신체 농장'과 절박한 부자 구매자들의 거의 무한정한 수요라는 여건이 충분히 갖춰져 있었다. 그런 신체 농장은 수천 억 달러를 호가할 수 있었다. 하지만 규제가 인간 신체 기관의 자유 거래를 막았다. 지금도 장기 매매 암시장이 있긴 하지만 당초 예상했던 것보다 훨씬 규모가 작고 한정돼 있다.[22]

　변화의 속도를 늦추면 사라지는 일자리의 대부분을 대신할 새 일자리를 만드는 데 필요한 시간을 확보할 수 있다. 하지만 앞에서도 말했듯이, 경제 분야의 기업가 정신뿐만 아니라 교육과 사람들의 심리에도 혁명적인 변화가 뒤따라야 한다. 새로 생기는 일자리가

기 술 적　도 전

67

한낱 정부의 한직이 아닌 다음에야 그것은 고도의 전문성이 필요한 일일 가능성이 높다. AI는 앞으로도 계속 향상될 테고 따라서 인간 고용자는 반복해서 새로운 기술을 배우고 직업을 바꿔나가야 할 것이다. 이때 정부가 개입해서 평생 교육 분야를 보조하고, 불가피한 전직 기간에 필요한 사회안전망을 제공해야 한다. 가령, 40세 전직 드론 조종사가 가상세계 디자이너로 변신하는 데 3년이 걸린다면, 그 기간 동안 자신과 가족을 부양하는 데는 정부의 상당한 지원이 필요할 수밖에 없다. (이런 유의 계획을 현재 스칸디나비아 국가들이 앞장서서 추진해가고 있는데, 이 정부들의 모토가 '일자리가 아닌 노동자를 보호하라'이다.)

하지만 정부 지원이 충분하게 제공된다 해도 수십억 명이 반복해서 자신을 바꿔나가는 과정에서 정신적 균형을 잃지 않을 수 있을지는 의심스럽다. 따라서 우리의 모든 노력에도 인류의 상당한 비중이 고용 시장에서 밀려난다면 일-이후 사회와 일-이후 경제, 일-이후 정치를 위한 새로운 모델을 탐구해야 할 것이다. 그 첫걸음은 우리가 과거로부터 물려받은 경제적, 정치적 모델이 앞으로 직면할 새로운 과제를 해결하기에는 맞지 않는다는 사실을 솔직히 인정하는 것이다.

예를 들어 공산주의를 보자. 자동화가 자본주의 시스템을 기반까지 흔들려고 위협함에 따라 혹자는 공산주의가 부활할 거라고 추측할 수 있다. 하지만 공산주의는 그런 종류의 위기를 활용하기 위해 만들어진 이념이 아니다. 20세기 공산주의 사상가들이 프롤레타리아에게 가르친 것은 이들의 막대한 경제적 힘을 정치적 영향력으로 전환하는 방법이었다. 공산주의 정파는 노동 계급에 의한 혁명을 촉구했다. 하지만 대중이 자신들의 경제적 가치를 잃는다면, 그래서 착취가 아닌 자신의 무관함에 맞서 투쟁해야 한다면 그런 교의가 얼마나 의미 있을까? 노동 계급이 없는 상황에서 어떻게 노동 계급 혁명을 시작할까?

혹자는 인간이 작업장에서는 AI와 경쟁할 수 없더라도 소비자로서는 늘 필요할 것이기 때문에 앞으로도 경제적으로 사회와 무관한 존재가 되지는 않을 거라고 주장할 수도 있다. 하지만 미래 경제가 우리를 소비자로서조차 필요한 존재로 여길지는 결코 확실하지 않다. 그 역할도 기계와 컴퓨터가 할 수 있을 것이기 때문이다. 이론적으로는 이런 경제도 충분히 가능하다. 광산 기업이 철을 생산해서 로봇 기업에 팔고, 로봇 기업은 로봇을 만들어 광산 기업에 팔고, 다시 광산 기업은 더 많은 철을 생산하고, 이렇게 생산된 철은 다시 더 많은 로봇을 만드는 데 쓰이고, 이런 식으로 계속된다. 이런 기업들은 은하계 멀리까지 성장하고 확장해갈 수 있다. 이 과정에서 그들에게 필요한 것이라고는 로봇과 컴퓨터뿐이다. 자신들의 생산물을 인간이 사주는 일조차도 필요하지 않다.

실제로 이미 지금도 컴퓨터와 알고리즘은 생산자일 뿐만 아니라 고객으로도 작동하고 있다. 가령, 증권거래소에서 알고리즘은 채권, 주식, 상품의 가장 중요한 매입자가 되고 있다. 마찬가지로 광고 사업에서도 가장 중요한 고객은 사람이 아닌 일개 알고리즘, 즉 구글 검색 알고리즘이다. 사람들은 이제 웹페이지를 디자인할 때 어떤 사람의 취향보다 구글 검색 알고리즘의 취향에 더 신경을 쓴다.

알고리즘에는 의식이 없는 게 확실하다. 인간 소비자와 전혀 달리 자신이 구매한 것을 즐길 수도 없고, 자신의 감각과 감정에 따라 구매 결정을 내리는 것도 아니다. 구글 검색 알고리즘은 아이스크림을 맛볼 수 없다. 하지만 알고리즘은 내부 계산과 내장된 선호를 기반으로 대상을 고른다. 이런 선호가 점점 우리가 사는 세상을 규정할 것이다. 구글 검색 알고리즘은 아이스크림 판매자의 웹페이지 순위를 매기는 데 관한 한 대단히 정교한 취향을 갖고 있다. 가장 크게 성공하는 아이스크림 판매자는 가장 맛있는 아이스크림을 생산하는 사람이 아니라 구글 알고리즘이 최상위에 올려놓는 사람이다.

나는 이 사실을 직접 겪어봐서 안다. 책을 출간할 때 출판사는 내게 온라인 홍보에 쓸 짧은 글귀를 써달라고 부탁한다. 하지만 출판사에는 그 분야의 특별한 전문가가 있어서 내가 써준 것을 구글 알고리즘의 취향에 맞춰 다듬는다. 이 전문가는 내가 쓴 문장을 검토한 후에 이렇게 말한다. "이 단어는 쓰지 마세요. 대신 저 단어를 쓰세요. 그러면 구글 알고리즘에서 주목을 더 많이 받을 테니까요." 우리는 알고리즘의 시선만 붙잡을 수 있다면 인간의 시선은 당연히 따라올 거라는 사실을 안다.

그러니 인간이 생산자로서도 소비자로서도 꼭 필요한 존재가 아니라면, 인간의 육체적 생존과 정신적 안녕은 어떻게 지킬 수 있을까? 우리가 해답을 찾기 시작하기 전에 위기가 전면적으로 분출하기를 기다리고 있을 수는 없다. 그때쯤이면 너무 늦을 것이기 때문이다. 21세기의 전례 없는 기술적, 경제적 파괴에 대처하기 위해 우리는 새로운 사회적, 경제적 모델을 최대한 빨리 개발해야 한다. 이런 모델들은 일자리보다 인간을 보호한다는 원칙을 따라야 한다. 많은 일자리들이 따분한 고역이고 구제할 가치가 없는 것들이다. 아무도 현금출납원을 평생의 꿈으로 여기지는 않는다. 우리가 집중해야 할 것은 사람들의 기본적인 필요를 충족시키고 사회적 지위와 자존감을 보호하는 일이다.

점점 사람들의 관심을 모으고 있는 한 가지 새로운 모델은 보편기본소득제UBI다. UBI는 정부가 알고리즘과 로봇을 지배하는 억만장자들과 기업들에 세금을 물려서 그 돈을 모든 개인에게 기본 필요를 충당할 만큼의 급료를 제공하는 데 사용하자고 제안한다. 이것이 빈곤층에는 실직과 경제적 혼란에 대비한 완충 역할을 할 테고, 덕분에 부유층은 포퓰리즘에 의한 대중의 격분으로부터 보호받을 거라는 구상이다.[23]

관련된 아이디어는 인간 활동의 범위를 넓혀 '일'로 간주되는 인간 활동의 범위를 확대하자는 것이다. 현재 수십억 명의 부모가 자녀를 돌보고, 이웃이 서로를 보살피고, 시민들은 공동체를 조직하는데 이런 가치 있는 활동들이 일로 인정받지 못하고 있다. 우리는 사고를 전환해, 단언컨대 아이를 돌보는 것이야말로 세상에서 가장 중요하고 힘든 일이라는 사실을 깨달을 필요가 있다. 그러면 컴퓨터와 로봇이 모든 운전사와 은행원과 변호사를 대체하더라도 일이 부족하지는 않을 것이다. 물론 문제는 누가 새롭게 인정된 일을 평가하고 대가를 지불하느냐는 것이다. 6개월 된 아이가 엄마에게 봉급을 지불하지는 않을 거라는 사실을 감안하면, 정부가 이 일을 떠맡아야 할 것이다. 이 급여가 가족의 기본 필요를 모두 충당할 거라고 가정하면 결국에는 보편기본소득제와 크게 다르지 않은 무언가가 될 것이다.

아니면, 정부는 보편 기본 소득 대신 보편 기본 서비스를 보조할 수 있을 것이다. 사람들에게 돈을 줘서 원하는 것을 살 수 있게 하는 대신 무상 교육, 무상 의료, 무상 교통 같은 서비스를 보조하는 방식이다. 이것은 사실상 공산주의가 그리던 유토피아의 청사진이다. 노동계급 혁명을 하려던 공산주의의 계획은 시대착오가 됐을지언정, 다른 수단으로 공산주의 목표를 실현하는 것을 목적으로 삼을 수도 있을 것이다.

보편 기본 소득(자본주의 낙원)을 제공하느냐, 보편 기본 서비스(공산주의 낙원)를 제공하느냐. 어느 쪽이 나을지는 논쟁적인 주제다. 양쪽 다 장단점이 있다. 하지만 어떤 낙원을 택하든 진짜 문제는 '보편'과 '기본'이 실제로 무엇을 뜻하는지 정의 내리는 데 있다.

보편이란
무엇인가?

사람들이 보편 기본 지원을 이야기할 때 — 소득의 형태로든 서비스의 형태로든 — 그것은 일반적으로 **국가** 차원의 기본 지원을 의미한다. 지금까지 모든 UBI 기획은 엄격하게 국가 차원이거나 지방 차원이었다. 2017년 1월 핀란드는 실직한 핀란드 국민 2,000명을 대상으로 구직 여부와 상관없이 1인당 월 560유로씩 지급하는 2년간의 실험을 시작했다. 유사한 실험이 현재 캐나다 온타리오 주와 이탈리아 리보르노 시, 네덜란드 도시 몇 곳에서도 진행되고 있다.[24] (2016년 스위스는 전국기본소득 계획을 제도화하는 안을 국민투표에 부쳤지만 부결됐다.)[25]

하지만 이런 전국 혹은 지방 차원의 계획이 안고 있는 문제는 자동화의 주 희생자가 핀란드나 온타리오, 리보르노, 암스테르담에 살고 있지 않을 수도 있다는 점이다. 세계화는 한 나라의 국민을 다른 나라 시장에 완전히 의존하도록 만들었지만, 자동화는 가장 약한 고리에 재앙적인 결과를 안김으로써 세계 무역 연결망의 큰 부분을 전복할 수도 있다. 20세기에 천연자원이 없는 개도국들은 주로 자국의 비숙련 노동자들의 값싼 노동력을 팔아 경제 성장을 달성했다. 오늘날 수백만의 방글라데시 국민은 셔츠를 만들어 미국 고객에게 팔아 생계를 이어가는가 하면, 벵갈루루 사람들은 미국 고객의 불만을 처리하는 콜센터를 운영해서 먹고산다.[26]

하지만 AI와 로봇, 3D 프린터가 부상하면서 값싼 비숙련 노동은

73

중요도가 현저히 떨어질 것이다. 다카에서 셔츠를 제조해 미국까지 먼 거리를 배로 실어 들여오는 대신, 아마존에서 온라인 코드를 사 뉴욕에서 프린트할 수 있을 것이다. 맨해튼 5번가의 자라와 프라다 매장은 브루클린의 3D 프린팅 센터로 대체될 수 있고, 어떤 사람들은 심지어 자기 집에 프린터를 둘 수도 있을 것이다. 동시에, 프린터에 대해 불평하려고 벵갈루루의 고객 서비스로 전화하는 대신, 억양과 어조를 당신의 취향에 맞춘 구글 클라우드의 AI 대표와 대화할 수도 있다. 다카의 새로운 실직자와 벵갈루루의 콜센터 직원은 유행하는 셔츠 디자인이나 컴퓨터 코딩으로 전직하는 데 필요한 교육을 받지 않은 상태다. 그러면 그들은 어떻게 살아갈까?

만약 AI와 3D 프린터가 실제로 방글라데시와 벵갈루루 사람들의 일을 인수한다면, 그전까지 남아시아로 흘러갔던 수익은 이제 캘리포니아의 몇몇 기술 거인들의 금고를 채울 것이다. 그러면 경제 성장이 세계 전역의 조건을 개선하는 대신, 실리콘밸리 같은 최첨단 기술 허브에서는 막대한 부가 창출되는 반면, 많은 개도국들은 붕괴하는 상황이 벌어질 수도 있다.

물론 일부 개도국 — 인도와 방글라데시 포함 — 은 승리 팀에 합류할 만큼 빠르게 발전할 수도 있다. 시간만 충분히 주어진다면, 방직공장 노동자와 콜센터 직원의 자녀도 얼마든지 엔지니어와 기업가가 되어 컴퓨터와 3D 프린터를 만들거나 소유할 수도 있다. 하지만 그런 전환에 필요한 시간은 줄어들고 있다. 과거 값싼 비숙련 노동은 세계 경제의 빈부 간극을 가로지르는 안전한 다리 역할을 했다. 비록 국가가 느리게 발전하더라도 결국에는 안전지대에 도달할 수 있으리라 기대했다. 빠른 성장보다 올바른 단계를 밟아가는 것이 더 중요했다. 하지만 이제 그 다리는 흔들리고 있다. 조만간 붕괴할지도 모른다. 이미 다리를 건너간 나라—저임금 노동을 졸업하고 고기술 산업으로 옮겨간 국가—는 아마 문제가 없을 것이다. 하지만 뒤처진 나라는 협곡의 좋지 못한 쪽에서 건너갈 수단도 없이 발이 묶일 수 있다. 아무 데서도 값싼 비숙련 노동자는 필요로 하지 않고, 좋은 교육 체계를 구축하고 새로운 기술을 가르치는 데 쓸 자원마저 없다면 어떻게 할 것인가?[27]

그럴 때 낙오자들의 운명은 어떻게 될까? 상상컨대, 미국 유권자들은 아마존과 구글이 미국 내 사업을 대가로 납부한 세금이 펜실베이니아의 실직 광부와 뉴욕의 실직 택시기사를 위한 급료나 무료 서비스 지급에 쓰이는 데에는 동의할 것이다. 하지만 트럼프 대통령이 '뒷간 같은 국가들'이라 부른 나라의 실직 국민을 지원하기 위해 이 세금을 송금하는 데에도 과연 미국의 유권자들이 동의할까?[28] 그럴 거라고 믿느니 차라리 산타클로스와 부활절 토끼가 문제를 해결할 거라고 믿는 편이 낫다.

기본이란
무엇인가?

보편 기본 지원은 기본적인 인간의 필요를 돌본다는 뜻이다. 하지만 합의된 정의는 없다. 순수하게 생물학적 관점에서 사피엔스는 생존하는 데 하루 1,500~2,500칼로리가 필요하다. 그 이상은 무엇이든 사치다. 하지만 이런 생물학적 빈곤선에 더해, 역사상 모든 문화는 자기 기준에 따른 추가적인 필요를 '기본'으로 규정했다. 중세 유럽에서는 교회 예배 참석을 음식보다 훨씬 중요하게 봤다. 그것은 덧없는 육체가 아닌 영원한 영혼을 돌보는 일이라고 생각했기 때문이었다. 오늘날 유럽에서 고상한 교육과 의료 서비스는 인간의 기본적 필요로 간주된다. 어떤 이들은 인터넷 접속도 이제는 모든 남녀와 아이들에게 필수적이라고 주장한다. 만약 2050년에 세계 연합 정부가 구글과 아마존, 바이두, 텐센트Tencent 로부터 세금을 걷어 지구상의 모든 인간 — 디트로이트는 물론 다카 사람까지 — 에게 기본 지원을 제공하기로 합의한다면 그들은 '기본'을 어떻게 정의할까?

가령, 기본 교육에는 읽기와 쓰기만 들어갈까, 아니면 컴퓨터 코딩과 바이올린 연주까지 포함될까? 6년제 초등 교육만 해당될까, 아니면 박사 과정까지 포함될까? 또 의료는 어떨까? 만약 2050년까지 의학이 발전해서 노화 과정을 늦추고 인간 수명을 현저히 늘리는 일이 가능해지면, 이런 새로운 치료법은 지구상의 100억 인구 모두가 누릴 수 있을까, 아니면 소수 억만장자에게만 국한될까? 만약 생명기술로 자녀를 업그레이드할 수 있게 된다면 이것은 인간의 기본적 필요로 간주될까, 아니면 인류가 생물학적으로 다양한 계층들로 쪼개지면서 부유한 슈퍼휴먼들이 가난한 호모 사피엔스를 훨씬 능가하는 능력을 누리게 될까?

'인간의 기본적 필요'를 두고 어떤 정의를 따르든, 일단 한 번 누구에게나 그것을 무료로 제공하면 사람들은 그것을 당연시하게 될 것이다. 그다음에는 기본이 아닌 사치 — 호화 자율주행차량, 가상 현실 공원 접속 혹은 생명공학적으로 증강된 신체 — 를 두고 치열한 사회 경쟁과 정치적 투쟁이 집중적으로 일어날 것이다. 하지만 실업 대중이 그만한 경제 자산을 갖고 있지 않은 다음에야 어떻게 그런 사치를 누리기를 희망할 수 있을지 알기 어렵다. 그 결과, 부유층(텐센트 매니저와 구글 주주)과 빈곤층(보편기본소득으로 생활하는 사람) 간의 격차는 점점 커질 뿐 아니라 사실상 메울 수 없게 될 것이다.

따라서 어떤 식으로든 보편 지원 구상 덕분에 2050년에는 빈곤층이 지금보다 훨씬 나은 의료 서비스와 교육을 누린다 하더라도, 그들은 전 지구에 불평등이 만연하고 사회적 이동성이 사라진 것에 극도로 분노할 수 있다. 사람들은 시스템이 자신들에게 불리하게 조작돼 있고, 정부는 초부유층에만 봉사하며, 미래는 자신과 자녀들에게 더욱 나빠질 거라고 느낄 것이다.[29]

호모 사피엔스는 만족을 위해서만 설계되지는 않았다. 인간의 행복은 객관적 조건보다는 우리 자신의 기대에 더 크게 좌우된다. 하

지만 기대는 조건에 적응하기 마련이다. 여기에는 다른 사람의 조건
도 포함된다. 상황이 좋아지면 기대도 높아지며, 그 결과 여건이 극
적으로 좋아진 후에도 이전처럼 불만족스러운 상태가 된다. 보편
기본 지원이 2050년 평균인의 객관적 조건을 개선하는 것을 목표
로 한다면 성공할 가능성은 꽤 높다. 하지만 사람들이 자신의 운명
에 대해 주관적으로 더 만족하는 것과 사회적 불만을 막는 것을 목
표로 한다면 실패할 가능성이 높다.

그 목표를 진정으로 달성하려면 보편 기본 지원은 스포츠에서 종
교에 이르기까지 다른 의미 있는 추구에 의해 보완돼야 할 것이다.
아마도 이스라엘에서 행해진 실험이 일-이후 세계에서 만족스런
삶을 사는 방법으로는 지금까지 가장 성공적이었을 것이다. 이곳에
서는 초정통파 유대교 남성의 약 50퍼센트가 일을 하지 않는다. 이
들은 성경을 공부하고 종교 의식을 수행하는 데 삶을 바친다. 그들
과 가족들이 굶어 죽지 않는 비결은 흔히 부인들이 일을 하기 때문
이기도 하고, 생활에 필요한 기본적인 것들에 부족함이 없도록 정
부가 보조금과 무료 서비스를 제공하기 때문이기도 하다. 이것이야
말로 '그런 말이 생기기도 전'의 보편 기본 지원이다.[30]

이 초정통파 유대교 남성들은 가난하고 직업도 없다. 하지만 설
문조사를 해보면 삶의 만족도가 이스라엘 사회의 다른 어떤 분파보
다 높게 나온다. 이는 공동체의 유대감이 주는 결속력과 더불어, 성
경 공부와 의례 수행에서 찾을 수 있는 깊은 의미 때문이다. 열악한

환경 속에서 땀 흘려 일하는 노동자들로 가득한 대형 직물공장보다, 남성들이 함께 모여 탈무드를 공부하는 작은 방에서 더 큰 즐거움과 참여감과 통찰이 생기는 것은 당연하다. 전 세계를 대상으로 삶의 만족도를 묻는 조사에서 이스라엘이 상위권에 오르는 이유도 부분적으로 이런 무직의 가난한 사람들이 점수를 올려주기 때문이다.[31]

비유대교 이스라엘인은 초정통파 유대교인들이 사회 기여도가 낮고 다른 사람의 근로에 기생한다고 극심하게 비판할 때가 많다. 특히 초정통파 유대교인 가족은 자녀가 평균 일곱 명이라는 점을 들어, 그런 삶의 방식은 지속 가능하지 않다고 주장하는 경향이 있다.[32] 아마도 조만간 국가가 그 많은 실업자들을 계속해서 지원할 수는 없을 것이다. 그러면 그들도 일을 해야 할 것이다. 하지만 그 반대가 될 수도 있다. 로봇과 AI가 인간을 구직 시장에서 밀어내면, 오히려 초정통파 유대교인들이 과거의 화석이 아니라 미래의 모델로 보일지도 모른다. 물론 모든 사람이 초정통파 유대교인이 되어 예시바(정통파 유대교인을 위한 대학, 학교 — 옮긴이)에 가서 탈무드를 공부할 거라는 말은 아니다. 하지만 모든 사람의 삶에서 의미와 공동체의 추구가 구직열을 압도할지도 모른다.

만약 보편적인 경제 안전망과 더불어 강력한 공동체와 의미 있는 삶의 추구를 결합할 수만 있다면, 우리가 알고리즘에 일자리를 빼앗기는 것이 실제로는 축복일 수 있다. 하지만 우리 삶에 대한 통제력을 잃는 것은 훨씬 무서운 시나리오다. 대량 실업의 위험과는 별도로, 우리가 훨씬 더 걱정해야 할 일은 인간의 권위가 알고리즘으로 옮겨가는 것이다. 알고리즘은 자유주의 이야기에 대한 우리의 믿음을 파괴하고 디지털 독재의 부상으로 이어지는 길을 열지도 모른다.

3

자유

빅데이터가 당신을 지켜보고 있다

자유주의 이야기는 인간의 자유를 첫 번째 가치로 소중하게 여긴다. 모든 권위는 궁극적으로 인간 개인의 자유 의지에서 나오며, 그것은 각 개인의 감정과 욕망, 선택으로 표현된다고 주장한다. 정치에서 자유주의는 유권자가 제일 잘 안다고 믿는다. 따라서 민주적인 선거를 옹호한다. 경제에서 자유주의는 고객은 언제나 옳다는 원칙을 고수한다. 따라서 자유 시장 원리를 반긴다. 사적인 문제에서 자유주의는 자기 목소리에 귀 기울이고, 자신에게 진실하고, 자신의 마음을 따르라고 권장한다. 다만 타인의 자유를 침해해서는 안 된다. 이런 개인의 자유는 인권 속에 간직되어 있다.

　서양의 정치 담론에서 '자유주의자liberal'라는 용어는 요즘은 가끔 훨씬 좁은 당파적 의미로 사용되기도 하는데, 그럴 때는 동성同

81

^性 결혼, 총기 규제, 낙태 같은 특정 의제를 지지하는 사람을 나타낸다. 하지만 이른바 보수주의자들의 대다수도 넓은 의미의 자유주의적 세계관을 포용한다. 특히 미국의 경우 공화당원과 민주당원은 서로 열띤 다툼을 잠시 멈추고 자유선거와 독립된 사법부, 인권 같은 기본 원칙에 대해서는 모두가 의견을 같이한다는 점을 상기시키곤 한다.

특히 로널드 레이건과 마거릿 대처 같은 우파 영웅은 경제 활동의 자유뿐만 아니라 개인의 자유도 열렬히 수호했다는 점을 기억하는 것이 중요하다. 1987년 유명한 인터뷰에서 대처는 이렇게 말했다. "사회 같은 것은 없다. 실재하는 것은 남자들과 여자들의 살아 있는 태피스트리다. 우리 삶의 질은 서로가 자신에 대해 얼마나 책임질 준비가 돼 있느냐에 좌우될 것이다."[1]

보수당의 대처 후예들도 정치적 권위가 개인 유권자의 감정과 선택, 자유 의지에서 온다는 데 노동당과 전적으로 견해를 같이한다. 그래서 영국이 유럽연합 탈퇴 여부를 결정해야 했을 때 데이비드 캐머런 총리가 그 문제를 풀기 위해 자문을 구한 상대는 엘리자베스 2세 여왕이나 캔터베리 주교, 옥스퍼드와 케임브리지 교수들이 아니었다. 국회의원들에게도 물어보지 않았다. 대신 국민투표를 실시해 영국 국민 개개인에게 "어떻게 느끼십니까?"라고 물었다.

당시 질문은 "어떻게 느끼십니까?"가 아니라 "어떻게 생각하십니까?"였다고 반박할지도 모르겠다. 하지만 이 점이야말로 사람들의 공통된 오해다. 국민투표와 선거는 언제나 인간의 느낌에 관한 것이지 이성적 판단에 관한 것이 아니다. 만약 민주주의가 이성적인 의사 결정의 문제라면 모든 사람에게 동등한 투표권을, 혹은 그 어떤 투표권도 줘야 할 이유가 전혀 없다. 어떤 사람들은 다른 사람들보다 훨씬 더 박식하고 이성적이라는 증거는 충분하다. 경제나 정치에 관한 구체적인 질문에 관한 한 확실히 그렇다.[2] 브렉시트 투표가 있고 난 후에 저명한 생물학자 리처드 도킨스는 자신을 포함한 영국 대중의 대다수는 (이 문제를 두고) 국민투표에서 투표하도록 요구받는 일이 없어야 했다면서, 그들에게는 경제학과 정치학의 필요한 배경 지식이 없기 때문이라고 항변했다. "차라리 아인슈타인이 대수학을 맞게 풀었는지 결정하기 위해 국민투표를 실시하거나, 조종사가 어느 활주로에 착륙해야 할지를 두고 승객에게 투표하게 하는 것이 낫겠다."[3]

기 술 적 도 전

그렇지만 좋든 나쁘든, 선거와 국민투표는 우리가 어떻게 생각하는지 묻는 게 아니다. 우리가 어떻게 느끼는지를 묻는 것이다. 느낌에 관한 한 아인슈타인과 도킨스도 다른 사람보다 나을 게 없다. 민주주의는 인간의 느낌이 신비롭고 심오한 '자유 의지'를 반영하고, 이 '자유 의지'가 권위의 궁극적인 원천이며, 어떤 사람이 다른 사람보다 더 똑똑하더라도 모든 인간은 평등하게 자유롭다고 가정한다. 아인슈타인, 도킨스와 마찬가지로, 문맹의 가정부 또한 자유 의지가 있으며 따라서 선거일에는 그녀의 느낌 — 투표로 표시되는—도 다른 사람들과 똑같이 계산된다.

느낌에 이끌리는 것은 유권자뿐 아니라 지도자도 해당된다. 2016년 브렉시트 국민투표에서 탈퇴 캠페인을 이끈 지도자는 보리스 존슨과 마이클 고브였다. 데이비드 캐머런이 사임한 후 고브는 처음에 존슨을 총리로 지지했다. 하지만 마지막 순간에 고브는 존슨이 부적격자라고 선언하고 자신이 직접 출마하겠다는 의사를 발표했다. 존슨의 기회를 날려버린 고브의 행동을 두고 사람들은 마키아벨리적인 정치적 암살이라고 불렀다.[4] 하지만 고브는 자신의 행동을 변호하는 과정에서 자신의 느낌에 호소하며 이렇게 설명했다. "정치 인생에서 걸음을 옮길 때마다 나 자신에게 한 가지 질문을 해왔다. '무엇이 옳은 일인가? 너의 마음은 네게 뭐라고 하는가?'"[5] 고브에 따르면, 그가 브렉시트를 위해 그토록 열심히 싸운 이유도, 그때까지 동지였던 보리스 존슨의 등에 칼을 꽂을 수밖에 없었던 이유도, 자신이 우두머리 자리에 나선 것도 그 때문이었다. 즉, 그의 마음이 그렇게 하라고 했다는 것이다.

마음에 대한 이런 의존은 자유민주주의의 아킬레스건으로 드러날지도 모른다. 왜냐하면 (베이징이나 샌프란시스코의) 누군가가 인간의 마음을 해킹해서 조작하는 기술력을 얻게 되면, 민주 정치는 감정의 인형극으로 돌변할 것이기 때문이다.

알고리즘에
귀 기울이기

개인의 느낌과 자유 선택에 대한 자유주의의 믿음은 자연적인 것도 아니고 그리 오래되지도 않았다. 수천 년 동안 사람들은, 권위는 인간의 마음보다는 신법神法에서 오는 것이며 따라서 우리는 인간의 자유보다 신의 말씀을 신성시해야 한다고 믿었다. 불과 지난 수 세기 동안 권위의 원천은 천상의 신에게서 피와 살을 가진 인간으로 이동했다.

조만간 권위는 다시 이동할지 모른다. 이번에는 인간에게서 알고리즘으로 말이다. 과거 신적 권위를 종교적 신화로 정당화한 것처럼 인간의 권위를 정당화한 것은 자유주의 이야기였다. 따라서 다가오는 기술 혁명은 빅데이터 알고리즘의 권위를 정당화하는 과정에서 바로 개인의 자유라는 생각의 기반을 위태롭게 할 수 있다.

앞 장에서 이야기했듯이, 과학적 통찰이 우리 뇌와 몸의 작동 방식에 대해 제시하는 견해는, 우리의 감정은 인간만의 어떤 독특한 영적 특성이 아니며 어떤 유의 '자유 의지'도 반영하지 않는다는 것이다. 그보다 감정은 모든 포유류와 조류가 생존과 재생산의 확률을 재빨리 계산하기 위해 사용하는 생화학적 기제라고 말한다. 감정은 직관이나 영감, 자유가 아니라 계산에 기반을 둔 것이다.

원숭이나 쥐, 인간은 뱀을 보면 두려움이 일어난다. 곧바로 뇌 속의 수백만 개 뉴런이 관련 데이터를 계산해서 죽을 확률이 높다고 결론짓기 때문이다. 성적 매력을 느끼는 것은, 다른 생화학적 알고리즘이 인근 개체와의 짝짓기와 사회적 결속의 가능성과 그 외 다른 갈망하는 목적을 이룰 확률이 높다고 계산했을 때다. 분노나 죄책감, 용서 같은 도덕적 감정은 집단 협력이 가능하도록 진화한 신경 메커니즘에서 나온다. 이 모든 생화학적 알고리즘은 수백만 년에 이르는 진화를 거치면서 연마된 것이다. 만약 어떤 고대의 선조가 실수를 했다면 이런 감정을 구성하는 유전자들은 다음 세대에 전수되지 않았을 것이다. 따라서 감정은 합리성의 반대가 아니다. 감정이 체화한 것이 진화적 합리성이다.

우리는 대체로 감정이 사실은 계산이라는 것을 깨닫지 못한다. 왜냐하면 계산의 과정이 자각의 문턱 훨씬 아래에서 순식간에 일어나기 때문이다. 우리는 생존과 재생산의 확률을 계산하고 있는 뇌 속의 수백만 개 뉴런을 느끼지 못한다. 그래서 뱀에 대한 공포나 성관계 상대의 선택 혹은 유럽연합에 관한 의견이 어떤 신비한 '자유의지'의 결과라고 착각한다.

비록 자유주의가 우리의 감정이 자유 의지를 반영한다고 잘못 생각하고 있기는 하지만 지금까지도 감정에 의존해 살아가는 방식은 여전히 현실적으로 잘 통했다. 왜냐하면 우리의 감정에 마법 같거나 자유로운 것이라고는 전혀 없었다 하더라도, 무엇을 공부할지, 누구와 결혼할지, 어느 당에 투표할지 결정하기 위한 방법으로는 감정이 우주에서 최선이었기 때문이다. 외부의 어떤 시스템도 나보다 내 감정을 더 잘 이해할 거라고 기대할 수 없었다. 스페인 종교재판관이나 소련 KGB가 매 순간 나를 감시한다 해도, 그들에게 내 욕망과 선택을 형성하는 생화학적 과정을 해킹하는 데 필요한 생물학적 지식과 컴퓨팅 능력은 없었다. 그러니 현실적으로 내게 자유 의지가 있다고 주장하는 것은 무리가 아니었다. 내 의지는 주로 내부 힘들의 상호작용으로 형성되었고, 이것은 외부에서는 아무도 볼 수 없었기 때문이다. 나는 나의 은밀한 내부 영역을 지배한다는 환상을 즐길 수 있었던 반면, 외부인들은 내 안에서 어떤 일이 일어나는지, 내가 어떻게 결정을 내리는지 실제로 전혀 이해할 수 없었다.

따라서 자유주의가 사람들에게 어떤 사제나 당 기관원의 지시보다 자기 마음을 따르라고 조언한 것은 옳았다. 하지만 조만간 컴퓨터 알고리즘은 인간의 감정보다 더 나은 조언을 해줄 수 있을 것이다. 스페인 종교재판관과 KGB가 구글과 바이두에 길을 내줌에 따라 '자유 의지'는 신화로 드러날 가능성이 크고, 자유주의는 현실적 이점을 잃을지도 모른다.

우리는 지금 엄청난 두 가지 혁명이 합쳐지는 지점에 와 있다. 한편으로는 생물학자들이 인간 신체, 특히 인간의 뇌와 감정의 신비를 해독하고 있다. 동시에 컴퓨터 과학자들은 우리에게 유례없는 데이터 처리 능력을 선사하고 있다. 생명기술 혁명과 정보기술 혁명이 합쳐지면 빅데이터 알고리즘을 만들어낼 것이고, 그것은 내 감정을 나보다 훨씬 더 잘 모니터하고 이해할 수 있다. 그런 다음에 권위는 아마도 인간에게서 컴퓨터로 이동할 것이다. 지금까지 접근

불가였던 나의 내부 영역을 제도와 기업, 정부 기관이 이해하고 조작하는 것을 일상적으로 접하면서, 자유 의지에 대한 나의 환상은 산산조각 날 가능성이 높다.

이미 의료 분야에서는 이런 일이 일어나고 있다. 우리 삶에서 가장 중요한 의료 결정을 내릴 때 근거로 삼는 것은 아프다거나 괜찮다는 우리의 느낌 혹은 주치의가 내리는 식견 있는 예측이 아니다. 우리 몸을 우리보다 훨씬 더 잘 이해하는 컴퓨터의 계산이다. 수십 년 내에 빅데이터 알고리즘은 끊임없이 입력되는 생체측정 데이터를 토대로 우리의 건강을 쉴 새 없이 모니터할 것이다. 우리가 몸에 어떤 문제가 있다고 느끼기 훨씬 전에, 빅데이터 알고리즘은 독감이나 암, 알츠하이머 같은 질병이 발병하는 첫 순간부터 감지할 것이다. 그런 다음 우리의 독특한 체격과 DNA, 인성에 맞춰 처방된 적절한 치료법과 식단, 식이요법을 추천할 것이다.

사람들은 사상 최고의 의료 서비스를 누릴 것이다. 하지만 바로 이런 이유 때문에 그들은 늘 환자 신세가 될 가능성이 높다. 우리 몸 어딘가에는 늘 어떤 문제가 있기 때문이다. 항상 무언가 개선될 것이 있게 마련이다. 과거에는 몸에 고통을 느끼거나 절름발이처럼 눈에 보이는 장애로 고생하지 않는 한 더할 나위 없이 건강하다고 느꼈다. 하지만 2050년이면 생체측정 센서와 빅데이터 알고리즘 덕분에 질병이 고통이나 장애로 나타나기 훨씬 전에 진단과 처방이 내려질 것이다. 그 결과 당신은 늘 어떤 '의료가 필요한 상태'

에 놓이고, 이런저런 알고리즘 추천을 따르게 될 것이다. 거절하면 의료보험의 효력이 정지되거나 상사가 당신을 해고할지도 모른다. 왜 당신이 고집 부린 대가를 그들이 지불해야 하나?

일반적 통계상 흡연이 폐암과 상관있다는 사실을 알면서도 흡연을 계속하는 것과, 생체측정 센서가 좌상부 폐에서 암세포가 17개 감지됐다고 구체적으로 경고하는 것을 듣고도 계속 담배를 피우는 것은 완전히 다른 문제다. 설령 당신은 센서를 무시할 의향이 있다 해도, 센서가 보험 대리점과 직장 매니저, 어머니에게 경보를 전달하면 어떻게 할 것인가?

이 모든 질병들을 처리할 시간과 에너지가 있는 사람은 누구일까? 십중팔구, 우리는 이런 문제 대부분을 다루는 데 적합해 보이는 건강 알고리즘에 지시만 내릴 수 있을 뿐이다. 기껏해야 알고리즘은 우리 스마트폰에 수신되는 주기적인 업데이트를 통해 "17개의 암세포가 감지돼 제거되었다"는 사실이나 알려줄 것이다. 건강 염려증이 있는 사람은 이런 업데이트들을 충실하게 읽을지도 모르지만, 우리 중 대다수는 컴퓨터에 성가시게 뜨는 바이러스 퇴치 통지문처럼 무시하고 말 것이다.

의사 결정의
드라마

　　　의료 분야에서 이미 일어나기 시작한 것은 앞으로 점점 더 많은 분야에서도 일어날 가능성이 높다. 핵심 발명품은 생체 측정 센서인데 몸에 착용할 수도 있고 체내에 이식할 수도 있다. 생물학적 과정을 전자 정보로 전환해서 컴퓨터가 저장하고 분석할 수 있다는 장치다. 생체측정 데이터와 컴퓨팅 능력만 충분하면 외장 데이터 처리 시스템은 당신의 모든 욕망과 결정 그리고 의견까지 해킹할 수 있다. 그것은 당신이 어떤 사람인지 정확히 알 수 있다는 것이다.

　사람들은 대부분 자신을 잘 모른다. 나는 스물한 살 때 비로소 내가 동성애자라는 사실을 깨달았다. 스스로 부인하면서 몇 년을 살고 난 뒤였다. 동성애자 대부분이 비슷한 과정을 겪는다. 동성애 남성 다수가 자신의 성 정체성에 대해 확신하지 못한 채 10대 시절을 보낸다. 이제 2050년이면 어떻게 될지 상상해보자. 그때는 알고리즘이 모든 10대에게 그가 동성애/이성애 스펙트럼의 어느 지점에 있는지 (그리고 그 지점이 얼마나 가변적인지조차) 정확히 알려줄 수 있다. 아마 알고리즘은 매력적인 남성과 여성의 사진이나 동영상을 보여주고 안구 움직임과 혈압, 뇌 활동을 추적한 다음, 5분 이내에 킨제이 척도상의 수치를 출력할 것이다.[6] 그런 알고리즘이 있었다면 나도 수년간을 좌절감 속에 살지 않았을 것이다. 아마 당신은 개인적으로 그런 테스트를 해볼 마음이 없을 수도 있다. 하지만 미래에 당신은 미셸의 따분한 생일 파티에 친구들과 함께 있다가 누군가 이 멋진 새 알고리즘으로 돌아가면서 테스트를 해보자고 하는 일을 겪을 수도 있다. (결과를 보려고, 그리고 그에 대해 한마디씩 하려고 모두 주변에 둘러서 있다.) 당신은 그 자리를 떠날 텐가?

당신이 그 자리를 떠난다 해도, 그 후로도 계속 자신과 친구로부터 숨는다 해도, 아마존이나 알리바바, 비밀경찰의 눈까지 피할 수는 없을 것이다. 당신이 웹을 서핑하고 유튜브를 보고 소셜미디어 게시물을 읽을 때, 알고리즘은 용의주도하게 당신을 모니터하고 분석해서, 어떤 탄산음료를 당신에게 팔고 싶다면 셔츠를 입지 않은 소녀보다 웃통을 벗은 사내가 주인공인 광고를 사용하는 게 나을 거라고 코카콜라 측에 알려줄 것이다. 당신은 그런 사실도 모르겠지만 그들은 알 것이다. 그런 정보야말로 수십억의 가치가 있을 테니까.

이번에도 역시, 아마 모든 것이 공개돼 있을 것이고, 사람들은 기꺼이 자신의 정보를 공유해서 좀 더 나은 추천을 받으려 할 것이고, 결국에는 알고리즘이 자신을 위한 결정까지 내려주기를 바랄 것이다. 그것은 아주 단순한 것, 가령 어떤 영화를 볼지 결정하는 일 같은 것으로 시작된다. 친구들과 티브이 앞에 둘러앉아 아늑한 저녁을 보내려면 우선 무엇을 볼지 골라야 한다. 50년 전만 해도 선택의 여지가 없었지만 지금은 온디맨드on-demand 서비스 덕분에 시청할 수 있는 영화가 수천 편에 이른다. 그러다 보니 친구들과의 의견 통일이 꽤 어려울 수 있다. 당신은 SF 스릴러를 좋아하는 반면, 잭은 로맨틱 코미디를 선호하고, 질은 프랑스 예술 영화를 추천한다. 결국 절충하다 보면 모두가 실망하는 그저 그런 B급 영화를 보게 되기 십상이다.

이런 상황에서 알고리즘이 해결사가 될 수 있다. 당신과 친구들 각자가 과거에 재미있게 본 영화를 알고리즘에 알려주면, 통계에 근거한 데이터베이스를 기반으로 알고리즘은 그 집단에 꼭 맞는 영화를 찾아낼 수 있다. 하지만 불행히도, 그런 저급한 알고리즘은 속아 넘어가기 쉽다. 무엇보다 셀프리포팅은 사람들의 진짜 선호를 알려주는 척도로는 믿을 수 없기로 악명 높기 때문이다. 많은 사람이 어떤 영화를 걸작이라고 칭찬하는 것을 듣고, 나도 봐야겠다 싶어서 보다가 중간에 잠이 들었는데도, 교양 없는 속물처럼 보이기는 싫어서 모두에게 대단한 경험이었다고 이야기하는 경우가 얼마나 많은가?[7]

하지만 그런 문제도 해결될 수 있다. 우리 자신의 의심스런 셀프리포트에 의존하는 대신, 알고리즘이 우리가 실제로 영화를 볼 때 나타나는 실시간 데이터를 수집하도록 허용하기만 하면 된다. 우선 알고리즘은 우리가 끝까지 본 영화와 도중에 중단한 영화를 모니터할 수 있다. 우리가 온 세상에 〈바람과 함께 사라지다〉야말로 사상 최고의 영화라고 말하긴 해도, 사실은 전반 30분을 넘긴 적이 없고 애틀랜타가 불타는 장면은 실제로 본 적도 없다는 것을 알고리즘은

92

알 것이다.

하지만 알고리즘은 그보다도 훨씬 더 깊이 들어갈 수 있다. 현재 엔지니어들은 우리 눈과 얼굴 근육의 움직임을 토대로 인간 감정을 감지할 수 있는 소프트웨어를 개발하고 있다.[8] 텔레비전에 좋은 카메라를 장착하면 그런 소프트웨어가 어떤 장면에서 우리가 웃고 슬퍼하고 지루해하는지 알 것이다. 그다음 그런 알고리즘을 생체측정 센서에 연결하면 각 프레임이 우리 심장 박동과 혈압, 뇌 활동에 어떤 영향을 주는지도 알 것이다. 가령 우리가 쿠엔틴 타란티노의 〈펄프 픽션〉을 관람하는 동안, 강간 장면에서는 거의 감지할 수 없는 성적 기미를 보였고, 빈센트가 우연히 마빈의 얼굴에 총을 쐈을 때는 웃으면서도 죄책감을 느꼈으며, 빅 카후나 버거에 관한 농담은 알아듣지도 못했으면서 멍청해 보이지 않으려고 웃었다는 사실을 알고리즘은 알아차릴 수 있다. 우리는 억지로 웃을 때는, 진짜로 우스워서 웃을 때와는 다른 뇌 회로와 근육을 사용한다. 인간은 보통 그 차이를 감지할 수 없지만 생체측정 센서는 할 수 있을 것이다.[9]

텔레비전이라는 단어는 그리스어 '텔레tele'에서 나왔는데 '멀리'라는 뜻이다. 라틴어 '비지오visio'는 시야를 뜻한다. 원래 텔레비전은 우리가 멀리서도 볼 수 있도록 해주는 기기로 인식됐다. 하지만 조만간 텔레비전은 멀리서부터 우리를 보이게 해줄 수도 있을 것이다. 조지 오웰이 《1984》에서 상상한 것처럼, 우리가 텔레비전을 보는 동안 텔레비전도 우리를 감시할 것이다. 우리는 타란티노의 영화를 다 보고 나서 대부분을 잊어버릴지도 모르지만, 넷플릭스나 아마존 혹은 티브이 알고리즘을 소유한 사람은 누구든지 우리의 인성 유형과, 우리의 감정 유발 버튼을 누르는 법을 알 수 있을 것이다. 그런 데이터들 덕분에 넷플릭스와 아마존은 기괴할 정도로 정확히 우리에게 맞는 영화를 골라줄 것이다. 나아가 우리를 위해 인생에서 가장 중요한 결정까지 내려줄 것이다. 이를테면 무엇을 공부해야 하는지, 어디서 일해야 하는지, 누구와 결혼해야 하는지도.

물론 아마존의 답이 늘 옳지는 않을 것이다. 그것은 불가능하다. 데이터 부족, 프로그램 오류, 목표 설정 혼란, 삶의 근본적인 무질서 때문에 알고리즘은 반복해서 실수를 범할 수밖에 없다.[10] 하지만 아마존이 완벽해야 할 필요는 없다. 평균적으로 우리 인간보다 낫기만 하면 된다. 그 정도는 그리 어려운 일이 아니다. 왜냐하면 대부분의 사람은 자신을 잘 모르기 때문이다. 사람들은 자기 인생에서 가장 중요한 결정을 내리면서도 끔찍한 실수를 저지를 때가 많다. 데이터 부족과 (유전적이고 문화적인) 프로그램 오류, 목표 설정 혼란과 인생의 무질서로 인한 고충도 인간이 알고리즘보다 훨씬 더 크게 겪는다.

당신은 알고리즘을 둘러싼 많은 문제들을 열거하고 나서는, 그렇기 때문에 사람들은 결코 알고리즘을 신뢰하지 않을 거라고 결론 내릴 수도 있다. 하지만 그것은 민주주의의 모든 결점들을 나열한 후에 제정신인 사람이라면 그런 체제는 지지하려 들지 않을 거라고 결론짓는 것과 비슷하다. 윈스턴 처칠의 유명한 말이 있지 않은가. '민주주의는 세상에서 가장 나쁜 정치 체제다, 다른 모든 체제를 제외하면.' 빅데이터 알고리즘에 대해서도 사람들은 그런 판단이 옳든 그르든 똑같은 결론에 이를 수 있다. 즉, 알고리즘은 장애도 많지만 더 나은 대안이 없다.

인간의 의사 결정 방식에 대한 과학자들의 이해가 깊어질수록 알고리즘에 의존하고 싶은 유혹은 점점 커질 가능성이 높다. 인간의 의사 결정을 해킹하면 빅데이터 알고리즘의 신뢰도는 더욱 커지고, 그와 동시에 인간의 감정은 점점 더 의심받게 될 것이다. 정부와 기업이 인간의 운영 체계를 해킹하는 데 성공하면서 우리는 정밀 유도된 조작, 광고와 프로파간다의 융단폭격에 노출될 것이다. 마치 버티고vertigo(공간 정위 상실 — 옮긴이) 상태에 빠진 조종사가 자기 감각이 말하는 것은 다 무시한 채 오로지 기계만 믿어야 하듯이, 앞으로 알고리즘에 의존할 수밖에 없을 우리의 의견과 감정을 조작하기란 너무나 쉬워질 수 있다.

어떤 나라와 어떤 상황에서는 사람들이 아무런 기회도 갖지 못한 채, 마지못해 빅데이터 알고리즘의 결정을 따를 수밖에 없게 될 것이다. 하지만 이른바 자유 사회에서도 알고리즘은 다시 권위를 얻을 수 있다. 그것은 사람들이 경험에서 얻는 학습을 통해 점점 더 많은 이슈들에 대해 알고리즘을 신뢰하게 되는 반면, 자기 스스로 결정을 내리는 능력은 잃어가면서 생기는 현상일 것이다. 불과

20년 사이에 일어난 과정만 돌이켜봐도 알 수 있다. 이제 수십억 명이 의미 있고 믿을 만한 정보를 찾을 때 구글 검색 알고리즘을 가장 중요한 도구 중 하나로 신뢰하게 되었다. 우리는 더 이상 정보를 검색하지 않는다. 대신 우리는 '구글한다'. 우리가 어떤 답을 찾을 때 구글에 의존하는 경향이 커짐에 따라 우리 자신의 정보 검색 능력은 갈수록 감퇴한다. 오늘날 이미 '진실'은 구글 검색의 최상위 결과와 동의어다.[11]

알고리즘 의존의 심화는 우리의 신체 능력에서도 진행되고 있다. 공간 속 길 찾기 같은 것이 대표적이다. 사람들은 구글에 주변 안내를 부탁한다. 교차로에 이르렀을 때 육감은 '좌회전'을 말하는데 구글 지도는 '우회전'을 지시할 수 있다. 처음에는 육감을 믿고 좌회전을 하지만 교통 체증에 막혀 중요한 미팅을 놓친다. 다음번에는 구글 말을 듣고 우회전해서 정각에 도착한다. 이런 식으로 사람들은 경험을 통해 구글을 신뢰하게 된다. 1~2년 이내에 구글 지도가 알려주는 것이라면 무엇이든 무조건 따른다. 그러다 스마트폰이 불통되면 속수무책이다.

2012년 3월 일본 관광객 세 명이 호주 연안의 작은 섬으로 당일치기 여행을 가기로 했다. 그들은 차를 몰고 가다가 그대로 태평양에 뛰어들었다. 운전을 했던 21세 유주 노다 씨는 나중에 자신은 GPS 지시를 따랐을 뿐이라고 했다. "GPS가 우리한테 그쪽으로 곧장 갈 수 있다고 했어요. 길로 안내해줄 거라고 계속 말하더군요. 그러다 꼼짝없이 빠졌지요."[12] 그와 비슷하게 사람들이 GPS 지시만 믿고 차를 몰고 가다가 호수에 빠지거나 철거된 다리에서 떨어지는 사고가 여러 차례 일어났다.[13] 길 찾기 능력은 근육과 같다. 사용하지 않으면 잃는다.[14] 배우자나 직업을 고르는 능력도 마찬가지다.

매년 수백만의 젊은이들이 대학에서 무엇을 공부할지 결정해야 한다. 이것은 대단히 중요하면서 그만큼 어려운 결정이다. 부모와 친구, 교사 들로부터 압력을 받기 마련이다. 더구나 이들의 관심과 의견도 다 다르다. 여기에 자기 자신의 두려움과 환상까지 더해진다. 할리우드 블록버스터, 시답잖은 소설, 정교한 광고 캠페인까지 가세하면서 판단은 더욱더 흐려지고 이리저리 흔들린다. 특히나 현명한 결정을 내리기 어려운 이유는 각각 다른 직업에서 성공하는데 필요한 것이 무엇인지 정말 모르는 데다, 자신의 장단점을 자신이 정확히 아는 것도 아니기 때문이다. 변호사로 성공하려면 무엇이 필요할까? 압박감 속에서 나는 어떻게 일을 해나갈까? 나는 팀워크가 좋은 사람일까?

한 학생이 처음에 법대 진학을 선택한 이유가 사실은 자신의 역량을 정확히 모르는 데다, 변호사에게 필요한 자질이 무엇인지에 대해서는 훨씬 왜곡된 견해를 가졌기 때문일 수 있다(변호사가 되었다고 해서 온종일 극적인 연설을 하고 "이의 있습니다. 재판관님!"을 외치는 것은 아니다). 그런가 하면 그녀의 친구는 어릴 적 꿈을 이루려고 전문적인 발레를 공부하기로 결심할 수도 있다. 하지만 정작 발레리나가 되는 데 필요한 골격을 갖추었거나 훈련을 받은 것은 아니다. 몇 년이 지난 후에야 둘은 자신의 선택을 깊이 후회한다. 미래에는 그런 결정을 내릴 때 구글에 의지할 수 있을 것이다. 구글은 내게 법대나 발레 학교에 가면 시간 낭비가 될 거라고, 하지만 뛰어난 (게다가 아주 행복한) 심리학자나 배관공은 될 수 있을 거라고 조언해줄 수 있을 것이다.[15]

AI가 직업과 심지어 인간관계에 대해서까지 우리보다 더 나은 결정을 하게 된다면, 우리가 생각하는 인간성과 인생의 개념도 바뀌어야만 할 것이다. 인간은 삶을 의사 결정의 드라마로 생각하는 데 익숙하다. 자유민주주의와 자유 시장 자본주의는 각 개인을 끊임없이 세상에 관한 결정을 내리는 자율적인 주체로 본다. 예술 작품 — 셰익스피어의 희곡이든 제인 오스틴의 소설이든 할리우드의 조악한 코미디물이든 — 은 어떤 특별히 중요한 결정을 내려야만 하는 영웅을 중심으로 돌아간다. 사느냐 죽느냐? 아내의 말을 듣고 덩컨 왕을 죽일 것인가, 양심의 소리를 듣고 살려줄 것인가? 결혼은 콜린스 씨랑 할까, 다시 씨랑 할까? 마찬가지로 기독교와 이슬람교의 신학에서도 초점은 의사 결정의 드라마에 맞춰진다. 그리하여 이렇게 주장한다. 영원한 구원이냐 지옥이냐는 당신의 올바른 선택에 달렸다고.

우리가 내려야 할 결정을 점점 AI에 의존하게 되면서 인생을 보는 우리 관점에는 어떤 변화가 생길까? 현재 우리는 영화를 고를 때는 넷플릭스의 추천을, 길에서 좌/우회전을 선택할 때는 구글 지도를 신뢰한다. 하지만 무엇을 공부할지, 어디에서 일할지, 누구와 결혼할지를 선택할 때도 AI에 기대기 시작하면 인간의 삶은 더 이상 의사 결정의 드라마로는 보이지 않을 것이다. 민주 선거와 자유 시장도 별 의미가 없을 것이다. 대부분의 종교와 예술 작업도 마찬가지가 될 것이다. 안나 카레니나가 스마트폰을 꺼내 들고 남편 카레닌 곁에 머물러야 할지, 돌진해 오는 브론스키 백작과 달아나야 할지 페이스북 알고리즘에 묻는 장면을 상상해보라. 혹은 자신이 가장 좋아하는 셰익스피어 희곡 속의 모든 결정적인 의사 결정을 구글 알고리즘이 한다고 상상해보라. 그러면 햄릿과 맥베스는 훨씬 편안한 인생을 누릴 것이다. 하지만 그런 인생이란 정확히 어떤 인생일까? 그런 인생을 의미 있게 해줄 모델이 우리에게 있는가?

권위가 인간에게서 알고리즘으로 이동함에 따라, 우리는 더 이상 세계를 자율적인 개인들이 올바른 선택을 하기 위해 분투하는 장으로 보지 않게 될 수도 있다. 그 대신 온 우주를 데이터의 흐름으로, 생화학적 알고리즘과 다름없는 유기체로 보고, 인간의 우주적 소명이란 모든 것을 포괄하는 데이터 처리 시스템을 만든 다음 그 속으로 통합되는 것이라고 믿을 수도 있다. 이미 지금 우리는 그 전모를 진정으로 이해하는 사람이 아무도 없는 거대한 데이터 처리 시스템 속의 작은 칩이 되어가고 있다. 매일 나는 이메일과 트윗, 기사 들을 통해 수없이 많은 데이터 조각들을 빨아들이고, 그 데이터들을 처리하고, 더 많은 이메일, 트윗, 기사 들을 통해 새로운 조각들을 반송한다. 그 거대한 사물의 체계 속에서 나는 어디에 들어맞는지, 또 나의 데이터 조각들이 수십억의 다른 인간들과 컴퓨터들이 생산하는 조각들과는 어떻게 연결되는지는 정말 모른다. 알아낼 시간도 없다. 모든 이메일에 답하는 것만으로도 너무 바쁘기 때문이다.

철학하는 차

사람들은 우리가 중요하게 여기는 결정에는 보통 윤리적 차원이 포함되어 있고 알고리즘은 윤리를 이해하지 못하기 때문에 우리를 대신할 수 없을 거라며 반대 의견을 개진할 수도 있다. 하지만 알고리즘이 윤리에서도 평균인을 능가하지 못할 거라고 가정할 이유는 전혀 없다. 지금도 이미 스마트폰과 자율주행 차량 같은 기기들은 과거에는 인간만이 할 수 있었던 결정을 떠맡게 되면서, 수천 년 동안 인간이 고심해온 것과 같은 유의 윤리적 문제들과 씨름하기 시작했다.

예를 들어, 두 꼬마가 공을 쫓아서 자율주행 차량 앞으로 뛰어드는 상황을 가정해보자. 차량을 운전 중인 알고리즘은 번개처럼 빠른 계산으로 두 꼬마를 피하는 유일한 방법은 반대 차선으로 방향을 트는 것이라고 결론 내린다. 그럴 경우 마주 오는 트럭과 충돌하는 위험을 불사해야 하는데, 그때 차량 주인 — 뒷좌석에서 단잠에 빠져 있다 — 이 사망할 확률은 70퍼센트라고 계산한다. 이럴 때 알고리즘은 어떻게 해야 할까?[16]

철학자들은 그런 '트롤리 문제'에 관한 논쟁을 수천 년간 계속해오고 있다('트롤리 문제'라 부른 이유는, 현대 철학의 논쟁에서는 자율주행 차량이 아닌 트롤리 차량이 통제에서 벗어나 철도 선로를 따라 내려가는 상황을 교과서적인 사례로 소개하고 있기 때문이다).[17] 하지만 이런 논쟁이 지금껏 실제 행동에 미친 영향은 민망할 정도로 미미했다. 왜냐면 인간은 위기의 순간에 처하면 철학적 견해는 다 잊고 대신 자신의 감정과 직감을 따르기 일쑤였기 때문이다.

기술적 도전

사회과학의 역사에서 가장 고약한 실험 중 하나는 1970년 12월에 프린스턴 신학교 학생들을 대상으로 행한 것이었다. 장로교 목사가 되기 위한 수련을 받고 있던 신학생들에게 각각 멀리 떨어진 강의실에 급히 가서 선한 사마리아인 우화에 관한 설교를 하도록 시켰다. 이 우화에 따르면, 한 유대인이 예루살렘에서 예리코로 여행하는 중에 강도를 만나 죽도록 얻어맞고는 길가에 내버려졌다. 한참 후에 제사장과 레위 사람(유대 신전에서 제사장을 보좌한 사람 — 옮긴이)이 그 옆을 지나갔지만 둘 다 유대인을 외면했다. 반면 평소 유대인들이 아주 멸시했던 분파원인 사마리아인은 피해자를 보고는 가던 걸음을 멈추고 돌봐주어 그의 목숨을 구했다. 이 우화의 교훈은, 사람의 가치는 종교의 소속 여부가 아니라 실제 행실에 의해 판

101

단되어야 한다는 것이다.

열성적인 젊은 신학생들은 저마다 서둘러 강의실로 향했다. 가는 길에 어떻게 하면 선한 사마리아인의 교훈을 잘 설명할지 생각했다. 하지만 실험자들은 신학생들이 가는 길목에 남루한 차림의 사람을 배치했다. 이 사람은 머리를 떨구고 눈을 감은 채 강의실 문간에 고꾸라진 채 앉아 있었다. 아무것도 모르는 신학생들은 '피해자'가 가련하게 기침을 하고 신음 소리를 내는데도 하나같이 서둘러 지나쳤다. 대부분은 그 남자를 돕기는커녕 가던 길을 멈추고 무슨 문제가 있는지 물어보지도 않았다. 강의실에 서둘러 가야 한다는 감정적 압박 때문에 곤경에 처한 이방인을 도와야 한다는 도덕적 책무를 저버린 것이다.[18]

무수히 많은 다른 상황에서도 인간의 감정은 철학적 이론을 이긴다. 이 때문에 세계가 보아온 윤리와 철학의 역사는, 이상은 훌륭하나 행동은 이상에 못 미치는 우울한 이야기로 가득하다. 얼마나 많은 기독교인이 실제로 상대를 관대히 용서하고, 얼마나 많은 불교도가 이기적인 집착을 초월해서 행농하며, 얼마나 많은 유대인이 일상에서 이웃을 내 몸처럼 사랑하는가? 이는 자연선택이 호모 사피엔스를 그렇게 만들었기 때문이다. 모든 포유류와 마찬가지로 호모 사피엔스도 감정을 사용해 재빨리 생사의 결정을 내린다. 우리는 분노와 두려움, 탐욕을 수백만 조상들로부터 물려받았는데, 이들 모두는 자연선택이라는 가장 엄격한 품질 관리 시험을 통과했다.

하지만 불행히도, 수백만 년 전 아프리카 사바나에서의 생존과 재생산에 유리했던 것이 반드시 21세기 고속도로 위의 책임 있는 행동에도 기여하는 것은 아니다. 주의가 산만하거나 화가 났거나 불안에 쫓기는 인간 운전자가 일으키는 교통사고로 숨지는 사람이 매년 100만 명이 넘는다. 우리는 이 운전자들에게 우리의 모든 철학자와 예언가, 사제 들을 보내 윤리를 설교할 수 있다. 하지만 도로 위에서는 여전히 포유류의 감정과 사바나의 본능이 운전석을 차지할 것이다. 그 결과, 서둘러 가는 신학생은 곤경에 처한 사람을 외면하고, 위급 상황의 운전자는 무기력한 보행자를 치고 지나갈 것이다.

신학교와 도로의 사례에서 보는 이런 괴리는 윤리학에서 가장 큰 현실적인 문제다. 임마누엘 칸트와 존 스튜어트 밀, 존 롤스(도덕철학의 주요 사상가들로, 차례로 의무론과 공리주의, 계약론을 대표한다 — 옮긴이)는 안락한 대학 강당에 둘러앉아 윤리학의 이론적인 문제를 며칠이고 논의할 수 있다. 하지만 그렇게 해서 내려진 결론이 스트레스에 지친 운전자가 초를 다투는 위급 상황에 처한 현실에서 과연 실행될까? 역사상 최고의 드라이버로 평가받곤 하는 포뮬러 원F1 챔피언 미하엘 슈마허라면 차를 모는 동안에도 철학에 관해 생각할 능력이 있을지도 모른다. 하지만 우리 대부분은 슈마허가 아니다.

반면에 컴퓨터 알고리즘은 자연선택에 의해 만들어지지도 않았으며, 감정이며 직감 같은 것도 없다. 따라서 위기의 순간에도 윤리적 지침을 인간보다 더 잘 따를 수 있을 것이다. 단 우리가 윤리를 정확한 숫자와 통계로 코드화하는 방법을 찾아냈을 때만 가능하다. 만약 우리가 칸트와 밀과 롤스에게 코드를 작성하는 법을 가르쳐주고, 이들이 안락한 연구실에서 신중하게 자율주행 차량을 프로그래밍 한다면, 차량은 고속도로에서 주행할 때 입력된 도덕률을 그대로 따를 것이다. 사실상 모든 차들이 미하엘 슈마허와 임마누엘 칸트를 합친 운전자에 의해 조종되는 상황을 맞을 것이다.

따라서 우리가 자율주행 차량을 프로그래밍 할 때 곤경에 처한 낯선 사람을 발견하면 멈춰서 돕도록 입력해두면, 어떤 어려움이 닥치더라도 그렇게 실행할 것이다(단, 이렇게 하기 어려운 상황의 시나리오에 해당하는 예외 조항을 두지 않았을 때의 이야기다). 마찬가지로 당신의 자율주행 차량이 길 위의 두 아이를 구하기 위해 반대 차선으로 방향을 틀도록 프로그래밍 돼 있다면, 말 그대로 당신의 목숨을 걸고라도 반드시 그렇게 실행에 옮길 것이다. 이 말은 도요타나 테슬라가 자율주행 차량을 설계할 때 도덕철학의 이론적인 문제를 현실적인 공학의 문제로 바꿔놓을 것이라는 이야기다.

물론, 철학적 알고리즘은 결코 완벽하지는 않을 것이다. 여전히 실수는 일어날 것이고 부상과 사망, 극도로 복잡한 소송이 발생할 것이다. (사상 최초로 누군가 어떤 철학자를 상대로 그 사람이 제시한 이론의 불행한 결과를 두고 소송을 제기할지도 모른다. 사상 처음으로 철학적 사상과 현실 사건 간의 직접적인 인과관계를 입증할 수 있을지도 모르기 때문이다.)

하지만 알고리즘이 인간 운전자로부터 역할을 넘겨받기 위해 반드시 완벽할 필요는 없을 것이다. 인간보다 낫기만 하면 된다. 인간 운전자가 매년 100만 명 이상의 사망자를 낳는다는 사실을 감안하면 그리 어려운 일도 아니다. 모든 것을 고려했을 때, 당신은 옆에 있는 차를 10대 음주 운전자에게 맡기겠는가, 슈마허-칸트 팀에게 맡기겠는가?[19]

똑같은 논리가 운전뿐 아니라 다른 많은 상황에서도 타당하다. 가령 구직을 예로 들어보자. 21세기에는 어떤 일자리에 누구를 채용할지 결정하는 일도 점점 더 알고리즘 몫이 될 것이다. 우리는 기계에 의존해서 관련 윤리 기준을 정할 수는 없다. 그 일은 여전히 인간이 해야 할 것이다. 하지만 우리가 고용 시장에 필요한 윤리적 표준에 관해 한 번 결정을 내리고 나면 — 예를 들어 흑인이나 여성을 차별하는 것은 잘못이라고 결정하면 — 이 표준을 실행에 옮기고 유지하는 데에서는 인간보다 기계에 의존하는 편이 나을 수 있다.[20]

기 술 적 도 전

인간 관리자는 흑인과 여성을 차별하는 것이 윤리에 반한다는 것을 알고 동의까지도 할 수는 있지만, 그런 다음에도 흑인 여성이 일자리에 지원했을 때 잠재의식 중에 차별하고는 채용하지 않기로 결정할 수 있다. 반면 컴퓨터가 구직자를 평가하도록 허용하면서 인종과 성은 완전히 무시하도록 프로그래밍 한다면, 컴퓨터는 이 요소들을 정말로 무시할 거라고 우리는 확신할 수 있다. 컴퓨터는 잠재의식이라는 게 없기 때문이다. 물론 구직자 평가를 위한 코드를 작성하는 일은 쉽지 않을 것이다. 그리고 기술자가 어떤 식으로든 자신의 잠재의식적 편견을 소프트웨어 속에 프로그래밍 할 위험은 늘 존재한다.[21] 하지만 그런 실수를 찾아내기만 한다면, 아마 인간에게서 인종주의와 여성혐오의 편견을 없애는 것보다 소프트웨어에서 버그를 제거하는 일이 훨씬 쉬울 것이다.

우리는 인공지능의 부상이 대다수의 인간을 고용 시장에서 몰아낼 수도 있다는 사실을 앞에서 봤다. 여기에는 운전자와 교통경찰까지 포함된다(소동을 빚는 인간을 순종적인 알고리즘으로 대체하면 교통경찰은 있으나 마나 한 존재가 된다). 하지만 그때가 되면 철학자에게는 새로운 출구가 생길 수도 있다. 지금까지는 시장 가치가 크지 않았던 철학자의 기량에 대한 수요가 갑자기 치솟을 수 있기 때문이다. 그러니 만일 미래에 좋은 일자리가 보장되는 무언가를 공부하고 싶다면 철학에 운을 걸어보는 것도 나쁘지 않을 것이다.

물론, 철학자들이 행동의 옳은 경로를 두고 합의에 이르는 경우는 아주 드물 것이다. '트롤리 문제'만 해도 아직까지 철학자들 모두가 만족할 정도로 해결되지는 않았다. 존 스튜어트 밀 같은 결과주의 사상가들(행동의 옳고 그름을 결과로 판단하는 입장)은 임마누엘 칸트 같은 의무론자들(행동의 옳고 그름을 절대 준칙으로 판단하는 입장)과 다른 입장을 고수한다. 테슬라가 차를 생산하기 위해 실제로 그런 얽히고설킨 문제에 대해서도 입장을 취해야 할까?

글쎄, 아마 테슬라는 그 문제를 시장에 맡겨두기만 해도 될 것이다. 그럴 경우 테슬라가 생산하는 자율주행 차량은 두 가지 모델이 될 것이다. 바로, 테슬라 박애주의자와 테슬라 에고이스트다. 긴급 상황에서 박애주의자는 더 큰 선을 위해 주인을 희생시키는 반면, 에고이스트는 주인을 구하기 위해 할 수 있는 모든 것을 다 한다. 심지어 두 아이의 사망을 초래할 위험을 무릅쓰고라도. 그러면 고객은 그중에서 자신이 선호하는 철학적 견해에 맞는 차량을 구입할 것이다. 테슬라 에고이스트를 사는 사람이 더 많다고 테슬라에 책임을 물을 수는 없을 것이다. 결국 고객은 언제나 옳을 테니까.

이것은 농담이 아니다. 2015년에 실시된 선구적인 설문조사에서 자율주행 차량이 여러 명의 보행자를 치려고 하는 가상의 시나리오가 제시된 적이 있었다. 응답자의 대부분은 그런 경우 주인이 숨지는 대가를 치르더라도 보행자를 구해야 한다고 답했다. 하지만 실제로 더 큰 선을 위해 주인을 희생시키도록 프로그래밍 된 차량을 구입할 것이냐는 질문에는 대부분이 아니라고 답했다. 자신이 사용할 차량으로는 테슬라 에고이스트를 택하겠다는 뜻이었다.[22]

이런 상황을 한 번 상상해보자. 당신은 새 차를 샀다. 하지만 사용하기 전에 설정 메뉴를 열어서 몇 가지 항목에 표시를 해야 한다. 사고가 났을 때 당신은 차가 당신의 생명을 희생시키기를 바라는가, 아니면 다른 차량에 탄 가족을 숨지게 하기를 바라는가? 이런 선택을 당신이 하고 싶은가? 어떤 항목에 표시할지를 두고 남편과 벌일 언쟁만 생각해봐도 난감해질 것이다.

그렇다면 국가가 개입해서 시장을 규제하고, 모든 자율주행 차량을 구속하는 윤리 코드를 정해야 할까? 틀림없이 어떤 입법자들은 언제나 엄수되는 법을 만들 기회가 마침내 도래했다며 열광할 것이다. 다른 입법자들은 그런 전례 없는 전체주의적 책임에 경악할 수도 있다. 돌이켜 보면 인류 역사상 법 집행의 한계야말로 입법자들의 편견과 실수와 남용에 대한 그나마 다행스러운 견제 장치였다. 동성애와 신성모독을 처벌하는 법이 부분적으로만 시행된 것만 해도 극도로 운이 좋은 경우였다. 우리는 오류를 면치 못하는 정치인들의 결정이 중력처럼 가차없이 실행되는 체제를 진정으로 바라는가?

디지털
독재

AI는 사람들을 놀라게 할 때가 많다. 그 이유는 AI가 순종적인 상태로만 있을 거라는 사실을 우리가 신뢰하지 않기 때문이다. 우리는 공상과학 영화에서 로봇이 자신의 인간 주인에게 반란을 일으켜 거리를 미친 듯 날뛰며 모든 사람을 학살하는 것을 아주 많이 봐왔다. 하지만 로봇의 진짜 문제는 정확히 그 반대다. 우리가 로봇을 두려워해야 할 이유는, 로봇은 언제나 주인에게 복종할 뿐 결코 반란은 일으키지 않을 것이기 때문이다.

물론, 로봇이 운 좋게 선한 주인을 만나 봉사한다면야 맹목적인 복종은 조금도 나쁠 게 없다. 심지어 전쟁에서도 킬러 로봇에 의존한다면, 로봇은 오히려 사상 처음으로 전쟁법이 전쟁터에서 실제로 준수되도록 보장할 수도 있다. 인간 병사는 가끔씩 살인, 강탈, 강간의 감정에 지배되어 전쟁법을 위반한다. 평소에 우리는 감정이 연민이나 사랑, 공감과 결부되어 있지만 전시에는 공포와 증오, 잔혹의 감정에 지배되기 십상이다. 반면 로봇은 감정이 없기 때문에 언제나 군 수칙을 철두철미하게 준수하고, 결코 개인적인 공포와 증오에 흔들리지는 않을 거라고 믿을 수 있다.[23]

1968년 3월 16일 베트남의 밀라이 마을에서 미군 중대 병사들이 광분하여 약 400명의 양민을 학살한 일이 있었다. 이 전쟁범죄는 몇 달 동안 정글 게릴라전에 투입됐던 남성들이 독자적으로 주도해서 일어난 일이었다. 이는 미군의 전략적인 목적에 아무런 도움이 되지 않았고, 오히려 미국의 법률과 군사정책에 저촉되는 것이었다. 그것은 인간의 감정이 빚은 잘못이었다.[24] 만약 미국이 베트남에 킬러 로봇을 파병했다면 밀라이 학살은 결코 일어나지 않았을 것이다.

그럼에도 우리는 성급하게 킬러 로봇을 개발하고 실전에 배치하기 전에, 로봇은 언제나 입력된 코드의 품질을 반영할 뿐 아니라 동시에 증폭한다는 사실을 상기할 필요가 있다. 코드가 절도 있고 유순하게 돼 있다면 그 로봇은 평균적인 인간 병사에 비해 큰 폭으로 개선되어 있을 가능성이 높다. 하지만 코드가 무자비하고 잔혹하게 돼 있다면 결과는 재앙적일 것이다. 로봇의 진짜 문제는 자신의 인공지능이라기보다 인간 주인의 본성에서 비롯하는 어리석음과 잔혹이다.

1995년 7월 보스니아 세르비아계 병사는 스레브레니차 마을 주변에 사는 무슬림 보스니아인 8,000명 이상을 학살했다. 스레브레니차 학살은 용의주도하게 조직되고 장기적으로 진행된 작전이었고, 보스니아 세르비아계가 보스니아의 이슬람교도들을 '인종 청소' 하려는 정책을 반영한 것이었다.[25] 만약 보스니아 세르비아계가 1995년에 킬러 로봇을 사용했다면 잔혹 행위는 더욱더 끔찍했을 가능성이 높다. 모든 로봇이 자기가 받은 명령이라면 무엇이든 실행하는 데 한 치의 망설임도 없었을 테고, 동정심이나 역겨움, 무기력의 감정 때문에 단 한 명이라도 무슬림 아이를 살려두는 일은 없었을 것이다.

그런 킬러 로봇으로 무장한 무자비한 독재자는 자신이 아무리 몰인정하고 미친 지시를 한다 해도 병사들이 자신을 배신할 가능성에 대해서는 걱정조차 할 필요가 없을 것이다. 로봇 군대만 있었으면 1789년 프랑스 혁명도 초기에 진압됐을 테고, 2011년 호스니 무바라크에게도 킬러 로봇 정예부대만 있었다면 탈영 걱정 없이 대중을 향해 군을 투입할 수도 있었을 것이다(2011년 이집트의 무바라크 대통령은 퇴진을 요구하는 시위대 진압을 위해 군을 투입했으나 군부가 진압을 거부함에 따라 결국 자진 사임했다 — 옮긴이). 마찬가지로 제국주의 정부가 로봇 군대를 활용하면 인기 없는 전쟁을 벌이면서도 로봇들이 전의를 잃거나 가족들이 항의 시위를 벌이지는 않을까 걱정하지 않아도 된다. 만약 베트남 전쟁 때 미국에 킬러 로봇이 있었다면 밀라이 학살은 막을 수 있었을지 모르지만 전쟁 자체는 몇 년을 더 끌었을 수도 있다. 왜냐하면 그런 학살로 인한 병사들의 사기 저하나 대규모 반전 시위, '반전 참전용사 로봇' 운동 걱정을 미국 정부가 덜 수 있었을 테니 말이다(그렇더라도 일부 미국 시민은 여전히 전쟁에 반대했을 수 있지만, 자신이 징병될 걱정이나, 직접 잔혹 행위에 가담한 기억이나, 사랑하는 친척을 잃은 아픔이 없다면 시위대의 참가 규모나 결의는 높지 않았을 것이다).[26]

이런 유의 문제는 민간용 자율주행 차량과는 관련성이 훨씬 떨어진다. 차량 제조업체가 악의적으로 차량이 사람을 겨냥해 죽이도록 프로그래밍 하지는 않을 것이기 때문이다. 하지만 자율무기 체계는 재앙을 초래할 위험이 대단히 크다. 너무나 많은 정부들이 완전히 사악하지는 않더라도 윤리적으로 타락하기 쉽기 때문이다.

위험은 살인 기계에 국한되지 않는다. 감시 체계도 똑같이 위험하다. 선한 정부의 손안에만 있다면야 감시 알고리즘은 인류에게 최선의 선물이 될 수도 있다. 하지만 동일한 빅데이터 알고리즘이 미래 빅브라더의 힘으로 사용될 수도 있다. 그럴 경우 모든 개인이 끊임없이 관찰당하는 오웰적인 감시 체제에서 살게 될 수도 있다.[27]

실제로 우리는 오웰조차 거의 상상하지 못했던 상황에 직면할 수도 있다. 밖으로 드러나는 우리의 활동이나 발언만 추적하는 것이 아니라 피부 속으로 침투해 내면의 경험까지 관찰할 수 있는 전면 감시 체제 말이다. 가령, 북한 정권은 신기술로 무엇을 할 수 있을까. 미래에는 북한 국민에게 혈압과 뇌 활동은 물론 모든 언행까지 감시하는 생체측정 팔찌 착용을 의무화할 수도 있다. 점점 증가하는 인간 두뇌에 관한 지식과 기계 학습의 막대한 힘을 사용해서 북한 정부는 사상 처음으로 매 순간 각 국민의 생각을 측정할 수 있을지도 모른다. 김정은의 사진을 보여준 다음 생체측정 센서에 분노의 징후(혈압 상승과 편도체 활동의 증가)가 포착되면, 그 사람은 내일 아침 정치범수용소에 가 있는 식이다.

물론, 북한 체제는 국제적으로 고립돼 있어서 필요한 기술을 자력으로 개발하기는 어려울 수 있다. 하지만 기술에서 앞선 나라가 먼저 개발한 후에 북한이나 후진 독재국들이 그것을 복제하거나 사들일 수 있다. 중국과 러시아는 끊임없이 자국의 감시 도구를 개량하고 있다. 민주 국가들도 마찬가지다. 미국부터 나의 모국 이스라엘에 이르기까지 허다하다. '스타트업 국가'라는 별명이 붙은 이스라엘만 해도 대단히 활기찬 하이테크 분야와 최첨단 사이버 보안 산업이 있는 데다, 팔레스타인과 목숨을 주고받는 분쟁 속에 있다. 최소한 지도자와 장군, 시민 들 중 일부는 필요한 기술이 개발되는 대로 요르단강 서안 지구에 전면 감시 체제를 구축하고 싶어 할 것이다.

이미 지금도 팔레스타인 사람들의 모든 전화나 페이스북 활동, 도시 간 이동을 이스라엘이 마이크, 카메라, 드론, 스파이 소프트웨어로 감시하고 있을 가능성이 크다. 수집된 데이터는 빅데이터 알고리즘의 도움을 받아 분석된다. 덕분에 이스라엘 보안군은 지상에 요원을 많이 두지 않고도 잠재 위협을 정확히 찾아내 무력화할 수 있다. 팔레스타인이 서안 지구의 도시와 마을을 행정적으로 관리할 수 있어도 이스라엘은 하늘과 전파와 사이버 공간을 통제한다. 그 결과 서안 지구에 사는 약 250만 명의 팔레스타인인을 효과적으로 통제하는 데 필요한 이스라엘 군의 병사 수는 놀랄 만큼 적다.[28]

2017년 10월에는 웃지 못할 사건이 벌어지기도 했다. 당시 팔레스타인 노동자 한 명이 자신의 페이스북 계정에다 직장에서 찍은 자기 사진을 올렸다. 불도저 옆에 서 있는 모습이었다. 그 사진 옆에 "좋은 아침!"이라고 쓴 것이 화근이었다. 자동 알고리즘이 아랍 글자를 다른 문자로 옮기면서 사소한 실수를 저질렀던 것이다. 알고리즘은 "이사베춤!"(Ysabechhum, '좋은 아침'이라는 뜻)을 "이드바춤!"(Ydbachhum, '그들을 죽여라'라는 뜻)으로 인식했다. 이것을 본 이스라엘 보안군은 불도저로 사람들을 치려는 테러범으로 의심해 즉각 그를 체포했다. 군은 알고리즘이 실수한 것을 알고 난 뒤에 그를 풀어줬다. 그럼에도 문제가 된 페이스북 포스트는 삭제됐다. 우리가 아무리 조심한다 해도 어쩔 수 없다.[29] 지금 팔레스타인 사람들이 서안 지구에서 겪는 일이 수십억 명의 사람들이 지구 전역에서 결국 경험할 상황의 예고편에 불과할 수도 있다.

20세기 후반 민주주의가 독재를 능가했던 것은 데이터 처리에서 우월했기 때문이다. 민주주의는 정보를 처리하고 결정하는 권한을 사람과 기관에 분산하는 반면 독재는 한곳에 집중한다. 20세기 기술로 보면 너무 많은 정보와 힘을 한곳에 모으는 방식이 비효율적이었다. 그 누구도 모든 정보를 충분히 빠르게 처리하면서 옳은 결정을 내릴 수는 없었기 때문이다. 소련이 미국보다 훨씬 나쁜 결정을 내리고 경제도 훨씬 뒤처진 데에는 이런 점도 작용했다.

하지만 AI가 등장하면서 조만간 시계추는 반대 방향으로 움직일 수 있다. AI 덕분에 막대한 양의 정보를 중앙에서 모두 처리할 수 있게 됐다. 실제로 AI는 중앙 집중 체계의 효율을 분산 체계보다 훨씬 높일 수 있는데, 기계 학습은 분석할 수 있는 정보가 많을수록 성능이 좋아지기 때문이다. 알고리즘 훈련에 관한 한, 프라이버시 침해 우려는 무시한 채 10억 인구에 관련된 모든 정보를 데이터베이스 한곳에 모으는 편이, 개인 프라이버시를 존중해 100만 명에 관한 부분적인 정보만 데이터베이스에 두는 것보다 훨씬 낫다. 가령, 어떤 권위주의 정부가 모든 시민에게 DNA 스캔을 받게 하고 모든 의료 데이터를 중앙 정부 기관과 공유하도록 명령한다면, 의료 데이터를 엄격하게 사적으로 보호하는 사회보다 유전학과 의학 연구에서 엄청나게 유리할 것이다. 20세기 권위주의 정권의 주요 장애 — 모든 정보를 한곳에 집중하려는 시도 — 가 21세기에는 결정적인 이점이 될 수 있다.

알고리즘이 우리를 너무나 잘 알게 되면서 권위주의 정부는 시민들에게 절대적 통제권을 행사할 수 있을 것이다. 심지어 나치 독일보다 훨씬 더할 수 있다. 그런 정권에는 저항조차 하지 못할 수 있다. 정권은 당신이 어떤 기분인지 정확히 아는 데서 더 나아가 마음대로 당신의 기분을 조종할 수도 있을 것이다. 독재자는 의료보장이나 평등을 제공할 뿐 아니라, 심지어 자신을 사랑하게 만들고 적들을 증오하게 만들 수도 있을 것이다. 생명기술과 정보기술이 융합하는 시대에 민주주의는 현재 형태로는 살아남을 수 없다. 민주주의는 근본적으로 새로운 형태로 재탄생해야 한다. 안 그러면 인간은 '디지털 독재' 안에서 살게 될 것이다.

히틀러와 스탈린 시대로 회귀한다는 말은 아니다. 나치 독일이 '구체제' 프랑스와는 달랐듯이, 디지털 독재도 나치 독일과는 다를 것이다. 루이 14세는 중앙집권적 전제군주였지만 근대 전체주의 국가를 건설할 기술은 없었다. 그의 지배에 반대하는 세력은 없었지만, 그에게는 라디오, 텔레비전, 기차도 없었기에 외딴 브르타뉴 시골 농민은커녕 심장부 파리 도회인의 일상조차 거의 통제하지 못했다. 그는 대중 정당이나 전국 단위의 청년 운동, 국민교육 체계를 수립할 의지도 능력도 없었다.[30] 히틀러에게 그런 것들을 실행할 동기와 힘을 준 것이 20세기 신기술이었다. 우리는 2084년 디지털 독재의 동기와 힘이 무엇이 될지 예측할 수는 없다. 하지만 그것이 히틀러와 스탈린을 모방하는 데만 머무를 리는 만무하다. 1930년대의 전투를 다시 치를 준비만 하다가는 완전히 다른 방향에서 날아드는 공격에 허를 찔릴 수도 있다.

민주주의가 적응을 해서 살아남는다 해도 사람들은 새로운 종류의 압제와 차별에 시달릴 수 있다. 이미 지금도 점점 더 많은 은행과 기업, 기관 들이 알고리즘을 사용해 우리에 관한 데이터를 분석하고 결정을 내리고 있다. 은행에 대출 신청을 하면 그 신청서는 사람이 아닌 알고리즘이 처리할 가능성이 높다. 알고리즘은 당신에 관한 수많은 데이터와 수백만의 다른 사람들에 관한 통계를 분석한후 당신이 융자를 줘도 될 만큼 믿을 만한지 결정한다. 이 일도 알고리즘이 인간 은행원보다 더 잘할 때가 많다. 하지만 문제는 만약알고리즘이 어떤 사람을 부당하게 차별했을 때 그 사실을 알기 어렵다는 점이다. 은행이 대출을 거절할 때 "왜?"라고 물으면 은행은 "알고리즘이 안 된다고 했다"고 답한다. 당신이 "알고리즘이 왜 거절했나? 내게 무슨 문제가 있나?"라고 물으면 은행은 이렇게 답한다. "우리는 모른다. 이 알고리즘은 고성능 기계 학습을 토대로 했기 때문에 그것을 이해하는 사람은 없다. 하지만 우리는 알고리즘을 신뢰하기 때문에 당신에게는 대출하지 않겠다."[31]

이런 차별이 여성이나 흑인 같은 특정 집단 전체를 겨냥했을 때해당 집단은 조직화해서 집단적 차별에 항의할 수 있다. 하지만 이제 알고리즘은 당신을 개인적으로 차별할 수 있을 것이고, 당신은왜 차별을 받는지 이유조차 알 수 없다. 아마 알고리즘은 당신의 DNA나 이력, 페이스북 계정에서 뭔가 못마땅한 것을 찾아냈을 수있다. 알고리즘은 여성이거나 흑인이어서가 아니라 바로 당신이라는 이유로 당신을 차별한다. 당신에 관한 구체적인 무엇을 알고리즘이 싫어하는 것이다. 당신은 그것이 무엇인지도 모른다. 심지어 안다 해도 다른 사람과 조직해서 항의를 할 수도 없다. 똑같은 선입견으로 피해를 본 사람은 아무도 없기 때문이다. 당신 혼자뿐이다. 21세기에는 집단적인 차별을 넘어 개인 차별의 문제가 점점 더 심각해질 수 있다.[32]

아마 권위의 최고 수준에서는 여전히 인간이 명목상의 대표로 남아 알고리즘은 단지 조언자일 뿐 궁극의 권위는 인간의 수중에 있다는 환상을 줄 것이다. AI를 독일의 총리나 구글의 CEO로 지명하지는 않을 것이다. 하지만 총리와 CEO가 내리는 결정은 AI가 작성할 것이다. 총리는 몇 가지 상이한 선택지 중에서 고를 수 있겠지만, 이 모든 선택지는 빅데이터 분석의 결과물이며 인간의 관점보다 AI가 세계를 보는 방식을 반영할 것이다.

유사한 사례를 들자면, 오늘날 세계 각국의 정치인들은 여러 가지 경제 정책들 중에서 적절한 것을 선택할 수 있다. 하지만 대부분의 경우 내놓는 다양한 정책들은 경제에 관한 자본주의적 관점을 반영한다. 정치인들은 자신이 선택한다는 환상 속에 있지만, 실제로 중요한 결정들은 이미 훨씬 전에 경제학자와 은행가, 기업인 들이 만든 것이며, 이들은 상이한 선택지를 메뉴로 작성해놓았다. 이제 수십 년 이내에 정치인들은 AI가 작성한 메뉴에서 정책을 선택하게 될 것이다.

인공지능과 타고난
어리석음

한 가지 희소식은 최소한 앞으로 수십 년 안에 AI가 의식을 얻어 인간을 노예화하거나 멸종시키는 공상과학 같은 악몽이 현실로 닥치지는 않으리라는 것이다. 우리가 결정을 내릴 때 알고리즘에 점점 더 의존하긴 하겠지만, 알고리즘이 의식적으로 우리를 조작하기 시작할 것 같지는 않다. 알고리즘은 의식조차 없을 것이다.

공상과학은 지능과 의식을 혼동하는 경향이 있다. 컴퓨터가 인간 지능을 따라잡거나 능가하기 위해서는 의식을 개발해야 한다고 가정한다. 거의 모든 영화와 소설에서 AI에 관한 기본 플롯은 컴퓨터나 로봇이 의식을 얻는 마법 같은 순간을 축으로 삼는다. 그런 일이 일어나면 인간 영웅이 로봇과 사랑에 빠지거나, 로봇이 모든 인간을 죽이려고 하거나, 두 가지가 동시에 일어난다.

하지만 현실에서 인공지능이 의식을 얻을 거라고 가정할 이유는 조금도 없다. 지능과 의식은 상이한 것이기 때문이다. 지능은 문제를 해결하는 능력인 데 반해 의식은 고통, 기쁨, 사랑, 분노처럼 어떤 것을 느끼는 능력이다. 이 둘을 우리는 혼동하기 쉽다. 왜냐하면 인간과 다른 포유동물의 경우 지능이 의식과 함께 가기 때문이다. 포유류는 느낌으로 대부분의 문제를 해결한다. 하지만 컴퓨터가 문제를 푸는 방식은 아주 다르다.

높은 지능으로 가는 데에는 여러 가지 경로가 있다. 이 중 일부만 의식을 얻을 필요가 있다. 비행기가 깃털을 개발하지 않고도 새보다 더 빨리 나는 것처럼, 컴퓨터도 느낌을 개발하지 않고 포유류보다 문제를 훨씬 더 잘 풀게 될 수 있다. AI는 인간의 질병을 치료하고, 인간 테러범을 식별하고, 짝을 추천하고, 인간 보행자로 만원인 길을 운전해 가려면 인간의 느낌까지 정확히 분석해야 할 것이다. 하지만 그 어떤 독자적인 느낌 없이도 그렇게 할 수 있을 것이다. 유인원이 기뻐하거나 화났을 때, 혹은 놀랐을 때의 생화학적 차이를 알고리즘이 판별하는 과정에서 기쁨과 분노, 공포를 직접 느낄 필요는 없다.

물론 AI가 독자적인 느낌을 개발할 가능성이 전혀 없는 것은 아니다. 우리는 아직도 의식에 관해서는 확신할 만큼 충분히 알지 못한다. 일반적으로 우리가 고려해볼 필요가 있는 가능성으로는 다음 세 가지가 있다.

1. 의식은 유기적 생화학에 연결돼 있어서 비유기non-organic 체계에서는 결코 의식을 만들 수 없을 것이다.

2. 의식은 유기적 생화학과는 연결돼 있지 않지만 지능에는 연결돼 있어서 컴퓨터도 의식을 개발할 수는 있다. 다만 지능의 어떤 문턱을 넘어서기 위해서는 의식을 개발해야만 할 것이다.

3. 유기적 생화학이든 높은 지능이든 의식과 본질적인 관련은 없다. 따라서 컴퓨터가 의식을 개발할 수도 있겠지만 반드시 그렇게 되는 것은 아니다. 초지능이 될 수도 있지만 그때도 여전히 의식은 없는 상태일 수 있다.

현재 우리의 지식수준에서는 이 가능성 중 어느 것도 배제할 수 없다. 하지만 의식에 관해 아는 것이 거의 없다는 바로 그 이유 때문에 우리가 프로그램으로 의식을 가진 컴퓨터를 만들 가능성은 낮아 보인다. 따라서 인공지능의 엄청난 능력에도 불구하고, 가까운 미래에 한해 인간 의식에 어느 정도 의존한 상태로 인공지능은 사용될 것이다.

이때 위험은 AI를 개발하는 데는 너무 많이 투자하는 반면 인간의 의식을 증진하는 데는 너무 적게 투자하면, 컴퓨터의 아주 정교한 인공지능이 인간의 타고난 어리석음에 힘을 실어주기만 할 수 있다는 것이다. 우리는 앞으로 몇 십 년 안에 로봇 반란에 직면할 가능성은 낮더라도, 우리의 감정 버튼을 누르는 법을 엄마보다 더 잘 아는 봇bot(로봇의 준말로서 인터넷상의 임무 자동실행 소프트웨어 — 옮긴이) 무리가 이 으스스한 능력을 사용해 우리에게 뭔가를 — 차량이든 정치인이든 전체 이데올로기든 — 시도하고 판매하려는 상황에 대처해야 할 수도 있다. 봇은 우리의 가장 깊은 두려움과 증오, 갈망을 파악하고 그것을 내적 지렛대로 삼아 우리에게 해를 끼칠 수 있다. 우리는 이미 최근에 세계 곳곳에서 진행된 선거와 국민투표에서 맛보기를 경험했다. 해커들은 개인 유권자의 데이터를 분석하고 그들의 기존 선입견을 악용해 그들을 조종하는 법을 알아냈다.[33] 공상과학 스릴러물은 불과 연기가 난무하는 극적인 종말론에 끌리지만, 현실에서 우리는 클릭에 이끌려 지극히 시시해 보이는 종말에 직면할 수 있다.

그런 결과를 피하려면 인공지능 개선에 투자하는 돈과 시간만큼, 인간 의식을 증진하는 데 돈과 시간을 투자하는 것이 현명하다. 불행히도 현재 우리는 인간 의식을 연구하고 개발하기 위해 하는 일은 별로 없다. 인간 능력을 연구하고 개발할 때조차 의식을 가진 존재로서 장기적 필요에 따르기보다 주로 경제와 정치 시스템의 즉각적인 필요에 좌우된다. 나의 상사는 이메일에 되도록 빨리 답하기를 바라지만, 내가 음식을 맛보고 음미하는 능력에는 조금의 관심도 없다. 그 결과 나는 식사 중에도 이메일을 확인하지만 나 자신의 감각에 집중하는 능력은 잃어간다. 경제 시스템은 나의 투자 포트폴리오를 늘리고 다변화하는 쪽으로 나를 내모는 반면, 나의 연민을 확장하고 다변화할 동기는 조금도 부여하지 않는다. 나는 증권거래소의 수수께끼를 풀려고 안간힘을 쓰면서도, 고통의 깊은 원인을 이해하려는 노력은 거의 하지 않는다.

이런 점에서 인간은 가축화한 다른 동물과 비슷하다. 우리는 온순한 젖소를 사육해서 엄청난 양의 우유를 생산하지만 이들은 다른 면에서 보면 야생 조상에 비해 훨씬 열등하다. 민첩하지도 않고 호기심도 떨어지고 기지도 모자란다.[34] 우리는 지금 거대한 데이터 처리 메커니즘 안에서 막대한 양의 데이터를 생산하며, 아주 효율적인 칩으로 기능하는 길들여진 인간을 만들어내고 있다. 하지만 이 데이터-젖소는 좀처럼 인간적인 잠재력을 극대화할 줄은 모른다. 실제로 우리는 완전한 인간적 잠재력이 무엇인지 모른다. 왜냐하면 인간 정신에 관해서는 아는 것이 너무나 적기 때문이다. 그럼에도 우리는 인간 정신을 탐구하는 데는 별로 투자를 하지 않는다. 그 대신 인터넷 연결 속도와 빅데이터 알고리즘의 효율성을 높이는 데 집중한다. 앞으로 우리가 조심하지 않는다면, 다운그레이드된 인간이 업그레이드된 컴퓨터를 오용하여 자신과 세계에 재앙적 결과를 가져오는 상황을 맞게 될 것이다.

우리를 기다리고 있는 위험은 디지털 독재만이 아니다. 자유주의 질서는 자유와 더불어 평등의 가치도 중시해왔다. 자유주의는 늘 정치적 평등을 소중히 여겨왔을 뿐 아니라, 경제적 평등 또한 중요하다는 사실을 조금씩 깨닫게 되었다. 사회 안전망 없이 쥐꼬리만 한 경제적 평등만 가지고서는 자유도 의미가 없다. 하지만 빅데이터 알고리즘은 자유를 없앨 수 있는 것과 같이 유례없는 최고의 불평등 사회를 만들 수도 있다. 모든 부와 권력은 극소수 엘리트의 손에 집중되는 반면, 대다수 사람들은 착취의 대상으로 전락하는 정도가 아니라 그보다 훨씬 나쁜 처지에 놓일 수 있다. 바로 사회와의 관련성을 잃는 것이다.

4
평등

데이터를 가진 자가 미래를 차지한다

지난 수십 년 동안 전 세계 사람들은 인류가 평등으로 나아가고 있
으며 세계화와 신기술이 그 여정을 앞당겨줄 것이라는 이야기를 들
어왔다. 실제로는 21세기에 역사상 가장 불평등한 사회가 생겨날 수
있다. 세계화와 인터넷은 국가 간 격차를 메우지만 계급 간 균열은
키울 조짐을 보인다. 인류가 세계 통일을 달성하려는 것처럼 보이는
바로 지금 종 자체가 다양한 생물학적 계층으로 나뉠 수도 있다.

　불평등의 기원은 석기시대로 거슬러 올라간다. 3만 년 전, 수렵 ·
채집인 무리는 어떤 일원들은 수천 개의 상아 구슬과 팔찌, 보석,
예술품 들로 장식된 호화로운 무덤에 안장한 반면, 또 다른 일원들
은 맨땅에 덩그러니 구멍만 파서 묻었다. 그럼에도 고대 수렵 · 채
집인 무리는 그 뒤에 출현한 어떤 인간 사회보다 훨씬 평등하게 살

왔다. 가진 재산이 별로 없었기 때문이다. 재산은 장기 불평등을 낳는 전제 조건이다.

농업혁명 이후 재산은 점점 불어났고 불평등도 함께 커졌다. 인간이 땅과 동식물, 도구의 소유권을 갖게 되면서 엄격한 위계 사회가 출현했고, 소수 엘리트가 대를 이어가며 대부분의 부와 권력을 독점했다. 인간은 이런 질서를 자연적이며 심지어 신이 정해준 것으로 받아들이게 되었다. 위계는 표준일 뿐 아니라 이상이기도 했다. 귀족과 평민, 남자와 여자, 부모와 자식 간에 뚜렷한 위계 없이 어떻게 질서가 유지될 수 있단 말인가? 전 세계 성직자와 철학자, 시인 들은 인간의 신체에서 각 부분이 평등하지 않듯이 — 발이 머리를 섬겨야 하듯 — 인간 사회에서도 모두가 평등하면 혼란만 일어날 거라고 설명했다.

하지만 근대 후반에 이르러 평등은 거의 모든 인간 사회에서 이상이 되었다. 여기에는 공산주의와 자유주의라는 새로운 이데올로기의 부상이 일부 작용했지만, 산업혁명이 일어나면서 대중이 전례 없이 중요해진 요인도 있었다. 산업 경제는 평민 노동자 대중에게 의존했고, 산업화된 군대 역시 평민 병사 대중에게 의존했다. 민주주의와 독재 정부 모두가 대중의 건강과 교육, 복지에 대거 투자했다. 생산 라인을 가동할 건강한 수백만 노동자들과 참호에서 싸울 충성스런 수백만 병사들이 필요했기 때문이다.

그 결과 20세기 역사는 상당 부분 계급과 인종, 성별 간 불평등

감소를 둘러싸고 전개됐다. 세계가 2000년을 맞았을 때 그때까지도 여전히 계서제의 잔재는 남아 있었지만 1900년의 세계에 비하면 훨씬 평등했다. 21세기에 들어와서도 처음 몇 년 동안 사람들은 평등화의 과정이 계속 이어지고 속도도 더욱 빨라질 것으로 내다봤다. 특히 세계화가 세계 전역에 걸쳐 경제적 번영을 확산시키고, 그 결과 인도와 이집트의 국민들도 핀란드와 캐나다 국민 같은 기회와 권리를 누리게 되기를 바랐다. 모든 세대가 이런 가능성 위에서 자라났다.

하지만 이제 이 약속은 지켜지지 못할 것 같다. 세계화가 인류의 다수에게 혜택을 준 것은 분명하지만 사회 내부는 물론 사회들 간에도 불평등이 커지는 신호가 뚜렷해지고 있다. 세계화의 과실을 일부 집단이 점점 독점해가는 반면 나머지 수십억은 뒤처져 있다. 이미 지금도 최고 부유층 1퍼센트가 세계 부의 절반을 차지하고 있다. 더욱더 놀라운 것은 최고 부유층 100명이 최저 빈곤층 40억 명보다 더 많은 부를 가졌다는 사실이다.[1]

이런 추세는 훨씬 더 심해질 수 있다. 앞 장에서 설명했듯이, AI가 부상하면서 인간 대다수의 경제적 가치와 정치적 힘이 소멸될 수 있다. 이와 함께 생명기술이 발전하면서 경제 불평등을 생물학적 불평등으로 전환하는 일이 가능해질 수도 있다. 슈퍼리치는 마침내 자신들의 엄청난 부에 상응하는 것을 가질 수 있을 것이다. 지금까지는 자신들의 지위를 상징하는 것을 살 수 있었던 반면, 머지 않아 생명 자체를 돈으로 살 수 있을 것이다. 수명을 늘리고 육체적, 인지적 능력을 증강하는 새로운 치료를 받는 데 많은 돈이 든다면 인류는 여러 생물학적 계층으로 쪼개질 수도 있다.

역사적으로 부자들과 귀족들은 언제나 자신들이 다른 모든 사람들보다 우월한 기량을 갖고 있으며 그렇기 때문에 자신들이 지배력을 행사해야 한다고 생각했다. 하지만 우리가 아는 한 사실은 그렇지 않았다. 평균적인 공작의 재능이 평균적인 농민보다 낫지 않았고, 그의 우월함이란 단지 불공정한 법적, 경제적 차별에 힘입은 것이었다. 하지만 2100년에는 부유층이 정말로 빈민촌 거주자들보다 더 재능 있고 창의적이고 똑똑할 수 있다. 일단 부유층과 빈곤층 사이에 실제로 능력 격차가 벌어지기 시작하면 그것을 좁히기란 거의 불가능해질 것이다. 만약 부유층이 우월한 능력으로 자신들의 부를 더 늘리고, 더 많은 돈으로 육체와 두뇌까지 증강할 수 있게 되면, 시간이 갈수록 빈부 격차는 더 커질 수밖에 없을 것이다. 2100년까지 최상위 부유층 1퍼센트는 세계 부의 대부분을 차지하는 데 그치지 않고, 세계의 미美와 창의력, 건강까지 대부분 차지할 수 있을 것이다.

두 과정이 합쳐지면, 즉 AI의 부상과 생명공학이 결합되면 인류는 소규모의 슈퍼휴먼 계층과 쓸모없는 호모 사피엔스 대중의 하위 계층으로 양분될 수 있다. 설상가상으로, 대중이 경제적 중요성과 정치적 힘을 잃으면서 국가는 이들의 건강과 교육, 복지에 투자할 동기를 적어도 일부는 잃을 수 있다. 쓸모없어지는 것은 아주 위험하다. 그럴 경우 대중의 미래는 소수 엘리트의 선의에 좌우될 것이다. 그 선의는 수십 년 동안은 유지될 수도 있다. 하지만 위태로운 시기가 닥치면 — 가령 기후 재앙 — 잉여 인간들은 배 밖으로 던져버리고 싶은 유혹이 커질 테고, 그것은 어려운 일도 아닐 것이다.

프랑스와 뉴질랜드처럼 자유주의 신념과 복지국가 관행이 오랜 전통인 나라에서는 엘리트가 대중을, 그들이 필요없을 때조차 계속해서 돌봐줄지 모른다. 하지만 보다 자본주의적인 미국에서는 미국식 복지국가의 잔여분마저 해체해버릴 첫 기회로 삼을지도 모른다. 훨씬 심각한 문제는 인도와 중국, 남아프리카, 브라질과 같이 인구가 많은 개발도상국들이 겪게 될 것이다. 보통 사람이 경제 가치를 잃고 나면 불평등이 급격히 치솟을 수 있다.

그 결과 세계화는 세계의 통일로 가기보다 실제로는 '종의 분화'로 귀결될 수도 있다. 인류가 다양한 생물학적 계층 혹은 심지어 다양한 종으로 분화할 수도 있다는 뜻이다. 세계화는 수평적으로는 세계를 통일하고 국경을 없애지만, 동시에 수직적으로는 인류를 분할할 것이다. 미국과 러시아 같은 다양한 나라에서는 과두 지배계층이 뭉쳐 평범한 사피엔스 대중에 맞서 공동 목적을 추구할 수도 있다. 이런 관점에서 보면 현재 포퓰리즘이 '엘리트'에 분개하는 데에는 충분한 이유가 있다. 앞으로 조심하지 않으면 실리콘밸리 재벌과 모스크바 억만장자의 손주들이 애팔래치아 시골뜨기와 시베리아 촌사람의 손주들보다 우월한 종이 될 수도 있다.

장기적으로 봤을 때, 그런 시나리오가 세계를 탈세계화할 수도 있다. 상위 계층은 자칭 '문명' 내부로 모여들면서 그 둘레에는 성벽과 해자를 만들어 '야만인들' 무리와 격리된 삶을 사는 것이다. 20세기 산업 문명은 값싼 노동력과 원자재와 시장을 얻기 위해 '야만인들'에게 의존해야 했다. 그래서 그들을 정복하고 흡수했다. 반면, 21세기 후기 산업 문명은 AI와 생명공학과 나노 기술에 의존하면서 훨씬 더 자족적이고 자생적이 된다. 그럴 경우 계급 차원을 넘어 나라와 대륙이 통째로 관심 밖의 대상으로 전락할 수도 있다. 드론과 로봇이 지키는 요새 안의 자칭 문명 구역에서는 사이보그들이 논리폭탄(특정 조건하에서 논리 오류가 발생해 프로그램을 마비시키도록 설계된 악성 코드 ─ 옮긴이)으로 경쟁을 벌이는가 하면, 그와 격리된 야만인의 땅에서는 야생의 인간들이 칼과 칼라슈니코프 자동소총으로 싸운다.

이 책에서 나는 인류의 미래에 관해 이야기하며 1인칭 복수형을 자주 사용했다. '우리의' 문제에 관해 '우리'가 무엇을 해야 하는지에 대해 이야기했다. 하지만 아마도 앞으로 '우리'는 존재하지 않을 것이다. 짐작건대 '우리의' 가장 큰 문제는 다양한 인간 집단이 서로 완전히 다른 미래를 맞게 될 거라는 사실이다. 세계 어떤 지역에서는 자녀에게 컴퓨터 코딩을 가르쳐야 하는 반면, 다른 지역에서는 재빨리 총을 뽑아 명중시키는 법을 가르치는 게 나을지도 모른다.

누가 데이터를
소유하는가?

만약 모든 부와 권력이 소수 엘리트의 수중에 집중되는 것을 막고 싶다면, 그 열쇠는 데이터 소유를 규제하는 것이다. 고대에는 토지가 세상에서 가장 중요한 자산이었다. 정치는 땅을 지배하기 위한 투쟁이었는데, 너무나 많은 땅이 너무나 적은 수의 손에 집중되었고 사회는 귀족과 평민으로 갈라졌다. 근대에 와서는 기계와 공장이 토지보다 더 중요해졌고, 정치 투쟁도 이런 핵심적인 생산 수단을 지배하는 데 집중됐다. 너무나 많은 기계가 너무나 적은 손에 집중되면서 사회는 자본가와 프롤레타리아 계급으로 양분됐다. 하지만 21세기에는 데이터가 가장 중요한 자산으로 부상하면서 토지와 기계는 밀려났다. 정치는 데이터 흐름을 지배하기 위한 투쟁이 될 것이다. 앞으로 데이터가 너무나 적은 손에 집중되면 인류는 서로 다른 종으로 나뉠 것이다.

데이터를 손에 넣기 위한 경주는 이미 시작됐다. 선두 주자는 구글과 페이스북, 바이두, 텐센트 같은 데이터 거인들이다. 지금까지 이 거인들의 다수가 채택해온 사업 모델은 '주의 장사꾼'처럼 보인다.[2] 무료 정보와 서비스, 오락물을 제공해 우리의 주의를 끈 다음 그것을 광고주들에게 되판다. 하지만 데이터 거인들이 추구하는 목표는 이전의 그 어떤 주의 장사꾼들보다 훨씬 높다. 이들의 진짜 사업은 결코 광고를 파는 것이 아니다. 오히려 우리의 주의를 사로잡아 우리에 관한 막대한 양의 데이터를 모으는 것이다. 이것이야말로 그 어떤 광고 수익보다 훨씬 가치가 크다. 그러니까 우리는 고객이 아니라 그들의 생산품인 것이다.

중기적으로 볼 때 이런 식으로 데이터가 비축되면 근본적으로 다른 사업 모델이 열리는데, 그 첫 희생자는 광고 산업 전체가 될 것이다. 새로운 모델의 기반은 인간의 권위가 알고리즘으로 옮겨가는 것이다. 여기에는 어떤 것을 골라서 구매하는 권위까지 포함된다. 알고리즘이 우리를 위해서 뭔가를 고르고 구매하기 시작하면 전통적인 광고 산업은 파산할 것이다. 구글을 보자. 구글이 추구하는 최종 목표는 우리가 구글에 무엇이든 질문할 수 있고, 그에 대한 세계 최선의 해답을 얻는 것이다. 우리가 구글에 "안녕 구글, 네가 차에 대해 아는 모든 것과 나에 대해 아는 모든 것(나의 욕구와 습관, 기후변화를 보는 관점, 중동 정치에 대한 나의 견해까지 포함)을 감안했을 때, 내게 가장 좋은 차는 뭐라고 생각하니?"라는 질문까지 할 수 있게 되면 어떤 일이 일어날까? 만약 구글이 그 질문에 좋은 답을 제시할 수 있다면, 그리고 우리가 경험을 통해 우리의 쉽게 조종당하는 감정보다 구글의 지혜를 더 신뢰하게 된다면 차량 광고가 무슨 소용이 있을까?[3]

장기적으로는 충분한 규모의 데이터와 더불어 컴퓨팅 능력이 충분히 커지면 데이터 거인들은 생명의 가장 깊은 비밀까지 해킹할 수 있을 것이다. 그런 다음 그 지식을 사용해 우리 대신 선택을 하고 우리를 조종할 뿐만 아니라, 유기적 생명을 재설계하고 비유기적 생명체를 만들 수도 있을 것이다. 광고 판매는 단기적으로 거인 기업을 유지하는 데 필요할 수 있다. 하지만 이들은 앱과 상품과 기업을 평가할 때도 매출액보다는 그것을 통해 모을 수 있는 데이터를 기준으로 삼는다. 인기 많은 앱이 사업 모델로는 부적격이고 단기적으로는 손실을 초래할 수도 있지만, 데이터를 빨아들이는 것으로 보자면 그 가치는 수십억 달러에 이를 수 있다.[4] 지금 당장은 데이터를 기반으로 어떻게 돈을 벌어야 할지 모른다 해도 가지고 있는 것만으로도 가치는 충분하다. 데이터야말로 미래에 생활을 통제하고 형성하는 데 열쇠가 될 수 있기 때문이다. 나는 데이터 거인들이 얼마나 명확하게 그런 측면에서 이 문제를 생각하고 있는지는 확신할 수 없다. 하지만 그들의 행동을 보면 그들이 단순히 돈보다는 데이터를 모으는 데 가치를 두고 있음을 알 수 있다.

보통 사람들은 이런 흐름에 저항하기가 대단히 어려울 것이다. 지금도 사람들은 공짜 이메일 서비스와 재미있는 고양이 동영상에 대한 대가로 자신의 가장 가치 있는 자산 — 개인 정보 — 을 내주면서도 좋아한다. 아프리카와 아메리카 원주민 부족들이 유럽 제국주의자들에게 화려한 구슬과 싸구려 담요에 대한 대가로 부지불식간에 온 나라를 팔아넘긴 것과 흡사하다. 나중에 가서야 보통 사람이 자신의 데이터 흐름을 막으려 한다면 점점 더 어려워질 것이다. 특히 자신의 모든 결정, 심지어 의료 보장과 육체적 생존을 위한 것조차 모두 네트워크에 의존한 다음에는 어쩔 수가 없다.

인간과 기계가 너무나 완전하게 통합된 나머지, 네트워크에서 절연된 인간은 생존조차 어려워질 수도 있을 것이다. 인간은 자궁 속에서부터 네트워크에 연결될 것이고, 살면서 나중에 절연을 택하면 보험 대리점은 보험 가입을 거부하고, 고용주는 채용을 거부하며, 의료 서비스도 받지 못할 수 있다. 건강과 프라이버시 사이의 대전에서 건강이 낙승할 가능성이 높다.

점점 더 많은 데이터가 당신의 신체와 뇌로부터 생체측정 센서를 통해 스마트 기계로 흘러들어 감에 따라, 기업과 정부 기관은 당신을 알고, 조종하고, 당신 대신 결정을 내리기가 쉬워질 것이다. 그보다 훨씬 중요한 것은, 모든 신체와 뇌의 깊은 메커니즘을 해독하고 그것으로 생명을 설계하는 힘을 얻을 수도 있다는 사실이다. 소수 엘리트가 그런 신과 같은 힘을 독점하는 것을 막고 싶다면, 인류가 여러 생물학적 계층으로 갈라지는 것을 막고 싶다면, 핵심 질문은 이것이다. 누가 데이터를 소유하는가? 나의 DNA와, 나의 뇌와, 나의 생명에 관한 정보는 나에게 속하는가, 정부에 속하는가, 기업에 속하는가, 아니면 인류 공동의 소유인가?

정부는 데이터 국유화를 위임받으면 아마 대기업들의 힘을 제어하려 들 것이다. 하지만 그럴 경우 소름 끼치는 디지털 독재를 초래할 수도 있다. 정치인들은 뮤지션과 유사하고 이들이 연주할 악기는 인간의 감정적, 생화학적 기제다. 연설을 하면 온 나라에 공포의 파동이 인다. 트윗을 날리면 증오의 폭발이 일어난다. 우리는 이 뮤지선들에게 더 정교한 악기를 줘서는 안 된다고 생각한다. 정치인들이 우리의 감정 버튼을 직접 눌러 불안과 증오와 기쁨을 임의로 일으킬 수 있게 되면 정치는 감정 서커스에 불과해질 것이다. 대기업의 힘을 두려워해야 하는 것과 마찬가지로, 역사적 경험을 보면 과도한 권력을 가진 정부의 손안이라고 해서 반드시 더 낫다는 보장이 없다. 2018년 3월 현재, 나는 나의 데이터를 블라디미르 푸틴보다는 마크 저커버그에게 주는 쪽을 택하겠다(그래봐야 케임브리지 애널리티카[영국 데이터 분석 기업으로 2016년 미 대선 기간에 페이스북 회원 정보를 불법 유출한 것으로 드러나면서 파문을 일으켰다 — 옮긴이] 스캔들을 통해 저커버그에게 맡긴 데이터도 어떤 것이든 푸틴에게 흘러들기 십상이라는 사실이 드러나면서, 우리에게는 선택의 여지가 별로 없음을 알게 되었다).

데이터를 개인이 소유하는 방안이 앞의 두 선택지보다 더 매력적으로 보일 수 있다. 하지만 그것이 실제로 무엇을 뜻하는지는 불분명하다. 우리는 토지 소유 규제는 수천 년 동안 경험해왔다. 우리는 평야 주변에 담장을 쌓고 문 앞에 수위를 두고 출입을 통제하는 법은 안다. 지난 두 세기 동안 우리는 산업계의 소유를 규제하는 데 극도로 정교해져왔다. 그 결과 오늘날 나는 주식을 통해 제너럴모터스의 일부와 도요타의 일부를 소유한다. 하지만 우리는 데이터 소유를 규제해본 경험 — 이는 본질적으로 훨씬 더 어려운 일이다 — 은 많지 않다. 왜냐하면 토지나 기계와는 달리 데이터는 동시에 어디에나 있으면서 아무 데도 없고, 빛의 속도로 이동할 수 있으며, 복사본을 무제한으로 만들 수 있기 때문이다.

따라서 우리는 변호사와 정치인, 철학자, 심지어 시인으로 하여금 이런 난제에 관심을 갖도록 하는 것이 나을 수도 있다. 데이터 소유를 어떻게 규제할 것인가? 이것이야말로 우리 시대의 가장 중요한 정치적 질문일 수 있다. 이 질문에 조만간 답하지 못하면 우리의 사회정치적 시스템은 붕괴할 수도 있다. 사람들은 이미 다가오는 대변동을 감지하고 있다. 전 세계 시민들이 불과 10년 전만 해도 불가항력으로 보였던 자유주의 이야기에 대한 믿음을 잃어가는 이유도 아마 이 때문일 것이다.

그렇다면 우리는 어떻게 이 지점에서 앞으로 나아가고, 생명기술과 정보기술 혁명의 엄청난 도전에 대처할 수 있을까? 행여 앞서 세계를 파괴한 바로 그 과학자들과 기업인들이 어떤 기술적 해결책을 만들어낼 수 있을까? 예를 들어, 알고리즘 연결망이 지구적 인간 공동체를 위한 발판이 되어 모든 데이터를 집단적으로 소유하고 생명의 미래 발전을 감독하게 할 수 있을까? 세계적인 불평등이 증가하고 세계 전역에서 사회적 긴장이 고조되는 상황에서 행여 마크 저커버그가 20억 '페친'들을 결집해 어떤 일을 함께 해낼 수 있을까?

정 치 적 도 전

정보기술과 생명기술의 융합은 핵심적인 근대 가치인 자유와 평등을 위협한다.

기술적 도전을 해결하려면 지구 차원의 협력이 필요하다. 하지만 민족주의와 종교,

문화가 인류를 적대적인 진영들로 나누고 지구 차원의 협력을 대단히 어렵게 만든다.

5

공동체

인간에게는 몸이 있다

캘리포니아는 지진에 익숙하다. 그럼에도 2016년 미국 대선의 정
치적 미진은 실리콘밸리에 갑작스런 충격으로 다가왔다. 자신들이
문제의 일부가 될 수도 있다는 사실을 깨닫고 컴퓨터 귀재들은 기
술자로서 최선을 다해 대응했다. 기술적 해결책을 찾아 나섰다. 멘
로 파크에 있는 페이스북 본사보다 반응이 강력했던 곳도 없었다.
이해할 만한 일이다. 페이스북의 사업은 사회 연결망을 구축하는
것이기 때문에 사회적 동요에도 가장 잘 맞춰져 있다.

석 달간의 자기반성 후에, 2017년 2월 16일 마크 저커버그는 대
담한 선언문을 발표했다. 여기서 그는 지구 공동체 건설의 필요성
과 그 프로젝트에서 페이스북의 역할을 이야기했다.[1] 2017년 6월
22일 페이스북 커뮤니티 서밋Summit 발족식의 후속 연설에서 그는

우리 시대의 사회정치적 격변 — 만연한 약물중독부터 살인적인 전체주의 정권에 이르기까지 — 은 상당 부분 인간 공동체의 해체에서 비롯한다고 설명했다. 그는 "수십 년간 모든 종류의 집단에 속한 회원 수가 4분의 1이나 줄었으며, 수많은 사람이 이제는 다른 어딘가에서 목적의식과 지지받는 느낌을 찾고 싶어 한다"고 탄식했다.[2] 그는 이 공동체를 재건하는 부담을 페이스북이 질 것이며, 교구의 사제들이 저버린 짐을 페이스북의 엔지니어들이 떠맡을 거라고 약속했다. 그는 "우리는 공동체 건설을 보다 쉽게 해줄 도구들을 내놓겠다"고 말했다.

그는 나아가 "우리는 여러분에게 의미 있는 집단을 제시하는 데 우리가 더 잘할 수 있는지 알아보기 위한 프로젝트를 시작했다. 이를 위해 인공지능을 구축하기 시작했으며 성과를 내고 있다. 첫 6개월 만에 우리는 50퍼센트 더 많은 사람들이 의미 있는 공동체에 가입하도록 도왔다"고 설명했다. 그의 궁극적인 목표는 "10억 인구가 의미 있는 공동체에 가입하도록 돕는 것"이다. "만약 우리가 이 일을 할 수 있으면 수십 년간 계속해서 공동체 회원 수가 줄어든 추세를 되돌릴 수 있을 뿐 아니라 사회 조직social fabric을 강화하고 세계를 서로 더 가깝게 해주기 시작할 것"이라고 했다. 이것은 너무나 중요한 목표여서, "페이스북의 전체 임무를 바꾸어 이 문제를 맡도록 하겠다"고 저커버그는 다짐했다.[3] 인간 공동체의 붕괴를 탄식한 면에서 저커버그는 분명히 옳았다. 하지만 그가 그런 다짐을 하고 몇 달 뒤 케임브리지 애널리티카 스캔들이 터지면서, 페이스북에 맡겨진 데이터가 제3자들 손에 들어가 세계 곳곳의 선거 조작에 사용됐다는 사실이 드러났다. 저커버그의 고상한 약속은 조롱받았고 페이스북에 대한 공적인 신뢰는 산산조각 났다. 사람들은 페이스북이 새로운 인간 공동체 건설에 착수하기 전에 기존 공동체의 프라이버시와 보안을 보호하는 일이라도 잘하기를 바랄 뿐이다.

그럼에도 페이스북의 공동체 구상을 깊이 생각해보고, 만일 보안이 보장되고 나면 온라인 소셜 네트워크가 지구촌 인간 공동체 건설에 도움이 될지 검토해볼 가치는 있다. 21세기에 인간이 신으로 업그레이드된다 해도, 2018년 현재 우리는 여전히 석기시대 동물이다. 우리가 번영하기 위해서는 친밀한 공동체 속에 우리 자신을 뿌리 내리게 할 필요가 있다. 수백만 년 동안 인간은 수십 명 정도밖에 안 되는 작은 무리 속에서 사는 데 적응해왔다. 지금도 우리 대다수는 페이스북 친구가 얼마나 많은지 과시하는 것과는 상관없이, 150명 이상은 제대로 알기가 불가능하다는 것을 안다.[4] 이런 집단이 없으면 인간은 고독감과 소외감을 느낀다.

불행하게도, 지난 두 세기에 걸쳐 친밀한 공동체는 실제로 와해돼왔다. 정말로 서로가 서로를 아는 소집단을 민족과 정당이라는 상상 공동체로 대체하려는 시도도 완전히 성공하지는 못했다. 동포가 수백만이고 공산당 동지가 수백만에 이른다 해도 그들은 한 사람의 진짜 형제자매나 친구와 같이 따뜻한 친밀감은 줄 수 없다. 그

138

결과 오늘날의 사람들은 더없이 잘 연결된 지구상에서 더없이 외롭게 살고 있다. 우리 시대의 많은 사회적, 정치적 혼란은 이런 불안감에서 시작되었다고 할 수 있다.[5]

따라서 인간을 서로 연결하려는 저커버그의 구상은 시의적절한 것이다. 하지만 말은 행동보다 쉽다. 이 구상을 실행하려면 페이스북은 사업 모델 전체를 바꿔야 할지도 모른다. 사람들의 주의를 끌어 그것을 광고주에게 되팔아서 돈을 벌며 지구 공동체를 건설하기를 기대하기란 어렵다. 그럼에도 저커버그가 그런 비전을 구체적으로 실현할 뜻을 밝힌 것은 칭찬받을 만하다. 대다수 기업은 자신들은 돈 버는 데 집중하고, 정부는 되도록 적게 일하고, 인류는 정말 중요한 의사 결정을 시장의 힘에 맡겨야 한다고 믿는다.[6] 따라서 만약 페이스북이 진심으로 인간 공동체 건설이라는 이념에 헌신할 뜻이 있다면, 페이스북의 힘을 두려워하는 사람들도 '빅브라더'라고 외치면서 그 힘을 다시 기업의 보호막 안으로 밀어넣어서는 안 된다. 대신 우리는 다른 기업과 기관과 정부 들도 자기 나름의 이념에 헌신함으로써 페이스북과 경쟁에 나서도록 촉구해야 한다.

물론 인간 공동체의 붕괴를 안타까워하면서 재건에 애쓰고 있는 조직도 없지 않다. 페미니스트 운동가부터 이슬람 근본주의자에 이르기까지 모두가 공동체 건설 사업을 벌이고 있다. 우리는 이어지는 장들에서 이런 노력들을 살펴볼 것이다. 페이스북의 행보가 독특한 것은 구상의 범위가 지구 차원에 이르기 때문이다. 저커버그는 새로운 페이스북 AI가 '의미 있는 공동체'를 식별할 수 있을 뿐만 아니라 '우리의 사회 조직을 강화하고 세계를 서로 더 가깝게 해줄' 수도 있다고 확신하는 것 같다. 차를 몰거나 암을 진단하는 데 AI를 사용하는 것보다는 훨씬 야심차다.

페이스북의 공동체 구상은 아마도 AI를 전 지구 차원에서 중앙 계획형 사회공학에 사용하려는 명시적인 시도로는 처음일 것이다. 따라서 대단히 중요한 시험 사례에 해당한다. 만약 성공하면 그런 시도는 더 늘어날 것이고, 알고리즘은 인간 사회 연결망의 새로운 주인으로 인정받을 것이다. 실패하면 그것으로 신기술의 한계가 드러날 것이다. 그럴 경우 알고리즘은 차량 주행이나 질병 치료에는 유용할지 몰라도, 사회문제를 푸는 일에서는 우리는 여전히 정치인들과 사제들에게 의존해야 한다.

온라인 대
오프라인

최근 몇 년 사이에 페이스북은 놀라운 성공을 거뒀다. 현재 온라인 월간 활성 사용자(월 1회 이상 방문자 — 옮긴이) 수가 20억 명이 넘는다. 하지만 새로운 구상을 실현하려면 온라인과 오프라인 사이의 골에 다리를 놓아야 할 것이다. 공동체는 온라인 모임으로 시작할 수 있지만 진정으로 번성하려면 오프라인 세계에도 뿌리를 내려야 할 것이다. 만약 어느 날 어떤 독재자가 자기 나라에서 페이스북을 차단하거나 인터넷을 완전히 끊어버리면 페이스북을 기반으로 한 공동체들은 사라지고 말까, 아니면 재결성해서 반격에 나설까? 온라인 소통 없이도 시위를 조직할 수 있을까?

저커버그는 2017년 2월 성명서에서 온라인 공동체가 오프라인 공동체 육성을 돕는다고 설명했다. 이 말은 가끔은 맞는다. 하지만 온라인에 오프라인이 희생될 때가 많다. 또 둘 사이에는 근본적인 차이가 있다. 물리적 공동체에는 가상 공동체가 따라갈 수 없는 깊이가 있다. 적어도 가까운 미래에는 따라 할 수 없을 것이다. 내가 이스라엘 집에서 아파 누워 있으면 캘리포니아의 온라인 친구들은 내게 말을 걸 수는 있어도 수프나 차를 주지는 못한다.

인간에게는 몸이 있다. 지난 세기 동안 기술은 우리를 우리 몸으로부터 멀어지게 했다. 우리는 우리가 냄새를 맡고 맛을 보는 것에 집중하는 능력을 잃어왔다. 대신 스마트폰과 컴퓨터에 빠져들었다. 우리는 길에서 일어나는 일보다 사이버 공간에서 일어나는 일에 더 관심이 많다. 스위스에 사는 사촌과 이야기하기는 어느 때보다 쉬워졌는데 아침 식사를 할 때 남편과 대화하기는 더 힘들어졌다. 눈은 끊임없이 나 대신 스마트폰에 가 있다.[7]

과거에 인간은 그런 부주의를 누릴 형편도 못 됐다. 고대 수렵 · 채집인은 언제나 주의를 살피고 경계했다. 버섯을 찾아 숲속을 헤맬 때는 땅 위로 조금이라도 볼록하게 튀어나온 것이 있는지 예의 주시했다. 행여 뱀이 숨어 있을지도 몰라 풀 속의 사소한 움직임에

141

도 귀를 세웠다. 먹을 수 있는 버섯을 찾았을 때도 독버섯과 분간하기 위해 최대한 주의를 기울여 맛을 봤다. 지금처럼 풍요로운 사회에 사는 사람은 그때만큼 예민한 경각심이 필요 없다. 우리는 슈퍼마켓 복도 사이를 돌아다닐 때도 문자 메시지를 보내며 수많은 음식을 골라서 살 수 있다. 하나같이 보건 당국의 안전검사를 거친 것들이다. 하지만 우리가 무슨 음식을 고르든 다음 수순은 똑같다. 화면을 앞에 두고 이메일을 확인하거나 텔레비전을 보면서 서둘러 먹을 뿐, 정작 실제 음식 맛에는 별로 주의를 기울이지 않는다.

저커버그는 페이스북이 "우리의 경험을 다른 사람과 공유하는 능력을 주는 도구를 계속해서 개선"하는 데 헌신하겠다고 말한다.[8] 하지만 사람들이 실제로 바라는 것은 자기 자신의 경험에 연결되기 위한 도구인지도 모른다. '경험 공유'라고 부르는 것도 사실은 자신에게 일어난 일을 다른 사람의 관점에서 이해하도록 부추긴다. 어떤 신나는 일이 일어났을 때 페이스북 사용자가 직감적으로 하는 행동은 스마트폰을 꺼내 사진을 찍고 온라인에 올린 다음 '좋아요'를 기다리는 것이다. 이 과정에서 정작 자신이 느낀 것에 대해서는 거의 신경 쓰지 않는다. 실제로 자신의 느낌마저 점점 더 온라인 반응에 따라 결정된다.

자기 몸과 감각, 물리적 환경에서 멀어진 사람들은 소외감을 느끼고 방향감각을 잃기 쉽다. 논평가들은 흔히 그런 소외의 느낌을 종교적이거나 민족적인 유대감이 퇴조한 탓으로 돌린다. 하지만 아마도 자기 몸과의 접촉을 잃어버린 것이 더 중요한 원인일 것이다. 인간은 수백만 년 동안 종교나 민족 없이 살았다. 아마 21세기에도 그런 것들 없이 행복하게 살 수 있을 것이다. 하지만 자신의 몸과 절연된다면 행복하게 살 수 없다. 자기 몸 안에서 편안함을 느끼지 못하면 세계에서도 결코 평안을 느끼지 못할 것이다.

지금까지 페이스북의 사업 모델은 사람들이 오프라인 활동에 쓰는 시간과 에너지를 줄이더라도 온라인에 점점 더 많은 시간을 쓰게끔 했다. 사람들이 정말 필요할 때만 온라인으로 가게 하고, 물리적 환경과 자기 자신의 몸과 감각에 더 주의를 기울이게 하는 새로운 모델을 채택할 수 있을까? 이런 모델을 주주들은 어떻게 생각할까? (그런 대안적 모델의 청사진을 구글 출신 기술-철학자 트리스탄 해리스가 제시한 바 있는데, 그는 '잘 쓴 시간time well spent'이라는 새 계량법을 선보였다.[9])

온라인 관계의 한계를 생각하면 저커버그가 제시한 사회 양극화에 대한 해법마저 무력해 보인다. 저커버그는 사람들을 연결하고 서로 다른 의견에 노출하는 것만으로는 사회 간극을 좁히지 못할 거라고 했다. "반대 관점의 기사를 보여주면 다른 관점을 낯선 것이라는 틀 속에서 보게 만들어 실제로는 양극화를 심화한다"는 이유에서다. 옳은 지적이다. 대신 저커버그는 "담론을 개선하기 위한 최선의 해결책은 서로의 의견뿐 아니라 전체적인 사람됨을 서로 알게 하는 데서 나올 수 있다"며 아마 페이스북이 이런 일을 하기에 특별히 적합할 것이다"라고 했다. 이어서 그는 "우리가 공통점―스포츠 팀, 티브이 쇼, 관심사 — 에 관해 사람들을 연결하면 서로 의견이 다른 것에 대해서도 대화하기가 좀 더 쉽다"고 했다.[10]

하지만 '전체적인' 인간으로서 서로를 알기란 극히 어렵다. 그러기 위해서는 많은 시간이 필요하고 신체를 통한 직접적인 상호작용도 요구된다. 앞에서 언급했듯이, 평균적인 호모 사피엔스는 150명 이상의 개인과 서로 친밀하게 알기가 거의 불가능하다. 이상적으로는 공동체를 건설하는 일이 제로섬 게임이어서는 안 된다. 인간은 동시에 여러 집단에 충성심을 느낄 수도 있다. 하지만 불행히도 친밀한 관계는 제로섬 게임일 가능성이 높다. 어느 선을 넘어서면, 온라인으로 이란이나 나이지리아의 친구들을 알기 위해 시간과 에너지를 쏟는 과정에서 옆집 이웃을 아는 능력을 희생시킬 수밖에 없다.

페이스북이 결정적 시험대에 오르는 순간은, 사람들이 온라인으로 물건을 사는 데는 시간을 덜 쓰고 친구들과 오프라인 활동에 더 많은 시간을 보내도록 유도하는 새로운 도구를 엔지니어가 발명할 때일 것이다. 페이스북은 그런 도구를 채택할까 아니면 억누를까? 페이스북은 진정한 믿음의 도약을 이뤄 금전적인 이익보다 사회적 관심을 우선시할까? 만일 그렇게 한다면 — 그렇게 해서도 파산을 면할 수 있으면 — 그것은 중대한 변신이 될 것이다.

분기별 수익 보고서보다 오프라인 세계에 더 많은 관심을 쏟는 일은 페이스북의 과세 정책과도 관계가 있다. 아마존과 구글, 애플 그리고 다른 기술 거인들과 마찬가지로 페이스북은 반복해서 탈세

144

혐의를 받아왔다.[11] 온라인 활동에 대한 과세에는 본질적인 어려움이 있기 때문에 이런 글로벌 기업은 온갖 창의적 회계에 더 쉽게 연루된다. 또한, 사람들이 주로 온라인에서 생활하는 데다, 자기 회사가 사람들의 온라인 활동에 필수적인 도구를 제공한다고 생각할 경우에는 오프라인 정부에 대한 납세를 회피하는 것조차 사회에 유익한 봉사로 볼 수도 있다. 하지만 인간에게는 몸이 있고, 따라서 여전히 도로와 병원 하수처리시설이 필요하다는 사실을 떠올리면 탈세를 정당화하기란 훨씬 어려워진다. 어떻게 공동체에 가장 중요한 서비스를 재정적으로 지원하는 것은 거부하면서 공동체의 덕목을 설파할 수 있겠는가?

정치적 도전

우리는 페이스북이 사업 모델을 바꾸어 좀 더 오프라인 친화적인 납세 정책을 채택하고, 세계 통합을 돕는 한편, 수익도 남기기를 바랄 뿐이다. 하지만 페이스북이 지구촌 공동체 구상을 과연 실현할 수 있을지에 대해서는 비현실적인 기대에 들뜨지 말아야 한다. 역사적으로 볼 때 기업은 사회적, 정치적 혁명을 이끄는 이상적 수단이 아니었다. 진정한 혁명에는 언젠가는 희생이 필요한데, 이것을 기업과 고용자, 주주 들이 감수할 리 없다. 그래서 혁명가는 늘 교회와 정당과 군을 구축한다. 아랍권에서 일어난, 이른바 페이스북과 트위터 혁명은 희망에 찬 온라인 공동체에서 시작했지만, 뒤얽힌 오프라인 세계에 출현하는 순간 광신도와 군 집단의 지휘를 받았다. 지금 페이스북의 목표가 글로벌 혁명을 일으키는 것이라면,

온라인과 오프라인의 간극을 잇는 일부터 훨씬 잘해야 할 것이다. 페이스북과 다른 온라인 거인들은 인간을 시청각 동물로 보는 경향이 있다. 열 손가락과 화면, 신용카드와 연결된 한 쌍의 눈과 귀를 가진 존재로 본다는 말이다. 인류를 통합하기 위한 결정적인 걸음은 인간에게 몸이 있다는 사실을 헤아리는 것이다.

물론 이런 생각도 일면적이다. 온라인 알고리즘의 한계를 깨달은 기술 거인들은 거기서 영향력을 더 확장할 수 있다. 구글 글래스 같은 기기와 포켓몬 고 같은 게임은 온라인과 오프라인의 구분을 없애고 하나의 증강현실로 합치기 위해 설계된 것이다. 나아가 훨씬 심층적인 수준에서 생체측정 센서와 직접적인 뇌-컴퓨터 인터페이스는 전자 기계와 유기적인 몸 사이의 경계를 없애고 말 그대로 우리 피부 속으로 들어오는 것을 목표로 한다. 기술 거인들이 인간의 몸을 접수하는 법을 배우면, 결국에는 지금 우리의 눈과 손가락과 신용카드를 맘대로 조작하는 것과 같은 방식으로 우리의 전신을 조작할 수 있게 된다. 그때 가서 우리는 온라인이 오프라인과 분리된 좋았던 옛 시절을 그리워할지도 모른다.

6

문명

세계에는 하나의 문명이 있을 뿐이다

마크 저커버그는 온라인으로 인류를 통합하는 꿈을 꾸지만, 최근 오프라인 세계에서 일어난 사건들은 '문명 충돌' 명제에 새로운 생명을 불어넣는 것 같다. 많은 논평가와 정치인, 일반 시민 들은 시리아 내전과 이슬람국가IS의 부상, 브렉시트 대혼란, 유럽연합의 불안정이 모두 '서구 문명'과 '이슬람 문명'의 충돌에서 비롯한다고 믿는다. 서구가 민주주의와 인권을 이슬람 국가들에 강요하려다가 이슬람권에서 폭력을 동반한 역풍이 불었고, 이슬람 테러범의 공격과 무슬림 이민자 물결이 일면서 유럽 유권자들은 외국인을 혐오하는 지역적 정체성으로 돌아서 다민족의 꿈을 포기하게 됐다는 것이다.

이 명제에 따르면, 인류는 언제나 다양한 문명으로 나뉘었고 각각 화해할 수 없는 방식으로 세계를 봐왔다. 이런 양립 불가능한 세계관 때문에 문명 간 갈등은 불가피하다. 자연에서만 보더라도 서로 다른 종들이 자연선택이라는 무자비한 법칙에 따라 생존 투쟁을 벌이는 것처럼, 역사적으로도 문명들은 반복해서 충돌했고 적자適者만 살아남았다. 따라서 이런 냉혹한 사실을 간과하는 사람은 — 자유주의 정치인이든 공상에 잠긴 엔지니어든 — 위험을 각오해야 한다.[1]

'문명 충돌' 명제는 광범위한 정치적 의미를 함축하고 있다. 지지자들은 '서구'와 '이슬람 세계'를 화해시키려는 시도는 모두 실패할 운명이라고 주장한다. 이슬람 국가들은 결코 서구의 가치를 받아들이지 않을 것이며, 서구 국가들도 절대 무슬림 소수자들을 흡수하는 데 성공하지 못하리라는 것이다. 따라서 미국은 시리아나 이라크 출신 이민자를 인정하지 말아야 하며, 유럽연합은 잘못된 다문화 정책을 포기하고 거리낌없이 서구 정체성을 추구해야 한다고 주장한다. 장기적으로는 오직 하나의 문명만 자연선택의 엄혹한 시험에서 살아남을 것이며, 만약 브뤼셀의 관료들이 이슬람의 위험에서 서구를 구하려 하지 않는다면, 영국과 덴마크, 프랑스는 유럽연합에서 독립하는 것이 낫다는 생각이다.

이 명제는 폭넓게 지지받고 있지만 오도하고 있다. 물론 이슬람 근본주의가 실제로 급진적 도전이 될 수도 있다. 하지만 그들이 도전하는 '문명'은 독특한 서구적 현상이라기보다는 지구촌 문명이다. IS가 발흥하면서 이란과 미국이 맞서 연합하게 된 데는 이유가 있다. 심지어 중세적 환상을 품은 이슬람 근본주의자들조차 그 기반은 7세기 아라비아보다는 현대 지구촌 문화에 훨씬 가깝다. 이들은 중세 농민들과 상인들보다 현대의 소외된 청소년들의 두려움과 희망에 영합하고 있다. 판카지 미슈라(아시아의 근대화를 새롭게 해석한 저술로 주목받는 인도 작가 — 옮긴이)와 크리스토퍼 드 벨라이그(이코노미스트 테헤란 특파원을 지낸 중동 전문 영국 저널리스트 — 옮긴이)가 설득력 있게 주장했듯이, 급진 이슬람주의자들은 무함마드만큼이나 마르크스와 푸코의 영향을 받았으며, 옴미아드(아랍 제국을 다스린 첫 번째 이슬람 칼리파 세습 왕조 — 옮긴이)와 아바스(두 번째 왕조 — 옮긴이) 칼리프 못지않게 19세기 유럽 무정부주의자의 유산을 계승한다.[2] 따

라서 IS조차 어떤 이해하기 힘든 외래 수종의 나뭇가지라기보다는 우리 모두가 공유하는 지구촌 문화의 엇나간 가지로 보는 것이 더 정확하다.

　더 중요한 점은 '문명 충돌' 명제를 뒷받침하는 역사와 생물학 사이의 비유가 틀렸다는 사실이다. 인간 집단 — 작은 부족에서 거대 문명에 이르기까지 — 은 다른 동물과는 근본적으로 다른 종이며, 인간의 역사적 갈등 또한 자연선택 과정과는 엄청나게 다르다. 동물 종은 수천, 수만 세대에 걸쳐 이어져온 객관적인 정체성을 갖고 있다. 침팬지든 고릴라든 믿음보다 유전자에 의존하고, 유전자에 따라 사회적 행동도 뚜렷이 구분된다. 가령 침팬지만 해도 암수가 뒤섞여 한 무리를 이루고 산다. 권력 다툼을 벌일 때도 지지자들

이 암수 구분 없이 연대한다. 반면에 고릴라는 지배적인 수컷 한 마리가 혼자서 암컷 여러 마리를 거느리고(하렘) 일반적으로 자신의 지위에 도전할 가능성이 있는 다 자란 수컷은 쫓아낸다. 이제 와서 침팬지가 고릴라와 같은 식의 사회 질서를 채택할 수는 없고, 고릴라 역시 침팬지와 같은 조직을 새로 구축하려 들 수는 없다. 우리가 아는 한, 침팬지와 고릴라는 최근 수십 년뿐 아니라 지난 수십만 년 동안 똑같은 사회 체계를 유지해왔다.

하지만 인간들 사이에서는 그런 것을 찾아볼 수 없다. 물론 인간 집단들도 서로 뚜렷이 구분되는 사회 체계를 가질 수 있다. 하지만 그것은 유전적으로 결정되지는 않으며, 수백 년 이상 지속되는 경우도 드물다. 예를 들어 20세기 독일을 보자. 독일인들은 100년도 안 되는 기간에 국가가 아주 상이한 여섯 가지 체계로 조직되는 경험을 했다. 호엔촐레른 왕조, 바이마르공화국, 제3제국, 독일민주공화국(공산주의 동독), 독일연방공화국(서독)에 이어 마침내 민주주의로 통일된 독일이다. 물론 독일인의 언어는 그대로이고, 맥주와 브라트부르스트bratwurst(독일식 훈제소시지 — 옮긴이) 사랑도 여전하다. 하지만 독일을 다른 모든 나라들과 구분해주면서, 빌헬름 2세부터 앙겔라 메르켈에 이르기까지 변치 않고 유지해온 그들만의 독특한 정수가 있을까? 만일 그런 것을 찾아냈다면, 그것은 1,000년 전, 5,000년 전에도 있었던가?

유럽 헌법의 (비준되지 않은) 전문은 이렇게 시작된다. 이 헌법은

"침해할 수 없고 양도할 수 없는 인간의 권리와 민주주의, 평등, 자유, 법의 지배라는 보편적 가치를 발전시켜온 유럽의 문화적, 종교적, 인본주의적 유산에서 영감을 받는다".[3] 이것을 보면 유럽 문명이 인권과 민주주의, 평등, 자유의 가치에 의해 규정된다는 인상을 받기 쉽다. 고대 아테네 민주주의부터 현재 유럽연합까지 이어지는 수많은 연설과 문헌이 2,500년에 걸친 유럽의 자유와 민주주의를 찬양한다. 하지만 이것은 속담에 나오는 장님이 코끼리의 꼬리를 잡고 코끼리가 솔 같은 것이라고 단정하는 모습을 연상시킨다. 물론 민주주의 사상은 수 세기 동안 유럽 문화의 일부였다. 하지만 결코 전부는 아니었다. 아테네 민주주의는 발칸반도의 작은 구석에서 마지못해 일어난 실험이었고 겨우 200년을 살아남았다. 지난 25세기 동안 유럽 문명을 규정한 것이 민주주의와 인권이었다면, 스파르타와 율리우스 카이사르, 십자군과 신대륙 정복자, 종교 재판과 노예무역, 루이 14세와 나폴레옹, 히틀러와 스탈린은 다 뭐란 말인가? 이들은 모두 외래 문명에서 온 침입자들인가?

　사실, 유럽 문명은 유럽인들이 그렇게 만들어낸 것이다. 마치 기독교 문명은 기독교인들이 만든 것이고, 이슬람 문명은 무슬림들이 만든 것이며, 유대교 문명은 유대인들이 만든 것과 같다. 또한 유럽인들은 수 세기에 걸쳐 그것을 가지고 현저하게 다른 것들을 만들었다. 인간 집단이 겪는 과정을 보면 지속되는 것보다 변하는 것이 더 많지만, 그럼에도 그들은 스토리텔링 기술 덕분에 스스로 오랜 정체성을 만들어낸다. 어떤 혁명적 변화를 겪더라도 옛것과 새것을 교직해서 한 가닥의 실을 자아낸다.

심지어 한 개인도 자신이 겪는 혁명적인 변화를 하나의 일관되고 강력한 인생 이야기로 짤 수 있다. "나라는 사람은 한때 사회주의자였지만 자본주의자가 되었고, 프랑스에서 태어났지만 현재 미국에서 살고 있으며, 결혼했지만 이혼을 했고, 암에 걸렸지만 건강을 회복했다." 마찬가지로 독일인 같은 인간 집단도 거쳐 간 일련의 변화를 통해 자신을 정의할 수 있다. "한때 우리는 나치주의자였지만, 교훈을 얻어 지금은 평화로운 민주주의자다." 빌헬름 2세에 이어 히틀러 다음 메르켈에 이르기까지 일관되게 표현된 독일만의 독특한 정수를 찾을 필요는 없다. 매 단계에서 경험한 이런 급진적 변형이야말로 독일의 정체성을 규정하는 것이다. 2018년 독일인이 된다는 것은 나치즘의 곤혹스러운 유산과 씨름하고 자유민주주의적 가치를 옹호한다는 뜻이다. 2050년에는 독일인이 된다는 게 무엇을 뜻할지 지금 우리로서는 알 수 없다.

사람들은 이런 변화를 외면할 때가 많다. 자신들의 핵심적인 정치적, 종교적 가치에 관해서라면 특히 더 그렇다. 우리는 우리의 가치가 옛 조상에게서 물려받은 귀중한 유산이라고 고집한다. 하지만 그렇게 말할 수 있는 유일한 근거는 우리의 조상이 오래전에 죽었으며 이제는 스스로 말할 수 없다는 사실이다. 예를 들어 유대인이 여성을 대하는 태도를 보자. 오늘날 초정통파 유대교인들은 공공장소에서 여성 사진을 금지한다. 이들을 겨냥한 게시판과 광고에는 남자와 소년만 묘사돼 있을 뿐 여성과 소녀는 결코 등장하지 않는다.[4]

2011년에 그로 인한 사건이 터졌다. 뉴욕 브루클린의 초정통파 유대교 신문인 디 차이퉁Di Tzeitung이 미국 관리들이 오사마 빈 라덴의 은신처 공습을 지켜보는 사진을 실으면서 디지털 기술로 힐러리 클린턴 국무장관을 포함한 모든 여성을 삭제한 것이다. 이 신문은 유대교의 '겸손법'(옷차림과 행동이 정숙해야 한다는 유대교 전통 계율—옮긴이)에 따른 불가피한 조치였다고 해명했다. 비슷한 사건은 또 있었다. 이스라엘의 하메바세르HaMevaser 신문이 샤를리 에브도 학살(2015년 1월 이슬람 원리주의 테러리스트들이 파리의 풍자 신문 〈샤를리 에브도〉 본사에 난입해 총기를 난사한 사건—옮긴이)에 항의하는 시위 사진에서 앙겔라 메르켈을 지운 것이다. 애독자들의 마음속에 음탕한 생각이 일어나는 것을 막기 위해서였다. 또 다른 초정통파 유대교 신문인 하모디아Hamodia의 발행인은 이런 정책을 변호하면서 "우리는 수천 년 유대교 전통의 지지를 받고 있다"고 했다.[5]

유대교 회당만큼 여성의 노출을 엄격하게 제한하는 곳도 없다. 정통파 유대교 회당에서 여성은 남성으로부터 철저히 격리되어 커튼 뒤 제한 구역에 있어야 한다. 남성들이 기도하거나 경전을 읽을 때 우연하게라도 여성의 모습이 눈에 띄지 않게 하기 위해서다. 하지만 이 모든 것이 수천 년 유대교 전통과 변치 않는 신법의 지지를 받고 있다면, 고고학자들이 이스라엘에서 출토한 미쉬나(모세오경에 대한 주석—옮긴이)와 탈무드 시대의 예배당 유적에 남녀가 격리된 흔적은 조금도 없었고, 오히려 아름다운 바닥 모자이크 그림과 천정 그림에 여성이 묘사돼 있었으며, 심지어 어떤 여성은 몸을 다 드러내다시피 한 사실은 어떻게 설명해야 할까? 미쉬나와 탈무드를 저술한 랍비들조차 이런 예배당에서 규칙적으로 기도하고 공부했건만, 오늘날 정통파 유대교인들은 그들이 불경스럽게도 옛 전통을 모독했다고 할 것이다.[6]

옛 전통을 왜곡하는 일은 모든 종교의 공통적인 특징이다. IS는 자신들이 이슬람교의 순수 원형으로 돌아갔다고 하지만 사실은 그들의 해석이야말로 완전히 새로운 것이다. 물론 그들은 유서 깊은 문헌을 많이 인용한다. 하지만 이 과정에서 어떤 것을 취사선택할지, 그것을 어떻게 해석할지를 두고 심혈을 기울인다. 실제로 성스러운 문헌을 해석할 때 이들이 보이는 'DIY Do It Yourself'(자신이 손수 알아서 하기—옮긴이)식 태도야말로 대단히 현대적인 것이다. 전통적으로 경전 해석은 박식한 울라마(카이로의 알아자르 같은 저명한 기관에서 이슬람법과 신학을 공부한 학자)의 독점 영역이었다. IS 지도자들 중에 그런 자격을 갖춘 사람은 거의 없었고, 존경받는 울라마들도 대부분 최고 지도자인 아부 바크르 알바그다디와 그 일당을 무지한 범죄자로 일축해왔다.[7]

그렇다고 해서 어떤 사람들이 주장하는 것처럼 IS가 '비이슬람적'이거나 '반이슬람적'이라는 것은 아니다. 특히 버락 오바마 같은 기독교인 지도자가 무모하게도 아부 바크르 알바그다디 같은 자칭 무슬림에게 무슬림이 무엇을 뜻하는지 이야기한 것은 역설적이다.[8] 이슬람의 진정한 핵심이 무엇인지를 두고 벌어진 열띤 논쟁은 한마디로 무의미하다. 이슬람교에는 고정된 DNA가 없기 때문이다. 이슬람교는 무슬림들이 만들어내는 것이다.[9]

독일인과
고릴라

인간 집단과 동물 종을 구분하는 훨씬 깊은 차이가 있다. 종은 나뉘는 경우는 많지만 결코 합치지는 않는다. 약 700만 년 전에는 침팬지와 고릴라의 공통 조상이 있었다. 이 단일 조상에 해당하는 종은 두 집단으로 쪼개져 결국 별개의 진화의 길을 갔다. 한 번 이런 일이 일어나면 되돌아가는 일은 없었다. 다른 종에 속하는 개체끼리는 생식력 있는 자손을 낳을 수가 없기 때문에 종은 결코 합쳐질 수 없다. 고릴라는 침팬지와 합칠 수 없고, 기린은 코끼리와 합칠 수 없으며, 개는 고양이와 합칠 수 없다.

반면에 인간 부족은 시간이 갈수록 점점 더 큰 집단으로 뭉치는 경향이 있다. 근대 독일인은 작센족, 프로이센족, 슈바벤족, 바이에른족이 합쳐지면서 생겨났다. 이들은 얼마 전까지만 해도 서로에게 애정을 쏟지 않던 사이였다. 전하는 바에 따르면, 오토 폰 비스마르

155

크는 (다윈의 《종의 기원》을 읽은 후에) 바이에른족이 오스트리아인과 인간 사이를 잇는 빠진 고리라고 말했다('빠진 고리'란 종의 진화 과정의 중간 단계를 가리킨다. 비스마르크의 이 말은 오스트리아인을 인간으로 진화하기 전의 별개 종으로 봤다는 뜻이다. 그는 19세기 독일 통일 운동 과정에서 오스트리아를 배제한 프로이센 왕국 중심의 소小독일을 지향했다. ― 옮긴이).[10] 프랑스인은 프랑크족, 노르만족, 브르타뉴족, 가스코뉴족, 프로방스족의 합병으로 생겨났다. 그사이 영국해협 건너편에서는 잉글랜드족, 스코틀랜드족, 웨일스족, 아일랜드족이 점점 (자의든 아니든) 하나로 뭉쳐 영국인을 이뤘다. 어쩌면 그리 머지않은 미래에 독일인과 프랑스인과 영국인은 다시 유럽인으로 합쳐질지도 모른다.

합병됐다고 해서 언제까지나 지속되는 법도 없다. 이 사실을 요즘 런던과 에든버러, 브뤼셀 사람들은 절감한다. 브렉시트와 더불어 영국과 유럽연합이 동시에 해체 수순을 밟게 되는 것도 무리가 아니다. 하지만 장기적으로 볼 때 역사의 방향은 분명하다. 1만 년 전만 해도 인류는 수없이 많은 고립된 부족들로 나뉘어 있었다. 1,000년이라는 세월이 지날 때마다 부족은 점점 더 큰 집단으로 뭉쳤고, 이들은 수는 줄었지만 개성은 더 뚜렷한 문명을 건설했다. 최근 몇 세대 동안에는 지금까지 남아 있는 소수의 문명들이 다시 하나의 지구촌 문명으로 섞여들고 있다. 정치적, 민족적, 문화적, 경제적 분열은 그대로지만 이것이 근본적인 통합을 전복하지는 않는다. 사실 어떤 분열들은 세계를 아우르는 공동의 구조 때문에 비로소

가능해졌다. 가령, 경제에서 노동 분업은 단일 시장을 공유하지 않는 한 성공할 수 없다. 한 나라가 차량이나 원유 생산을 특화할 수 있는 것도 밀과 쌀을 경작하는 다른 나라에서 식량을 사 올 수 있다는 전제하에서 가능한 일이다.

인류가 통합되는 과정은 두 가지 뚜렷한 형태를 취했다. 첫째, 서로 다른 집단들 사이에 연결을 확립했고, 둘째, 집단들 간의 동질화를 실천했다. 지속적으로 달리 행동하는 집단끼리도 연결은 될 수 있다. 철천지원수 사이라도 마찬가지다. 사실은 전쟁 자체가 인간들 사이에 가장 강력한 유대를 만들어낼 수 있다. 역사가들은 흔히 세계화가 1913년에 첫 번째 절정에 이르렀다가, 세계대전과 냉전 기간 중에는 장기 쇠퇴에 들어간 다음, 1989년 후에야 회복됐다고 주장한다.[11] 이런 해석은 경제의 세계화 과정에는 맞는 말일 수 있다. 하지만 이런 진단은 경제적 세계화와는 상이하면서도 그 못지 않게 중요한 군사적 세계화의 역학은 간과한다. 전쟁은 상업보다 훨씬 더 빠르게 사상과 기술과 사람을 확산시킨다. 1918년 미국은 1913년에 비해 유럽과 더 긴밀히 연결돼 있었는데, 양차 대전 사이에 멀어졌다가, 제2차 세계대전과 냉전을 거치며 둘의 운명은 불가분의 관계로 연결되었다.

전쟁은 또한 사람들이 서로에게 훨씬 큰 관심을 갖게 만들기도 한다. 미국과 러시아가 냉전 때보다 더 긴밀하게 접촉한 시기도 없었다. 그때는 모스크바 복도에서 기침 소리가 날 때마다 워싱턴 사람들이 허겁지겁 계단을 오르내리곤 했다. 사람들은 무역 상대국보다 군사 적대국에 훨씬 많은 관심을 기울인다. 베트남을 다룬 미국 영화가 타이완을 다룬 것보다 50배는 많을 것이다.

중세
올림픽

21세기 초의 세계는 다양한 집단들 사이를 연결하는 차원을 훨씬 넘어섰다. 사람들은 서로 접촉할 수 있을 뿐 아니라 믿음과 행동까지 점점 더 많이 공유한다. 1,000년 전만 해도 지구 행성은 수십 가지 정치 모델을 위한 비옥한 터전을 제공했다. 유럽에서는 봉건 공국들이 독립 도시국가 및 작은 신정 국가들과 경쟁했다. 이슬람 세계에서는 칼리프 국가가 보편적 주권을 주장했지만 동시에 왕국과 술탄국 및 토후국 형태의 다양한 실험들이 있었다. 중국 제국은 스스로를 유일하게 정당한 정치체라고 믿었지만, 그 서북쪽에서는 부족 연합들이 서로 신나게 싸웠다. 인도와 동남아시아에도 변화무쌍한 체제들이 있었고, 아메리카와 아프리카, 호주의 정치체들도 작은 수렵·채집 무리부터 제멋대로 뻗어나가는 제국에 이르기까지 다양했다. 그러다 보니 인접한 인간 집단들이 국제법은커녕 공통의 외교 절차에 합의하기 어려운 것도 당연했다. 각각의 사회는 나름의 정치 패러다임이 있어서, 낯선 정치 개념을 이해하고 존중하기란 어려웠다.

반면 오늘날에는 단일한 정치 패러다임이 어디에서나 받아들여진다. 지구는 약 200개의 주권 국가들로 나뉘었지만, 이들은 일반적으로 동일한 외교 의례와 공통의 국제법에 의견을 같이한다. 스웨덴과 나이지리아, 타이와 브라질은 우리가 보는 지도책에 다채로운 형태로 표시되지만 모두가 유엔 회원국이다. 무수한 차이에도 이들은 모두 비슷한 권리와 특권을 누리는 주권국가로 인정된다. 사실 이들은 정치적인 사상과 실천에서 유사한 것이 훨씬 많다. 대의 기구라든가 정당 정치, 보통선거권, 기본 인권을 적어도 표면적으로는 신봉한다. 테헤란과 모스크바, 케이프타운과 뉴델리에도 런던과 파리처럼 의회가 있다. 이스라엘과 팔레스타인, 러시아와 우크라이나, 쿠르드족과 터키가 세계 여론의 지지를 얻으려고 경쟁할 때도 인권이라든가 국가 주권, 국제법이라는 동일한 담론을 사용한다.

세상에 '실패한 국가들'은 유형이 다양할지 몰라도, 성공적인 국가의 패러다임은 하나다. 그러니 지구상의 정치도 안나 카레니나 원칙을 따른다. 성공한 국가는 모두가 같지만, 실패한 국가는 각자 다른 방식으로 실패하는데(톨스토이의 장편소설《안나 카레니나》는 "행복한 가정은 서로 닮았지만, 불행한 가정은 모두 저마다의 이유로 불행하다"라는 문장으로 시작한다 ― 옮긴이), 지배적인 정치 패키지 중에서 이런저런 구성 요소가 빠졌기 때문이다. IS는 최근에 이 패키지를 전면 배격하고 완전히 다른 종류의 정치체를 수립하려는 독자 노선을 표방했다. 이른바 이슬람 신정일치제의 칼리프 국가다. 하지만 바로 그 점 때문에 IS는 실패했다. 지금까지 수많은 게릴라 세력과 테러 조직이 새로운 국가를 수립하거나 기존 국가를 정복할 수 있었다. 하지만 이들은 늘 세계 정치 질서의 근본 원칙을 수용했다. 탈레반조차 아프가니스탄 주권 국가의 합법 정부로 국제적 승인을 받으려 했다. 어떤 집단도 세계 정치의 원칙을 배격하고서 어떤 중요 지역을 지속적으로 지배하지는 못했다.

세계 정치의 패러다임이 어느 정도 구속력을 갖는지 알려면 전쟁과 외교에 대한 강도 높은 정치적 질문보다 2016년 리우 올림픽 같은 것을 살펴보면 된다. 올림픽이 조직된 방식을 잠시 생각해보자. 대회에 참가한 1만 1,000명의 선수들은 종교나 계급, 언어가 아닌 국적에 따른 대표단으로 편성됐다. 불교 대표단이나 프롤레타리아 대표단, 영어권 대표단 같은 것은 없었다. 몇몇 사례 — 대표적으로 타이완과 팔레스타인 — 를 제외하면 선수의 국적을 결정하는 것은 간단명료한 일이었다.

2016년 8월 5일 개막식에서 선수들이 무리를 이뤄 행진할 때 흔든 것은 자국 국기였다. 마이클 펠프스가 금메달을 추가할 때마다 성조기가 미국 국가에 맞춰 올라갔다. 에밀리 앙데올이 유도에서 금메달을 땄을 때는 프랑스 삼색기가 게양됐고 프랑스 국가가 연주됐다.

편리하기 그지없게도, 세계 각국의 국가國歌만 해도 동일하게 보편적인 모델을 따른다. 대부분 몇 분 길이의 관현악곡이다. 가령, 특수 계급의 세습 신부들만 연주할 수 있는 20분짜리 성가가 아니다. 사우디아라비아와 파키스탄, 콩고 같은 나라들조차 국가를 만들 때 서양 음악의 형식을 채택했다. 대다수가 베토벤이 컨디션이 그저 그런 날 만든 곡처럼 들린다. (저녁에 친구들과 유튜브로 다양한 국가들을 틀어놓고 어느 곡이 어느 나라 것인지 알아맞히기를 해볼 수도 있을 것이다.) 심지어 가사조차 전 세계가 거의 같다. 정치와 집단 충성심에 관한 공통의 개념을 이야기한다. 가령, 다음 국가는 어느 나라 것일까? (가사 중에서 국명만 일반적인 표현인 '나의 나라'로 바꿨다.)

나의 나라, 나의 조국,
내가 피를 흘린 땅,
나는 여기 서 있네,
내 모국의 파수꾼이 되려고
나의 나라, 나의 민족
나의 국민, 나의 조국,
우리 함께 외치자
"내 나라여 단결하자!"
영원하라 나의 땅, 영원하라 나의 국가,
나의 민족, 나의 조국, 온전히 그대로.
영혼을 지피고 몸을 깨워라
위대한 내 나라를 위해!

자주적이고 자유로운 위대한 내 나라
사랑하는 나의 고향 나의 나라.
자주적이고 자유로운 위대한 내 나라
영원하라 위대한 내 나라여!

정답은 인도네시아다. 하지만 내가 정답을 폴란드나 나이지리아, 브라질이라고 했더라면 여러분은 놀랐을까?

각국의 국기도 따분할 정도로 비슷하다. 하나의 예외를 빼면 모든 국기들이 직사각형 천 조각에 극도로 제한적인 색이나 줄무늬, 기하학적 형상 일색으로 꾸며져 있다. 네팔은 특이하게도 국기가 삼각형 두 개로 구성돼 있다. (하지만 올림픽에서 아직 메달을 따지는 못했다.) 인도네시아 국기는 흰색 줄 위에 붉은 줄이, 폴란드 국기는 붉은 줄 위에 흰 줄이 그려져 있다. 모나코 국기는 인도네시아 국기와 똑같다. 색맹인 사람은 벨기에와 차드, 코트디부아르, 프랑스, 기니, 아일랜드, 이탈리아, 말리, 루마니아 국기를 거의 구별할 수 없을 것이다. 이들 모두가 다양한 색상의 수직 3색 선으로 돼 있기 때문이다.

이 중 어떤 나라들은 격렬한 전쟁까지 치렀다. 하지만 그 격동의 20세기에도 전쟁 때문에 올림픽 대회가 취소된 것은 세 번뿐(1916년, 1940년, 1944년)이었다. 1980년에는 미국과 일부 동맹국들이 모스크바 올림픽을 보이콧했고, 1984년에는 소련 진영이 로스

앤젤레스 대회에 불참했다. 그 밖에 몇 차례 올림픽 대회는 정치적 폭풍의 한가운데에 놓이기도 했다(대표적으로 1936년 나치 베를린이 대회를 개최했을 때와 1972년 뮌헨 올림픽 때 팔레스타인 테러범들이 이스라엘 대표선수단을 학살했을 때다). 하지만 전체적으로 볼 때 정치적 논쟁 때문에 올림픽이라는 대사업이 탈선하지는 않았다.

이제 1,000년 뒤로 돌아가보자. 중세 올림픽 경기를 1016년 리우에서 개최하려 한다고 가정해보자. 당시에 실제 리우는 인디오 투피족의 작은 마을이었다는 사실은 잠시 잊자.[12] 아시아인과 아프리카인, 유럽인은 아메리카가 존재한다는 사실조차 몰랐을 때다. 세계 최정상급 선수들을 비행기도 없이 리우로 실어 날라야 하는 운송 문제도 잊자. 그때는 세계가 공통으로 즐기는 스포츠 종목도 별로 없었던 데다, 모든 사람이 달릴 수는 있어도 육상 경기에 적용할 동일한 규칙에 합의하지는 못했을 거라는 사실도 잊자. 경쟁을 벌일 선수단을 어떻게 편성할지에 대해서만 질문해보자. 오늘날 국제올림픽위원회는 타이완 문제와 팔레스타인 문제만 놓고도 수없이 많은 시간 동안 논의한다. 여기에 들어가는 시간을 1만 배 곱하면 아마 중세 올림픽의 정치를 논의하는 데 들여야 할 시간의 추정치가 나올 것이다.

우선, 1016년 중국의 송 왕조는 지상의 다른 어떤 정치체도 자신과 동등하게 인정하지 않았다. 따라서 자국 대표선수단에 주어진 것과 똑같은 자격을 당시 한국의 고려나 베트남의 다이 코 비엣 대표선수단에 부여하는 것은 상상도 못할 치욕으로 여길 것이다. 바다 건너 원시 야만인 대표선수단은 말할 것도 없다.

바그다드의 칼리프 역시 세계 전역에 걸친 헤게모니를 주장했고, 수니파 무슬림도 대부분 그를 최고 지도자로 인정했다. 하지만 실질적으로 칼리프는 바그다드 시도 간신히 통치할 정도였다. 모든 수니파 선수들은 칼리프 단일 대표선수단에 포함돼야 할까, 아니면 수니파 세계의 수많은 토호국과 술탄국 선수들로 대표선수단을 수십 개 따로 편성해야 할까? 굳이 토호국과 술탄국만 따로 편성할 이유가 있을까? 아라비아 사막은 자유인 베두인족과도 협력 관계에 있었는데, 이들은 알라 외에는 아무도 지배자로 인정하지 않았다. 이들에게 각각 양궁이나 낙타 경주에 독립 선수단을 파견할 자격을 인정해줘야 할까? 유럽도 이 못지않게 숱한 문제로 골머리를 썩여야 할 것이다. 노르만 지방의 이브리 출신 선수는 고향 영주인 이브리 백작의 깃발 아래 출전해야 할까, 아니면 그보다 상위인 노르망디 공작의 깃발을 걸고 뛰어야 할까? 그도 아니면 허약한 프랑스 왕의 깃발을 내세우고 싸워야 할까?(당시 봉건제하에서 노르만 지방을 정복한 노르망디 공작은 형식상 프랑스 왕으로부터 작위를 받은 제후 신분이었다 — 옮긴이)

이런 정치체들은 상당수가 몇 년 사이에 나타났다가 사라졌다. 1016년 올림픽을 준비하는 과정에서는 대회 당일에 어떤 대표선수단이 출전할지 미리 알 수 없다. 왜냐하면 어떤 정치체가 내년에도 남아 있을지 아무도 확신할 수 없을 것이기 때문이다. 만일 1016년 대회에 잉글랜드 왕국이 대표선수단을 파견했다면 선수들이 메달을 따서 귀국했을 때쯤이면, 그 사이에 덴마크가 런던을 점령하는 일이 일어나서 잉글랜드는 덴마크, 노르웨이, 스웨덴 일부와 함께 크누트 대왕의 북해 제국에 병합돼 있을 것이다. 그로부터 20년 만에 북해 제국은 해체됐지만 30년 후 잉글랜드는 노르망디 공작에게 다시 정복당했다.

말할 필요도 없이, 이렇게 명멸했던 정치체들은 연주할 국가도, 게양할 국기도 없었다. 물론 정치적 상징은 대단히 중요했다. 하지만 유럽 정치의 상징적 언어는 인도네시아나 중국, 투피족(아마존 원주민─옮긴이)이 영위한 정치의 상징적 언어와는 아주 달랐다. 따라서 승리를 표시하기 위한 공통의 의전에 합의하기도 거의 불가능했을 것이다.

그러니 2020년 도쿄 올림픽을 관전할 때는 이 대회가 표면적으로는 국가들 간의 경쟁이지만 사실은 놀랍도록 합치된 지구촌의 모습을 대표한다는 사실을 기억하기 바란다. 대표선수가 금메달을 따고 국기가 게양될 때에도 우선은 국민적 자부심이 솟구치겠지만, 인류가 그런 행사를 조직할 수 있다는 사실에 훨씬 더 큰 자부심을 느껴도 좋을 법하다.

1달러로 모두를

지배하다

　　　　전근대 시대만 해도 인간은 다양한 정치 체제는 물론 놀랄 만큼 많은 경제 모델을 실험했다. 러시아 특권 귀족인 보야르와 힌두 귀족 마하라자, 중국의 고관대작, 아메리카 원주민 부족장은 각각 돈과 교역, 과세, 고용을 아주 다르게 생각했다. 반면, 지금은 거의 모두가 아주 조금씩만 다를 뿐 동일한 자본주의 기조를 신봉하는 데다, 우리 모두는 하나의 글로벌 생산 라인 안의 톱니가 되어 있다. 사는 곳이 콩고나 몽골이 됐든, 뉴질랜드나 볼리비아가 됐든, 일상과 경제적 명운은 동일한 경제 이론, 동일한 기업과 은행, 동일한 자본의 흐름에 좌우된다. 만약 이스라엘과 이란의 재무장관이 오찬 회동을 한다면 공통의 경제 언어를 사용해 서로의 고민을 쉽게 이해하고 공감할 수 있을 것이다.

　IS는 시리아와 이라크의 상당 지역을 점령했을 때, 수만 명을 살해하고 유적지를 파괴하는가 하면, 조각상을 넘어뜨리고 서구 문화의 영향을 받은 이전 정치 체제들의 상징물을 조직적으로 파괴했다.[13] 하지만 IS 전투원들이 현지 은행에 쳐들어가 미국 대통령의 얼굴과 함께 영어로 미국의 정치적, 종교적 이상이 찍힌 달러를 찾아냈을 때는 이 미국 제국주의의 상징을 불태우지 않았다. 달러 지폐는 정치적, 종교적 분열과 상관없이 보편적으로 가치를 인정받기 때문이다. 달러 지폐 자체에 가치가 내재한 것은 아니지만 — 달러화는 먹을 수도, 마실 수도 없다 — 달러화와 미국 연방준비제도이 사회의 지혜에 대한 신뢰가 워낙 확고하다 보니 이슬람 근본주의자와 멕시코 마약왕, 북한 독재자까지도 그것을 마다하지 않는다.

하지만 오늘날 인류가 동질적이 되었다는 사실을 가장 극명하게 보여주는 면은 자연 세계와 인간의 몸을 이해하는 방식이다. 1,000년 전에는 몸이 아프면 어디에 사느냐가 대단히 중요했다. 유럽에서는 지역 신부가 십중팔구 하느님을 화나게 했기 때문이라며 건강을 되찾으려면 교회에 뭔가를 바치거나 성지순례를 떠나거나 하느님의 용서를 구하는 기도를 열심히 드려야 한다고 했을 것이다. 아니면, 마을의 마녀는 환자를 두고 악마에 씌어 그렇다면서 자신이 노래를 하고 춤을 추며 검은 어린 수탉의 피를 뿌리면 나을 거라고 했을 수도 있다.

중동 지역에서는 고전적인 전통에 따라 배운 의사라면 몸의 네 가지 체액이 균형을 잃었으니 적절한 식단과 고약한 냄새가 나는 물약으로 조화를 이루도록 해야 한다고 설명할지 모른다. 인도에서는 아유르베다 의술 전문가가 도샤dosha로 알려진 세 가지 신체 구성 요소들 사이의 균형에 관한 나름의 이론을 설명하고는 허브와 마사지, 요가 자세를 통한 치유법을 처방할 것이다. 중국의 의원, 시베리아의 샤먼, 아프리카의 주술사, 아메리카의 원주민 치료사와 같이 모든 제국과 왕국, 부족에는 고유한 전통과 전문가가 있어서, 그들은 인간의 몸과 병의 본질에 대한 자기들 나름의 견해를 신봉하고, 그에 입각한 다채로운 의식과 혼합물과 치료법을 제시했다. 이 중 일부는 효과가 놀랍도록 좋았지만, 개중에는 사망 선고나 다름없는 것도 있었다. 유럽과 중국, 아프리카, 아메리카의 의료 관행은 각각 달랐지만 유일한 공통점이 있었다. 어느 곳이나 어린이의 최소 3분의 1이 성인이 되기 전에 사망했으며, 평균 기대수명도 50세를 크게 밑돌았다는 사실이다.[14]

오늘날에는 아플 때 어디에 사느냐에 따라 운명이 달라지는 정도가 훨씬 줄었다. 토론토든 도쿄든 테헤란이든 텔아비브든 비슷한 외관의 병원에 가서 동일한 의과대학에서 똑같은 과학 이론을 배운 흰색 가운 차림의 의사를 만날 것이다. 의사들은 동일한 규약에 따라 동일한 검사를 거쳐 대단히 유사한 진단에 이를 것이고, 그런 다음 동일한 다국적 제약회사가 생산한 동일한 의약품을 처방할 것이다. 물론 여전히 약간의 사소한 문화적 차이는 있을 수 있다. 하지만 캐나다나 일본이나 이란이나 이스라엘이나 모든 외과 의사들은 인간의 몸과 질병을 거의 동일한 관점에서 바라본다. IS는 시리아 라카와 이라크 모술을 점령한 후에도 현지 병원은 부수지 않았다. 오히려 세계 전역의 무슬림 의사와 간호사 들에게 그곳으로 와서 자원봉사를 해달라고 호소하기 시작했다.[15] 아마 이슬람 의사와 간호사 들조차 신체는 세포로 돼 있으며, 질병은 병원균이 일으키고, 박테리아는 항생제가 죽인다고 믿는 모양이다.

그러면 이런 세포와 박테리아를 구성하는 것은 무엇일까? 정말이지, 온 세상을 구성하는 것은 무엇일까? 1,000년 전만 해도 모든 문화는 우주와 우주의 수프를 이루는 근본 성분에 관한 자기 나름의 이야기가 있었다. 오늘날 세계 전역의 배운 사람들은 물질과 에너지, 시간과 공간에 관해 정확히 동일한 것을 믿는다. 가령, 이란과 북한의 핵 프로그램을 보자. 문제는 물리학에 관한 이란과 북한의 견해가 이스라엘, 미국과 정확히 같다는 데 있다. 만약 이란과 북한이 $E=MC^2$가 아니라 $E=MC^4$라고 믿는다면 이스라엘과 미국은 그 나라의 핵 프로그램에 추호도 개의치 않을 것이다.

사람들은 여전히 서로 다른 종교와 민족 정체성을 가지고 있다. 하지만 현실적인 문제 — 국가, 경제, 병원, 폭탄을 만드는 법 — 에 관한 한 거의 모두가 동일한 문명에 속한다. 물론 의견이 다른 부분도 있다. 하지만 모든 문명에는 내부 분쟁이 있다. 사실 문명의 구성 요소가 이런 분쟁이기도 하다. 사람들은 자기 정체성의 윤곽을 그리려 할 때 흔히 공통된 특성을 길게 열거한 목록을 작성한다. 잘못 생각한 것이다. 오히려 공통의 갈등과 고민의 목록을 작성하는 게 훨씬 낫다. 가령, 1618년 유럽은 종교적 정체성이 단일하지 않았다. 오히려 종교로 인한 갈등이 일반적이었다. 1618년 유럽인은 가톨릭과 프로테스탄트 혹은 칼뱅파와 루터파의 사소한 교리 차이에 집착하기 일쑤였고, 그런 차이 때문에 죽고 죽이는 일이 비일비재했다. 1618년에 세상을 살면서 이런 갈등에 개의치 않은 사람이 있었다면, 터키인나 힌두인이었을 수는 있지만 유럽인은 절대 아니었다.

마찬가지로 1940년 영국과 독일은 정치적 가치가 크게 달랐지만 둘 다 '유럽 문명'의 핵심적인 일원이었다. 히틀러도 처칠 못지않은 유럽인이었다. 그랬기 때문에 두 사람의 투쟁이야말로 역사의 특정 시점에서 유럽인의 정체성을 결정짓는 것이었다. 반면, 1940년에 살았던 !쿵족!Kung(아프리카 남부 칼라하리 사막에 퍼져 사는 민족 — 옮긴이) 수렵·채집인은 유럽인이 아니었다. 유럽 내부에서 일어난 인종과 제국에 관한 충돌은 그들에게 아무런 의미가 없었기 때문이다.

우리가 가장 자주 싸우는 상대는 한 식구들이다. 정체성은 일치보다 갈등과 고민으로 규정된다. 2018년에 유럽인이라는 것은 무슨 뜻일까? 피부색이 희거나, 예수 그리스도를 믿거나 자유를 옹호하는 것이 아니다. 그것은 이민에 관해, 유럽연합에 관해, 자본주의의 한계에 관해 격렬히 다투는 것을 의미한다. 또한 "내 정체성을 규정하는 것은 무엇일까?"라는 질문에 사로잡혀 있고, 고령화와 만연한 소비주의, 지구온난화를 걱정하는 것을 뜻한다. 그런 갈등과 고민의 측면에서 볼 때 21세기 유럽인은 1618년, 1940년 선조들과는 다른 반면, 중국과 인도 같은 교역 상대국과 점점 비슷해지고 있다.

미래에 우리에게 닥칠 변화가 무엇이든 그것은 이질적인 문명들 간의 충돌보다는 단일 문명 내 형제들끼리의 투쟁을 수반할 가능성이 높다. 21세기에 인류가 직면할 큰 도전들은 본질적으로 전 지구 차원의 문제일 것이다. 기후변화가 생태계에 재앙을 안기면 무슨 일이 일어날까? 컴퓨터가 점점 더 많은 업무에서 인간을 능가하고 점점 더 많은 일자리에서 인간을 대체하면 무슨 일이 일어날까? 생명기술로 인간을 업그레이드하고 수명을 연장할 수 있게 되면 무슨 일이 일어날까? 틀림없이 이런 질문을 두고 커다란 논쟁과 격렬한 갈등이 일어날 것이다. 하지만 이런 논쟁과 갈등이 우리를 서로 고립시킬 것 같지는 않다. 오히려 그 반대다. 우리는 훨씬 더 상호 의존적이 될 것이다. 비록 현재 인류가 사는 모습은 조화로운 공동체와는 꽤 거리가 멀지만, 우리는 모두 왁자지껄한 단일 지구촌 문명의 일원들이다.

그렇다면 오늘날 세계의 상당 지역을 휩쓸고 있는 민족주의 물결은 어떻게 설명해야 할까? 세계화에 너무 열광한 나머지 좋았던 옛 민족을 우리가 너무 성급하게 밀어낸 걸까? 다시 전통적인 민족주의로 돌아가는 것이 지금 우리에게 절실한 지구적 위기의 해결책일까? 만약 세계화가 그토록 많은 문제를 초래한다면 그냥 포기하면 되지 않을까?

7

민족주의

지구 차원의 문제에는 지구 차원의 해답이 필요하다

현재 인류는 전체가 하나의 문명을 이루어 살며 모든 사람이 공통
의 도전과 기회를 함께 맞고 있다. 그런데도 왜 영국인, 미국인, 러
시아인, 그리고 그 밖의 다른 집단들은 민족주의적 고립으로 돌아
설까? 민족주의로 회귀하면 우리 지구촌 세계가 직면한 전례 없는
문제의 진정한 해법을 얻을 수 있을까? 아니면 그것은 인류와 전
생태계에 재앙을 초래할 수 있는 현실 도피적 탐닉일까?

이 질문에 답하기 위해 우리는 먼저 널리 퍼져 있는 신화를 떨쳐
내야 한다. 상식과는 반대로, 민족주의는 인간 정신의 자연적이고
항구적인 요소가 아니며 인간 생물학에 뿌리를 두고 있지도 않다.
물론 인간이 하나부터 열까지 사회적 동물이며 집단 충성심이 인간
의 유전자에 깊이 각인돼 있음은 사실이다. 그렇지만 호모 사피엔

스와 원시 인류 조상들은 수만 년 동안 수십 명 정도의 작고 친밀한 공동체를 이루어 살았다. 그래서 인간은 부족이나 보병 중대, 가족 기업 같은 소규모 친밀한 집단에는 충성심을 갖기 쉽지만, 수백만 명의 낯선 사람들에게 충성심을 갖기란 불가능에 가깝다. 그런 집단적 충성심이 등장한 것은 지난 수천 년 사이 — 진화의 시간으로 치면 어제 아침 — 에 불과하며, 그것이 사회에 뿌리내리는 데는 막대한 노력이 필요하다.

사람들이 민족이라는 공동체를 구축하는 수고를 마다하지 않았던 이유는 단일 부족 차원에서는 해결할 수 없는 도전에 직면했기 때문이었다. 예를 들어 수천 년 전 나일강을 따라 살았던 고대 부족들을 보자. 강은 그들의 생명줄이었다. 그것으로 들판에 물을 댔고 교역을 이어갈 수 있었다. 하지만 강은 예측할 수 없는 동맹이었다. 비가 너무 적게 내리면 사람들이 굶어 죽었고, 너무 많이 내리면 강이 범람해 온 마을을 파괴했다. 어떤 부족도 이 문제를 혼자서는 해결할 수 없었다. 부족들은 저마다 강의 작은 부분만 지배했고, 동원할 수 있는 노동자도 수백 명에 불과했기 때문이었다. 강력한 강을 억제하고 활용하기 위해서는 거대한 댐을 짓고 수백 킬로미터의 수로를 파기 위한 공동의 노력이 필요했다. 이런 이유로 부족들은 점차 하나의 민족으로 합쳤고, 그 힘으로 댐과 수로를 건설하고, 강의 흐름을 조절하고, 흉년에 대비한 곡물 창고를 짓고, 전국에 걸쳐 운송과 연락 체계를 확립할 수 있었다.

그런 이점들이 있음에도 부족들과 씨족들을 하나의 민족으로 바꾸는 일은 결코 쉽지 않았다. 예나 지금이나 마찬가지다. 그런 민족과 자신을 동일시하기가 얼마나 어려운지 알고 싶으면 이렇게 자문해보기만 하면 된다. "나는 이 사람들을 아는가?" 나는 나의 두 누이와 사촌 열한 명의 이름을 댈 수 있고 그들의 인성과 특징, 인간관계에 대해 온종일 이야기할 수 있다. 하지만 나는 이스라엘 시민권을 공유하는 800만 국민은 이름조차 댈 수가 없다. 대부분 만난 적도 없는 데다 장래에 만날 가능성도 거의 없다. 그럼에도 이 모호한 무리에 충성심을 느낄 수 있는 능력은 나의 수렵·채집인 선조의 유산이 아니라 가까운 역사가 낳은 기적이다. 호모 사피엔스의 해부학적 구조와 진화에 대해서만 잘 아는 화성의 생물학자라면 이 유인원들이 수백만 이방인들을 잇는 공동의 유대감을 계발할 수 있을 거라고는 짐작조차 못 할 것이다. 나로 하여금 '이스라엘'과 800만 거주자들에 대한 충성심을 갖도록 하기 위해 시온주의 운동과 이스라엘 국가는 전국에 걸쳐 안전과 건강, 복지 체계는 물론 교육과 선전, 국기 흔들기 같은 엄청난 기제를 만들어내야 했다.

그렇다고 해서 민족 단위의 유대감에 문제가 있다는 뜻은 아니다. 거대한 체계일수록 대중의 충성심 없이는 작동할 수 없고, 민족주의에는 인간의 공감 반경을 확장하는 장점이 분명히 있다. 보다 온건한 형태의 애국심은 인간의 창조물 중에서도 가장 자애로운 것에 속한다. 내 민족은 독특하고, 충성할 가치가 있으며, 나는 다른 구성원들에 대한 특별한 의무가 있다고 믿으면, 남들을 배려하고 그들을 대신해 희생하려는 마음이 생긴다. 민족주의가 없으면 우리 모두가 자유주의 낙원에서 살 거라고 상상하는 것은 위험한 착각이다. 오히려 부족의 혼돈 속에서 살 가능성이 높다. 스웨덴과 독일, 스위스 같은 평화와 번영을 누리는 자유주의 국가들은 모두 민족주의 감정도 강하다. 민족적 유대감이 부족한 나라의 목록을 보면 아프가니스탄과 소말리아, 콩고, 그리고 다른 실패한 국가들 대부분이 들어가 있다.[1]

문제는 선의의 애국심이 국수주의적 초민족주의로 변질될 때 일어난다. 내 민족은 독특하다 — 사실 모든 민족이 그렇다 — 고 믿는 차원을 넘어, 내 민족은 다른 어떤 민족보다 우월하고, 내 모든 충성을 바쳐야 할 대상이며, 그 외에는 다른 누구에게도 내가 져야 할 중요한 의무는 없다고 느끼기 시작할 수 있다. 이것은 폭력적 갈등의 비옥한 토양이 된다. 세대를 거치면서 민족주의에 쏟아진 비판의 기본 요지는 그것이 전쟁으로 나아갔다는 점이었다. 하지만 민족주의와 폭력을 연결한 비판에도 민족주의의 과잉은 별로 수그러들지 않았다. 각 민족국가는 이웃 나라의 책동에 맞서 자국을 보호해야 한다는 이유로 군사적 팽창을 정당화했다. 국가가 국민 대부분에게 전례 없는 수준의 안전과 번영을 제공하는 한, 국민은 피로 그 대가를 지불할 용의가 있었다. 19세기와 20세기 초까지도 민족주의식 접근법은 대단히 매력적으로 보였다. 비록 민족주의가 전례 없는 규모의 참혹한 갈등으로 이어지기는 했지만, 동시에 근대 민족국가는 대규모 의료보장 및 교육, 복지 체계를 구축했다. 국민건강보험을 얻은 것을 생각하면 파스샹달 전투(1917년 벨기에 파스샹달 지방에서 독일군과 연합군이 3개월여 걸쳐 벌인 전투. 50만 명이 넘는 사상자를 기록했다 ─ 옮긴이)와 베르됭 전투(1916년 프랑스 베르됭에서 프랑스군과 독일군이 10개월여 걸쳐 벌인 전투. 독일 33만 6,000명, 프랑스 30만 2,000명의 사상자를 냈다 ─ 옮긴이)에서의 인명 희생은 감수할 만한 것처럼 보였다.

하지만 1945년 모든 것이 변했다. 핵무기가 발명되면서 민족주의 거래에서 기대할 수 있는 균형은 급격히 기울었다. 히로시마 원폭 투하 이후 사람들은 민족주의가 단지 전쟁을 일으킬까 걱정하는 차원에 그치지 않았다. 민족주의가 핵전쟁으로 이어질까봐 두려워하기 시작했다. 완전 파괴의 참상은 사람들에게 경각심을 불러일으키는 효과가 있었다. 원자폭탄이 적지 않은 도움을 준 덕분에 불가능한 일이 일어났고, 민족주의라는 램프의 요정 지니는 적어도 절반 정도는 다시 병 속으로 떠밀려 들어갔다. 고대 나일강 하구 주민들이 그들의 충성심을 지방 씨족에서 훨씬 더 큰 왕국으로 옮겨 위험한 강을 억제할 수 있었던 것처럼, 핵무기 시대에도 지구촌 공동체는 점차 다양한 민족국가들을 넘어 성장해갔다. 그만한 공동체만이 핵의 악령을 억제할 수 있었기 때문이었다.

1964년 미국 대통령 선거 운동 기간 중에 린던 B. 존슨 후보가 방송에 내보낸 데이지 광고는 유명하다. 텔레비전 연대기에서도 가장 성공적인 광고물로 꼽힌다. 이 광고는 어린 소녀가 데이지 꽃잎을 하나씩 따면서 수를 헤아리는 장면으로 시작한다. 하지만 열을 헤아리고 난 다음에는 금속성의 남자 목소리가 이어받아 10에서 0까지 거꾸로 수를 헤아린다. 마치 미사일 발사 카운트다운 같다. 0에 이르면 핵폭발의 섬광이 화면을 가득 채우고, 이때 존슨 후보가 등장해 미국 대중을 향해 연설한다. "지금 우리 앞에 걸린 문제는 하느님의 모든 자녀가 살 수 있는 세상을 만드느냐, 어둠 속으로 가느냐입니다. 우리는 서로 사랑해야만 합니다. 그러지 않으면 죽게 됩니다."[2] 우리는 '전쟁 말고 사랑을 하라'라는 구호를 1960년대 후반의 반反문화와 관련짓는 경향이 있다. 하지만 사실 그것은 이미 1964년에 존슨 같은 냉철한 정치인들조차 받아들인 지혜였다.

　　그 결과, 냉전 기간 동안 국제 정치의 해법으로는 보다 지구적인 접근법이 민족주의보다 우선했고, 냉전이 끝났을 때는 세계화야말로 저항할 수 없는 미래의 물결처럼 보였다. 민족주의적 정치는 잘해야 몇몇 저개발국의 몽매한 사람들에게나 호소력을 갖는 원시시대 유물로, 이제 인류와는 완전히 작별을 고할 줄 알았다. 그렇지만 최근 몇 년간의 사건들을 보면, 민족주의는 러시아와 인도, 중국은 말할 것도 없고 유럽과 미국 시민들에게까지 아직도 강력한 영향을 미치고 있다. 전 세계 사람들은 전 지구적 자본주의의 비인간적인 힘에 의해 소외되고, 국가 차원의 보건, 교육, 복지 체계의 운명을 걱정하며 민족의 품 안에서 안도감과 의미를 찾고 있다.

　　하지만 데이지 광고에서 존슨이 제기한 질문은 1964년보다 지금 훨씬 더 절실하게 다가온다. 우리는 모든 인간이 더불어 살 수 있는 세계를 만들 것인가, 아니면 암흑시대로 빠져들 것인가? 도널드 트럼프와 테리사 메이, 블라디미르 푸틴, 나렌드라 모디(인도 총리 — 옮긴이)와 그 동료들은 우리의 민족 감정에 호소해서 세계를 구할 수 있을까? 아니면 현재 넘쳐나는 민족주의는 우리가 직면한 다루기 어려운 전 지구적 문제로부터의 도피일까?

핵무기의
도전

인류에게 익숙한 천벌인 핵전쟁부터 이야기해보자. 쿠바 미사일 위기가 일어나고 2년 뒤인 1964년 데이지 광고가 전파를 탔을 때 핵으로 인한 전멸은 생생한 위협이었다. 논평가나 일반인 모두 인류는 핵 파괴를 피할 지혜가 없으며, 냉전이 열전으로 바뀌는 것은 시간문제일 뿐이라고 우려했다. 하지만 실제로 인류는 핵의 도전에 성공적으로 대처했다. 미국과 소련, 유럽, 중국은 1,000년 동안 지정학을 지배해온 방식을 바꾸었고, 냉전은 유혈사태라고는 거의 없이 끝났다. 새로운 국제주의에 입각한 세계 질서가 유례없는 평화의 시대를 낳았다. 핵전쟁만 피한 것이 아니라 모든 종류의 전쟁도 감소했다. 1945년 이래 노골적인 침공으로 국경이 바뀐 사례는 놀랄 만큼 드물었고, 대다수 국가들이 더 이상은 전쟁을 표준적인 정치 수단으로 여기지 않았다. 2016년 시리아와 우크라이나, 그리고 몇몇 분쟁 지역에서 전쟁이 일어나긴 했지만, 인간의 폭력으로 숨지는 사람의 수는 비만과 교통사고, 자살로 인한 사망자 수보다 줄었다.[3] 이것은 우리 시대 최대 정치적, 도덕적 성취라 해도 좋을 것이다.

불행히도 우리는 이런 성취에 너무나 익숙해진 나머지 그것을 당연하게 여긴다. 그러다 보니 사람들은 불장난을 방치하기도 한다. 러시아와 미국은 최근에 새로운 핵 군비 경쟁에 착수했다. 이들은 지난 수십 년 어렵게 얻은 성취를 수포로 돌아가게 하고 다시 인류를 핵 전멸 벼랑 끝으로 몰고 갈듯이 위협하는 신형 종말 기계를 개발하고 있다.[4] 그 와중에 대중은 핵폭탄을 걱정하기는커녕 (〈닥터 스트레인지러브〉에서 보듯이) 오히려 좋아하게 되었다(이 부분은 스탠리 큐브릭의 영화 제목 〈닥터 스트레인지러브 혹은: 나는 어떻게 걱정을 멈추고 핵폭탄을 사랑하는 법을 배우게 되었는가Dr. Strangelove or: How I Learned to Stop Worrying and Love the Bomb〉에서 따온 것이다 — 옮긴이). 혹은 핵폭탄이 존재한다는 사실 자체를 아예 망각했다.

그러다 보니 주요 핵 강국인 영국의 브렉시트 논쟁에서도 주로 거론된 것은 경제와 이민 문제였을 뿐, 유럽연합이 유럽과 지구적 평화에 어떤 공헌을 하는지는 대체로 무시됐다. 수 세기 동안 끔찍한 유혈 사태를 겪은 후에야 마침내 프랑스와 독일, 이탈리아, 영국이 유럽 대륙의 조화를 보장해줄 장치를 구축했음에도, 이제 와서 영국 대중은 기적적으로 탄생한 이 기계 안에다 공구를 던져 넣어버린 것이다.

핵전쟁을 막고 지구 평화를 지키기 위한 국제 체제만 해도 건설하기가 극도로 어려웠다. 물론 이런 체제는 변화하는 세계 환경에 맞게 다시 조정되어야 한다. 가령 미국 의존도를 지금보다 줄이고 중국과 인도 같은 비서구 열강에 더 큰 역할을 맡겨야 한다.[5] 하지만 이 체제를 완전히 포기하고 민족주의의 힘의 정치로 돌아가는 것은 무책임한 도박이 될 것이다. 19세기 국가들이 민족주의 게임을 벌이면서도 인류 문명을 파괴하지 않은 것은 사실이다. 하지만 이는 히로시마 시대에나 있던 일이었다. 그 후 핵무기의 등장으로 상황은 더 엄중해졌고 전쟁과 정치의 근본 성격이 바뀌었다. 인류가 우라늄과 플루토늄을 농축하는 법을 알게 된 이상, 어느 특정 국가의 이익보다 핵전쟁 예방을 우선시하는 것에 모두의 생존이 달렸다. "우리 나라 최우선!"이라고 외치는 열혈 민족주의자들은 과연 튼튼한 국제 협력 체제 없이 혼자서 자국은 물론 세계의 핵 파괴를 막을 수 있을지 자문해봐야 한다.

생태학적
도전

핵전쟁 외에도, 인류는 앞으로 수십 년 안에 1964년 정치 레이더망에는 거의 포착되지 않았던 새로운 실존적 위협에 직면할 것이다. 바로 생태학적 붕괴다. 인간은 여러 면에서 지구 생물권을 불안정하게 만들고 있다. 우리는 자연환경에서 점점 더 많은 자원을 가져오면서도, 자연에는 엄청난 양의 쓰레기와 독성 물질을 쏟아내 흙과 물과 대기의 성분까지 바꿔놓고 있다.

수백만 년에 걸쳐 형성된 섬세한 생태학적 균형을 우리가 무수히 많은 방식으로 파괴했다는 사실조차 우리는 제대로 깨닫지 못하고 있다. 예를 들어 인을 비료로 사용한 것만 해도 그렇다. 소량의 인은 식물 성장에 필수 영양소이지만 너무 많으면 독이 된다. 산업화된 근대 농업은 다량의 인을 써서 인공적으로 땅을 비옥하게 하는 방식을 근간으로 했고, 그 결과 농장에서 인이 다량으로 흘러나와 강과 호수, 바다를 오염시키고 해양 생물을 황폐화했다. 아이오와 주의 옥수수 재배 농부가 무심코 멕시코만의 어류를 죽일 수 있게 된 것이다.

그런 인간의 활동들이 계속되면서 생물의 서식지는 열악해지고 동식물들은 멸종 위기에 처했으며, 오스트레일리아의 대보초大堡礁와 아마존의 열대우림 같은 생태계는 통째로 파괴될 상황에 처했다. 수천 년 동안 생태계의 연쇄 살인범으로 행동해온 호모 사피엔스는 이제는 생태계의 대량 살인범으로 변해가고 있다. 만약 우리가 지금의 경로를 답습한다면 모든 생명체의 상당수가 멸종되는 것은 물론 인류 문명의 기반까지 잠식할 수 있다.[6]

무엇보다 가장 위협적인 것은 기후변화의 전망이다. 인간은 수십만 년을 살아왔고, 이 과정에서 수많은 빙하기와 간빙기를 지나면서도 살아남았다. 하지만 농업과 도시, 복잡한 사회가 존재한 것은

1만 년에 지나지 않는다. 이른바 홀로세Holocene로 알려진 이 기간 동안 지구의 기후는 상대적으로 안정적이었다. 하지만 기후가 이 홀로세의 표준에서 조금이라도 벗어날 경우 인간 사회는 예전에는 미처 겪어본 적이 없는 엄청난 도전들에 직면할 것이다. 마치 수십 억 인류를 상대로 개방형 실험을 벌이는 꼴이 될 것이다. 비록 인간 문명이 결국에는 새로운 조건에 적응한다고 해도, 그 과정에서 얼마나 많은 희생자가 사멸할지는 알 수 없다.

이러한 가공할 실험은 이미 진행되기 시작했다. 핵전쟁이 미래의 잠재적인 위협인 것과 달리, 기후변화는 현재 닥친 실제 상황이다. 인간 활동, 특히 이산화탄소 같은 온실가스 배출 때문에 지구의 기후가 무서운 속도로 변하고 있다는 데는 과학적 합의가 이뤄진 상태다.[7] 회복 불가능한 대재앙을 촉발하지 않는 선에서 이산화탄소를 정확히 어느 정도까지만 대기 중에 계속 쏟아낼 수 있는지 아는 사람은 아무도 없다. 하지만 최선의 과학적 추산으로는 앞으로 20년 안에 온실가스 배출량을 극적으로 줄이지 않으면 지구의 평균 온도는 산업혁명 이전보다 섭씨 2도 이상 올라가는가 하면,[8] 사막의 확장과 만년설의 소멸, 해수면의 상승, 허리케인과 태풍 같은 극단적인 날씨의 증가에 직면할 것이다. 이런 변화는 역으로 농업 생산에 지장을 주고, 도시를 침수시키고, 세계의 많은 지역을 살기 어려운 곳으로 만들어 수억 명의 난민이 새로운 보금자리를 찾아 나설 것이다.[9]

더욱이 지금 우리는 수많은 임계점에 빠른 속도로 접근하고 있다. 이 점을 넘어가면 설사 온실가스 배출을 극적으로 감축한다 해도 지금의 추세를 되돌려 전 세계의 비극을 막기에는 역부족일 것이다. 예를 들어 지구온난화로 극지방의 얼음층이 녹으면서 지구에서 우주 공간으로 반사되는 태양빛의 양이 줄었다. 이 말은 지구가 흡수하는 열의 양이 많아지고, 따라서 기온은 훨씬 더 오르고 얼음이 녹는 속도는 훨씬 빨라진다는 뜻이다. 이런 악순환의 고리가 결정적인 문턱을 넘어가면 불가항력의 탄력이 붙으면서 극지의 모든 얼음이 녹게 된다. 그때 가서는 인간이 석탄과 석유, 가스의 연소를 전면 중단해도 소용없을 것이다. 따라서 지금 우리가 직면한 위험을 인정하는 것만으로는 불충분하다. 바로 **지금** 그것에 대한 뭔가를 실행하는 일이 다급하다.

불행히도 2018년 현재 세계는 온실가스 배출을 줄이기보다 여전히 늘리고 있다. 인류가 화석 연료를 끊을 수 있는 시간은 얼마 남지 않았다. 우리는 오늘 재활 치료에 들어가야만 한다. 내년이나 다음 달이 아니라 오늘 말이다. "여보세요, 저는 호모 사피엔스인데요, 화석연료 중독입니다."

이토록 걱정스러운 그림에 민족주의가 들어설 자리가 있겠는가? 생태학적 위협에 민족주의가 나름의 답을 제시할 수 있을까? 아무리 강대국이라 해도 지구온난화를 혼자서 중단시킬 수 있을까? 개별 국가들은 확실히 다양한 녹색 정책들을 채택할 수 있다. 이 중

다수는 환경에는 물론 경제에도 좋다. 정부들은 탄소 배출세를 부과할 수 있고, 석유와 가스 가격에 외부효과 비용을 추가할 수 있으며, 보다 강력한 환경 규제를 적용할 수 있는 데다, 공해 유발 산업에는 보조금을 삭감하고, 재생 에너지 쪽으로 전환하도록 유인할 수도 있다. 또한 일종의 생태학적 맨해튼 계획(제2차 세계대전 중에 미국이 주력한 원자폭탄 제조 계획—옮긴이)을 주도해 혁명적인 친환경 기술의 연구 개발에 더 많은 돈을 투자할 수도 있다. 내연기관이 지난 150년간 인류의 많은 발전을 이끈 것은 고맙지만, 안정적인 물리적, 경제적 환경을 보존하려면 이제는 은퇴하고 화석 연료를 태우지 않는 신기술로 대체되어야 한다.[10]

획기적인 기술 혁신은 에너지 이외 다른 많은 영역에도 도움이 될 수 있다. 가령, '청정 육류' 개발의 잠재력을 보자. 현재 육류산업은 수십억의 지각 있는 존재에게 이루 말할 수 없는 비참함을 안기고 있을 뿐 아니라, 지구온난화의 주원인이자, 항생제와 독성 물질의 주 소비자이며, 땅과 물, 공기의 주 오염자다. 2013년 영국기계학회IMechE가 낸 보고서에 따르면, 소고기 1킬로그램을 생산하는 데는 신선한 물이 약 1만 5,000천 리터가 드는 반면, 감자 1킬로그램을 생산하는 데는 287리터 정도면 충분하다.[11]

중국과 브라질 같은 나라의 경제 사정이 나아지면서 수억 명의 사람들이 감자를 주식으로 하다가 소고기 쪽으로 옮겨감에 따라 환경에 더해지는 압력은 갈수록 악화될 가능성이 높다. 중국과 브라질 사람들에게 스테이크와 햄버거, 소시지를 그만 먹어야 한다고 설득하기란 어려울 것이다. 미국인이나 독일인은 더 말할 것도 없다. 하지만 엔지니어들이 세포에서 육류를 길러내는 방법을 찾아낼 수 있다면 어떨까? 햄버거가 먹고 싶을 때는 그저 햄버거를 기르기만 하면 된다. 굳이 소를 기르고 도살(하고 사체를 수천 킬로미터 운송)할 필요가 없어진다.

공상과학처럼 들릴 수도 있다. 하지만 2013년에 이미 세포에서 길러낸 세계 첫 청정 햄버거가 나왔다. 시식까지 했다. 가격은 33만 달러였다. 그 후 4년에 걸친 연구와 개발 끝에 개당 11달러까지 내려갔다. 10년이 더 지나면 산업으로 양산된 청정 육류의 가격이 도축된 고기보다 싸질 것으로 기대된다. 이런 기술 개발은 수백만 동물을 극도로 비참한 삶에서 구할 수 있음은 물론, 영양부족 상태에 있는 수십억 인류의 식생활을 돕고 생태의 붕괴를 막는 데도 도움을 줄 수 있을 것이다.[12]

이렇게 볼 때 기후변화를 피하기 위해 정부와 기업, 개인이 할 수 있는 것은 많다. 하지만 효과를 높이려면 그것들을 전 지구 차원에서 진행해야 한다. 기후에 관한 한 국가는 실질적인 주권을 행사하지 못한다. 이 경우 오히려 국가는 지구 반대편에 사는 사람들의 행동에 좌우된다. 태평양 섬나라인 키리바시가 온실가스 배출을 0까지 줄일 수 있다 해도, 다른 나라들이 따라 하지 않으면 높아지는 파도 속에 국토가 물에 잠길 수 있다. 차드가 전국에 걸쳐 집집마다 태양광 패널을 설치한다 해도, 먼 곳의 이방인들이 무책임한 환경 정책을 편다면 척박한 사막 신세를 면할 수 없다. 중국과 일본 같은 힘 있는 나라조차 생태학적으로는 주권국이 아니다. 중국과 일본이 상하이와 홍콩, 도쿄를 홍수나 태풍의 파괴에서 보호하려면 러시아와 미국 정부를 설득해서 '평상시와 다름없는' 접근을 포기하게 해야 한다.

민족주의적 고립은 십중팔구 핵전쟁보다 기후변화의 맥락에서 훨씬 더 위험하다. 전면적인 핵전쟁은 모든 국가를 무차별 파괴할 위험이 있기 때문에 그것을 막는 일에서는 모든 국가가 동등한 지분을 갖는다. 반면에 지구온난화가 초래할 충격은 국가마다 다를 가능성이 크다. 어떤 나라는, 특히 러시아는 실제로 혜택을 누릴 수도 있다. 러시아는 해안 지대가 상대적으로 적다. 따라서 해수면 상승에 대한 걱정도 중국이나 키리바시보다 덜하다. 기온 상승만 해도 아프리카 차드를 사막으로 바꿔놓을 수 있겠지만, 동시에 시베리아를 세계의 곡창 지대로 바꿔놓을 수도 있다. 더욱이 북극 최북단에서 얼음이 녹으면 러시아가 지배하는 북극 항로는 세계 교역의 동맥이 될 수 있고, 캄차카 반도는 싱가포르를 대신해 세계의 교차로가 될 수 있을 것이다.[13]

마찬가지로, 화석연료를 신재생 에너지원으로 전환하는 문제에서도 어떤 나라들은 다른 나라들보다 더 매력을 느낄 수 있다. 외국에서 석유와 가스를 대량으로 수입해야 하는 중국과 일본, 한국 같은 나라들은 그런 부담에서 벗어날 수 있다면 기뻐할 것이다. 반면 석유와 가스 수출에 의존하는 러시아와 이란, 사우디아라비아는 석유와 가스가 갑자기 태양력과 풍력으로 넘어가면 경제가 무너질 것이다.

　그 결과 중국과 일본, 키리바시 같은 나라들은 세계 탄소 배출을 최대한 빨리 줄이는 쪽으로 강하게 밀어붙일 가능성이 높은 반면, 러시아와 이란 같은 나라들은 훨씬 미온적일 수 있다. 미국처럼 지구온난화 피해 우려가 큰 나라에서조차 민족주의자들은 근시안이 되고 이기주의에 빠져 위험을 알아차리지 못할 수 있다. 작지만 뚜렷한 사례가 있다. 2018년 1월 미국은 외국산 태양광 패널과 관련 장비에 30퍼센트의 관세를 부과했다. 미국 내 태양력 생산업체를 보호하려는 조치였다. 하지만 이로 인해 재생 에너지 전환 속도는 더 느려졌다.[14]

　원자폭탄은 너무나 명확하고 즉각적인 위협이어서 아무도 무시할 수 없다. 반면 지구온난화는 상대적으로 불분명하고 오래 계속된 위협이다. 따라서 장기적인 환경을 고려하다가도 단기적으로 고통스러운 희생이 요구될 때마다 민족주의자들은 당장의 국가 이익을 우선시하고 환경 문제는 나중에 걱정해도 된다거나 다른 누군가에게 떠넘기는 쪽으로 행동하기 쉽다. 아니면 아예 문제 자체를 부인할 수도 있다. 기후변화에 대한 회의주의를 민족주의 우파가 옹호하는 경향을 보이는 것은 우연의 일치가 아니다. 좌파 사회주의자가 "기후변화는 중국의 농간"이라고 트윗을 날리는 경우는 드물다. 지구온난화 문제에 민족주의식 해답이란 없다 보니 민족주의

정치인들은 아예 문제가 존재하지 않는다고 믿고 싶어 한다.[15]

기술적
도전

　　　　　생태학적 도전의 경우와 똑같은 역학이 민족주의적
해법을 적용하기 어렵게 만들 가능성이 높은 21세기의 세 번째 실
존적 위기는 기술적 파괴다. 앞 장에서 봤듯이 정보기술과 생명기
술이 합쳐지면서, 디지털 독재부터 지구 차원의 무용 계급의 출현
에 이르기까지 세계 종말에 이르는 다채로운 시나리오의 문이 열렸
다. 이런 위협에 민족주의가 제시할 수 있는 답은 무엇인가?

　민족주의가 제시할 수 있는 답은 없다. 기후변화에서도 봤듯이 기
술적 파괴에서도 민족국가는 당면한 위험을 다룰 틀이 못 된다. 연구
와 개발이 어느 한 나라의 독점이 아닌 이상, 미국 같은 초강대국조
차 혼자서 그것을 제한할 수는 없기 때문이다. 가령 미국 정부가 인
간 배아를 이용한 유전공학을 금지한다 해도 중국 과학자들이 하는
것까지 막지는 못한다. 그 결과 중국이 경제적, 군사적으로 어떤 결
정적인 이점을 얻게 된다면, 미국은 자국 내 금지를 깨고 싶은 유혹
에 빠질 것이다. 특히 국수주의 경향이 나날이 심해지며 먹고 먹히는
싸움이 횡행하는 세계에서, 한 나라가 기술 개발에서 고위험 고수익
노선을 추구하면 다른 나라들도 뒤져 있을 수 없는 이상 따라갈 수
밖에 없게 된다. 그런 바닥을 향한 경주를 피하기 위해 인류는 아마

도 어떤 전 지구 차원의 정체성과 충성이 필요할 것이다.

더욱이 핵전쟁과 기후변화는 인류의 물리적 생존을 위협할 뿐인 반면, 파괴적 기술들은 인류의 본성 자체를 바꿔놓을 수 있으며, 그 결과 인류의 깊은 윤리적, 종교적 믿음에도 혼란을 초래할 수 있다. 우리 모두 핵전쟁과 생태학적 붕괴를 피해야 한다는 데는 의견을 같이한다. 하지만 생명공학과 AI를 사용해서 인간을 업그레이드하고 새로운 형태의 생명을 창조하는 일에 관해서는 아주 다양한 견해들이 존재한다. 만약 인류가 전 지구 차원에서 받아들여지는 윤리적 지침을 고안하고 집행하지 못한다면 프랑켄슈타인 박사가 활개칠 것이다.

그런 윤리적 지침을 도출하는 문제에 관한 한, 민족주의는 무엇보다 상상력이 부족하다. 민족주의자들은 수 세기 동안 계속되는 영토 분쟁의 관점에서 생각한다. 21세기 기술 혁명은 실로 우주적 맥락에서 이해되어야 한다. 유기적 생명이 자연선택에 의해 진화해 온 40억 년의 시간이 지난 지금, 인류는 과학의 힘으로 지적 설계에 따라 비유기적 생명을 만드는 시대로 진입하고 있다.

이 과정에서 호모 사피엔스 자체는 사라질 가능성이 높다. 지금도 우리는 여전히 인류라는 대가족의 유인원이다. 아직도 우리는 신체 구조와 대부분의 육체적, 정신적 능력에서 네안데르탈인, 침팬지와 비슷하다. 우리의 손과 눈, 두뇌만 유인원을 닮은 것이 아니라 우리의 탐욕, 사랑, 분노, 사회적 유대도 마찬가지다. 하지만

189

1~2세기 안에 생명기술과 AI가 합쳐지면서 우리의 몸과 육체적, 정신적 특질들은 유인원의 틀에서 완전히 탈피할지도 모른다. 어떤 이들은 의식이 어떤 유기적 구조에서 단절될 수도 있어서, 모든 생물학적, 물리적 제약에서 벗어나 우주 공간을 자유롭게 서핑 할 수 있을 것이라고 믿는다. 반면, 지능과 의식이 완전히 분리될 수도 있다. AI가 발달하면, 초지능이지만 의식은 없는 존재가 세계를 지배할지도 모른다.

이스라엘, 러시아, 프랑스의 민족주의자들은 이런 문제에 대해 뭐라고 말할 수 있을까? 생명의 미래에 관해 현명한 선택을 내리기 위해서는 민족주의 관점을 넘어 지구적 관점, 나아가 우주적 관점에서 문제를 볼 필요가 있다.

지구

우주선

핵전쟁, 생태 붕괴, 기술적 파괴, 이 세 가지 문제는 개별적으로도 인류 문명의 미래를 위협하기에 충분하지만, 셋이 합쳐지면 전례 없는 실존적 위기를 초래할 수 있다. 특히 서로의 힘을 더 강화하고 복잡하게 만들 가능성이 높기 때문이다.

가령, 생태 위기가 우리가 이제껏 알아온 인류 문명의 생존을 위협한다 해도, 그것이 AI와 생명공학의 발전을 막을 가능성은 낮다. 해수면 상승과 식량 공급 감소, 대규모 이민이 부각되어 우리의 관심이 알고리즘과 유전자에서 벗어날 거라고 기대한다면 오산이다. 생태 위기가 깊어질수록 고위험, 고수익 기술 발전은 빨라질 뿐이다.

실제로 기후변화는 두 번의 세계대전과 같은 기능을 수행하게 될 수 있다. 세계대전이 일어난 1914년과 1918년 사이, 그리고 1939년과 1945년 사이에 기술 발전의 속도는 엄청나게 빨라졌다. 왜냐하면 국가들이 전면전에 뛰어들면서 신중한 판단과 나라 경제는 바람에 날려 보낸 채, 막대한 자원을 온갖 종류의 대담하고 환상적인 사업에 투자했기 때문이다. 그중 많은 것들이 실패했음에도 탱크와 레이더, 독가스, 초음속 제트기, 대륙간탄도미사일과 핵폭탄 같은 것들이 생산됐다. 마찬가지로 기후 재앙에 직면한 국가들은 필사적으로 기술 도박에 희망을 걸고 싶은 유혹에 빠질 수 있다. AI와 생명공학에 관한 인류의 우려에는 충분히 그럴 만한 이유가 있다. 하지만 위기의 시대에 사람들은 위험한 일을 벌인다. 파괴적 기술 규제에 대해 어떻게 생각하든, 그런 규제가 기후변화로 세계 식량이 부족해지고 전 세계 도시가 물에 잠기고 수억 명의 난민이 국경을 넘어야 하는 상황에서도 유지될지 자문해보라.

반대로 기술적 파괴는 지구적 긴장을 높이는 것 말고도 핵을 통한 힘의 균형을 위태롭게 함으로써 종말론적 전쟁의 위험을 높일 수 있다. 1950년대 이래 초강대국들은 서로 갈등을 피해왔다. 전쟁은 상호확증파괴(핵 보유국끼리는 선제 핵공격을 받더라도 보복 핵공격으로 쌍방 모두 파괴될 수 있다는 위험 때문에 도발이 억제될 수 있다는 이론─옮긴이)를 뜻했기 때문이다. 하지만 새로운 종류의 공수 무기가 등장함에 따라 떠오르는 기술 초강대국은 보복 위험 없이 적을 파괴할 수 있다는 결론에 이를 수 있다. 반대로 쇠퇴하는 강대국은 전통 핵무기가 조만간 쓸모없어진다는 두려움에서 그전에 사용하는 게 낫겠다고 판단할 수 있다. 전통적으로 핵 대결은 초이성적 체스 게임을 닮았었다. 앞으로는 선수들이 사이버 공격으로 상대편 말의 통제권을 뺏을 수 있다면 어떻게 될까? 익명의 제3자가 누가 말을 두는지도 모르게 둘 수 있다면? 혹은 알파제로가 평범한 체스는 졸업하고 핵전쟁의 체스로 옮겨갔을 때는 어떻게 될까?

다양한 도전들이 서로 얽혀 복잡해질 가능성이 높아지듯이, 하나의 도전에 맞서는 데 필요한 국가들의 선의도 다른 전선에서 일어나는 문제 때문에 힘을 잃을 수 있다. 무기 경쟁에 묶인 나라들은 AI 개발 제한에 합의할 가능성이 낮다. 경쟁국의 기술적 성취를 뺏으려 애쓰는 나라들은 기후변화를 막는 공동 계획에 동의하지 않으려 할 것이다. 세계가 경쟁 국가들로 나뉘어 있는 한, 세 가지 도전을 한 번에 극복하기란 대단히 어려울 것이다. 한 전선에서의 실패조차 재앙적일 수 있다.

요컨대 세계를 휩쓸고 있는 민족주의 물결은 시계를 1939년이나 1914년으로 돌려놓을 수 없다. 기술은 일련의 전 지구 차원의 실존적 위협을 초래함으로써 모든 것을 바꿔놓았고, 어떤 나라도 혼자서는 아무것도 해결할 수 없게 만들었다. 공동의 적은 공동의 정체성을 형성하기 위한 최선의 촉매제다. 인류는 이제 최소한 그런 적수 셋 — 핵전쟁, 기후변화, 기술적 파괴 — 을 앞에 두고 있다. 이런 공동의 위협에도 인류가 특정한 민족주의적 충성을 다른 모든 것 위에 두기로 한다면, 결과는 1914년과 1939년보다 훨씬 나쁠 수 있다.

그보다 훨씬 나은 길은 유럽연합 헌법에 개괄되어 있다. 이에 따르면 "자국의 국가 정체성과 역사를 자부심과 함께 유지하면서, 유럽 사람은 이전의 분열을 초월해 훨씬 긴밀하게 뭉쳐 공동의 운명을 만들어갈 결의에 차 있다".[16] 이 말은 모든 국가의 정체성을 폐지하고 모든 지역의 전통을 포기한 채 인류를 동질의 회색 덩어리grey goo로 바꾸자는 뜻이 아니다. 모든 애국심의 표현을 비방하는 것도 아니다. 오히려 유럽연합은 대륙에 군사적, 경제적 보호막을 제공함으로써 플랑드르, 롬바르디아, 카탈루냐, 스코틀랜드 같은 지방에서 애국심을 키웠다는 주장도 있다. 독일 침공을 걱정할 필요가 없거나, 지구온난화와 글로벌 기업을 상대로 유럽이 공동 전선에 의지할 수 있을 때는 스코틀랜드나 카탈루냐로서도 독립 구상이 더 매력적으로 보인다.

그래서 유럽 민족주의자들은 독립을 부담없이 생각한다. 민족으로 돌아선 이야기는 많지만 실제로 민족을 위해 죽고 죽일 의향이 있는 유럽인은 드물다. 스코틀랜드인이 과거 '윌리엄 월리스와 로버트 브루스(스코틀랜드 독립 영웅들 — 옮긴이)의 날' 영국에서 분리 독립하려

했을 때는 군대를 일으켜야 했다. 반면 2014년 스코틀랜드가 독립을 위해 국민투표를 했을 때는 한 사람도 죽지 않았다. 만약 다음번에 스코틀랜드인들이 독립투표를 한다면 배녁번의 전투(1314년 스코틀랜드 독립전쟁 기간 중 잉글랜드의 침공을 막아낸 전투―옮긴이)를 재연해야 할 가능성은 아주 낮아 보인다. 카탈루냐가 스페인에서 분리 독립하려던 시도는 더 심한 폭력 사태를 초래했지만 1939년이나 1714년에 겪었던 바르셀로나 살육에는 한참 못 미친다.

바라건대 세계 나머지 지역은 유럽의 사례에서 배울 수 있을 것이다. 지구가 단결해도 내 나라의 고유성을 찬양하고 그것에 대한 내 특별한 의무감을 강조하는 종류의 애국심을 간직할 여지는 많을 것이다. 하지만 우리가 살아남고 번영하고 싶다면, 인류는 그런 지역적 충성심을 지구 공동체에 대한 실질적인 의무감으로 보완하는 수밖에 없다. 개인은 자기 가족과 이웃, 직업과 국가에 동시에 충성할 수 있고, 그래야만 한다. 이 목록에 인류와 지구를 추가하지 못할 이유가 뭐란 말인가? 사실 우리가 다중의 충성심을 품고 있을 때 갈등은 불가피하다. 하지만 누가 인생이 단순하다고 말했나? 풀어가야 한다.

이전 세기에 민족 정체성이 형성된 것은 인류가 지역 부족 범위를 훌쩍 넘어가는 문제와 기회에 직면했기 때문이었다. 오직 국가 차원의 협력만이 해결을 기대할 수 있었다. 21세기에 이르러 국가들은 과거 부족과 같은 상황에 처했다. 개별 국가는 지금 시대의 가장 중요한 도전을 해결하기에 올바른 틀이 아니다. 우리에게는 새

로운 지구적 정체성이 필요하다. 국가 단위의 제도는 전례 없는 일
련의 지구적 곤경을 다룰 능력이 없기 때문이다. 우리에게는 지금
전 지구 차원의 생태계와 경제와 과학이 있지만 우리는 여전히 민
족 단위의 정치에 고착돼 있다. 이런 부조화 때문에 정치 체제가 우
리의 주요 문제를 효과적으로 해결하지 못하고 있다. 효과적인 정
치를 위해 우리는 생태계와 경제와 과학의 행진을 탈지구화하거나
우리의 정치를 지구화해야 한다. 생태계와 과학의 행진을 탈지구화
하기는 불가능하고, 경제의 탈지구화는 십중팔구 비용이 많이 들
것이기 때문에, 유일한 현실적 해법은 정치를 지구화하는 것이다.
그렇다고 '세계 정부'를 수립하자는 말은 아니다. 그것은 의심스럽
고 비현실적인 비전이다. 그보다는 한 나라나 심지어 도시 단위의
정치가 작동하는 과정에서도 전 지구 차원의 문제와 이익에 좀 더
무게가 실려야 한다는 뜻이다. 민족주의 감정은 별 도움이 안 될 가
능성이 높다. 그렇다면 혹시 우리는 세계를 하나로 묶는 데 인류의
보편적, 종교적 전통에서 도움을 받을 수 있을까? 수백 년 전 기독
교와 이슬람 같은 종교는 이미 지역보다 지구 차원에서 생각했고,
늘 개별 국가의 정치적 투쟁 차원을 넘어 생명의 큰 질문에 첨예한
관심을 보여왔다. 하지만 전통적인 종교가 지금도 적실할까? 아직
도 세계를 형성할 만한 힘을 가지고 있을까, 아니면 근대 국가와 경
제, 기술의 강력한 힘에 의해 여기저기 내던져진 과거의 타성적인
잔재에 불과할까?

8

종교

이제 신이 국가를 섬긴다

지금까지는 근대 이데올로기, 과학 전문가와 민족국가 단위의 정부
들도 인류의 미래를 위한 실행 가능한 청사진을 창안하지 못했다.
그렇다면 인간의 종교적 전통이라는 깊은 우물에서 그런 청사진을
길어 올릴 수는 없을까? 어쩌면 그에 대한 해답이 성경과 쿠란, 베
다의 책갈피 속에서 줄곧 우리를 기다리고 있었는지도 모른다.

　종교를 믿지 않는 사람들은 이런 생각에 코웃음을 치거나 우려를
나타낼 것이다. 성스러운 경전이 중세에는 적실했을지 몰라도, 지
금 같은 인공지능, 생명공학, 지구온난화, 사이버 전쟁의 시대에 어
떻게 우리를 인도할 수 있단 말인가? 하지만 종교를 믿지 않는 사
람은 소수다. 수십억의 인구가 아직도 진화론보다 쿠란과 성경을
더 신뢰한다. 인도와 터키, 미국 같은 다양한 나라에서 종교 운동이

정치를 규정짓고 있고, 나이지리아에서 필리핀에 이르는 곳의 분쟁 역시 종교적 반목이 부채질하고 있다.

하지만 이런 상황에서 기독교와 이슬람교, 힌두교 같은 종교가 무슨 상관이 있을까? 이런 종교들이 과연 우리가 당면한 주요 문제들을 해결하는 데 도움이 될까? 21세기 세계에서 전통 종교가 차지하는 역할을 이해하려면 다음과 같은 세 유형의 문제를 구분할 필요가 있다.

1. 기술적 문제. 가령, 건조한 나라의 농부는 지구온난화에서 비롯한 극심한 가뭄에 어떻게 대처해야 할까?
2. 정책 문제. 가령, 정부는 지구온난화를 예방하기 위해 먼저 어떤 조치를 취해야 할까?
3. 정체성 문제. 가령, 나는 지구 반대편에 사는 농부들 문제까지 걱정해야 할까, 아니면 내가 속한 집단과 나라 사람들 문제에만 신경써야 할까?

차차 이야기하겠지만, 전통 종교는 기술과 정책 문제와는 대체로 상관이 없다. 반면에 정체성 문제와는 상관이 아주 많다. 하지만 이런 경우에도 대개 해법이 되기보다 문제의 주요 부분을 차지한다.

기술적 문제:

기독교 농업

　　　전근대 시대 종교는 농사 같은 세속적 영역에서 폭넓게 기술 문제를 해결하는 역할을 맡았다. 신이 내린 달력이 파종과 추수의 시기를 결정하는가 하면, 신전에서 드리는 의례로 강우를 보장받고 해충을 막았다. 가뭄이나 메뚜기 떼의 습격으로 농사에 위기가 닥칠 조짐이 보이면 농부들은 사제를 찾아가 신의 선처를 구했다. 의료 역시 종교의 영역에 속했다. 거의 모든 예언자와 구루, 주술사가 치료사 역할까지 했다. 그래서 예수도 상당 시간을 아픈 사람을 낫게 하고, 눈먼 자를 보게 하고, 벙어리를 말하게 하고, 미치광이를 정상으로 돌려놓는 데 썼다. 고대 이집트 사람이나 중세 유럽 사람이나 아플 때는 으레 의사가 아닌 주술사를 찾아가고, 병원이 아닌 이름난 신전으로 순례를 떠나기 마련이었다.

　최근에 와서야 생물학자들과 외과 의사들이 사제와 기적의 수행자 역할을 떠맡았다. 만약 지금 이집트가 메뚜기 떼의 습격을 받는다면 이집트인들은 알라에게 도움을 청할 법도 하다. 왜 아니겠는가? 하지만 잊지 않고 화학자와 곤충학자, 유전학자를 찾아가 보다 강력한 살충제와 내충성 밀 품종을 개발해달라고 부탁할 것이다. 또한 독실한 힌두교도의 아들이 홍역을 심하게 앓고 있다면, 아버지는 단반타리(힌두교에서 의약의 신 — 옮긴이)께 기도를 올리고 동네 사원에 찾아가 꽃과 사탕을 바칠 것이다. 하지만 이는 먼저 갓난아기를 안고 가까운 병원에 달려가 의사에게 진료를 맡긴 다음의 일일 것이다. 종교적 치유자의 마지막 보루인 정신 질환마저 점점 과학자의 손으로 넘어가고 있다. 이제는 신경학이 신령학을, 우울증 치료제가 푸닥거리를 대신한다.

과학의 승리는 너무나 완벽해서 종교에 대한 우리의 개념마저 변했다. 우리는 이제 더 이상 종교를 농사나 의료와는 관련짓지 않는다. 심지어 광신자들조차 다수는 과거 농사와 의료가 전통 종교의 관할이었다는 사실을 까맣게 잊었거나 잊고 싶어 한다. 이들은 "엔지니어와 의사에게 의지하면 어떤가?"라며 이렇게 반문한다. "그런다고 바뀌는 것은 없다. 애당초 종교가 농사나 의료와 무슨 상관이 있었나?"

솔직히 말해 전통 종교가 그토록 많은 영역을 뺏긴 것은 애당초 농사나 의료에 뛰어나지 않았기 때문이다. 사제와 구루의 진짜 특기는 비가 오게 하거나, 병을 치료하거나, 예언하거나 마술을 부리는 것이었던 적이 한 번도 없었다. 그들의 특기는 언제나 해석이었다. 사제는 기우제 춤을 추거나 가뭄을 끝내는 법을 아는 사람이 아니었다. 오히려 기우제 춤이 수포로 돌아갔을 때나, 신이 우리의 기도를 못 알아듣는 것처럼 보일 때도 왜 신을 믿어야 하는지 정당화하는 법을 아는 사람이었다.

하지만 종교 지도자가 과학자와의 경쟁에서 불리한 상황에 처하게 된 것도 바로 그 해석의 천재성 때문이다. 과학자도 지름길을 찾아내고 증거를 비트는 법을 안다. 하지만 궁극에 가서 과학이 보여주는 특징은, 언제든지 잘못을 인정하고 다른 방법을 시도하는 것이다. 그래서 과학자는 점점 더 농작물을 잘 키우고 더 나은 의약품을 개발하는 법을 알게 되는 데 반해, 사제와 구루는 더 나은 변명거리를 내놓는 법만 익히게 된다. 수 세기에 걸쳐 참된 신앙인들조차 그런 차이에 주목해왔는데, 바로 그 점 때문에 종교는 기술적인 영역에서 갈수록 권위를 잃어왔다. 전 세계가 점점 단일 문명이 되어온 것도 같은 이유에서였다. 무엇이든 실제로 효과가 있으면 누구나 그것을 받아들인다.

정책 문제:
무슬림 경제

　　　　　과학은 기술적 질문에는 우리에게 명확한 답을 제시하는 데 반해, 정책 질문에는 과학자들 사이에서도 상당한 의견 불일치가 있다. 가령, 지구온난화가 사실이라는 데에는 거의 모든 과학자들이 동의하지만, 무엇이 최선의 경제적 대응인지를 두고서는 합의점을 찾지 못한다. 그렇다고 해서 전통적인 종교가 이 문제를 해결하는 데 도움을 줄 수는 없다. 고대 경전이 근대 경제를 제대로 인도할 수 없을 뿐더러, 가령 자본주의자와 사회주의자 간의 주요 단층선이 전통 종교들 간의 분열과 부합하지도 않는다.

이스라엘과 이란처럼 랍비와 아야톨라가 정부의 경제 정책에 대해 직접 발언하는 나라는 물론, 미국과 브라질 같은 보다 세속적인 나라에서도 종교 지도자들은 과세부터 환경 규제에 이르기까지 공공 사안을 둘러싼 여론에 영향을 미친다. 하지만 자세히 들여다보면 이런 경우에도 대부분 전통 종교는 사실상 근대 과학 이론 다음의 보조적인 역할을 수행할 뿐이다. 아야톨라 하메네이가 이란 경제에 관해 중대한 결정을 내려야 할 때도 쿠란에서는 필요한 답을 찾을 수 없다. 쿠란이 쓰일 당시 7세기 아랍인은 근대 산업 경제와 세계 금융 시장의 문제와 기회에 관해서는 아는 게 거의 없었기 때문이다. 그래서 그나 그의 보좌관들은 카를 마르크스와 밀턴 프리드먼, 프리드리히 하이에크 같은 근대 경제학자들에게서 답을 구해야 한다. 일단 이자율을 올리거나 세율을 낮추거나 정부 독점을 민영화하거나 국제 관세협정에 서명하기로 결심했으면, 하메네이는 자신의 종교적 지식과 권위를 활용해 과학적인 해답을 이런저런 쿠란식 운문의 옷으로 포장한 다음, 대중에게 알라의 뜻이라며 제시한다. 하지만 옷차림은 중요하지 않다. 시아파의 이란이나, 수니파의 사우디아라비아나, 유대교의 이스라엘이나, 힌두교의 인도나, 기독교의 미국이나 경제 정책에 관한 한 큰 차이가 없다.

19세기에서 20세기에 걸쳐 이슬람과 유대교, 힌두교, 기독교 사상가들은 근대 유물론과 영혼 없는 자본주의, 과도한 관료 국가를 비난했다. 자신들에게 기회만 주어진다면 근대성의 모든 병폐를 해결하고, 자신들이 믿는 교리의 영원한 영적 가치를 토대로 완전히 다른 사회경제 체제를 수립하겠다고 약속했다. 글쎄, 꽤 여러 차례 기회가 주어졌건만, 그들이 근대 경제의 축조물에 남긴 눈에 띄는 한 가지 변화라고는 페인트칠을 다시 하고 지붕 위에 커다란 초승달(이슬람교의 상징 — 옮긴이)이나 십자가, 다윗의 별(육각형 별모양으로 유대교의 상징 — 옮긴이), 옴(힌두교의 상징 — 옮긴이)을 올린 것뿐이다.

기우제의 경우와 마찬가지로, 경제 문제에서도 종교가 상관성을 잃게 된 것은 종교 학자들이 경전 해석에서 오랫동안 연마해온 전문 지식 때문이었다. 하메네이가 어떤 경제 정책을 택하든, 그는 언제나 쿠란에 맞게 해석할 수 있었다. 그 결과 쿠란은 진정한 지식의 원천이 아니라 다른 것을 뒷받침하는 권위의 원천 정도로 강등됐다. 가령, 어려운 경제 문제에 봉착했을 때 마르크스와 하이에크를 유심히 읽으면 경제 체제를 더 잘 이해하고 새로운 관점에서 사태를 보며 숨은 해법을 찾는 데 도움을 얻는다. 해법을 마련한 다음에는 쿠란을 펴고 면밀히 읽어 내려가면서 정당화할 수 있는 장과 절을 찾는다. 하이에크나 마르크스에게서 얻은 해법이 무엇이든, 쿠란을 잘 알고 상상력을 충분히 발휘해 해석만 할 수 있다면 그것을 언제나 정당화할 수 있을 것이다.

기독교의 경우도 마찬가지다. 기독교인은 사회주의자가 될 수 있는 만큼이나 쉽게 자본주의자도 될 수 있다. 예수가 했던 말 중에는 노골적인 공산주의 색을 띤 것도 얼마간 있지만, 냉전 기간 선량한 미국 자본주의자들은 별로 개의치 않고 산상수훈을 계속 읽었다. '기독교 경제학' '이슬람 경제학' '힌두 경제학' 같은 것은 없다.

성경이나 쿠란, 베다에 경제 사상이 전혀 없다는 말은 아니다. 여기에 담긴 사상이 지금 사회에는 맞지 않는다는 것뿐이다. 마하트마 간디는 베다에서 영감을 얻어 독립 후의 인도를 자족적인 농민 공동체의 집합으로 구상했다. 국민 각자가 자신의 카다르(손으로 짠 무명—옮긴이) 천을 짜서 입고, 수출은 아주 조금만 하고 수입은 더 적게 한다는 생각이었다. 간디의 가장 유명한 사진이 바로 손수 목화로 실을 잣는 모습이다. 그 허름한 물레는 인도 민족주의 운동의 상징이 되었다.[1] 하지만 이런 목가적 이상향의 청사진은 근대 경제 현실과는 도무지 양립할 수가 없다. 그 결과 루피 지폐 수십 억 장에 찍힌 간디의 찬란한 모습 말고는 지금껏 남아 있는 게 별로 없다.

정 치 적　도 전

이제는 현실 문제를 볼 때도 전통적인 교리보다 근대 경제 이론의 적실성이 훨씬 커졌다. 심지어 표면적으로는 종교 분쟁인 것도 경제적인 측면에서 해석하는 것이 일반적이다. 아무도 그 역으로는 생각하지 않는다. 예를 들어, 어떤 이들은 북아일랜드의 가톨릭교도와 개신교도의 갈등을 두고, 그것은 주로 계급 갈등에서 비롯한다고 주장한다. 다양한 역사적 사건들 탓에 북아일랜드의 상위 계급은 주로 개신교도이고 하위 계급은 대부분 가톨릭을 믿는다. 따라서 첫눈에는 그리스도의 본질에 관한 신학적 갈등 같아도, 사실 그것은 전형적인 빈부 갈등이라는 것이다. 반면에 1970년대 남미에서 일어난 공산주의 게릴라와 자본주의 지주 간 갈등이 사실은 기독교 신학에 관한 훨씬 깊은 불일치의 외양에 불과하다고 주장할 사람은 거의 없다.

그렇다면 21세기의 큰 질문에 답하는 데 종교는 어떤 도움을 줄 수 있을까? 예를 들어 인생에서 중요한 결정들, 즉 무엇을 공부하고 어디에서 일을 하고 누구와 결혼할지 선택하는 권한을 AI에 부여하는 문제를 생각해보자. 이 질문에 대한 이슬람교의 답은 무엇일까? 유대교의 답은? 이 문제에 '이슬람교'나 '유대교'의 입장이라는 것은 없다. 인류는 양대 진영으로 나뉠 가능성이 높다. 즉, AI에 중요한 권위를 부여하는 데 찬성하는 쪽과 반대하는 쪽이다. 무슬림과 유대인은 **양쪽** 진영에 다 들어가 있을 가능성이 높다. 어떤 입장을 택했든, 이들은 각자 상상력을 발휘하여 쿠란과 탈무드를 그럴듯하게 해석해 자기 입장을 정당화할 것이다.

물론 이들 종교 단체는 특정 이슈에 대한 자신들의 관점을 공고히 해서 그것을 이른바 성스럽고 영원한 교리로 만들 수도 있을 것이다. 1970년대 라틴아메리카의 신학자들이 해방신학을 생각해냈을 때 그들이 그린 예수는 마치 체 게바라 같았다. 마찬가지로, 지구온난화 논쟁에도 예수를 차용해 현재 자신의 정치적 입장을 영원한 종교적 원리인 것처럼 보이게 할 수 있다.

이미 그런 일은 벌어지고 있다. 미국 복음주의 교회 목사들은 '지옥 불' 설교에 환경 규제에 반대하는 주장을 담는가 하면, 프란치스코 교황은 그리스도의 이름으로 지구온난화를 비판하는 운동을 이끌고 있다(그의 두 번째 회칙 '찬미 받으소서Laudato si'에서 언명되었듯이).[2]

따라서 아마도 2070년쯤 환경 문제에 관한 한, 자신이 복음주의 개신교도냐 가톨릭 신도냐에 따라 크게 입장이 나뉠 것이다. 복음주의자는 틀림없이 모든 탄소 배출 제한에 반대할 것이고, 가톨릭 신도는 예수가 우리에게 환경 보호를 설파했다고 믿을 것이다.

이들이 타고 다니는 차도 다를 것이다. 복음주의자는 기름을 많이 먹는 대형 SUV 차량을 몰고 다닐 테지만, 독실한 가톨릭 신도는 미끈한 전기차에 "지구를 태워라, 그리하면 지옥에서 타 죽으리!"라고 적힌 범퍼 스티커를 붙이고 다닐 것이다. 하지만 이들이 아무리 자기 입장을 변호하는 데 다양한 성경 구절을 인용하더라도, 견해 차이의 진정한 원천은 근대 과학 이론과 정치 운동에 있지, 성경에 있지 않다. 이런 관점에서 종교는 우리 시대의 거대한 정책 논쟁에 기여하는 바가 사실상 별로 없다. 카를 마르크스가 주장했듯 종교는 겉치장일 뿐이다.

정체성 문제: 모래 위에

그어진 선

하지만 마르크스가 종교를 기술과 경제의 강력한 힘을 가리는 상부구조 정도로 일축한 것은 지나친 감이 있다. 이슬람교, 힌두교 혹은 기독교가 근대 경제 구조 위에 놓인 화려한 장식일지는 몰라도 사람들은 장식을 자신과 동일시할 때도 많다. 또한 그렇게 형성된 정체성이야말로 역사를 이끄는 결정적인 힘이 된다.

인간의 힘은 대규모 협동에서 발휘되는데, 대규모 협동을 끌어내려면 그만큼 큰 정체성을 구축해야만 한다. 거대한 정체성이 기반으로 삼는 모든 것은 허구의 이야기지, 과학적 사실이나 경제적 필요가 아니다. 21세기에 와서도 인간이 유대인과 무슬림, 러시아인과 폴란드인으로 나뉘어 있는 것은 여전히 종교적 신화에 의거하고 있다. 나치와 공산주의자들은 인간의 정체성을 과학적으로 인종과 계급으로 결정하려 했지만 그것은 위험한 사이비 과학으로 판명되었다. 그 후로 과학자들은 인간의 '자연적인' 정체성이 무엇인지 규정하는 데 도움을 주는 것을 극도로 꺼렸다.

21세기의 종교는 비를 내리게도 못하고, 병 치료도 못하고, 폭탄도 못 만들지만, '우리'가 누구이며 '그들'은 누구인지, 누구를 치료해야 하고 누구에게 폭탄을 투척해야 하는지를 결정한다. 앞에서 기술했듯, 현실적으로 봤을 때 시아파 이란과 수니파 사우디아라비아, 유대교 이스라엘 간에는 놀랄 만큼 차이가 적다. 모두가 관료제 민족국가이고, 엇비슷한 자본주의 정책을 추구하며, 아이들에게는 소아마비 예방접종을 하고, 폭탄을 만들 때는 화학자와 물리학자를 동원한다. 시아파 관료제라든가 수니파 자본주의, 유대식 물리학 같은 것은 없다. 그러니 국민에게 저만의 자부심을 안기고, 집단을 향한 충성심을 키우고, 다른 부족에게는 적대감을 품게 하려면 어떻게 해야 할까?

인류라는 흘러내리는 모래 위에 확고한 선을 긋기 위해, 종교는 다양한 의례와 의식, 예식을 활용한다. 시아파와 수니파, 정통파 유대교는 서로 다른 옷을 입고, 서로 다른 기도문을 외며, 서로 다른 터부를 지킨다. 이런 다양한 종교적 전통들은 흔히 일상생활을 아름다움으로 채우고, 사람들이 보다 친절하고 너그럽게 행동하도록 권면한다. 하루에 다섯 번, 무에진(이슬람 사원 탑에서 기도 시간을 알리는 사람—옮긴이)의 노랫가락 같은 음성이 시장과 사무실, 공장의 소음 위로 울려 퍼지면, 무슬림들은 번잡한 속세 일을 잠시 중단하고 영원한 진리에 가 닿으려 한다. 힌두교를 믿는 이웃은 똑같은 목적을 이루기 위해 푸자(힌두교식 예배—옮긴이)와 만트라(기도나 명상 때 외는 주문—옮긴이) 암송에 의지한다. 유대인 가족은 매주 금요일 밤 둘러앉아 기쁨과 감사와 화목의 특식을 먹는다. 이틀 후 일요일 아침이면 기독교 복음 성가대가 수백만 신도의 삶에 희망을 주고, 공동체 내 신뢰와 애정의 유대감을 다진다.

다양한 종교적 전통들은 세상을 수많은 추함으로 채우고 사람들로 하여금 비열하고 잔인하게 행동하게 만들기도 한다. 가령, 종교적으로 영감을 받은 학대와 계급 차별은 말할 것도 없다. 하지만 아름답든 추하든, 모든 종교적 전통은 특정 사람들을 단결시키고 이웃을 구분한다. 밖에서 봤을 때, 사람들을 구분하는 종교적 전통들은 사소해 보인다. 프로이트는 사람들의 그런 '작은 차이 나르시시즘' 강박을 비웃었다.[3] 하지만 역사와 정치에서 작은 차이는 아주 멀리까지 갈 수 있다. 따라서 당신이 동성애자인 경우 그것은 생사

의 문제가 된다. 이스라엘에서든 이란에서든 사우디아라비아에서
든 마찬가지다. 이스라엘에서 동성애는 법의 보호를 받는다. 두 여
성의 결혼을 축복하는 랍비도 있다. 이란에서 게이와 레즈비언은
체계적으로 벌을 받고 처형을 당하기도 한다. 사우디아라비아에서
레즈비언은 2018년까지 차를 몰 수도 없다. 단지 여성이라는 이유
에서다. 레즈비언이라서가 아니라 말이다.

근대 세계에서 전통적 종교가 힘과 중요성을 유지하고 있는 대표
적 사례를 들자면 아마도 일본일 것이다. 1853년 미국 함대가 일본
을 향해 근대 세계로 문을 열라고 강요했을 때, 일본은 극단적인 근
대화를 급속히 추진했고 성공했다. 몇 십 년 걸리지 않아 과학과 자
본주의, 최신 군사 기술로 무장한 강력한 관료 국가로 발돋움한 일
본은 중국과 러시아를 꺾고 타이완과 한국을 점령한 데 이어, 진주
만에서 미군 함대를 격침시키고 극동에서 유럽 제국까지 격파했다.
하지만 일본은 서구의 청사진을 맹목적으로 따르지 않았다. 그들은
자신들의 독특한 정체성을 보호하고, 과학이나 근대성, 그리고 어
떤 모호한 지구 공동체가 아닌 일본에 충성을 바치는 나라가 되기
위해 결사적으로 싸웠다.

그 목적을 위해 일본은 고유 종교인 신도神道를 일본 정체성의 초
석으로 고수했다. 사실 신도를 재발명했다. 전통 신도는 다양한 정
령과 신령, 귀신에 대한 믿음이 뒤섞인 애니미즘 신앙이었다. 모든
마을과 신사가 자기만의 정령과 지역 관습을 갖고 있었다. 19세기

후반에서 20세기 초에 일본은 국가 공인 신도를 만들면서 수많은 지역 전통들은 억압했다. 이렇게 만들어진 '국가 신도'에는 민족성과 인종이라는 대단히 근대적인 사상이 주입됐다. 일본 엘리트들이 유럽 제국주의에서 따온 요소였다. 불교와 유교, 사무라이 봉건 윤리 등에서도 국가 충성에 도움이 되는 것이라면 모두 가져다 뒤섞었다. 그 위에다 일본의 황제 숭배를 최고 원리로 신성시했다. 이들은 일본 황제를 태양의 여신 아마테라스의 직계 후손이자 살아 있는 신으로 간주했다.[4]

얼핏 이 이상한 신구의 조합은 급속한 근대화 과정에 착수한 국가로서는 부적절한 선택처럼 보인다. 살아 있는 신? 애니미즘 정령? 봉건 윤리? 근대 산업 강국이 아니라 신석기 족장 이야기처럼 들린다.

하지만 그것은 마술처럼 통했다. 일본은 숨가쁘게 근대화했고, 동시에 국가에 대한 광신적인 충성을 이끌어냈다. 국가 신도가 성공했음을 보여주는 대표적인 상징은 정밀유도미사일을 개발해 처음 사용한 강대국이 일본이었다는 사실이다. 미국이 스마트 폭탄을 실전 배치하기 수십 년도 전에, 나치 독일이 V-2 로켓 발진을 시작하려던 무렵에 이미 일본은 연합국 군함 10여 대를 정밀유도미사일로 격침했다. 이 미사일은 바로 우리가 아는 가미카제다. 오늘날 정밀유도 무기에서 방향을 인도하는 일은 컴퓨터가 하지만, 가미카제는 일반 항공기에 폭탄을 싣고 인간 조종사가 편도 비행의 임무를 수행하는 식이었다. 이런 결의는 죽음을 각오한 희생정신의 산물이었는데, 바로 국가 신도에서 비롯한 것이었다. 이처럼 가미카제는 첨단 기술과 첨단 종교적 교리 주입의 결합에 의존했다.[5]

부지불식간에 수많은 정부들이 오늘날 일본의 사례를 따른다. 이들은 근대화의 보편적 도구와 구조를 채택하는 동시에 독특한 국가 정체성을 보존하기 위해 전통 종교에 의존한다. 일본에서 국가 신도가 했던 역할을 러시아에서는 정교회 기독교가, 폴란드에서는 가톨릭이, 이란에서는 시아파 이슬람이, 사우디아라비아에서는 와하비즘(엄격한 율법을 강조하는 근본주의 이슬람—옮긴이)이, 이스라엘에서는 유대교가 한다. 종교가 아무리 고리타분해 보여도 약간의 상상력과 재해석을 거치면 최신의 기술 도구와 가장 정교한 근대 제도와도 거의 언제든지 결합할 수 있다.

어떤 경우에는 국가가 독특한 정체성을 위해 완전히 새로운 종교를 만들 수도 있다. 가장 극단적인 사례가 일본의 식민지였던 북한이다. 북한 정권은 광란적인 국가 종교인 주체사상을 신민들에게 주입한다. 주체사상은 마르크스레닌주의와 고대 한국의 전통, 한국인의 고유한 순수성에 대한 인종주의적 믿음, 김일성 일가의 신격화가 결합된 것이다. 김씨 가문이 태양신의 후손이라고 주장하는 사람은 아무도 없다. 하지만 김씨 일가는 역사 속의 그 어떤 신보다 더 열렬히 숭배된다. 마치 일본 제국이 결국에는 패한 것을 염두에 둔 듯, 북한의 주체사상은 핵 개발을 최고의 희생도 감수할 만한 신

성한 의무로 언명하면서, 오랫동안 줄기차게 자신들의 조합물에 핵
무기를 추가하려고 애써왔다.[6]

민족주의의
시녀

따라서 기술의 발달과는 별도로 종교적 정체성과 의
례에 관한 논쟁이 신기술의 사용에도 영향을 줄 것이다. 또한 그것
이 세계를 불타오르게 할 힘을 계속 갖게 될 가능성도 크다. 중세
경전에 관한 교리 다툼을 해결한답시고 최신 핵미사일과 사이버 폭
탄이 동원될 수도 있다. 인류가 대규모 협력에 의존하고 그 협력이
서로 공유되는 허구의 믿음에 기반을 두는 한, 종교와 의식과 의례
는 중요성을 이어갈 것이다.

불행히도, 그런 점에서 전통 종교는 인류가 당면한 문제의 치유
책이 아니라 일부이다. 종교는 여전히 민족의 정체성을 다지고 제
3차 세계대전을 촉발할 수 있을 만큼의 정치적 힘을 갖고 있다. 하
지만 21세기 지구촌이 직면한 문제를 추가하기보다 해결하는 데 이
르면 종교가 제공할 것은 많지 않다. 많은 전통적 종교들이 보편 가
치를 옹호하고 우주적 타당성을 주장해도, 지금은 근대 민족주의의
시녀로 주로 사용되고 있다. 북한이나 러시아나 이란이나 이스라엘
이나 마찬가지다. 이 때문에 민족적 차이를 넘어 핵전쟁과 생태 붕
괴와 기술적 파괴 위협에 대한 지구적 해법을 찾기가 어렵다.

지구온난화나 핵확산을 다룰 때 시아파 성직자는 이란 국민에게 이 문제를 이란의 관점에서 보게 한다. 마찬가지로 유대인 랍비는 이스라엘인에게 무엇이 이스라엘에 좋은지에 대해 주로 관심을 갖도록 부추기고, 동방정교회 사제는 러시아인에게 러시아인을 먼저 생각하고 러시아의 이익을 우선 생각하라고 한다. 결국 우리는 신의 선택을 받은 민족이니 우리 민족에게 좋은 것이 신도 기쁘게 할 것이라고 말한다. 물론 민족주의의 과열을 배격하고 보편적인 전망을 앞세우는 종교계 현자들도 있다. 불행하게도 오늘날 그런 현자들이 행사하는 정치적 영향력은 열세에 있다.

우리는 진퇴양난에 빠져 있다. 인류는 지금 단일 문명을 이뤄 살고 있으며, 핵전쟁과 생태 붕괴, 기술적 파괴의 문제는 지구촌 차원에서만 해결될 수 있다. 다른 한편으로 민족주의와 종교는 여전히 우리 인류의 문명을 다양한 진영들로 사분오열시키고 있다. 상호 적대감을 조장할 때도 많다. 이런 지구 차원의 문제와 지역 정체성의 충돌이 극명하게 드러나는 곳은 현재 위기에 처한 세계 최대 다문화 실험의 장, 유럽연합이다. 유럽연합은 보편 자유주의 가치의 약속 위에 건설되었지만, 지금은 통합과 이민 문제의 어려움 때문에 와해될 지경에 이르렀다.

9

이민

더 나은 문화를 찾아서

세계화 덕분에 지구상의 문화적 차이는 격감했다. 하지만 동시에 이방인들을 접하고 그들의 특이함에 혼란스러워지는 일도 훨씬 많아졌다. 앵글로색슨 잉글랜드와 고대 인도의 팔라 왕조(750~1174년경 인도 북동부를 지배한 불교 왕조─옮긴이) 시절만 해도 두 곳의 문화 차이는 근대 영국과 인도의 차이보다 훨씬 더 컸다. 하지만 당시 앨프리드 대왕(9세기 앵글로색슨족 일곱 왕국 중 하나인 웨섹스 왕국의 왕─옮긴이) 시절에는 지금처럼 영국 항공이 델리와 런던 간 직행 항공편을 운항하지는 않았다.

지금은 일자리와 안전과 보다 나은 미래를 찾아 국경을 넘는 사람이 점점 많아지고 있다. 이에 따라 밀려드는 외국인을 적대시하거나 그들과 동화하거나 추방하는 과정에서 과거 유동성이 낮았던 시절에 형성

213

된 정치 체제와 집단 정체성에 부담을 주고 있다. 이 문제가 현재 유럽만큼 가슴 아프게 일어나고 있는 곳도 없다. 당초 유럽연합은 프랑스와 독일, 스페인, 그리스 간의 문화 차이를 초월하겠다는 약속 위에 수립됐는데, 이제 유럽인과 아프리카, 중동 출신 이민자들 간의 문화 차이를 포용하지 못한 탓에 붕괴할지도 모를 상황에 처했다. 아이러니하게도 너무나 많은 이민자들이 밀려든 이유가 바로 유럽이 번영하는 다문화 체계를 건설하는 데 성공했다는 사실에 있다. 시리아인이 사우디아라비아나 이란, 러시아, 일본보다 독일로 가고 싶어 하는 이유도, 독일이 다른 이민 후보국들보다 가깝거나 부유해서가 아니라, 과거 이민자를 반기고 흡수하는 데 훨씬 나은 전력을 보였기 때문이다.

난민과 이민자 물결의 수위가 높아지면서 유럽인들은 뒤섞인 반응을 보이고 있다. 나아가 유럽의 정체성과 미래를 둘러싼 논의도 치열하다. 어떤 유럽인들은 유럽으로 오는 문을 닫아걸어야 한다고 요구한다. 이것은 유럽의 다문화적이고 관용적인 이상을 배반하는 것인가, 아니면 재앙을 예방하기 위한 분별 있는 조치인가? 다른 한쪽에서는 들어오는 문을 더 넓게 열어야 한다고 촉구한다. 이것은 유럽의 핵심 가치에 충실한 것인가, 아니면 유럽의 기획에 불가능한 기대의 부담을 지우는 것인가? 이민을 둘러싼 논의는 흔히 서로 상대의 말은 듣지 않는 아귀다툼으로 전락하고 만다. 문제를 명확히 하기 위해서, 이민을 다음과 같은 세 가지 기본 조건 혹은 조항으로 나누어 살펴보면 도움이 될지 모르겠다.

조항 1: 이민 수용국이 이민자를 받아들인다.

조항 2: 이민자들은 반대급부로 최소한 수용국의 핵심 규범과 가치를 받아들여야 한다. 그 과정에서 모국의 전통 규범과 가치 일부를 포기하는 것도 감수한다.

조항 3: 이민자들이 충분히 동화되면, 점차 수용국의 평등하고 완전한 일원이 된다. '그들'은 '우리'가 된다.

이 세 가지 조항을 둘러싸고 각 조항이 정확히 무엇을 뜻하는지 별개의 논쟁이 벌어질 수 있다. 그리고 이 조항들의 충족 여부를 두고 네 번째 논쟁이 추가될 수 있다. 하지만 사람들은 흔히 이민에 관한 다툼을 벌일 때 이 네 가지 토론을 혼동할 때가 많다. 그러다 보면 정작 쟁점이 무엇인지 아무도 이해하지 못하게 된다. 따라서 각 쟁점을 분리해서 살펴보는 것이 좋다.

쟁점 1: 이민 협상의 첫 번째 조항은 수용국이 이민을 받아들이는 것이다. 하지만 이것을 의무로 봐야 할까, 아니면 호의로 이해해야 할까? 수용국은 모두에게 문을 여는 것이 의무일까, 아니면 선별해서 받거나 심지어 이민을 전면 중지하는 것이 국가의 권리일까? 이민 찬성론자들은 난민뿐 아니라 빈곤에 시달리는 나라에서 일자리와 좀 더 나은 미래를 찾아 오는 사람까지 받아들일 도덕적 의무가 국가에 있다고 생각하는 것 같다. 특히 지구촌화된 세계에

215

서 모든 인간은 다른 모든 인간에게 도덕적 의무를 지고 있으며, 이 의무를 꺼리는 것은 이기주의이거나 인종주의라고 여기는 듯하다.

더욱이, 다수의 이민 찬성론자들은 이민을 완전 봉쇄하는 것 자체가 불가능하다는 점을 강조한다. 아무리 많은 벽을 쌓고 울타리를 쳐도 절박한 사람들은 기어코 뚫고 들어올 방법을 찾아낸다. 따라서 인신 밀매와 불법 노동자, 국적 불명 아동이 판치는 거대한 지하세계를 조장하느니 차라리 이민을 합법화하고 공개적으로 대처하는 게 낫다는 것이다.

이민 반대론자들은 힘을 충분히 행사하면 이민을 막을 수 있다고 응수한다. 인접국에서 야만적인 박해를 피해 달아난 난민을 제외하고는 그들에게 문을 열어줄 하등의 의무가 없다는 것이다. 가령, 터키는 절박한 시리아 난민들이 국경을 넘어오는 것을 허용할 도덕적 의무가 있을 수 있다. 하지만 이 난민들이 스웨덴으로 이동해 들어가려 할 경우, 스웨덴이 이들을 꼭 받아들여야만 하는 것은 아니다. 일자리와 복지를 구하는 이민자의 경우에 이들을 받아들일지 말지 여부나, 어떤 조건에서 받아들일지에 관한 결정은 전적으로 수용국에 달려 있다.

이민 반대론자들은 모든 인간 집단의 가장 기본적인 권리가 외부 침공에 맞서 방어하는 것이라는 점을 강조한다. 이때 외침에는 군대는 물론 이주자의 형태도 포함된다. 스웨덴인은 번영하는 자유민주주의를 건설하기 위해 아주 열심히 일했고 수많은 희생을 감수했다. 만약 시리아인들이 그렇게 하지 못했다면 이것은 스웨덴인들의 잘못이 아니다. 스웨덴 유권자들이 어떤 이유에서든 더 이상 시리아 이민자를 받아들이고 싶지 않다면 입국을 거부할 권리가 있다. 또한 이민자를 얼마간 수용한다 하더라도, 그것은 스웨덴이 의무를 수행하는 것이 아니라 호의를 확대하는 것임을 분명히 해야 한다. 따라서 스웨덴 입국이 허용된 이민자들은 마치 자기 자리를 차지한 것처럼 일련의 요구 사항들을 열거할 것이 아니라 무엇을 받게 되든 감지덕지해야 한다.

더욱이, 이민 반대론자들은 일개 국가라면 얼마든지 이민 정책을 마음대로 펼 수 있으며, 이민자를 선별할 때도 범죄 기록이나 직업적인 재능뿐 아니라 종교 같은 것도 감안해야 한다고 말한다. 만약 이스라엘 같은 나라는 유대인에게만 입국을 허용하고, 폴란드 같은 나라는 기독교도인에 한에서만 중동 난민을 흡수하는 데 동의한다면, 이것이 혐오스럽게 보일지는 몰라도 이스라엘이나 폴란드 유권자들로서는 충분히 그럴 권한이 있다.

문제를 더 복잡하게 만드는 것은, 많은 경우 사람들이 꿩 먹고 알 먹는 식의 태도를 보인다는 점이다. 많은 나라들은 불법 이민에는 눈을 감거나 임시 외국인 노동자의 경우에는 입국을 허용하기도 한다. 외국인의 에너지와 재능, 값싼 노동력의 혜택을 누리고 싶어서다. 그러면서 이 사람들의 지위를 합법화하는 것은 거부한다. 이때는 이민을 원치 않기 때문이라고 말한다. 이렇게 되면 장기적으로 봤을 때 완전한 시민권을 가진 상위 계층이 무력한 외국인을 하위 계층으로 두고 착취하는 위계 사회로 가게 된다. 오늘날 카타르와 몇몇 걸프 연안국에서 이런 일이 일어나고 있다.

이 논쟁이 해결되지 않는 한, 이민에 관한 모든 후속 질문에 답을 하기란 대단히 어렵다. 이민 찬성론자들은, 사람들에게는 마음대로 다른 나라로 이민 갈 권리가 있고, 수용국은 받아들일 의무가 있다고 생각하기 때문에, 사람들의 이민권이 침해되거나, 수용국이 흡수 의무를 이행하지 않았을 때는 도덕적 분노를 표출한다. 반면 이민 반대론자들은 그런 시각에 놀란다. 이들은, 이민은 특권이며 수용은 특전이라고 생각한다. 왜 그들이 우리나라에 들어오는 것을 거부했다고 해서 인종주의나 파시스트라는 비난을 들어야 하나?

물론 이민을 허용하는 것이 의무라기보다 특전에 해당한다 해도, 이민자들이 한 번 정착하고 나면 수용국은 점차 그들과 그 후손들에게도 의무를 져야 한다. 따라서 미국에서 "우리는 1910년에 당신들의 증조모를 받아들이는 호의를 베풀었으니, 이제는 우리 좋은 대로 당신들을 대우할 수 있다"는 식으로 반유대주의를 정당화할 수는 없다.

쟁점 2: 이민 협상의 두 번째 조항은, 이민자들은 입국이 허용되면 그 나라 문화에 동화될 의무가 있다는 것이다. 하지만 어느 정도까지 동화되어야 할까? 만약 이민자가 가부장 사회에서 자유주의 사회로 이주했다면 페미니스트가 되어야 할까? 아주 종교적인 사회에서 온 이민자도 세속적인 세계관을 받아들여야 할까? 전통 옷차림과 금기 식품까지 다 잊어야 할까? 이민 반대론자들은 기대치

218

를 높게 잡는 경향이 있는 반면, 찬성론자들은 훨씬 낮춰 잡는다.

이민 찬성론자들은 유럽 자체가 극도로 다양한 데다 이곳에 사는 사람들의 견해와 습관, 가치만 해도 스펙트럼이 넓다고 주장한다. 바로 그 점 덕분에 유럽이 활기차고 강하다는 것이다. 그런데도 왜 이민자들은 실제로는 유럽인들도 고수하지 않는 상상 속의 유럽 정체성을 강요받아야 하나? 영국 국민 중에도 교회에 가지 않는 사람이 많은데 무슬림이 영국에 이민 갔다고 해서 기독교인이 되도록 강요받아야 하나? 펀자브 출신 이민자가 카레와 마살라(아시아 남부 지역에서 사용하는 혼합 양념 — 옮긴이)를 포기하고 피시앤드칩스(생선과 감자를 튀겨 내는 영국 대표 음식 — 옮긴이)와 요크셔푸딩(밀가루에 우유, 달걀을 넣어 반죽한 것을 부풀어 오를 때까지 구운 영국 음식 — 옮긴이)을 좋아해야 할까? 만일 유럽이 어떤 핵심 가치를 갖고 있고 그것이 관용과 자유라는 자유주의적 가치라 한다면 유럽인들은 마땅히 이민자들에게도 관용을 보여야 하고, 그들이 타인의 자유와 권리를 해치지 않는 한 자신의 전통을 따를 자유를 허용해야 한다.

이민 반대론자들은 관용과 자유야말로 유럽의 가장 중요한 가치라는 데 동의하면서도, 많은 이민자 집단 — 특히 이슬람 국가들 출신 — 이 불관용과 여성 혐오, 동성애 혐오, 반유대주의를 보인다고 지적한다. 따라서 관용을 중시하는 유럽으로서는 관용을 발휘하지 않는 사람들의 대량 입국을 허용할 수 없다는 것이다. 관용적인 사회는 소규모의 비자유주의 소수자들은 관리할 수 있어도, 그런 극단주의자들의 수가 한도를 넘어서면 사회 전반의 성격이 바뀌고 만다. 만약 중동에서 밀려드는 이민자를 너무 많이 허용하면 유럽은 중동처럼 바뀌고 말 것이다.

다른 이민 반대론자들은 한 걸음 더 나아가, 민족 공동체란 서로를 관용하는 사람들의 집합 차원을 훨씬 넘어서는 것이라고 주장한다. 이민자들이 유럽의 관용 잣대에 맞추는 것만으로는 불충분하다. 영국이나 독일, 스웨덴 등의 고유한 문화 특성까지 상당수 수용해야 한다. 이민자들을 받아들이는 나라로서는 문화가 훼손될 위험을 무릅쓰고 막대한 비용을 부담하는 것이기 때문이다. 이들로서는 자기 문화마저 파괴할 하등의 이유가 없다. 결국 이민자들에게 완전한 평등을 제공하는 이상 완전한 동화를 요구하는 것이다. 만약 이민자들이 영국이나 독일, 스웨덴 문화의 어떤 특이함을 문제삼는다면 다른 곳을 찾아가는 것이 좋다.

이 논쟁에서 두 가지 핵심 쟁점은 이민자의 편협성에 관한 이견과 유럽 정체성에 관한 의견 불일치다. 만약 이민자들이 정말 구제 불능일 정도의 편협함을 범한다면 지금 이민에 호의적인 다수의 자유주의 유럽인들도 조만간 결사반대 쪽으로 돌아설 것이다. 반대로, 대다수 이민자들이 종교와 성, 정치 문제에 자유주의적이고 아량 있는 태도를 보인다면 이민 반대론의 가장 강력한 논거는 얼마간 힘을 잃을 것이다.

그렇다 해도 유럽의 고유한 민족 정체성 문제는 여전히 매듭짓기 어려운 상태로 남을 것이다. 유럽이 말하는 관용도 어디까지나 보편적 가치다. 프랑스로 이민 가는 사람이라면 누구나 받아들여야 할 프랑스만의 고유한 규범과 가치가 있을까? 덴마크로 이민 가는 사람이라면 반드시 수용해야 할 덴마크만의 고유한 규범과 가치가 있을까? 이런 문제에서 유럽인들이 치열한 분열상을 보이는 이상, 이민 정책에서도 분명한 답을 찾기는 어렵다. 바꿔 말해, 유럽인들이 자신들의 정체성이 무엇인지 명확히 안다면 5억의 유럽인이 100만 난민을 흡수하거나 돌려보내는 데는 아무 어려움이 없을 것이다.

쟁점 3: 이민 협상의 세 번째 조항은 이민자들이 수용국에 동화되려고 진지하게 노력한다면 — 특히 관용의 가치를 수용하려 애쓴다면 — 수용국은 이들을 1등 시민으로 대해야 하는 의무를 진다는 것이다. 하지만 이민자들이 완전한 사회 성원으로 인정받기까지는 정확히 얼마나 많은 시간이 필요한가? 알제리 이민자 1세대가 프랑스에 온 지 20년이 지났는데도 여전히 완전한 시민으로 대우받지 못하고 있다면 분노를 느껴야 할까? 1970년대에 조부모가 프랑스로 건너온 3세대 이민자는?

이민 찬성론자들은 신속한 수용을 요구하는 경향을 보이는 반면, 반대론자들은 유예 기간을 훨씬 길게 두고 싶어 한다. 이민 찬성론자들이 볼 때, 이민 3세대가 아직도 동등한 시민으로 대우받지 못한다면 수용국이 의무를 이행하지 않은 것이고, 그 결과 긴장과 적대, 폭력까지 일어나더라도 그것은 수용국의 편견이 자초한 일이다. 반면, 이민 반대론자들은 이민자들의 지나친 기대 탓이 크다고 본다. 이민자들은 참아야 한다. 조부모가 이민 온 것이 고작 40년 전인데, 지금 원주민으로 인정받지 못한다는 생각에서 거리 폭동을 일으킨다면 시험에 통과하지 못한 것이다.

이 논쟁의 근본 쟁점은 개인의 시간 척도와 집단의 시간 척도가 다르다는 데 있다. 인간 집단의 관점에서 보자면 40년은 짧은 시간이다. 한 사회가 외국인 집단을 수십 년 안에 완전히 흡수할 수 있을 거라고 기대하기는 어렵다. 과거 외국인을 동화해서 동등한 시민으로 만들려고 했던 문명들—로마 제국과 이슬람 칼리프 왕조, 중국, 미국—모두 목표를 달성하는 데 수십 년이 아닌 수 세기가 걸렸다.

하지만 개인의 관점에서 40년이란 영원일 수 있다. 조부모가 프랑스에 이민 온 지 20년이 지나서 태어난 10대 소녀로서는 알제리에서 마르세유로 이동한 사실이 고대사에 해당한다. 자신은 이곳 프랑스에서 태어났고 친구들도 다 이곳에서 났다. 말도 아랍어가 아닌 프랑스어를 쓴다. 알제리에는 가본 적도 없다. 그녀가 아는 유일한 나라가 프랑스다. 그런데 이제 와서 사람들이 프랑스가 그녀의 모국이 아니라며 그녀가 살아본 적도 없는 곳으로 '돌아가야' 한다고 말한다면?

마치 호주에서 유칼립투스 나무 씨앗을 가져와 프랑스에 심은 것과 같다. 생태학적 관점에서 유칼립투스 나무는 외래 침입종이다. 식물학자들이 이것을 유럽 토종 식물로 재분류하기까지는 수 세대가 걸릴 것이다. 하지만 나무 개체의 관점에서 보면 프랑스 식물이다. 프랑스의 물을 주지 않으면 말라 죽는다. 나무를 뽑으려고 하면 뿌리가 프랑스 토양에 깊이 박혀 있는 걸 보게 될 것이다. 프랑스 토종인 떡갈나무나 소나무와 조금도 다를 게 없다.

쟁점 4: 앞의 쟁점을 둘러싼 모든 이견들 외에도 이민 협상의 정확한 정의와 관련해 마지막에 봉착하는 질문은 협상이 실제로 작동하고 있느냐는 것이다. 양쪽은 각자 자신의 의무를 지키고 있는가?

이민 반대론자들은 흔히 이민자들이 2번 조항을 지키지 않는다고 주장한다. 이민자들이 동화되려는 노력은 별로 하지 않고, 상당수는 관용과 거리가 먼 편협한 세계관을 고수한다는 것이다. 따라서 수용국은 3번 조항(1등 시민으로 대우하는 것)을 지킬 이유가 없고, 1번 조항(이민자를 받아들이는 것)의 조건을 재고할 수밖에 없다고 주장한다. 만약 특정 문화권에서 온 사람이 일관되게 이민 협상의 합의 내용에는 부응할 의사가 없는 것으로 판명된 상황에서 굳이 그런 사람을 더 수용하여 문제를 키울 이유가 있을까?

이민 찬성론자들은 협상 합의를 지키지 않는 쪽은 오히려 수용국이라고 반박한다. 이민자들의 상당수가 동화되기 위해 정직하게 애쓰는데도 수용국이 그것을 어렵게 하고 있으며, 설상가상 동화에 성공한 이민자들마저 2세대, 3세대에 이르러서도 여전히 2등 시민 대우를 받고 있다는 것이다. 물론 사실은 양측이 다 약속을 지키지 않고 있으며, 그래서 점점 더 서로 간에 의심과 원성을 키워가는 악순환에 빠져 있다는 주장도 가능하다.

네 번째 쟁점은 이민의 세 가지 협상 조건을 명확히 정의 내린 후에야 해결될 수 있다. 즉, 이민자의 흡수는 수용국의 의무인지 호의인지, 이민자는 어느 정도까지 동화돼야 하는지, 수용국은 얼마나 신속하게 이민자를 동등한 시민으로 인정해야 하는지를 알 수 없는 한, 양측이 각자의 의무를 이행하는지 여부도 판단할 수 없다. 여기에는 평가의 문제도 따라붙는다. 이민 협상을 평가할 때 양측 모두 상대편의 의무 준수보다 위반 사례에 훨씬 큰 무게를 둔다. 만약 이민자 100만 명은 준법 시민인데 100명이 테러 집단에 가입해서 수용국을 공격한다면, 이는 크게 봐서 이민자들이 협상 조건을 준수한 것일까, 위반한 것일까? 만약 3세대 이민자가 길을 가는 데 1,000번은 아무 일이 없다가 이따금씩 어떤 인종주의자로부터 욕설을 듣는다면, 이는 수용국이 이민자들을 수용하는 걸까, 거부하는 걸까?

하지만 이 모든 논쟁 밑에는 훨씬 근본적인 질문이 깔려 있다. 그것은 우리가 인간 문화를 어떻게 이해하느냐 하는 문제와 관계가 있다. 이민 논쟁을 벌일 때 우리는 모든 문화가 본질적으로 동등하다는 것을 전제로 할까, 아니면 어떤 문화는 다른 것보다 우월할 수 있다고 생각할까? 독일인이 100만 명에 이르는 시리아 난민의 흡수를 두고 논쟁하는 과정에서 독일 문화는 시리아 문화보다 어떤 식으로든 우월하다고 생각하는 것은 정당화될 수 있을까?

인종주의에서
문화주의로

　　1세기 전만 해도 유럽인들은 어떤 인종 — 대표적으로 백인 — 은 다른 인종보다 태생적으로 우월하다는 생각을 당연시했다. 1945년 이후 그런 견해는 점점 배척당했다. 인종주의는 도덕적으로 최악으로 보일 뿐 아니라 과학적으로도 파산했다. 생명과학자, 특히 유전학자들은 유럽인과 아프리카인, 중국인, 아메리카 원주민 간의 생물학적 차이는 무시해도 될 정도라는 견해를 뒷받침하는 아주 강력한 과학적 증거들을 제시해왔다.

　　하지만 동시에 인류학자, 사회학자, 역사가, 행동경제학자, 그리고 심지어는 뇌과학자들도 인류 문화들 사이의 중요한 차이를 지지하는 데이터를 풍부하게 축적해왔다. 사실 모든 인간 문화가 본질적으로 동일하다면 굳이 인류학자와 역사가가 왜 필요할까? 그들 간의 사소한 차이점을 연구하는 데 자원을 투입할 필요가 있을까? 백번 양보하더라도, 남태평양과 남아프리카 칼라하리 사막까지 가는 값비싼 현장 연구 여행 지원은 중단하고, 옥스퍼드나 보스턴 주민을 연구하는 데 만족해야 한다. 문화적 차이가 중요하지 않다면, 하버드 학부생을 관찰해서 알아낸 것은 무엇이든 칼라하리 수렵 · 채집인에게도 참이어야 한다.

　　곰곰이 생각해보면, 대부분의 사람들은 성적인 관습부터 정치적 관행에 이르기까지 인간 문화들 간에는 어느 정도는 중요한 차이가 있다는 사실을 인정한다. 그렇다면 이런 차이를 어떻게 대해야 할까? 문화 상대주의자는 차이가 곧 위계를 함축하는 것은 아니라고 주장한다. 따라서 어떤 문화를 다른 것보다 낫다고 해서는 안 된다고 말한다. 인간은 다양한 방식으로 생각하고 행동할 수 있으며, 우리는 이런 다양성을 찬양하고 모든 믿음과 실천 방식에 동등한 가치를 부여해야 한다. 하지만 불행히도 그런 너그러운 태도는 현실의 시험대를 통과할 수 없다. 인간의 다양성은 요리나 시에서는 위대할지 모른다. 하지만 마녀 화형이나 영아 살해, 노예제를 두고 글로벌 자본주의와 코카콜라 식민주의의 침략에 맞서 보호돼야 할 매력적인 인간적 특이성이라고 할 사람은 별로 없을 것이다.

그렇지 않으면, 다양한 문화들이 이방인과 이민자, 난민 들과는 어떤 관계에 있는지 생각해보자. 모든 문화가 정확히 같은 수준의 수용성을 나타내지는 않는다. 지금 21세기 초의 독일 문화는 사우디아라비아 문화보다 이방인에게 좀 더 관용적이며 이민자에게도 우호적이다. 무슬림이 독일로 이민 가기가 기독교인이 사우디아라비아로 이민 가기보다 훨씬 쉽다. 실제로 시리아 출신 무슬림 난민만 해도 독일로 이민 가는 것이 사우디아라비아로 가는 것보다 더 쉬울 가능성이 높다. 2011년 이래 독일은 시리아 난민을 사우디아라비아보다 더 많이 수용했다.[1] 마찬가지로, 관련 증거를 놓고 보면 21세기 초 캘리포니아 문화는 일본 문화보다 더 이민자 친화적이라고 할 수 있다. 따라서 이방인을 관용하고 이민자를 환영하는 것이 좋다고 생각한다면, 최소한 이 점에 관한 한 독일 문화가 사우디아라비아 문화보다 우월하고, 캘리포니아 문화가 일본 문화보다 낫다고 생각해야 하지 않을까?

더욱이, 두 문화의 규범이 이론적으로는 똑같이 타당하다 하더라도 이민자가 겪는 현실에 비추어 수용국의 문화가 더 나은지 판단할 수도 있다. 한 나라에서 적절한 규범과 가치가 다른 환경에서는 제대로 작동하지 않는 경우도 있다. 구체적인 예를 들어보자. 이미 군은 선입견을 피하기 위해 두 허구의 나라를 상상해보자. 이름을 '냉대국'과 '온화국'이라고 하자. 이 두 나라는 문화적으로 차이가 큰데, 그중에는 인간관계와 개인 간의 갈등을 대하는 태도의 차이도 있다. 냉대국 사람은 유아기부터 학교나 직장, 심지어 가정에서도 누군가와 갈등이 생기면 감정을 누르는 것이 최선이라고 배운다. 고함을 지르거나 화를 내거나 상대와 맞서는 것은 피해야 한다. 분노를 폭발시키면 사태는 나빠진다. 자기 감정을 추스르고 상황을 가라앉히는 편이 낫다. 그러는 동안 문제가 된 사람과의 접촉은 제한하고, 접촉을 피할 수 없다면 간결하면서도 정중히 대하고, 민감한 쟁점은 피하는 것이 낫다.

반면, 온화국은 유아기부터 갈등은 밖으로 드러내도록 교육받는다. 분쟁에 휘말리면 속만 끓이거나 억누르지 말라. 처음부터 감정을 밖으로 발산해라. 화를 내고 고함치고 상대에게 자신의 기분을 정확히 말해주는 것이 좋다. 이것이 다 함께 정직하고 직접적인 방식으로 잘 지낼 수 있는 유일한 방법이다. 하루만 고함치면 해결할

227

수 있는 갈등을 그냥 두면 몇 년을 곪는다. 정면충돌이 결코 유쾌할 리는 없지만, 그러고 나면 기분이 훨씬 좋아진다.

이런 방법은 둘 다 장단점이 있다. 어느 하나가 다른 것보다 늘 낫다고 하기도 어렵다. 그 점을 감안하고라도 한번 생각해보자. 만일 온화국 사람이 냉대국으로 이민 가서 그곳 회사에 취직을 한다면 어떻게 될까?

온화국 사람은 직장 동료와 갈등이 생길 때마다 탁자를 치고 고성을 지른다. 그렇게 하면 문제에 집중해서 그것을 신속하게 해결할 수 있으리라는 기대에서다. 몇 년이 지나 승진 기회가 생긴다. 온화국 사람은 승진에 필요한 자격을 다 갖췄다고 해도 상관은 냉대국 직원을 선호한다. 이유를 물으면 이렇게 답할 것이다. "네, 온화국에서 온 그 사람은 장점이 많긴 해요. 하지만 인간관계에는 심각한 문제가 있어요. 다혈질인 데다 주변에 불필요한 긴장감을 유발하고 우리 회사 문화를 해칩니다." 온화국 사람이 냉대국으로 이민 갔을 때도 똑같은 운명에 처한다. 대부분은 하위직에만 머무르거나 아예 직장도 못 구한다. 관리자들이 온화국 사람이라고 하면 십중팔구 다혈질에다 말썽 많은 직원이라고 간주할 것이기 때문이다. 온화국 사람은 회사에서도 고위직에 오르지 못하기 때문에 냉대국 기업의 문화를 바꾸기도 어렵다.

냉대국 사람이 온화국으로 이민 갔을 때도 거의 같은 일이 일어난다. 냉대국 사람은 온화국 기업에서 일을 시작하자마자 잘난 체하는 속물이라거나 냉혈한이라는 평판을 얻는다. 친구도 잘 못 사귄다. 사람들은 그가 신의가 없는 데다 사교술이 부족하다고 생각한다. 그러니 상급자로 승진도 못한다. 기업 문화를 바꿀 기회도 얻지 못하는 것은 물론이다. 그를 지켜본 온화국인 관리자는 냉대국 사람은 대부분 무뚝뚝하거나 내성적이라 결론짓고, 고객을 상대하거나 다른 직원들과 긴밀한 협력이 필요한 일에는 냉대국 사람을 채용하지 않으려 할 것이다.

위의 두 경우는 모두 인종주의의 기미로 보일 수 있다. 하지만 사실 이들은 인종주의자가 아니다. '문화주의자'다. 사람들은 전통적인 인종주의에 대해서는 영웅적인 투쟁을 이어가고 있다. 하지만 그사이 전쟁터가 이동했다는 사실은 미처 깨닫지 못하고 있다. 그 결과 전통적인 인종주의는 줄어들고 있는 반면, 오늘날 세계는 '문화주의자들'로 가득하다.

전통적인 인종주의는 생물학적 이론에 확고한 기반을 두고 있었다. 1890년대나 1930년대에 영국과 호주, 미국 같은 나라에서는 아프리카인과 중국인이 태어날 때부터 어떤 유전적인 생물학적 특성 때문에 유럽인보다 지적으로 열등하고 진취성과 도덕성도 떨어진다고 생각했다. 문제는 혈통에 있다고 믿었다. 그런 견해는 정치적으로 주목받았을 뿐 아니라 과학적으로도 폭넓은 지지를 얻었다. 반면, 오늘날에는 개별적으로 여전히 그런 인종주의적 발언을 하는 사람은 많아도 과학적인 지지는 완전히 잃은 상태다. 또한 문화적인 용어로 바꾸어 표현하지 않는 한 정치적으로도 거의 주목받지 못한 다. 흑인이 열등한 유전자를 가졌기 때문에 그들의 범죄율이 높다는 주장은 사회에서 퇴출된 반면, 흑인이 문제가 있는 하위문화에 속해 있기 때문에 그들의 범죄율이 높다는 말은 흔하게 오간다.

예를 들어, 미국에서 어떤 정당과 지도자는 아프리카계 미국인과 라틴계, 무슬림에 대한 차별 정책을 공개적으로 지지하고 이들을 폄하하는 발언을 자주 하지만, 그들의 DNA에 문제가 있다고 말하는 일은 드물다. 문제는 이들의 문화에 있다고 주장한다. 그래서 트럼프 대통령이 아이티와 엘살바도르, 기타 아프리카 일부를 '뒷간 국가들'이라고 표현했을 때도, 표면적으로는 그 지역 사람들의 유전적 구성이 아니라 문화에 대한 생각을 나타낸 것이다.[2] 트럼프는 또 다른 계제에, 멕시코에서 미국으로 오는 이민자들을 두고 이런 말을 했다. "멕시코가 자국민을 내보낼 때는 가장 뛰어난 사람을 보내지 않는다. 문제가 많은 사람을 내보내고, 그들은 문제를 안고 들어온다. 그들은 마약을 들여오고 범죄를 들여온다. 그들은 강간범이고, 아마 그중 일부는 좋은 사람이다." 이 말은 대단히 모욕적인 주장이지만, 생물학적이라기보다 사회학적으로 모욕적인 주장에 해당한다. 트럼프의 말은 멕시코인의 피가 선량함의 장애물이라는 뜻을 담고 있지는 않다. 단지 좋은 멕시코인은 리오그란데강(미국과 멕시코의 국경을 이루는 강—옮긴이) 남쪽에 머물러 있기 마련이라는 뜻을 함축하고 있을 뿐이다.[3]

논쟁의 중심에는 여전히 인간의 몸 ― 라틴계, 아프리카계, 중국계의 몸 ― 이 있다. 피부색도 꽤나 문제가 된다. 피부에 멜라닌 색소가 많은 사람이 뉴욕 시내 거리를 걷다 보면 가는 곳마다 경찰이 유독 강한 의심의 눈초리를 보낸다. 하지만 트럼프 대통령이나 오바마 대통령 같은 부류의 사람들은 피부색의 중요성을 문화적이고 역사적인 용어로 설명할 것이다. 경찰이 피부색을 의심의 눈초리로 보는 것도 생물학적인 이유가 아닌 노예 농장과 도심 빈민가의 유산 탓으로 돌릴 것이다. 아마도 오바마 진영은 경찰의 선입견이 미국 역사의 불행한 유산이라고 설명할 테고, 트럼프 진영은 흑인의 높은 범죄율이 미국 역사의 불행한 유산이라고 할 것이다. 어떤 경우가 됐든, 설령 미국 역사에는 문외한인 델리에서 온 관광객이라 해도, 그는 그 불행한 역사의 결과를 상대해야 할 것이다.

생물학에서 문화로 전선이 이동한 것은 단순히 의미 없는 용어 변경의 차원에 그치지 않는다. 그것은 실로 심오한 이동이며, 현실적인 여파는 아주 넓다. 어떤 면에서는 좋지만, 어떤 점에서는 나쁘다. 우선, 문화는 생물학보다 유연하다. 이 말은 한편으로는 오늘날의 문화주의자가 전통적인 인종주의자보다는 관용적일 수 있다는 뜻이다. 다만, '다른 사람들'이 우리 문화를 채택하는 한에서 우리는 그들을 우리와 동등하게 받아들이겠다는 말이다. 그 결과, 다른 한편으로는 이것이 '다른 사람들'에게는 훨씬 큰 동화 압력으로 느껴질 수 있다. 동화에 실패하면 훨씬 가혹한 비판에 직면할 수 있다는 뜻이다.

피부색이 짙은 사람에게 피부를 희게 하지 않았다고 비난할 근거
는 거의 없지만, 사람들은 아프리카계나 무슬림이 서구 문화의 규
범과 가치를 택하지 않은 것은 문제삼을 수 있다. 실제로 그러기도
한다. 그렇다고 그것이 반드시 정당화된다는 말은 아니다. 많은 경
우에 지배적인 문화를 받아들여야 할 이유는 별로 없다. 다른 많은
경우에는 그렇게 하려고 해도 불가능에 가깝다. 헐벗은 도심 빈민
가의 아프리카계 미국인은 주류 미국 문화 속으로 진지하게 동화되
어 들어가보려 애써도 제도적 차별 때문에 길이 막히는 경험을 할
수 있다. 결국에는 노력이 부족했다는 말만 듣게 되고 잘못은 자신
이 뒤집어쓰고 만다.

생물학을 이야기할 때와 문화를 이야기할 때의 두 번째 핵심적인
차이점은, 전통적인 인종주의적 편견과 달리 문화주의적 주장은 앞
의 온화국과 냉대국의 경우에서 봤듯이 가끔은 합리적일 수도 있다
는 것이다. 온화국과 냉대국 사람은 실제로 서로 다른 문화를 갖고
있고 인간관계를 맺는 방식도 다르다. 인간관계야말로 많은 직장에
서 결정적인 요소인 만큼, 온화국 기업이 냉대국 사람을 두고 회사
문화에 맞지 않게 행동한다는 이유로 처벌한다면 그것을 비윤리적
이라고 할 수 있을까?

인류학자, 사회학자, 역사가 들은 이 문제에 관해서는 대단히 불
편해 한다. 어떤 면에서는 인종주의와 유사할 정도로 위험하게 들
리기 때문이다. 하지만 다른 한편으로 문화주의는 인종주의보다 훨

씬 확고한 과학적 기반을 갖고 있다. 특히 인문학자들과 사회과학자들은 문화적 차이의 존재와 중요성을 부인할 수 없다.

물론 우리가 문화주의자들의 어떤 주장이 타당하다고 인정한다고 해서 모든 주장을 받아들일 필요는 없다. 많은 문화주의자들의 주장에는 세 가지 공통된 결함이 보인다. 첫째, 문화주의자들은 그 지역에서 우월하다는 것을 객관적 우월성과 혼동할 때가 많다. 온화국 내부의 맥락에서 볼 때는 온화국의 갈등 해소 방법이 냉대국의 방법보다 나을 수 있다. 그런 경우 온화국에서 활동하는 온화국 기업은 내성적인 직원을 차별할 만한 충분한 이유가 있다(그것은 냉대국 이민자에 대한 편파적인 처벌을 뜻한다). 하지만 그렇다고 온화국의 방법이 객관적으로 우월하다는 뜻은 아니다. 오히려 온화국 사람도 냉대국으로부터 한두 가지를 배울 수 있을 테고, 환경이 변했을 때는 — 가령 온화국의 기업이 해외로 진출해서 다른 많은 나라에 지사를 개설했을 경우 — 다양성이 불현듯 자산이 될 수도 있다.

둘째, 문화주의자의 주장도 잣대와 시기와 장소를 명확하게만 규정한다면 경험적으로 의미가 있다. 하지만 너무 일반적인 주장을 하다 보니 구체적으로는 별 뜻이 없을 때가 허다하다. "냉대국 문화는 온화국 문화보다 분노를 공개적으로 표출하는 데 덜 관대하다"라는 말은 사리에 맞는 주장이지만, "무슬림 문화는 아주 불관용적"이라는 말은 타당성이 훨씬 떨어진다. 후자의 경우 말이 너무 모호하기 때문이다. '불관용적'이라는 말은 무슨 뜻인가? 누구 혹은 무엇에 대해 불관용적이란 말인가? 한 사회의 문화는 종교적 소수자와 색다른 정치적 견해에 불관용적이면서, 동시에 비만인 사람과 연로한 사람에게는 아주 관용적일 수도 있다. '무슬림 문화'라고 하면 정확히 무슨 뜻일까? 7세기 아라비아반도를 가리키는 걸까? 16세기 오스만 제국을 말하는 걸까? 21세기 초 파키스탄을 뜻하는 걸까? 끝으로, 비교의 잣대는 무엇인가? 만일 종교적 소수자에 대한 관용을 두고서, 16세기 오스만 제국과 같은 시기 서유럽을 비교한다면 무슬림 문화가 훨씬 더 관용적이라고 결론 내릴 것이다. 하지만 탈레반 치하의 아프가니스탄과 오늘날 덴마크를 비교한다면 아주 다른 결론에 이를 것이다.

하지만 문화주의자의 주장에서 최악의 문제점이라면, 통계를 기반으로 한 주장을 가지고 개인들을 예단할 때가 너무 많다는 것이다. 온화국 사람과 냉대국에서 온 이민자가 온화국의 기업에서 같은 자리에 지원했을 때 관리자는 "냉대국 사람은 차갑고 비사교적"이라는 이유로 온화국 사람을 선호할 수 있다. 하지만 이것이 통계학적으로는 맞는 사실이라 해도, 냉대국 출신의 특정 개인은 사실 온화국의 특정 개인보다 훨씬 더 온화하고 외향적일 수도 있지 않을까? 문화가 중요한 것은 사실이지만, 사람은 동시에 유전자와 독특한 개인사에 의해서도 형성된다. 개인들은 통계적인 스테레오 타입에서 벗어날 때가 많다. 기업이 무뚝뚝한 직원보다 사교적인 쪽을 선호하는 것은 일리가 있다. 하지만 온화국 사람이라고 해서 무조건 냉대국 사람보다 선호하는 것은 사리에 맞지 않다.

요컨대, 지금까지 이야기를 감안하면 문화주의의 주장은 일부 수정이 필요하지만 문화주의 전체를 불신할 일은 아니다. 인종주의는 비과학적인 선입견인 데 반해, 문화주의의 주장은 때로는 대단히 건실하다. 만약 통계상 온화국 기업의 고위 직급에 냉대국 사람이 적은 것으로 나오더라도, 그것은 인종주의적 차별이 아니라 좋은 판단의 결과일 수 있다. 이런 상황에 대해 냉대국 이민자는 분노하고 온화국이 이민 협정을 어겼다고 주장해야 할까? 우리는 온화국의 다혈질 기업 문화가 차분해졌으면 하는 마음에서 '역차별' 법을 통해 온화국 기업이 냉대국 출신 관리자를 더 뽑도록 강제해야 할까? 아니면 문제는 냉대국 이민자들이 수용국 문화에 동화되지 못한 데 있다는 판단에서, 냉대국 자녀에게 온화국의 규범과 가치를 주입하는 노력을 더 강화해야 할까?

허구의 영역에서 현실 세계로 다시 돌아와 보면, 우리는 이민을 둘러싼 유럽의 논쟁이 명확한 선악의 전쟁과는 거리가 멀다는 사실을 알 수 있다. 이민 반대론자들을 두고 '파시스트'라 부르는 것이나, 이민 찬성론자들을 두고 '문화적 자살'을 저지르는 것이라고 몰아가는 것이나 다 잘못이다. 따라서 이민 논쟁은 어떤 협상 불가능한 도덕적 명령에 관한 비타협적 투쟁으로 진행되어서는 안 된다. 그것은 두 가지 정당한 정치적 입장 사이의 토론일 뿐이며, 표준적인 민주 절차를 통해 결정되어야 한다.

유럽이 가치를 공유하지 않는 사람들 때문에 불안정해지는 일 없이 이방인에게 문호를 계속 개방하는 중도 노선을 찾아낼 수 있을까? 현재로서는 대단히 불투명하다. 만약 유럽이 그런 길을 찾는 데 성공한다면 아마 그 공식을 전 지구 차원에서 동일하게 적용할 수 있을 것이다. 하지만 유럽의 기획이 실패로 돌아간다면, 자유와 관용의 자유주의적 가치에 대한 믿음이 세계의 문화적 갈등을 해결하고 핵전쟁, 생태 붕괴, 기술적 파괴에 직면한 인류를 결집하는 데는 역부족이라는 뜻이 된다. 만약 그리스인과 독일인이 공동의 운명에 합의할 수 없다면, 그리고 풍족한 5억의 유럽인이 헐벗은 수백만 난민을 수용하지 못한다면, 인류가 지구 문명을 괴롭히는 더 심각한 갈등들을 극복할 가능성은 얼마나 될까?

유럽과 세계 전체가 통합을 이루고, 국경과 마음 문을 여는 데 도움이 될 수도 있는 한 가지 길은 테러리즘에 관한 히스테리를 낮추는 것이다. 유럽이 시작한 자유와 관용의 실험을 테러리스트들에 대한 과장된 공포 때문에 망친다면 엄청나게 불행한 일이 될 것이다. 그것은 테러리스트들이 자기 목표를 실현하는 차원을 넘어, 극소수 광신도들이 인류의 미래를 좌우하게 만드는 꼴이 되기 때문이다. 테러리즘은 인류 전체로 볼 때 주변부의 약한 소수가 휘두르는 무기다. 어떻게 이것이 세계 정치를 지배하게 되었을까?

제 3 부

절 망 과   희 망

우리 앞의 도전들은 전례 없는 것이고 서로의 견해차도 극심하지만,

인류는 그것을 전화위복으로 삼을 수 있다. 우리의 두려움을

계속 잘 제어하고, 자신들의 견해에 좀 더 겸허할 수만 있다면.

10

테러리즘

당황하지 말라

테러범들은 심리 조종의 대가들이다. 아주 적은 사람을 살해하고도 수십억 인구를 경악하게 하고, 유럽연합과 미국 같은 거대한 정치 구조물까지 뒤흔들 줄 안다. 테러범들은 2001년 9월 11일 이래 매년 유럽에서 약 50명, 미국에서 약 10명, 중국에서 약 7명의 목숨을 앗아갔다. 지구촌을 모두 합치면 사망자는 2만 5,000명에 이른다(대부분 이라크, 아프가니스탄, 파키스탄, 나이지리아, 시리아에서 사망했다).[1] 반면 교통사고로 숨지는 사람은 매년 유럽에서 약 8만 명, 미국에서 4만 명, 중국에서 27만 명 등으로 모두 합치면 125만 명 가까이 된다.[2] 당뇨병이나 높은 혈당 수치 때문에 숨지는 사람도 연간 350만 명이나 되고, 대기오염으로 인한 사망자도 연 700만 명에 이른다.[3] 그런데도 왜 우리는 당분보다 테러리즘을 더 두려워하고, 집권당은 만성적인 대기오염이 아니라 산발적인 테러 공격 때문에 선거에서 패할까?

테러리즘이란 말 그대로 물리적 피해를 가하는 것이 아니라 공포를 퍼뜨리는 방법으로 정치 상황을 바꾸려 드는 군사 전략이다. 이런 전략은 적에게 물리적으로는 큰 피해를 입힐 수 없는 아주 약한 일당이 주로 사용한다. 물론 군사 행동도 모두 공포를 유발한다. 하지만 재래식 전쟁에서 공포는 물리적 손실에 따라붙는 부산물이며, 대개 손실을 입히는 힘에 비례한다. 반면, 테러리즘에서는 공포가 주무기다. 테러범이 실제로 갖고 있는 힘과 그것이 유발하는 공포 사이의 불균형은 믿기 어려울 정도로 크다.

폭력으로도 정치 상황을 바꾸기 어려울 때가 있다. 1916년 7월 솜Somme 전투(제1차 세계대전 최대 격전 중 하나—옮긴이) 개전 첫날에만 1만 9,000명의 영국 병사가 사망했고 4만 명이 부상했다. 그해 11월 전투가 끝났을 때 양쪽을 합쳐 사망자 30만 명을 포함해 100만 명 이상의 사상자가 나왔다.[4] 하지만 이런 끔찍한 대학살에도 유럽 정치에서 힘의 균형은 거의 바뀌지 않았다. 그러고도 2년이 더 지나 수백만의 사상자가 더 나온 후에야 상황은 겨우 일단락되었다.

솜 전투 당시 공격에 비하면 지금의 테러리즘은 아주 보잘것없다. 2015년 11월 파리 시내 테러 공격으로 130명, 2016년 3월 브뤼셀 폭탄 테러로 32명, 2017년 5월 맨체스터 경기장 폭탄 테러로 22명이 각각 사망했다. 2002년 이스라엘을 겨냥한 팔레스타인의 테러 공세가 절정에 이르렀을 때, 버스와 식당은 매일같이 폭탄 공격에 시달렸고 그해 숨진 이스라엘인은 모두 451명에 달했다.[5] 같은 해 차량 사고로 숨진 이스라엘인은 542명이었다.[6] 1988년 로커비 상공에서 벌어진 팬암 103편 폭파 같은 테러 공격만 해도 수백 명의 사망자를 낳는다.[7] 9.11 공격은 3,000명 가까운 사망자를 낳아 새 기록을 세웠다.[8] 하지만 이런 피해도 과거 재래식 전쟁의 대가에 비하면 미미하다. 1945년 이래 유럽에서 각종 테러 공격 — 민족주의, 종교, 좌파, 우파 집단의 희생자들까지 포함 — 으로 숨지거나 다친 사람을 모두 합쳐도 제1차 세계대전 당시 수많은 무명의 전투 사상자 규모에 비하면 턱없이 모자란다. 3차 엔Aisne 전투에서만 사상자가 25만이었고, 10차 이손초Isonzo 전투 때는 22만 5,000명이 사망했다.[9]

그렇다면 어떻게 해서 테러범들은 그토록 큰 야심을 품을 수 있을까? 테러를 감행한 후에도 적은 공격당하기 전과 같은 수의 병사와 탱크와 선박을 그대로 갖고 있다. 적의 통신망과 도로, 철도도 별 손상이 없다. 공장과 항구, 기지도 그대로다. 하지만 테러범들은 적의 물리적 힘에는 거의 흠집을 내지 못하더라도, 공포와 혼란을 일으키면 적이 멀쩡한 힘을 잘못 사용하고 과잉 반응할 것으로 기대한다. 또한 격앙된 적이 막대한 힘을 자신에게 나쁜 방향으로 사용하면, 테러범 자신들이 조장할 수 있는 것보다 훨씬 더 과격한 군사적, 정치적 폭풍을 자초할 것으로 계산한다. 폭풍이 일어날 때마다 예측할 수 없는 일들이 속출한다. 적이 실수를 거듭하고 잔혹 행위를 저지르면서 여론이 흔들린다. 결국 중립적인 인사들마저 입장을 바꾸면서 힘의 균형이 이동한다.

이렇게 보면 테러범은 도자기 가게를 부수려는 파리를 닮았다. 파리는 너무나 미약해서 찻잔 하나도 혼자서 움직일 수 없다. 그런데 어떻게 파리 한 마리가 도자기 가게를 부술까? 파리는 먼저 황소를 찾아낸 다음 귓속으로 들어가서 윙윙대기 시작한다. 황소는 두려움과 분노로 미쳐 날뛰면서 도자기 가게를 부순다. 바로 이런 일이 9.11 이후에 일어났다. 이슬람 근본주의자들은 미국이라는 황소를 자극해서 중동이라는 도자기 가게를 파괴했다. 이제 테러범들은 도자기 잔해 속에서 번성하고 있다. 세상에 성마른 황소들은 널렸다.

카드
바꾸기

테러리즘은 군사 전략으로는 아주 변변찮은 것이다. 모든 중요한 결정을 적의 수중에 남겨두기 때문이다. 적은 테러 공격을 당한 후에도 그 전에 사용할 수 있었던 모든 선택권을 그대로 갖고 있어서, 그중에서 무엇이든 자유롭게 선택해 쓸 수 있다. 여느 군대 같으면 그런 상황은 어떻게 해서든지 피하려고 애를 쓴다. 공격을 할 때는 적에게 무서운 장관을 연출함으로써 분노를 유발하고, 곧바로 반격에 나서도록 만드는 일은 꺼린다. 그보다는 적에게

241

중대한 물리적 손상을 가하고, 보복 능력을 꺾어놓으려 한다. 특히 적이 보유한 가장 위험한 무기와 선택권을 제거하려 한다.

예를 들어, 그것은 1941년 12월 일본이 미국에 대한 기습 공격에 나서 진주만의 미 태평양 함대를 격침했을 때 한 일이다. 그것은 테러리즘이 아니었다. 전쟁이었다. 기습 공격 후에 일본은 미국이 어떤 식으로 반격해 올지 확실히 알 수 없었다. 단 하나만 예외였다. 미국이 어떤 결심을 하더라도 1942년에 필리핀이나 홍콩으로 함대를 보낼 수는 없을 거라는 사실이었다.

적의 무기나 선택권은 제거하지 않은 채 반격에 나서도록 도발하는 것은 다른 선택지가 없을 때에만 택하는 필사적인 행동이다. 적에게 물리적 치명상을 가할 수 있을 때는 그 누구도 그 대신 테러를 택하지는 않는다. 1941년 12월 일본이 진주만의 미 태평양 함대는 놔둔 채 어뢰로 여객선을 격침하여 미국을 도발했다면, 그것이야말로 미친 짓이었을 것이다.

하지만 테러범들은 선택의 여지가 별로 없다. 그들은 너무나 약해서 독자적으로 전쟁을 일으킬 수도 없다. 그러다 보니 대신 극적인 광경을 연출함으로써 적을 자극해 그들로 하여금 과잉 대응에 나서도록 한다. 테러범들은 끔찍한 폭력 장면으로 우리의 상상력을 사로잡고서 그것이 우리에게 불리하게 작동하도록 한다. 테러범들은 아주 적은 사람을 살해할 뿐이지만 그로써 수백만 명이 목숨을 걱정하게 만든다. 이때 정부는 공포를 가라앉히기 위해 테러극에 맞서 안전함을 보여주려 애를 쓴다. 이 과정에서 온 국민을 귀찮게 하거나 외국을 침공하는 식으로 막대한 힘을 조직적으로 과시하기도 한다. 그런 경우 대부분은 테러에 대한 정부의 과잉 대응이 테러범들보다 우리의 안전에 훨씬 더 큰 위협이 된다.

그렇기 때문에 테러범들은 군의 장군처럼 생각하지 않는다. 그보다 연극 연출가처럼 사고한다. 대중이 9.11 공격을 어떻게 기억하는지 보면, 이 점을 다들 직관적으로 이해한다는 사실을 알 수 있다. 사람들에게 9.11 당일 무슨 일이 일어났는지 물어보라. 대부분은 알카에다가 세계무역센터의 쌍둥이 빌딩을 무너뜨렸다고 답할 것이다. 하지만 그날 공격에는 쌍둥이 빌딩만 있었던 것이 아니다. 두 건의 다른 공격도 있었다. 펜타곤(미 국방부 청사 — 옮긴이) 공격의 성공은 특기할 만했다. 그런데도 이런 사실을 기억하는 사람이 적은 이유는 뭘까?

만약 9.11 작전이 재래식 군사 작전이었다면 펜타곤 공격이 대부분의 관심을 받았을 것이다. 이 공격에서 알카에다는 적의 중앙본부를 일부 파괴하고 고위 지휘관들과 분석가들을 살상할 수 있었다. 그런데도 왜 대중의 기억 속에서는 두 채의 민간 건물이 파괴되고 브로커, 회계사, 사무원 들이 숨진 장면이 훨씬 중요하게 여겨졌던 걸까?

그것은 펜타곤이 상대적으로 납작하고 얌전한 건물인 데 반해, 세계무역센터 건물은 길쭉한 남근 토템의 형상이어서 무너질 때 막대한 시청각적 효과를 낳았기 때문이다. 그때 붕괴 장면을 본 사람은 그 뒤로도 결코 그 장면을 잊을 수가 없었다. 우리는 직관적으로 테러가 연극이라는 사실을 이해하기 때문에 그 사건을 물질적 충격보다 감정적 충격으로 판단한다.

그러니 테러범과 마찬가지로 테러와 싸우는 사람들도 군 장군보다는 연극 연출가처럼 사고해야 한다. 무엇보다, 우리가 테러리즘과 효과적으로 싸우려면 테러범의 어떤 행동도 우리를 무찌를 수는 없다는 사실을 깨달아야 한다. 우리에게 패배를 안길 수 있는 것은 우리 자신뿐이다. 테러범의 도발에 잘못된 방식으로 과잉 대응하면 우리는 실제로 패하고 만다.

테러범들은 불가능한 임무를 수행한다. 즉, 군대가 없으면서도 폭력으로 정치적 힘의 균형을 바꾸려 한다. 그들은 자신들의 목표를 이루기 위해 국가를 상대로 자력으로는 달성 불가능한 과제를 제시한다. 그것은 모든 국민을 언제 어디서나 정치적 폭력으로부터 보호할 수 있음을 입증하는 일이다. 테러범들은 국가가 이런 불가능한 임무를 완수하려 애쓸 때, 본의 아니게 정치적 카드를 다시 뒤섞어 자신들에게 뜻밖의 에이스를 건네주기를 기대한다.

국가가 위기에 잘 대처했을 때는 대체로 테러범들을 진압하는 데 성공하는 것이 사실이다. 지난 수십 년 사이에도 다양한 국가들이 수백 개의 테러 조직을 소탕했다. 2002년에서 2004년 사이 이스라엘은 가장 포악한 테러 공세도 무자비한 힘으로 진압할 수 있음을 보여주었다.[10] 테러범들은 그런 대결이 자신들에게 불리하다는 사실을 너무나도 잘 안다. 하지만 그들은 대단히 약하기 때문에 다른 군사적 선택의 여지가 없다. 또한 테러로 잃을 것은 없는 반면 얻을 것은 많다. 가끔씩 몰아치는 대테러 작전에서 파생되는 정치적 폭풍은 테러범들에게 득이 된다. 그들이 도박을 벌이는 이유다. 테러범은 특히 나쁜 손을 가진 도박사와 같다. 이 도박사는 상대가 카드를 뒤섞고 싶은 마음이 들게 하려고 애쓴다. 그래봐야 잃을 것은 없지만, 모든 것을 얻을 수도 있기 때문이다.

비어 있는 큰 단지 속의
작은 동전

국가는 왜 카드를 다시 뒤섞는 데 동의하게 될까? 테러에 따른 물질적 피해는 사실상 무시할 만한 수준이어서 이론상으로는 국가가 할 수 있는 게 없거나, 아니면 언론에 노출되지 않도록 강력하지만 조심스런 조치만 취할 수 있을 것이다. 실제로 국가들은 정확히 그렇게 행동할 때가 많다. 하지만 국가는 가끔씩 이성을 잃고 너무 강력하게 그리고 공개적으로 대응할 때도 있다. 그럴 때는 테러범들의 손에 놀아나게 된다. 국가는 왜 테러범의 도발에 그토록 민감할까?

국가가 그런 도발을 이겨내기 어려운 것은, 근대 국가가 생겨날 때 공공 영역에서는 정치 폭력이 없도록 하겠다는 약속 위에 정당성을 두었기 때문이다. 재난은 아무리 끔찍해도 정치 체제가 견뎌낼 수 있고 심지어 무시할 수도 있다. 정당성의 기반이 그런 것을 사전 예방하는 데 있지 않기 때문이다. 반면, 아무리 사소한 문제라도 정당성의 기반을 훼손하는 것처럼 보일 때는 정치체제가 무너질 수 있다. 14세기 유럽에서는 흑사병 때문에 전체 인구의 4분의 1에서 절반 가까이가 숨졌을 때도 왕이 권좌에서 쫓겨나지 않았다. 어떤 왕도 그런 전염병 퇴치에 많은 노력을 기울이지는 않았다. 당시에는 아무도 전염병 예방이 왕의 책무에 속한다고는 생각하지 않았다. 반면에 통치자가 자기 영지에서 종교적 이단이 퍼지는 것을 방치하면 왕권을 잃을 위험에 처했다. 심지어 그 일로 목이 달아나기도 했다.

오늘날 정부는 국내 현안이나 성폭력에 대해서는 테러를 상대할 때보다 부드럽게 대응할 수 있다. 미투 같은 운동이 영향력을 발휘하지만, 강간이 정부의 정당성을 약화하지는 않기 때문이다. 예를 들어, 프랑스에서는 공식 집계에 따르면 매년 1만 건 이상의 강간 사건이 일어난다. 신고되지 않는 사건도 수만 건에 이를 것으로 추정된다.[11] 하지만 강간범과 폭력 남편을 프랑스 국가의 실존적 위협으로 여기지는 않는다. 역사적으로 국가는 성폭력을 근절하겠다는 약속 위에 건설되지는 않았기 때문이다. 반면, 테러는 훨씬 드문 사례라 해도 프랑스 공화국에 치명적인 위협으로 간주된다. 왜냐하면 근대 서방 국가는 지난 수 세기에 걸쳐 점진적으로, 국경 내 정치 폭력은 불허하겠다는 명시적 약속 위에 정당성을 확립해왔기 때문이다.

중세에만 해도 공공 영역은 정치 폭력으로 만연했다. 실제로 폭력을 사용할 수 있는 능력이야말로 정치 게임에 참여할 수 있는 입장권이었다. 이런 능력이 없는 사람은 정치적 목소리를 낼 수 없었다. 수많은 귀족 가문이 군대를 보유했다. 도시와 길드, 교회, 수도원도 마찬가지였다. 만약 전 수도원장이 사망하여 승계를 놓고 분쟁이 일어나면 경쟁 분파들 ─ 수도사, 그 지방의 실력자, 이해관계가 걸린 이웃 ─ 은 군대를 동원해서 문제를 해결할 때가 많았다.

그런 세계에 테러가 차지할 자리는 없었다. 누구라도 상당한 물질적 피해를 가할 만큼 힘이 없으면 별 볼 일 없었다. 만약 1150년에 무슬림 광신도 몇 명이 예루살렘에서 십자군을 향해 성지를 떠나라고 요구하며 시민 몇 명을 살해했다면, 돌아오는 대응은 테러가 아닌 비웃음이었을 것이다. 만약 상대에게 진지한 대우를 받고 싶으면 최소한 요새화한 성 한두 채는 점령해야 했다. 중세 선조들에게 테러는 큰 문제가 아니었다. 그들에게는 해결해야 할 훨씬 더 큰 현안이 있었기 때문이다.

근대에 와서 중앙집권화한 국가들은 영토 내 정치 폭력의 수위를 점점 낮춰나갔다. 지난 수십 년 사이에 서방 국가들은 정치 폭력을 거의 완전히 근절할 수 있었다. 그 결과 이제 프랑스나 영국, 미국의 시민들은 군대가 없어도 도시와 기업, 기관, 심지어 정부 자체까지 통제할 수 있는 힘을 얻기 위해 투쟁할 수 있다. 수조 달러의 지휘부와 수백만의 병사, 수천의 함정과 항공기, 핵미사일이 한 정치인 집단에서 다른 집단으로 총 한 발 쏘는 일 없이 이전된다. 이런 일에 사람들은 신속하게 적응했고, 이제는 이것을 천부의 권리로 여긴다. 그 결과 수십 명의 사망자를 낳는 산발적인 정치 폭력만 일어나도 그것은 정권의 정당성, 심지어 국가의 생존에 대한 치명적인 위협으로 간주된다. 비어 있는 큰 단지 속의 작은 동전이 요란한 소리를 내는 법이다.

테러의 극장이 그토록 큰 성공을 거두는 것도 그런 이유에서다. 국가는 정치 폭력이 사라진 거대한 공간을 만들었는데, 이제 그것은 공명판이 되어 아무리 작은 무장 공격의 충격도 거대한 소리로 증폭시킨다. 어느 한 국가 내의 정치 폭력이 적을수록 테러 활동이 주는 공적 충격은 더 커진다. 벨기에에서 몇 명을 살해하는 것은 나이지리아나 이라크에서 수백 명을 살해하는 것보다 훨씬 더 큰 주목을 받는다. 역설적이게도 근대 국가는 정치 폭력을 막는 데 성공한 결과 스스로 테러에는 더 취약해지고 말았다.

국가는 국경 안에서 일어나는 정치 폭력은 용인하지 않겠다고 누차 강조해왔다. 시민들은 시민들대로 정치 폭력 제로 상태에 익숙해져왔다. 그 결과 테러의 극장은 무정부에 대한 본능적인 두려움을 일으키고, 사람들은 마치 사회 질서가 곧장 무너질 것 같은 느낌을 받는다. 우리는 수 세기에 걸친 유혈 투쟁 끝에 이제 간신히 폭력의 블랙홀 밖으로 빠져나왔건만, 블랙홀은 아직도 어딘가에 존재하고 우리를 다시 삼킬 순간만 기다리고 있다고 느낀다. 그러다 약간의 섬뜩한 잔혹 행위만 봐도 우리는 다시 그 속에 빨려들고 있다고 상상한다.

이런 두려움을 가라앉히기 위해 국가는 결국 테러 극장에 자신들의 안보 극장으로 대응한다. 사실 테러에 맞서는 가장 효율적인 대응법은 우수한 정보와 비밀 작전을 동원해 테러를 지원하는 금융망을 차단하는 것이다. 하지만 이런 활동은 시민이 티브이로 볼 수가 없다. 이미 시민들은 테러범들이 세계무역센터를 무너뜨리는 드라마를 관람한 상태다. 국가로서는 그에 못지않게 극적인, 화염이 훨씬 더 짙은 대테러 드라마를 상영해야 한다는 강박감에 빠지게 된다. 그 결과 국가는 조용하고 효율성 있게 행동하는 대신 위력적인 대테러 작전의 폭풍을 일으키게 되고, 결국 테러범은 자신의 염원을 달성하는 일이 드물지 않게 일어난다.

그렇다면 국가는 어떻게 테러를 상대해야 할까? 성공적인 대테러 투쟁은 세 가지 전선에서 전개해야 한다. 첫째, 정부는 테러망을 겨냥한 비밀 행동에 초점을 맞춰야 한다. 둘째, 미디어는 사건을 다룰 때 균형 잡힌 시각을 유지하고 과잉 반응을 피해야 한다. 테러의 극장은 선전 없이는 성공할 수 없다. 불행히도 미디어들은 테러를 공짜로 선전해줄 때가 너무 많다. 테러 보도에 관한 한, 미디어는 집요하게 보도하고 위험을 크게 부풀린다. 당뇨병이나 대기 오염에 대해 보도할 때보다 테러에 대해 보도할 때 신문이 더 잘 팔리기 때문이다.

세 번째 전선은 우리 개개인의 상상력이다. 테러범들은 우리의 상상력을 납치해서 우리에게 불리하도록 활용한다. 그 결과 우리는 스스로 머릿속 무대 위에 테러 공격을 반복해서 시연한다. 9.11이나 최근의 자살 폭탄 테러를 떠올리는 것이다. 테러범들이 100명의 사람들을 살해하면, 1억 명의 사람들이 나무 뒤 어딘가에 살인범이 잠복해 있을지 모른다고 상상한다. 시민들은 각자 자신의 상상력을 테러범들로부터 해방시키고, 위협이 실제로 어디에서 비롯하는지 상기할 책임이 있다. 미디어가 테러에 집착하고 정부가 과잉 대응하도록 만드는 것은 바로 우리 마음속의 테러인 것이다.

따라서 테러의 궁극적인 성패는 우리에게 달렸다. 우리가 테러범들에게 상상력을 납치당하고, 우리 자신의 두려움에 과잉 대응하면 테러리즘은 성공한다. 반대로 우리가 테러범들로부터 우리의 상상력을 해방시켜 균형 있고 침착하게 대응하면 테러리즘은 실패하게 돼 있다.

테러리즘은 핵무장으로 간다

앞의 분석은 지난 두 세기 동안 우리가 봐왔거나 현재 뉴욕과 런던, 파리, 텔아비브 거리에서 출몰하는 테러리즘의 경우에는 유효하다. 하지만 만약 테러범들이 대량살상무기까지 손에 넣을 경우에는 이야기가 달라진다. 테러리즘의 성격뿐 아니라 국가와 글로벌 정치의 본질까지 급변할 것이다. 만약 소수의 광신도들을 대표하는 자그마한 조직이 온 도시를 파괴하고 수백만 인명을 살해한다면, 더 이상 정치 폭력에서 자유로운 공공 영역이란 기대할 수 없어진다.

오늘날 일어나는 테러의 대부분은 가상의 공포를 낳는 데 반해, 미래의 핵 테러나 사이버 테러, 바이오 테러는 훨씬 더 심각한 위협이 될 수 있다. 따라서 정부로서도 훨씬 과감한 대응이 필요할 것이다. 하지만 바로 그런 이유 때문에 우리는 미래를 가정한 시나리오들과 지금까지 목격해온 실제 테러 공격을 대단히 조심해서 구분해야 한다. 테러범들이 언젠가는 핵폭탄을 손에 넣고 뉴욕이나 런던을 파괴할 거라는 공포감에 쫓긴 나머지, 자동화기나 폭주 트럭으로 행인 10여 명을 살해한 테러범을 향해 발작적으로 과잉 대응하는 것은 정당화될 수 없다. 국가가 반체제 집단을 상대할 때도, 언젠가는 이들이 핵무기를 입수하거나 자율주행 차량을 해킹해 킬러 로봇 군단으로 전용할 것이라는 근거 위에서 박해에 나서는 일이 없도록 더 주의해야 한다.

마찬가지로 정부는 급진 단체를 감시하고 그들이 대량살상무기를 수중에 넣지 못하도록 조치를 확실히 취하기는 해야겠지만, 핵 테러의 공포와 다른 위협적인 시나리오들 사이에서 균형을 잡아야만 한다. 지난 20년간 미국은 수조 달러의 자금과 정치 자원을 테러와의 전쟁에 허비했다. 조지 W. 부시와 토니 블레어, 버락 오바마와 그들의 행정부는 이런 비판에 대해, 자신들이 테러범들을 집요하게 내몬 덕분에 이들이 핵폭탄을 입수하는 일보다 생존에 더 신경 쓸 수밖에 없게 되었다는 논리로 자신들의 입장을 어느 정도 정당화할 수 있다. 그렇게 함으로써 실제로 그들이 세계를 9.11의 핵 버전으로부터 구했을 수도 있다. 하지만 이것은 어디까지나 조건법적 서술이어서 — "만약 테러와의 전쟁을 시작하지 않았다면 알카에다는 핵무기를 손에 넣었을 것이다" — 진위 여부를 판단하기란 어렵다.

하지만 테러와의 전쟁을 추구하는 과정에서 미국과 동맹국들은 지구 전반에 막대한 파괴를 초래했을 뿐 아니라 경제학자들이 말하는 '기회비용'을 유발했다. 테러와의 전쟁에 돈과 시간, 정치 자본이 투입되느라 지구온난화와 에이즈, 빈곤 퇴치에는 그만한 자원이 투입되지 못했다. 사하라 이남의 아프리카에 평화와 번영을 가져오거나 러시아, 중국과 더 나은 관계를 맺는 데에도 투입되지 못했음은 물론이다. 만약 뉴욕이나 런던이 대서양 해수면의 상승으로 물에 잠기게 된다면, 혹은 러시아와의 긴장 관계가 전쟁으로 분출한다면, 사람들은 부시와 블레어와 오바마가 엉뚱한 전선에만 힘을 기울였다고 비난할지도 모른다.

눈앞에 닥친 현실에서 우선순위를 정하기란 어렵다. 반면 사후에 다 알고 나서 우선순위를 되짚는 일은 너무나 쉽다. 우리는 이미 일어난 재앙을 두고서는 지도자가 막지 못했다고 비난하지만, 운이 좋게도 실현되지 않은 재앙은 몰라도 아무렇지 않게 지낸다. 그래서 사람들은 1990년대의 클린턴 행정부를 돌이켜보며 알카에다의 위협을 등한시했다고 비난한다. 하지만 1990년대에는 이슬람 테러범들이 민항 여객기를 뉴욕 마천루로 돌진하게 해 전 지구적 분쟁을 촉발할 거라고 상상한 사람이 거의 없었다. 반면, 많은 사람들은 러시아가 완전히 붕괴해서 광활한 영토뿐 아니라 수천 기에 달하는 핵과 생화학 폭탄의 통제력을 잃을까 걱정했다. 그다음 걱정거리라면, 과거 유고슬라비아에서 일어난 유혈 전쟁이 동유럽의 다른 지역으로 번져 헝가리와 루마니아, 불가리아와 터키, 폴란드와 우크라이나 간에 분쟁이 일어나는 상황이었다.

독일의 재통일만 해도 당시에는 많은 사람들이 훨씬 불안하게 느꼈다. 제3제국이 몰락한 지 겨우 45년밖에 지나지 않아 여전히 독일의 힘에 대한 본능적인 두려움이 남아 있었다. 소련의 위협이 사라지고 나면 독일이 유럽 대륙을 군림하는 초강대국이 되지는 않을까? 당시 중국은 또 어떠했던가? 소련이 붕괴한 데 놀라 중국은 개혁을 포기하고 강경한 마오쩌둥 노선의 정책으로 복귀해, 결국에는 북한의 확대판이 될 수도 있었다.

지금 우리는 이런 겁에 질린 시나리오들을 두고서 비웃을 수도 있다. 그럴 수 있는 것은 이런 일들이 실제로는 실현되지 않았다는 사실을 이제는 우리가 알기 때문이다. 러시아의 상황이 안정을 찾고, 동유럽 지역 대부분이 평화롭게 유럽연합으로 흡수됐으며, 오늘날 세계는 통일 독일을 자유세계의 지도국으로 반긴다. 또한 중국은 글로벌 경제를 이끄는 엔진이 되었다. 이 모든 것은 어느 정도는 미국과 유럽연합의 건설적인 정책 덕분이었다. 만약 1990년대에 미국과 유럽연합이 소련 진영과 중국의 상황보다 이슬람 과격주의자들에게 더 관심을 기울였으면 현명했을까?

우리가 모든 결과에 미리 대비하는 것은 불가능하다. 따라서 핵테러도 확실히 예방해야 하는 것은 분명하지만 그것이 인류의 의제에서 1순위가 될 수는 없다. 핵 테러의 위협을 이론적으로 생각할수 있다고 해서, 그것을 일반적인 테러에 과잉 대응하는 명분으로 삼아서는 안 된다. 둘은 다른 문제이고 해법도 달라야 한다.

우리가 노력했음에도 테러 조직들이 결국 대량살상무기를 손에넣게 됐을 때 정치 투쟁이 어떤 식으로 전개될지 미리 알기는 어렵다. 하지만 21세기 초의 테러와 대테러 작전과는 딴판이 될 것이다. 만약 2050년 세계에 핵 테러범들과 바이오 테러범들이 활개친다면, 그때 희생자들은 2018년의 세계를 돌아보며 믿기지 않는다는 듯 이렇게 부러워할지도 모른다. '그토록 안전한 삶을 누린 사람들이 어쩌면 그리도 위협에 시달렸을까?'

물론 지금 우리가 느끼는 위험은 테러의 위협에서만 나오는 것은아니다. 많은 논평가들과 일반인들은 혹시 제3차 세계대전이 아주가까이 와 있는 것은 아닌지 우려한다. 우리는 한 세기 전에 우리가 보았던 영화를 떠올리는지도 모르겠다. 마치 1914년에 그랬던 것처럼, 2018년 지금도 해결하기 어려운 지구적 문제들과 더불어 강대국들 간에 긴장이 고조됨에 따라 우리는 글로벌 전쟁 쪽으로 이끌려가는 듯 보인다. 이런 전쟁의 불안은 과장된 테러 공포보다는 근거가 있는 것일까?

11

전쟁

인간의 어리석음을 절대 과소평가하지 말라

지난 수십 년은 인류 역사에서 가장 평화로운 시기였다. 농업 사회 초기에는 인간의 폭력으로 인한 사망이 전체 사망률의 15퍼센트까지 올라갔지만, 20세기에는 5퍼센트로 낮아졌고 지금은 1퍼센트에 불과하다.[1] 하지만 2008년 세계 금융 위기 이후 국제 상황은 급속히 나빠지고 있다. 전쟁 도발이 다시 유행인 데다 군비 지출 규모는 풍선처럼 부풀어 오르고 있다.[2] 일반인과 전문가 모두, 1914년에 일어난 오스트리아 대공의 피살이 제1차 세계대전을 촉발했던 것처럼, 2018년 시리아 사막에서의 어떤 사고나 한반도에서의 현명하지 못한 움직임이 글로벌 분쟁을 일으키지나 않을까 두려워한다.

세계의 긴장이 갈수록 고조되는 상황에서 워싱턴과 평양, 또 다른 몇몇 나라 지도자들의 인성까지 감안하면 분명히 우려할 만한 이유가 있다. 하지만 1914년과 2018년 사이에는 몇 가지 핵심적인 차이가 있다. 특히 1914년에는 전쟁이 세계 전역 엘리트들의 구미를 당겼다. 전쟁을 잘만 치르면 자국의 경제 번영과 정치권력에 도움이 된다는 사실을 보여주는 구체적인 사례가 많았기 때문이다. 반면, 2018년의 상황에서 전쟁은 이겨봐야 수많은 종이 사라질 위기가 될 가능성이 높다.

아시리아와 진秦나라 때부터 대제국들은 대개 폭력적인 정복을 통해 건설됐다. 1914년도 마찬가지였다. 당시 모든 강대국들은 전쟁에서 승리한 덕분에 그만한 지위를 누렸다. 예를 들어, 일본 제국은 중국, 러시아와의 전쟁에서 승리한 덕분에 지역 강국으로 부상했고, 독일은 오스트리아 · 헝가리 제국과 프랑스를 각각 전쟁에서 이기고 유럽의 맹주가 되었다. 영국 역시 지구 곳곳에서 잇따라 벌인 화려한 소小전쟁들을 통해 세계에서 가장 크고 영화로운 제국을 건설했다. 1882년 영국이 이집트를 쳐들어가 점령했을 때도, 승부처가 된 텔엘케비르 전투에서 숨진 영국군 병사는 57명에 불과했다.[3] 오늘날 서방 국가에 무슬림 국가 점령이란 악몽의 불쏘시개이지만, 당시 영국은 텔엘케비르 전투에서 승리한 후에는 무장 저항에 거의 시달리지 않았다. 그 뒤로 영국은 나일 계곡과 요충지인 수에즈 운하를 60년 이상 지배했다. 다른 유럽 강국들도 영국을 따라했다. 프랑스와 이탈리아, 벨기에가 각각 베트남과 리비아, 콩고의 군사 점령을 꾀했을 때 유일한 걱정거리는 다른 나라가 선수를 치는 것이었다.

미국이 강대국 지위에 오르는 데는 경제 사업뿐 아니라 군사 행동 덕도 톡톡히 봤다. 1846년에는 멕시코를 침공했고, 캘리포니아와 네바다, 유타, 애리조나, 뉴멕시코, 콜로라도, 캔자스 일부, 와이오밍, 오클라호마를 차례로 정복했다. 평화협정으로 미국의 이전 텍사스 병합까지 확정했다. 약 1만 3,000명의 미군 병사들이 전쟁터에서 사망한 끝에 미국의 영토는 230만 제곱킬로미터 더 늘어났다(프랑스와 영국, 독일, 스페인, 이탈리아를 합친 것보다 넓은 규모).[4] 그것은 새천년의 거래였다.

그렇기 때문에 1914년 미국과 영국, 독일의 엘리트들은 전쟁에서 이기면 어떻게 되는지, 얼마나 많은 것을 얻을 수 있는지 정확히 알았다. 반면 2018년 글로벌 엘리트들로서는 이런 유형의 전쟁이 더 이상은 가능하지 않다고 생각할 만한 충분한 이유가 있다. 일부 제3세계 독재자와 비국가 세력들은 아직도 전쟁을 통해 번성할 수도 있지만, 주요 강대국들은 여기에 해당되지 않는 것처럼 보인다.

아직도 머릿속에 남아 있는 기억 중에서 가장 큰 승리 — 소련에 대한 미국의 승리 — 만 해도 어떤 대규모 군사 대결도 없이 얻은 것이다. 그 뒤 미국은 제1차 걸프전에서 재래식 군사 행동의 영화를 잠시 맛봤지만, 결국 이라크와 아프가니스탄에서 군사 작전의 유혹에 넘어간 끝에 대실패에 빠져 수조 달러를 낭비하는 수모를 겪었다. 21세기 초 신흥 강국인 중국은 1979년 베트남 침공에 실패한 이후 모든 무력 분쟁을 애써 피해왔다. 그런 점에서 중국은 1914년 이전 시대의 일본과 독일, 이탈리아 제국을 따르기보다 1945년 전후 시대의 일본과 독일, 이탈리아의 경제 기적을 모방해왔다. 이 모든 사례에서 경제 번영과 지정학적 영향력은 총성 없이 얻을 수 있었다.

세계 전쟁의 고리인 중동에서도 오늘날 지역 강국들은 전쟁으로 성공하는 법은 모른다. 이란은 오랜 이란·이라크 전쟁의 혈투에서 아무것도 얻지 못했다. 그 뒤로는 모든 직접적인 군사 충돌을 피해왔다. 이란은 이라크에서 예멘에 이르기까지 각지의 운동을 재정적, 군사적으로 지원하는 한편, 시리아와 레바논의 동맹을 돕기 위해 혁명수비대를 파견하기도 했다. 하지만 지금까지 다른 나라를 침공하는 일은 없도록 조심해왔다. 이란이 최근 지역 맹주가 된 것은 전쟁터에서의 눈부신 승리 덕분이 아니라 부전승의 결과다. 이란은 두 주적인 미국과 이라크가 전쟁에 휘말려 중동의 수렁에 끼어들 입맛이 가신 틈을 타 노획물을 즐기게 됐다.

이스라엘의 경우도 마찬가지다. 이스라엘이 승리한 마지막 전쟁은 1967년에 있었다. 그 후에도 숱한 전쟁이 있었지만 이스라엘은 번영을 누렸다. 결코 전쟁 덕분은 아니었다. 오히려 점령 지역 대부분에서 무거운 경제적 부담과 극심한 정치적 책임에 시달린다. 이란과 아주 흡사하게도, 이스라엘이 지정학적 지위를 개선할 수 있었던 것은 전쟁에서 승리해서가 아니라 군사적 모험을 피한 결과였다. 이라크와 시리아, 리비아에서 전쟁으로 이스라엘의 숙적들이 파괴되는 동안 이스라엘은 초연하게 있었다. 시리아 내전에 이스라엘이 빨려들지 않은 것을 네타냐후 총리는 최고 정치 치적으로 자랑해왔다(2018년 3월 현재 상황으로는 그렇다). 아마 이스라엘 방위군이 마음만 먹었으면 다마스쿠스는 1주일 안에 점령할 수 있었을 것이다. 하지만 그렇게 해서 이스라엘이 얻을 수 있는 게 뭘까? 또 이스라엘 방위군이 가자 지역을 점령하고 하마스 정부를 무너뜨리기는 훨씬 쉬울 것이다. 하지만 이스라엘은 그런 일은 반복해서 거부해왔다. 군사적 위력과 정치인들의 공격적인 수사에도 전쟁으로 얻을 것은 별로 없다는 것을 이스라엘은 안다. 미국, 중국, 독일, 일본, 이란과 마찬가지로, 이스라엘은 21세기에 가장 성공적인 전략이란 사태를 관망해가며 다른 나라들이 대신 싸우게 하는 것이라는 사실을 이해한 듯하다.

크렘린의
시각

21세기 들어 지금까지 주요 강대국이 다른 나라를 침공해서 성공한 유일한 사례는 러시아가 크림 반도를 정복한 것이다. 2014년 2월 러시아군은 이웃한 우크라이나를 침공해 크림 반도를 점령한 후 결국에는 합병까지 했다. 러시아는 전투도 거의 하지 않고 전략적 요충지를 얻었고 인접국들에게 겁을 줬으며, 세계열강의 위상을 재확립했다. 그렇지만 정복에 성공한 것은 이례적인 환경 요인들이 결합한 결과였다. 우크라이나 군대도, 이곳 주민도 러시아에 크게 저항하지 않았다. 게다가 다른 열강들도 위기 상황에 직접 개입하는 것을 자제했다. 이런 환경 요인들이 세계 어느 다른 곳에서 재현되기는 어려울 것이다. 성공적인 전쟁을 수행하기 위한 전제 조건이 침략국에 맞설 의지가 있는 적국의 부재라면 이제 기회를 찾기란 상당히 어렵다.

실제로 러시아가 크림 반도에서의 성공을 우크라이나의 다른 지역에서 재현하려 했을 때는 상당히 완강한 반대에 직면했고, 동부 우크라이나에서 벌인 전쟁은 아무 성과도 없이 교착 상태에 빠졌다. (러시아의 관점에서는) 훨씬 나쁘게도 전쟁은 오히려 우크라이나에 반러시아 감정을 부추겼고, 동맹국을 불구대천의 원수로 바꿔놓고 말았다. 제1차 걸프전에서 거둔 승리 때문에 미국이 이라크 전쟁에서 과욕을 부린 것처럼, 크림 반도에서 거둔 성공 때문에 러시아는 우크라이나에서 과욕을 부렸다.

종합적으로 봤을 때 21세기 초 러시아가 캅카스와 우크라이나에서 벌인 전쟁을 아주 성공적이었다고 평가할 수는 없다. 덕분에 러시아는 강대국으로서 위신을 세우기는 했지만 동시에 자국을 향한 불신과 반감 또한 키웠다. 경제적으로 봤을 때는 밑진 장사였다. 전쟁으로 얻은 크림 반도의 관광 휴양지와 루한스크와 도네츠크의 구소련 시절 노후한 공장들로는 전쟁에 들어간 비용을 충당하기 어려울뿐더러, 자본 이탈과 국제 제재에 따른 손실도 상쇄하지 못한다. 러시아가 벌인 정책의 한계를 깨닫기 위해서는 지난 20년간 평화속 중국이 이룩한 막대한 경제 성장과 같은 기간 '승전국' 러시아가 처한 경제 정체만 비교해봐도 된다.[5]

모스크바는 호기로운 말을 쏟아내지만 러시아 엘리트 자신이 십중팔구 군사적 모험의 실제 비용과 이득을 잘 알고 있다. 지금까지 상황을 더 이상 키우지 않으려고 대단히 조심한 것도 그 때문이다. 그러니까 러시아는 '제일 약한 아이를 골라서 때리되 선생님이 개입할 정도로 너무 많이 때리지는 말라'는 학교 내 '왕따' 원칙을 따르고 있는 것이다. 만약 푸틴이 스탈린이나 표트르 대제, 칭기즈칸의 정신으로 전쟁을 수행했다면, 이미 오래전에 러시아 탱크는 바르샤바와 베를린은 아니라도 트빌리시와 키예프까지 진격했을 것이다. 하지만 푸틴은 칭기즈칸도 스탈린도 아니다. 그는 21세기에와서 군사력만으로는 멀리 갈 수 없으며, 성공적인 전쟁이란 제한적인 전쟁이라는 사실을 누구보다 잘 아는 것처럼 보인다. 시리아에서도 러시아는 공중 폭격은 인정사정없이 퍼부었지만 보병 투입은 최소화했고, 다른 당사자들이 심각한 전투를 벌이도록 하되 전쟁이 인접국들로 번지는 것은 막았다.

실제로 러시아의 관점에서 볼 때, 최근 몇 년 사이에 취한 이른바 공격적인 행보는 새로운 글로벌 전쟁으로 가기 위한 포석이라기보다 노출된 방어벽을 보강하려는 시도였다. 러시아가 1980년대 후반과 1990년대 초에 평화로운 후퇴를 한 후 패전국 취급을 당해왔다고 항변하는 데는 일리가 있다. 미국과 나토NATO는 러시아의 열세를 이용했고, 당초 러시아에 했던 약속과 달리 나토를 동유럽과 심지어 구소련 공화국 일부까지 확장했다. 또 서방은 중동에서도 계속 러시아의 이권을 무시했고, 의심스러운 명분을 내세워 세르비아와 이라크를 침공했다. 이런 일들을 겪으면서 러시아는 자신의 세력권을 서방의 급습으로부터 방어하기 위해서는 군사력에 의존할 수밖에 없다는 생각을 확고히 했다. 이런 관점에서 최근 러시아가 벌인 군사행동에 대해서는 블라디미르 푸틴 못지않게 빌 클린턴과 조지 W. 부시에게도 책임을 물을 수 있다.

물론 러시아가 조지아와 우크라이나, 시리아에서 벌인 군사행동을 그보다는 훨씬 과감한 제국주의 공세의 개시 사격으로 보기는 이르다. 비록 지금까지는 푸틴이 세계 정복을 위한 진지한 계획을 비친 적은 없지만 성공은 야심을 부채질할 수 있다. 그렇지만 푸틴의 러시아는 스탈린의 소련보다 훨씬 약하다는 사실을 염두에 두는 것이 좋다. 중국 같은 다른 나라들이 합세하지 않는 한, 전면적인 세계대전은커녕 신新냉전도 지탱할 수 없다. 러시아는 인구 1억 5,000만 명에 국내총생산GDP은 4조 달러다. 인구와 생산력 양면에서 미국(인구 3억 2,500만, 국내총생산 19조 달러)과 유럽연합(인구 5억, 국내총생산 21조 달러)에 상대가 되지 않는다.[6] 미국과 유럽연합을 합치면 러시아보다 인구는 5배 많고 달러도 10배가 많다.

게다가 최근의 기술 발전으로 격차는 보기보다 훨씬 크게 벌어졌다. 소련의 기술이 절정에 달한 것은 20세기 중반이었다. 그때는 중공업이 세계 경제를 끄는 기관차였다. 소련은 중앙집중식 경제로 트랙터와 트럭, 탱크, 대륙간탄도미사일의 대량 생산에서 앞섰다. 시대가 바뀌어 이제는 정보기술과 생명기술이 중공업보다 훨씬 중요하다. 하지만 러시아는 어느 쪽에서도 앞서지 못한 상태다. 러시아의 사이버 전쟁 능력은 인상적이긴 하지만 민간 IT 분야가 취약하고, 천연자원, 그중에서도 특히 석유와 가스에 대한 경제 의존도가 너무 높다. 이것으로 올리가르히들의 배를 불리고 푸틴의 권력을 유지하는 것은 충분할지 몰라도, 디지털이나 생명기술 경쟁에서 우위를 차지하기에는 역부족이다.

훨씬 중요한 것은 푸틴의 러시아에는 보편적인 이데올로기가 없다는 점이다. 냉전 기간 중에 소련은 공산주의가 가진 세계적 호소력과 세계 각지로 뻗은 붉은 군대의 힘에 의존했다. 반면에 푸티니즘은 쿠바인이나 베트남인, 프랑스 지식인들에게 줄 게 별로 없다. 권위주의적 민족주의가 실제로 세계에서 확산되고 있는지는 몰라도, 그 이념의 본질상 응집력 있는 국제 연대를 확립하는 데는 도움이 되지 않는다. 폴란드 공산주의와 러시아 공산주의는 최소한 이론적으로는 동일한 국제 노동계급의 보편 이익에 헌신했지만, 폴란드 민족주의와 러시아 민족주의는 그 정의상 상반된 이익에 헌신한다. 푸틴이 뜨면 폴란드 민족주의도 고조되고, 결국 폴란드는 이전보다 더 반러시아적인 국가가 될 뿐이다.

따라서 러시아가 나토와 유럽연합의 해체를 목표로 세계 전역에 걸쳐 거짓 정보와 체제 전복 작전에 착수했다고는 해도, 조만간 세계를 물리적으로 정복하기 위한 작전에 착수할 것 같지는 않다. 러시아로서는 어느 정도 정당화가 될 전망을 말하자면, 러시아가 크림 반도를 점령하고 조지아와 동부 우크라이나를 기습 침공한 것은 새로운 전쟁 시대의 조짐이라기보다 예외적인 사례로 남기를 바랄 수 있을 것이다.

잃어버린 전쟁의
승리술

21세기에는 주요 강대국들이 성공적인 전쟁을 수행하기가 그토록 어려운 이유는 뭘까? 한 가지 이유는 경제의 성격이 변했다는 사실이다. 과거에는 경제 자산이 주로 물질이었다. 따라서 정복을 통해 치부하는 과정이 상대적으로 단순했다. 전쟁터에서 적을 무찌르기만 하면 도시를 약탈하고, 시민들을 노예 시장에서 팔고, 값나가는 밀밭과 금광을 점령해 곧바로 돈을 벌 수 있었다. 로마는 포로로 잡은 그리스와 갈리아 사람들을 팔아 번영했고, 19세기 미국은 캘리포니아 금광과 텍사스 소목장을 점령해서 번창했다.

하지만 21세기에는 그래서는 푼돈밖에 못 번다. 오늘날 주요 경제 자산은 밀밭이나 금광, 심지어 유전도 아닌 기술적, 제도적 지식으로 이뤄져 있다. 전쟁으로 지식을 정복할 수는 없다. 물론 IS 같은 조직은 여전히 중동 지역의 도시와 유전을 약탈해서 — IS는 이라크의 은행들에서 5억 달러 이상을 탈취했고, 2015년에는 석유를 팔아 5억 달러를 추가로 챙겼다[7] — 번성할 수도 있다. 하지만 중국이나 미국 같은 주요 강대국에게 이 정도 수익은 하찮은 금액이다. 연간 국내총생산이 10조 달러가 넘는 중국이 고작 10억 달러를 위해 전쟁을 시작할 리는 없다. 만약 중국이 미국과의 전쟁에 수조 달러를 쓴다면, 어떻게 그만한 비용을 다 갚고 전쟁으로 인한 피해와 잃어버린 교역 기회를 만회할 수 있을까? 승리한 인민해방군이 실리콘밸리의 부를 약탈할 수 있을까? 물론 애플, 페이스북, 구글 같은 기업들의 가치는 수천 억 달러에 이르지만 그것을 힘으로 장악할 수는 없다. 실리콘밸리에는 실리콘 광산이 없다.

이론적으로야 아직도 전쟁에서 이긴 나라가 과거 영국과 미국이 각각 나폴레옹과 히틀러를 상대로 승리한 후에 그랬던 것처럼 세계 무역 체제를 자국에 유리하게 재편하는 식으로 막대한 이득을 취할 수 있을 것이다. 하지만 군사 기술이 바뀌면서 21세기에 그런 위업을 재현하기는 어려워졌다. 원자폭탄이 개발되면서 세계대전은 승패와 상관없이 집단 자살을 의미하게 되었다. 히로시마 원폭 투하 이후로 초강대국들이 직접 교전한 적이 전혀 없었던 것은 우연이 아니다. 단지 이들 간에는 서로 위험부담이 낮은 분쟁만 있었고,

이 경우에는 전쟁에서 지지 않기 위해 핵무기를 사용하려는 유혹이 작았다. 실제로 북한 같은 2류 핵보유국을 공격하는 것조차 극도로 기피된다. 북한 정권이 군사적 패배에 직면했을 때 어떻게 나올지는 생각만 해도 두렵다.

21세기 제국주의의 출현을 막는 또 다른 변수는 사이버 전쟁이다. 빅토리아 여왕과 맥심 총(구식 속사 기관총 — 옮긴이)의 호시절에만 해도 영국군은 먼 사막에서 퍼지워지(수단 지방의 토착민병 — 옮긴이)를 대거 학살하면서도 맨체스터와 버밍엄의 평화가 위협받을까 걱정하지 않아도 됐다. 심지어 조지 W. 부시 대통령 시절에도 미국이 바그다드와 팔루자를 쑥대밭으로 만들 때 이라크는 샌프란시스코나 시카고에 보복할 수단이 없었다. 하지만 지금은 미국이 웬만한 수준의 사이버전 능력을 갖춘 나라를 공격했다가는 몇 분 안에 캘리포니아나 일리노이로 전쟁이 번질 수 있다. 교전국은 컴퓨터 악성 코드와 논리폭탄으로 댈러스의 항공 교통을 마비시키고, 필라델피아의 기차 충돌을 야기하는가 하면, 미시간의 전력 그리드(발전소, 변압기, 송전선 등으로 이루어진 전력망 — 옮긴이)를 붕괴시킬 수도 있다.

정복자들이 활개치던 시대에만 해도 전쟁은 손실은 적고 수익은 큰 사업이었다. 1066년 헤이스팅스 전투에서 정복왕 윌리엄(잉글랜드 왕 윌리엄 1세 — 옮긴이)은 수천 명의 사망자를 대가로 단 하루 만에 잉글랜드 전부를 손에 넣었다. 그에 반해 핵무기와 사이버 전쟁은 피해는 막대한 반면 수익은 낮은 전쟁술에 해당한다. 그런 기술로는 온 나라를 파괴할 수는 있겠지만 수지맞는 제국을 건설할 수는 없다.

지금처럼 무력 위협과 흉흉한 기운이 가득한 세계에서 그나마 우리가 평화를 기대해볼 수 있는 것은, 주요 강대국들이 최근의 성공적인 전쟁 사례는 별로 접해본 적이 없다는 사실이다. 과거 칭기즈칸이나 율리우스 카이사르는 외국을 침공하는 데 조금도 주저함이 없었지만 오늘날 에르도안이나 모디, 네타냐후 같은 민족주의 지도자들은 목소리만 클 뿐 실제 개전에 관해서는 대단히 조심스러워한다. 물론 누군가 21세기의 조건하에서도 전쟁을 성공적으로 치르는 묘수를 찾아낸다면 일거에 지옥의 문들이 열릴 수 있다. 러시아가 크림 반도 침공에 성공한 일이 특별히 무서운 징조로 보이는 것은 그 때문이다. 부디 그것은 두고두고 예외로 남기를 바랄 뿐이다.

바보들의 행진

하지만 안타깝게도, 21세기 전쟁이 아무리 실속 없는 사업이라 해도 그런 사실이 평화를 절대적으로 보장해주지는 않는다. 우리는 인간의 어리석음을 결코 과소평가해서는 안 된다. 개인 차원에서나 집단 차원에서나 인간은 자멸을 부르는 행동에 빠져들기 십상이다.

1939년의 일만 하더라도 추축국들이 볼 때 전쟁은 역효과를 부를 가능성이 높았다. 하지만 그런 사실이 세계를 구해주지는 않았다. 제2차 세계대전에 관한 놀라운 사실 한 가지는, 전쟁이 끝난 후에 패전국들이 전례 없는 번영을 구가했다는 것이다. 독일과 이탈리아, 일본은 군대가 완전히 해체되고 제국이 철저히 몰락한 지 20년이 지났을 때 유례없이 높은 수준의 풍요를 누리고 있었다. 그렇다면 그들은 애당초 왜 전쟁을 일으켰을까? 왜 무수한 민중에게 불필요한 죽음과 파괴를 안겼을까? 그것은 단지 어리석은 계산 착오였을 뿐이다. 1930년대에 일본의 육군 장성과 해군 제독, 경제학자와 언론인 들은 하나같이 한국과 만주, 중국 해안 지역을 지배하지 않으면 일본 경제가 침체의 늪에 빠질 운명이라고 생각했다.[8] 하지만 그들 모두가 틀렸다. 사실인즉, 일본의 그 유명한 경제 기적은 일본이 정복했던 대륙의 점령지를 다 잃고 난 후에야 시작됐다.

인간의 어리석음은 역사에서 가장 중요한 힘들 중 하나다. 그런데도 우리는 그것을 무시할 때가 많다. 정치인, 장군, 학자 들은 세계를 거대한 체스 게임으로 본다. 모든 수를 신중한 이성적 계산에 따라 둔다고 여긴다. 어느 정도까지는 맞는 말이다. 역사상 지도자들 중에 말의 좁은 의미에서 '미친' 사람은 드물다. 폰pawn과 나이트를 무작위로 옮기지는 않는다. 도조 히데키나 사담 후세인, 김정일이 둔 포석에도 다 합리적인 이유가 있었다. 문제는, 세계는 체스판보다 훨씬 복잡하며 인간의 합리성으로는 그것을 제대로 이해하기 어렵다는 사실이다. 그러다 보니 이성적인 지도자들조차 대단히 어리석은 일을 벌이고 말 때가 많다.

그렇다면 우리는 세계대전을 얼마나 두려워해야 할까? 두 극단을 피하는 것이 상책이다. 우선, 전쟁은 결코 불가피하지 않다. 우리는 냉전의 평화로운 종식을 통해 인간이 옳은 결정만 내린다면 초강대국 차원의 갈등도 평화적으로 해결될 수 있다는 사실을 확인했다. 더욱이 새로운 세계대전을 불가피하다고 가정하는 것은 대단히 위험하다. 자기 충족적 예언이 될 수 있기 때문이다. 각국이 전쟁을 불가피한 것으로 간주하면 각자 군대를 증강하게 되고, 이것은 군비 경쟁으로 이어지고, 그다음에는 어떤 분쟁에서도 타협을 거부하고, 상대국의 선의의 제스처마저 함정일 뿐이라고 의심하게 된다. 남은 길은 전쟁밖에 없다.

다른 한편, 전쟁이 불가능하다고 가정하는 것도 순진한 일이다. 전쟁이 모두에게 재앙적인 결과를 초래한다 해도, 그 어떤 신이나 자연의 법칙도 인간의 어리석음을 막지는 못한다. 인간의 어리석음을 치유하는 한 가지 해법이 있다면, 그것은 겸허함이다. 민족과 종교, 문화 간의 긴장이 악화되는 원인은 나의 민족, 나의 종교, 나의 문화가 세계에서 가장 중요하며, 따라서 나의 이익이 다른 누구의 이익이나 전체 인류의 이익보다 앞서야 한다는 자만심 때문이다. 어떻게 하면 우리는 민족과 종교와 문화가 세계에서 차지하는 실제 위치를 보다 현실적이면서도 겸허하게 만들 수 있을까?

12

겸손

당신은 세계의 중심이 아니다

사람들은 대부분 자신들이 세계의 중심이며 자신들의 문화가 인류 역사의 주축이라 믿는 경향이 있다. 많은 그리스인들은 역사가 호메로스, 소포클레스, 플라톤과 함께 시작됐으며 모든 중요한 사건과 발명이 아테네나 스파르타, 알렉산드리아, 콘스탄티노플에서 탄생했다고 믿는다. 반면 중국의 민족주의자들은 실제 역사는 황제黃帝와 하夏·상商 왕조와 더불어 시작되었으며, 서양인이나 무슬림, 인도인의 성취가 무엇이든, 그것은 중국이 처음 발견한 것을 어설프게 모방한 것이라고 응수한다.

그런가 하면 힌두 우월주의자들은 이런 중국의 자만을 일축하면서, 심지어 비행기와 핵폭탄까지도 아인슈타인과 라이트 형제는 말할 것도 없고 공자나 플라톤보다도 훨씬 전에 인도 아대륙의 고대

271

성인들이 발명했다고 주장한다. 이들은 가령, 로켓과 비행기를 발명한 사람은 마하리시 바드와즈이며, 비시바미트라는 미사일을 발명했을 뿐 아니라 사용하기도 했고, 아카르야 카나드는 원자 이론의 아버지이며,《마하바라다》에는 핵무기가 정확히 묘사돼 있다는 사실을 아느냐고 묻는다.[1]

독실한 무슬림들은 예언자 무함마드 이전의 모든 역사는 대체로 하찮은 것들이며, 쿠란의 계시가 있고 난 후의 모든 역사는 무슬림 움마ummah(이슬람 공동체 — 옮긴이)를 중심으로 돌아간다고 생각한다. 여기서 예외라고 생각하는 사람들이 터키인, 이란인, 이집트 민족주의자들이다. 이들은 무함마드 이전에 각각 자기 민족이야말로 인류에게 이로운 모든 것의 원천이었다고 주장한다. 심지어 쿠란의 계시가 있고 난 후에도 이슬람의 순수성을 보존하고 영광을 퍼뜨린 것은 주로 자기 민족이었다고 믿는다.

말할 필요도 없이, 영국인이며 프랑스인, 독일인, 미국인, 러시아인, 일본인 그리고 무수히 많은 다른 집단들까지 저마다 자기 민족의 눈부신 업적이 아니었으면 인류는 야만적이고 부도덕한 무지 속에서 살았을 거라고 확신한다. 역사 속의 어떤 민족은 심지어 자신들의 정치 제도와 종교적 관행이 만물을 지탱하는 법칙에 필수적이라고 상상했을 정도였다. 바로 매년 자신들이 제물을 바치지 않으면 태양도 뜨지 않고 온 우주가 해체될 거라고 확신했던 아즈텍족이다.

이 모든 주장은 거짓이다. 역사에 관한 의도적인 무지와 뚜렷한 인종주의가 합쳐진 결과물일 뿐이다. 인류가 세계를 식민화하고 동식물을 길들이고 도시를 처음 건설하고 글쓰기와 화폐를 발명했을 때에는 오늘날의 어떤 종교나 민족도 존재하지 않았다. 도덕과 예술, 영성, 창의성은 우리 DNA에 각인된 인간의 보편적인 능력이다. 그것의 기원은 석기시대 아프리카에 있다. 따라서 황제 시대의 중국이든, 플라톤 시대의 그리스든, 무함마드 시대의 아라비아든 그보다 후대의 장소와 시간을 기원에 갖다 붙이는 것은 모두 터무니없는 자기중심적인 생각일 뿐이다.

개인적으로 나는 그런 터무니없는 자기중심주의에 너무나 익숙하다. 우리 유대 민족 또한 자신들이 세상에서 가장 중요한 존재라고 생각한다. 어떤 인류의 업적이나 발명을 거명하든 주저 없이 유대인의 공적이라고 주장한다. 그런 주장을 진심으로 확신한다는 것까지 나는 잘 안다. 언젠가 이스라엘에서 요가를 배우려고 교사를 찾아간 적이 있다. 그는 입문 수업 시간에 아주 진지하게 요가는 아브라함이 발명한 것이라고 설명했다. 심지어 요가의 모든 기본자세도 히브리어 문자 모양에서 따온 것이라고 했다. (그래서 트리코나사나trikonasana 자세는 히브리어 글자 알레프aleph를, 툴라단다사나tuladandasana는 달레드daled를 닮았다고 했다.) 아브라함은 이런 요가 자세를 자신의 첩들 중 한 명의 아들에게 가르쳤고, 그 아들은 인도로 가서 요가를 인도인들에게 가르쳤다는 것이다. 내가 증거를 요구하자, 요가 선생은 다음 성경 구절을 인용했다. "그리고 아브라함은 첩의 아들들에게도 선물을 주었고, 자신이 살아 있는 동안에 그들이 아들 이삭을 떠나 동쪽 나라로 가게 했다."(창세기 25장 6절) 이 선물이 무엇이라고 생각하는가? 그러니 보다시피 요가도 실제로는 유대인이 발명한 것이다. 이것이 요가 선생의 설명이었다.

아브라함이 요가의 발명자라고 생각하는 것쯤은 약과다. 주류 유대교는 한술 더 떠 온 우주가 존재하는 것은 유대교 랍비가 성스러운 경전을 공부할 수 있기 위해서이며, 만약 유대인이 이런 수행을 중단하면 우주는 종말에 이른다고 엄숙하게 주장한다. 예루살렘과 브루클린의 랍비들이 탈무드에 관한 토론을 중단하면 중국과 인도, 호주, 심지어 먼 은하계까지 모두 소멸하리라는 것이다. 이것은 정통파 유대인들이 믿는 신앙의 핵심 조항이며, 누구라도 이를 의심하려 드는 사람은 무지한 바보로 간주된다. 세속 유대인들은 이런 거창한 주장에 좀 더 회의적이지만, 그들 역시 유대인이 역사의 주인공이며 인류의 도덕성과 영성, 학습의 궁극적인 원천이라고 믿는다.

유대인은 수와 현실적인 영향력에서는 다른 민족에 뒤지지만 발상의 대담함은 그런 부족분을 메우고도 남을 정도다. 그런 자아도취적 서사가 얼마나 터무니없는 것인지를 보여주기 위해 나는 유대교를 사례로 들겠다. 다른 민족을 비판하는 것보다 자기 민족을 비판하는 것이 신사적이라고 생각하기 때문이다. 전 세계의 다양한

민족들이 잔뜩 부풀려놓은 열기구 풍선에 구멍을 내는 일은 독자들
몫으로 남겨두겠다.

프로이트의
어머니

내 책 《사피엔스》는 원래 이스라엘 대중을 위해 히브
리어로 썼다. 2011년 히브리어판이 출간된 뒤 내가 이스라엘 독자
들로부터 받은 가장 흔한 질문은 왜 인류 역사를 이야기하면서 유
대교는 거의 언급하지 않았느냐는 것이었다. 기독교와 이슬람, 불
교에 관해서는 그토록 폭넓게 썼으면서 왜 유대교와 유대 민족에
관해서는 조금밖에 말하지 않았나? 유대인들이 인류 역사에 기여
한 그 많은 것들을 고의로 무시했나? 어떤 사악한 정치적 의제를
품고 있었나?

이스라엘 유대인들에게는 이런 질문들이 자연스럽게 떠오른다.
유치원 때부터 유대교는 인류 역사의 슈퍼스타라고 생각하도록 교
육받기 때문이다. 보통 이스라엘 어린이들은 학교에서 세계 역사의
전 과정에 관한 명확한 그림은 전수받지 못한 채 12년 교육 과정을
마친다. 중국이나 인도, 아프리카에 관해서는 거의 아무것도 배우
지 않는다. 로마 제국과 프랑스 혁명, 제2차 세계대전에 관해 학습
한다고는 해도, 별개의 직소 퍼즐 조각들만 가지고서는 인류 전체
를 포괄하는 서사가 그려지지 않는다. 그 대신 이스라엘 교육 제도

가 제시하는 단 하나의 일관된 역사는 히브리 구약 시대부터 시작

해서 제2성전시대(솔로몬이 성전을 건설한 이후의 시기를 제1성전시대라

하고, 바벨론에 포로로 잡혀갔다가 풀려난 이후 재건한 성전이 로마에 의해 파

괴될 때까지 시기를 제2성전시대라고 한다—옮긴이)에 이어 디아스포라

시기의 다양한 유대인 공동체들을 거쳐 시오니즘과 홀로코스트, 이

스라엘 국가 건립에서 절정을 이룬다. 학생들 대다수는 이것이 전

인류에 관한 이야기의 주요 줄거리라 믿고 학교를 떠난다. 심지어

학생들이 로마 제국이나 프랑스 혁명에 관한 강의를 들을 때조차,

수업 시간의 토론은 로마 제국이 유대인을 다룬 방식이나 프랑스

공화국에서의 유대인의 법적, 정치적 지위에 초점이 맞춰진다. 그

런 역사의 식단으로 영양을 섭취하고 자란 사람들에게 유대교가 전

세계에 미친 영향은 상대적으로 미미했다는 생각을 소화하는 일은

엄청난 고역일 수밖에 없다.

하지만 사실 유대교가 사피엔스 종의 연감에서 차지했던 역할은

그리 대단하지 않다. 기독교와 이슬람교, 불교 같은 보편 종교와는

달리 유대교는 늘 일개 부족의 신조에 지나지 않았다. 관심은 늘 하

나의 작은 민족과 작은 땅에만 집중돼 있다. 그 외 다른 모든 사람

과 나라의 운명에는 거의 관심이 없다. 예를 들어, 일본에서 일어나

는 사건이나 인도 아대륙의 사람들에 관해서는 별로 신경쓰지 않는

다. 그러니 역사에서 차지한 역할이 제한적이었던 것은 당연했다.

유대교가 기독교를 낳았고 이슬람교의 탄생에도 영향을 준 것은

사실이다. 둘 다 역사적으로 대단히 중요한 종교다. 하지만 기독교와 이슬람교의 세계적 업적의 공로 — 이와 함께 이 두 종교가 저지른 많은 범죄에 대한 죄책감 — 는 유대인보다 기독교인과 무슬림 자신들에게 돌아가야 한다. 십자군이 저지른 대량 학살(100퍼센트 기독교 과실이다)을 두고 유대교를 탓하는 것이 부당하듯이, 모든 인간은 신 앞에서 동등하다는 중요한 기독교 사상(이는 오늘날에도 유대인이 다른 모든 인간들보다 태생적으로 우월하다고 믿는 유대교 정통 교리와 직접 충돌한다)을 유대교의 공으로 돌릴 이유는 없는 것이다.

인류의 이야기에서 유대교의 역할은 근대 서양 역사에서 프로이트의 어머니가 한 역할과 조금 비슷하다. 지크문트 프로이트는 좋든 나쁘든 근대 서양의 과학과 문화, 예술, 그리고 일반인의 지혜에 지대한 영향을 미쳤다. 프로이트의 어머니가 없었다면 프로이트도 없었을 테고, 프로이트의 인성과 야심과 의견 역시 상당 부분 어머니와의 관계에서 형성됐을 가능성이 큰 것도 사실이다. 누구보다도 프로이트 자신이 그런 사실을 인정할 것이다. 하지만 아무도 근대 서양 역사를 쓸 때 프로이트의 어머니에 관해서 하나의 장을 할애할 거라고는 생각하지 않는다. 마찬가지로 유대교가 없었다면 기독교도 없었을 테지만, 그렇다고 해서 세계사를 쓸 때 유대교에 큰 중요성을 부여해야 하는 것은 아니다. 핵심 쟁점은 기독교가 유대교라는 어머니의 유산으로 무엇을 했느냐는 것이다.

유대인들이 놀라운 역사를 가진 독특한 민족이라는 것은 말할 필요도 없다(대부분의 사람들에게 맞는 이야기이기도 하다.) 마찬가지로 유대 전통이 깊은 통찰과 고상한 가치로 가득하다는 것 역시 두말할 나위 없다(동시에 인종주의, 여성 혐오, 동성애 혐오 같은 의문스러운 사상으로도 가득 차 있다). 또한 유대인들이 지난 2,000년 동안 인구수에 비해서는 불균형적일 만큼 역사에 큰 영향을 미친 것도 사실이다. 하지만 우리 종의 역사라는 큰 그림을 보자면, 10만 년 전 호모 사피엔스가 출현한 이래 유대인이 역사에 기여한 정도는 아주 제한적이다. 인류가 전 지구에 정착하고, 농업을 채택하고, 첫 도시들을 세우고, 글쓰기와 화폐를 발명하고 수천 년이 지난 뒤에야 유대교가 출현한 것이다.

지난 2,000년 동안만 해도 중국인이나 아메리카 원주민의 관점에서 보면 기독교인이나 무슬림의 중재를 통한 것을 제외하고는 유대인이 크게 기여한 바를 찾아보기 어렵다. 히브리인(고대 유대인—옮긴이) 구약 성경이 결국 지구촌 인류 문화의 초석이 된 이유도 기독교가 그것을 따뜻하게 포용해 성경의 일부로 포함했기 때문이다. 반면에 탈무드—유대 문화에서 탈무드가 차지하는 중요도는 구약 성경을 훨씬 웃돈다—는 기독교가 배척했고, 결과적으로 소수 신도들만 읽는 문서로 남아 일본인이나 마야인은 말할 것도 없고 아랍인과 폴란드인, 네덜란드인은 거의 알지도 못하게 되었다. (탈무드가 구약 성경보다 훨씬 사려 깊고 자애로운 책이라는 사실을 감안하면 대단히 안타까운 일이다.)

구약 성경에서 영감을 받은 위대한 작품을 거명할 수 있는가? 아, 그거야 쉽다. 미켈란젤로의 〈다비드〉, 베르디의 〈나부코〉, 세실 B. 드밀의 〈십계〉. 신약 성경에서 영감을 받은 유명한 작품은? 이것도 식은 죽 먹기다. 레오나르도 다빈치의 〈최후의 만찬〉, 바흐의 〈마태 수난곡〉, 몬티 파이튼(영국의 유명 희극 그룹—옮긴이)의 〈브라이언의 삶〉. 이제 진짜 시험이다. 탈무드에서 영감을 받은 걸작을 꼽을 수 있는가?

탈무드를 공부하는 유대 공동체가 세계 대부분의 지역으로 퍼져 나가기는 했어도, 그것은 중국 왕조의 건설이나 유럽의 지리적 발견을 위한 항해, 민주주의 제도의 확립이나 산업혁명에는 아무런 중요한 역할도 하지 않았다. 동전이며 대학, 의회, 은행, 나침반, 인쇄술, 증기기관 모두 '이교도'들이 발명했다.

성경 이전의
윤리

이스라엘인은 '세계 3대 종교'라는 용어를 사용할 때가 많다. 기독교(신도 수 23억)와 이슬람교(18억), 유대교(1,500만)를 가리킨다. 여기에 신도 수가 10억에 이르는 힌두교와 5억인 불교는 들지 못한다. 신도神道(5,000만)와 시크교(2,500만)는 말할 것도 없다.[2] '세계 3대 종교'라는 말에는, 이스라엘인의 머릿속에는 암암리에 모든 주요 종교와 윤리 전통은 유대교의 모태에서 출현했으며,

따라서 유대교야말로 보편적인 윤리 규범을 설파한 첫 종교라는 생각이 담겨 있다. 마치 아브라함과 모세 시대 이전의 인간들은 홉스가 말한 자연 상태에서 아무런 도덕적 규약도 없이 살았으며, 지금의 도덕률은 십계명에서 유래했다는 듯이 말이다. 이것은 근거 없는 오만한 생각이며, 세계 곳곳의 많은 중요한 윤리 전통들을 무시한다.

아브라함보다 수만 년 앞선 석기시대 수렵·채집 부족들도 나름의 도덕규범이 있었다. 18세기에 유럽 정착민들이 호주에 상륙했을 때도, 원주민 부족들은 모세나 예수, 무함마드는 전혀 몰랐어도 잘 발달된 윤리적 세계관을 갖고 있었다. 기독교도인 식민주의자들은 폭력으로 원주민의 재산을 빼앗았음에도 자신들이 우월한 윤리 규범을 과시했다고 주장하기는 어려울 것이다.

오늘날 과학자들은 도덕성이 사실은 진화 과정에서 나왔으며, 그 뿌리는 인류가 출현하기 전 수백만 년을 거슬러 올라간다고 지적한다. 늑대, 돌고래, 원숭이 같은 사회적 포유류는 모두가 윤리 규약이 있으며, 이는 진화 과정에서 집단 협력을 증진하기 위해 채택되었다.[3] 가령, 늑대 새끼들이 함께 놀 때에도 '공정한 게임'의 규칙이 있다. 새끼 한 마리가 놀이 상대를 너무 심하게 물거나 상대가 배를 보이고 누워 항복을 표시했는데도 계속해서 물면 다른 새끼들이 끼어들어 놀이를 막는다.[4]

침팬지 무리에서도 우월한 개체들은 보다 약한 개체들의 소유권을 존중해야 한다. 만약 어린 암컷이 바나나를 발견하면 심지어 우두머리 수컷조차 대개는 자기가 먹으려고 훔치려 들지는 않는다. 이런 규칙을 어기면 자신의 지위를 잃을 가능성이 높다.[5] 유인원들은 무리 안의 약자를 이용하지 않을 뿐 아니라 때로는 나서서 그들을 도와주기도 한다. 미국 밀워키 카운티 동물원에 사는 키도고라는 이름의 피그미침팬지 수컷은 심장 상태가 아주 좋지 않아 몸도 허약한 데다 어리벙벙했다. 키도고는 처음 이 동물원에 왔을 때 적응은커녕 관리사들의 지시도 이해하지 못했다. 그러자 다른 침팬지들이 키도고의 어려움을 알아차리고는 도움을 주기 시작했다. 종종 키도고의 손을 잡고 어디든지 그가 가야 할 곳으로 이끌었다. 키도고가 길을 잃었을 때는 큰 소리로 조난 신호를 보내면 다른 개체들이 달려와서 도와주기도 했다.

키도고의 주요 조력자들 중 하나는 무리에서 서열이 가장 높은 수컷, 로디였다. 로디는 키도고를 안내했을 뿐 아니라 보호해주기도 했다. 무리의 구성원은 거의 모두 키도고를 친절하게 대했지만, 머프라는 이름의 나이 어린 수컷 한 마리만 자주 키도고를 무자비하게 놀려대곤 했다. 그런 행동을 알아챈 로디는 머프 녀석을 쫓아내거나 팔을 바꿔가며 키도고를 감싸서 보호할 때가 많았다.[6]

훨씬 더 감동적인 일은 코트디부아르의 정글에서 일어났다. 오스카라는 별명의 어린 침팬지는 어미를 잃고 혼자서 힘겹게 살고 있었다. 다른 암컷들은 자기 새끼를 돌보느라 아무도 오스카를 맡아

281

돌보려고 하지 않았다. 오스카는 갈수록 몸무게가 줄었고 건강과 활력을 잃어갔다. 모든 것이 끝난 것처럼 보였다. 그때 무리의 우두 머리 수컷인 프레디가 오스카를 '입양'했다. 이 우두머리 수컷은 오 스카의 먹을 것을 확실히 챙겼고, 자신의 등에 오스카를 태우고 돌 아다니기도 했다. 유전자 검사를 해봤지만 프레디와 오스카는 아 무런 관련이 없었다.[7] 무엇이 이 무뚝뚝한 나이 많은 리더로 하여 금 어미 잃은 젖먹이를 돌보게 만들었는지 우리로서는 추측만 할 수 있을 뿐이다. 하지만 분명 유인원 리더들은 무리 중에서 약하거 나 도움이 필요한 구성원, 고아가 된 구성원을 돕는 성향을 발전시 켜왔다. 성경이 고대 이스라엘인에게 "과부나 아비 없는 아이를 학 대하지 말라"(출애굽기 22장 22절)고 가르치고, 선지자 아모스가 사회 지도층을 향해 "가난한 자를 억압하고 도움이 필요한 자를 학대한 다"(아모스 4장 1절)고 책망하기 수백만 년 전에 이미 시작된 일이다.

고대 중동 지역에 살았던 호모 사피엔스들 중에도 성경 속 선지 자들보다 앞선 사례가 있었다. "살인하지 말라"와 "도둑질하지 말 라"라는 계명은 수메르 도시 국가들과 파라오 이집트, 바빌로니아 제국의 법과 윤리 조항으로도 유명했다. 주기적인 휴식의 날도 유 대인의 안식일 전통보다 훨씬 앞서 존재했다. 선지자 아모스가 이 스라엘 지도층을 향해 압제적인 행동을 꾸짖기 1,000년도 전에 바 빌로니아의 왕 함무라비는 위대한 신들이 자신에게 가르쳐주기를 영토 내에 정의를 증명하고, 악과 사악함을 분쇄하며, 힘 있는 자가

약자를 착취하는 것을 막으라고 했다고 설명했다.[8]

그런가 하면, 모세가 태어나기 수백 년 전에 작성된 이집트 문헌에는 '농부 웅변가 이야기'가 나온다. 여기서 주인공인 가난한 농부는 탐욕스런 지주에게 재산을 도둑맞는다. 농부는 파라오의 부패한 관리들을 찾아가서 도움을 청했지만 거절당하자 부당성을 이야기한다. 왜 관리들은 정의를 실현해야 하는지, 특히 가난한 사람을 부자로부터 왜 보호해야 하는지 설명하기 시작한다. 이 이집트 농부는 생생한 비유를 드는데, 가난한 사람들의 보잘것없는 소유물은 이들이 쉬는 숨과 같으며, 관리들의 부패가 이들의 콧구멍을 막아 질식시킨다는 것이었다.[9]

성경에 나오는 많은 율법들이 사실은 유대와 이스라엘 왕국들이 건국되기 수백 년 전, 심지어 수천 년 전에 메소포타미아와 이집트, 가나안(팔레스타인 요르단강 서쪽 지역의 옛 이름 — 옮긴이)에서 받아들여졌던 규범을 본뜬 것이다. 만약 성경 속 유대교가 이런 법률에 독특한 변화를 주었다면, 그것을 모든 사람에게 적용할 수 있는 보편적인 판결에서 주로 유대인들만을 겨냥한 부족 규범으로 바꿔놓았다는 것이다. 유대인의 도덕은 원래 배타적인 부족 내부의 일로 형성됐다. 지금도 어느 정도는 그렇다. 구약 성경과 탈무드, 그리고 (전부는 아니지만) 많은 랍비들은 유대인의 삶이 비유대인의 삶보다 더 가치 있으며, 가령, 유대인은 유대인을 죽음에서 구하기 위해서만 안식일을 어길 수 있고, 단지 비유대인을 구하기 위해서라면 어

길 수 없다는 견해를 고수했다(바빌로니아 탈무드, 요마 84장 2절).[10]

유대교의 어떤 성자들은 심지어 저 유명한 "네 이웃을 너 자신과 같이 사랑하라"라는 십계명의 계율조차 유대인에게만 해당되며, 비유대인을 사랑하라는 계율은 없다고 주장해왔다. 실제로 레위기의 원문은 "동포 중 누군가에게 복수를 꾀하거나 원한을 품지 말고, 네 이웃을 너 자신과 같이 사랑하라"(레위기 19장 18절)라고 되어 있는데, 여기서 '네 이웃'은 '동포'의 구성원만 가리키는 것이라는 의심을 품게 한다. 나아가 이런 의심은 성경에서 유대인을 향해 아말렉족과 가나안족 같은 특정 부족 사람을 몰살하라고 명령한 사실 때문에 대폭 강화된다. 성경에는 이렇게 나온다. "한 영혼도 살려두지 말라. 주 너의 하느님이 너희에게 명한 대로 그들 — 히타이트족과 아모리족과 가나안족과 브리스족과 히위족과 여부스족 — 을 완전히 멸하라."(신명기 20장 16~17절) 이는 인류 역사에서 집단 학살을 구속력 있는 종교적 의무로 제시한 첫 기록에 해당한다.

이런 유대인의 도덕률에서 약간의 별식을 골라내 보편적인 십계명으로 바꾸어 세계 전역에 전파한 것은 오로지 기독교인이었다. 사실 기독교가 유대교에서 갈라져 나온 것도 정확히 그 때문이었다. 지금까지도 많은 유대인들은 자신들이 다른 민족들보다 하느님에게 더 가까운 이른바 '선민'이라고 믿는 데 반해, 기독교의 창시자인 사도 바울은 그의 유명한 〈갈라디아인들에게 보낸 편지〉에서 이렇게 명시했다. "유대인도 비유대인도 없고, 노예도 자유인도 없으며, 남자도 여자도 없다. 너희는 모두 그리스도 예수 안에서 하나이기 때문이다."(갈라디아서 3장 28절)

기독교가 인류 역사에 막대한 영향을 미쳤음에도 다시 한 번 강조돼야 할 점은, 이것이 인류가 보편적 윤리에 도달한 첫 사례는 분명 아니라는 사실이다. 성경이 인간의 윤리를 찍어낸 독점적 글꼴이었던 것은 결코 아니다(성경은 그 안에 인종주의, 여성 혐오, 동성애 혐오적인 태도를 담고 있음에도 운이 좋았다). 공자와 노자, 부처, 마하비라(인도 자이나교 창시자—옮긴이)는 바울과 예수보다 훨씬 전에, 가나안 땅이나 이스라엘 선지자는 알지도 못할 때 이미 보편 도덕률을 세웠다. 모든 사람은 다른 사람을 자신처럼 사랑해야 한다고 공자가 설파한 것은 대랍비 힐렐이 그것을 토라의 핵심이라고 말하기 약 500년 전의 일이었다. 유대교가 여전히 동물의 번제와 전 부족의 조직적인 몰살을 명하던 시절에 이미 부처와 마하비라는 추종자들에게 모든 인간뿐 아니라 지각 있는 모든 존재, 심지어 벌레조차 해치지 말라고 가르쳤다. 따라서 유대교와 그 자손인 기독교인과 무슬림에게 인간의 도덕을 창조한 공을 돌리는 것은 전혀 말이 안 된다.

광신의
탄생

그렇다면 유일신 사상은 어떤가? 적어도 세계 다른 어느 곳에서도 없었던 유일신의 믿음을 개척한 일만큼은 유대교가 특별히 평가받아야 하지 않을까?(이 믿음이 세계 곳곳으로 퍼져 나간 데에는 유대인보다 기독교인과 무슬림의 역할이 크긴 했지만 말이다) 우리는이 문제에 대해서도 옥신각신할지 모른다. 유일신의 첫 번째 분명한 증거는 기원전 1350년경 파라오 아케나톤의 종교혁명에서 나왔으며, 메사 석비(기원전 9세기경 모아브 왕국의 메사 왕이 이스라엘에 승리하고 세운 기념비 — 옮긴이) 같은 기록은 성경 시대 이스라엘의 종교가 당시 모아브 같은 이웃 왕국들의 종교와 크게 다르지 않았음을보여준다. 메사 왕이 자신들의 위대한 신 그모스를 묘사한 방식을보면 구약 성경에서 야훼를 묘사한 것과 거의 같다. 하지만 유대교가 유일신 사상에 공헌했다는 생각의 진짜 문제는, 그것이 좀처럼자랑스러워할 일은 아니라는 사실이다. 윤리적 관점에서 봤을 때유일신 사상이야말로 인류 역사에서 최악의 사상 중 하나였다는 주장도 있다.

유일신교는 인간의 도덕적 기준을 개선하는 데 별로 기여한 게없다. 단지 힌두교도는 여러 신을 믿는 반면 무슬림은 유일신을 믿기 때문에 무슬림이 힌두교도보다 더 윤리적이라고 생각하는 사람은 없을 것이다. 기독교도 정복자들이 이교도인 아메리카 원주민 부족들보다 더 윤리적이었던가? 유일신교가 한 가지 확실하게했던 일은, 사람들을 이전보다 훨씬 더 편협하게 만들어 종교적 처형과 성전을 확산시키는 데 기여한 것이다. 다신교를 믿는 사람들은 서로 다른 사람들이 서로 다른 신을 섬기고 다양한 의식과 의례를 수행하는 것을 전적으로 받아들일 만한 일이라고 생각했다. 반면 일신교 신자들은 자신들의 신이야말로 유일한 신이며 이 신은 보편적인 복종을 요구한다고 믿었다. 그 결과 기독교와 이슬람교가 세계로 확산될 때마다 십자군과 지하드, 종교재판과 종교적 차별도 함께 늘어났다.[11]

예를 들어, 기원전 3세기 인도 아소카 왕의 태도와 로마 제국 후기의 기독교도 황제들을 비교해보자. 아소카 왕은 온갖 종교와 종파, 구루 들이 득실대는 제국을 다스렸다. 그는 스스로에게 '신들의 총애를 받는 사람' '모든 사람을 자애로 대하는 사람'이라는 공식 직함을 부여했다. 기원전 250년경 그는 관용에 관한 칙령을 내리면

서 이렇게 선언했다.

신들의 총애를 받는 사람, 모든 사람을 자애로 대하는 왕은 모든 종교의 구도자들과 거사(출가하지 않은 사람으로서 법명을 가진 남자)—옮긴이)들에게 경의를 표하며 (…) 모든 종교의 법요法要에 성장이 있어야 한다는 점을 중시한다. 법요의 성장은 상이한 방식으로 이뤄질 수 있는데, 그 모든 것의 뿌리는 말의 절제다. 즉, 자신의 종교를 찬양하거나 남의 종교를 정당한 이유 없이 비난하지 않는 것이다. (…) 과도한 신앙심에서 자신의 종교를 칭찬하고, '나 자신의 종교를 영화롭게 하겠다'는 생각에서 남의 종교를 비난하는 자는 누구든지 자신의 종교를 해칠 따름이다. 그러므로 종

교들 간의 접촉은 좋은 것이다. 누구든지 다른 사람이 공언하는
교리를 경청하고 존중해야 한다. 신의 총애를 받는 사람, 모든 사
람을 자애로 대하는 왕은 모두가 다른 종교의 좋은 교리에서도
잘 배울 수 있기를 바란다.[12]

그로부터 500년 후 후기 로마 제국은 아소카 시대의 인도만큼
이나 종교가 다양했다. 하지만 기독교가 제국을 차지한 후 황제들
은 아주 다른 종교 정책을 채택했다. 콘스탄티누스 대제와 그의 아
들 콘스탄티누스 2세를 시작으로 황제들은 모든 비기독교 사원을
폐쇄했고, 이른바 '이교도'의 의식들은 모두 금지했다. 위반자는 형
벌에 처했다. 박해는 테오도시우스 황제 — 그의 이름은 '신이 하사
한'이라는 뜻이다 — 통치하에서 절정에 달했다. 그는 391년 테오
도시우스 칙령을 선포해 사실상 기독교와 유대교를 제외한 다른 모
든 종교를 불법화했다(유대교도 수많은 방식으로 박해를 했지만 종교 활
동 자체를 불법화하지는 않았다).[13] 새로운 법에 따르면 자기 집 안에서
사적으로 유피테르(고대 로마 신화의 최고 신 — 옮긴이)나 미트라(페르
시아 신화에 나오는 빛과 진리의 신 — 옮긴이)를 섬기는 경우에도 처벌받
을 수 있었다.[14] 기독교 황제들은 제국에서 모든 불신앙의 유산을
일소하려는 캠페인의 하나로 올림픽 대회까지 억압했다. 그때까지
1,000년 이상 인기를 누려왔던 고대 올림픽은 4세기 후반 혹은 5세
기 초에 막을 내렸다.[15]

물론 모든 일신교 신자들이 테오도시우스처럼 편협하지는 않았다. 또한 일신교를 배격한 수많은 통치자들이 아소카처럼 관대한 종교 정책을 편 것도 아니다. 그럼에도 유일신 사상은 "우리 신 외에는 어떤 신도 없다"고 고집함으로써 광신을 부추기는 경향이 있었다. 그러니 유대인들은 이 위험한 밈meme(진화생물학자 리처드 도킨스가 만든 '문화 유전자'라는 뜻의 조어. 여기서는 유일신 사상을 가리킨다―옮긴이)을 퍼뜨리는 데 자신들이 했던 역할은 가급적 축소하고 기독교도와 무슬림에게 그 책임을 전가하는 게 나을 것이다.

유대교 물리학,
기독교 생물학

유대인이 인류 전체에 특별히 공헌한 것은 19세기와 20세기에 와서야 눈에 띄기 시작했는데, 특히 근대 과학 분야에서 그들이 차지한 역할은 월등했다. 아인슈타인과 프로이트 같은 유명 인사들 외에도 노벨상 수상자의 약 20퍼센트가 유대인이었다. 세계 전체 인구에서 유대인이 차지하는 비중은 0.2퍼센트도 안 된다.[16] 하지만 이는 종교나 문화로서 유대교가 기여한 것이 아니라 유대인 개인의 공헌이었다는 점을 강조할 필요가 있다. 지난 200년 동안 중요한 유대인 과학자들은 대부분 유대교의 종교적 권역 바깥에서 활동했다. 실제로 유대인들은 예시바를 뒤로하고 연구소를 택한 후에야 비로소 과학에 놀랄 만한 기여를 하기 시작했다.

1800년대 이전까지 유대인이 과학에 미친 영향은 제한적이었다. 당연히 유대인은 중국이나 인도, 마야 문명에서 진행된 과학의 진보에 아무런 중요한 역할도 하지 않았다. 유럽과 중동에서 마이모니데스 같은 일부 유대인 사상가들이 비유대인 동료들에게 상당한 영향을 주기는 했지만, 전반적으로 봤을 때 유대인이 미친 영향은 대체로 인구 비중에 비례했다. 16세기에서 18세기까지 일어난 과학혁명에도 유대교가 기여한 것이라고는 거의 없었다. 스피노자(그도 유대 공동체의 눈 밖에 나 파문당했다)를 제외하면, 유대인으로서 근대 물리학, 화학, 생물학, 사회과학의 탄생에 결정적인 공헌을 한 인물은 단 한 명도 찾기 어렵다. 아인슈타인의 조상들이 갈릴레이와 뉴턴 시절에 무엇을 하고 있었는지는 알 수 없지만, 아마 십중팔구는 빛을 연구하기보다 탈무드를 공부하는 데 훨씬 관심이 많았을 것이다.

거대한 변화는 19세기와 20세기에 와서야 일어났다. 세속화와 유대인의 계몽주의가 진행되면서 많은 유대인들이 비유대교도의 세계관과 생활방식을 채택했다. 그런 다음 유대인들은 독일과 프랑스, 미국 같은 나라의 대학교와 연구소에 진출하기 시작했다. 유대인 학자들은 게토와 슈테틀(과거 동유럽에 있던 소규모 유대인 마을 ─ 옮긴이)에서 자신들이 누렸던 중요한 문화유산을 가지고 갔다. 교육을 중심 가치로 여기는 유대 문화는 유대인 과학자들이 학계에서 비범한 성공을 거두는 데 밑거름이 됐다. 여기에는 다른 요인들도 작용했다. 박해받는 소수자로서 자신의 가치를 입증해 보이려는 욕망도 있었고, 군이나 행정기관 같은 반유대 성향이 더 강한 제도권에서는 재능 있는 유대인의 승진이 막힌 탓도 있었다.

하지만 유대인 과학자들이 예시바에서 체득한 강한 기율과 지식의 가치에 대한 깊은 믿음은 외부로 가져가긴 했어도, 구체적으로 도움이 될 아이디어와 통찰의 묶음을 가져간 것은 아니었다. 아인슈타인은 유대인이었지만 그가 창안한 상대성 이론은 '유대 물리학'이 아니었다. 토라의 신성함을 믿는 것과 '에너지는 질량 곱하기 빛의 속도 제곱'이라는 과학적 통찰이 무슨 관계가 있는가? 비교하자면, 다윈은 기독교인이었고 심지어 케임브리지에서 학업을 시작할 때는 영국 성공회 신부가 될 생각이었다고 해서 진화론이 기독교 이론인가? 상대성 이론을 유대인이 인류에 공헌한 업적으로 꼽는 것은, 진화론을 기독교의 공으로 돌리는 것만큼이나 우스꽝스런 일이다.

마찬가지로, 프리츠 하버(1918년 노벨 화학상 수상자)가 암모니아 합성 과정을 발명한 것이나, 셀먼 왁스먼(1952년 노벨 생리의학상 수상자)이 항생 물질인 스트렙토마이신(결핵 치료용 항생 물질 ― 옮긴이)을 발견한 것이나, 다니엘 셰흐트만(2001년 노벨 화학상 수상자)이 준결정準結晶(결정체인 크리스털과 원자 배열이 불규칙한 비정질非晶質의 중간 ― 옮긴이) 물질을 발견한 데에서 특별히 유대적인 것을 찾아보기는 어렵다. 프로이트 같은 인문학과 사회과학 분야 학자들의 경우, 아마 유대교 유산이 그들의 통찰에 더 깊은 영향을 주었을 것이다. 하지만 이런 경우에도 남아 있는 연관성보다 단절성이 훨씬 더 두드러진다. 인간 정신에 관한 프로이트의 견해는 랍비 조셉 카로나 요하난 벤 자카이와는 아주 다르다. 프로이트가 《술란 아루크》(조셉 카로가 쓴 유대교 율법서 — 옮긴이)를 주의 깊게 읽다가 오이디푸스 콤플렉스를 발견한 것은 아니었다.

요컨대, 아마도 학습을 강조한 유대 문화가 유대인 과학자들의 특출난 성공에 중요한 공헌을 했다 해도 아인슈타인과 하버, 프로이트의 업적을 위한 기초를 놓은 이들은 비유대교 사상가들이었다. 과학혁명은 유대인이 벌인 사업이 아니었다. 유대인들은 예시바에서 대학교로 이동한 후에야 비로소 그곳에서 자신의 자리를 발견했다. 모든 질문의 답을 옛 문서 읽기를 통해 찾는 유대인의 습관은 관찰과 실험을 통해 답을 찾는 근대과학의 세계로 유대인이 통합되는 데 중대한 방해물이었다. 만약 유대교 내부에 과학적 돌파구로 이어질 수밖에 없는 뭔가가 있었다면, 왜 1905년에서 1993년 사이 열 명에 이르는 세속적인 독일계 유대인이 화학, 의학, 생리학 부문의 노벨상을 받는 동안 초정통파 유대교도나 불가리아나 예멘의 유대인은 한 명도 받지 못했을까?

행여 '자학적인 유대인'이라거나 반유대주의자라는 의심을 살까 봐 덧붙이자면, 내 말은 유대교가 특별히 악하다거나 무지몽매한 종교라는 뜻은 아니라는 점을 강조하고 싶다. 단지 인류 역사에서 유대인이 특별히 중요하지는 않았다는 뜻일 뿐이다. 수백 년 동안 유대교는 박해받는 소수자의 미천한 종교였으며, 유대인은 멀리 있는 다른 나라를 점령하고 이단자를 화형에 처하는 일보다 읽고 사색하는 일을 선호했다.

반유대주의자는 대개 유대인을 아주 중요한 민족으로 생각한다. 이들은 유대인이 세계나 은행 시스템, 혹은 적어도 미디어를 지배하고 있으며, 따라서 지구온난화부터 9.11 공격에 이르기까지 모든 일에 대해 유대인이 비난받아야 한다고 생각한다. 이런 반유대주의자의 편집증은 유대인의 과대망상증만큼이나 터무니없다. 유대인이 대단히 흥미로운 민족일 수는 있다. 하지만 큰 그림을 봤을 때는 유대인이 세계에 미치는 영향이 매우 한정돼 있다는 사실을 깨달아야 한다.

역사상 인류는 수백 가지의 상이한 종교들과 분파들을 만들어왔다. 그중 극소수 — 기독교, 이슬람교, 힌두교, 유교, 불교 — 만이 수십억의 (늘 최고는 아닌) 사람들에게 영향을 주었다. 그 밖의 압도적인 다수 — 가령 티베트의 본Bon교(티베트 민족 고유의 민간 종교 — 옮긴이)나 아프리카의 요루바교(나이지리아 요루바족의 토속 종교 — 옮긴이), 유대교 — 는 영향력이 훨씬 작다. 개인적으로 나는 잔혹한 세계 정복자들보다, 남의 일에는 좀처럼 관심을 두지 않는 하찮은 사람들에게서 나온 사상을 좋아한다. 많은 종교들은 겸손의 가치를 받든다. 하지만 그런 다음에는 자신들이 우주에서 가장 중요한 존재라고 상상한다. 개인의 온순함을 요구하면서 동시에 뻔뻔한 집단적 오만함을 뒤섞는다. 모든 종교가 겸손을 보다 진지하게 여기면 좋을 것이다.

모든 형태의 겸손 중에서도 가장 중요한 것은 아마도 신 앞에서의 겸손일 것이다. 사람들은 신에 관해 이야기할 때는 언제나 자신을 극도로 낮춘다. 하지만 그런 다음에는 신의 이름을 활용해 신도들 위에 군림한다.

13

신

신의 이름을 헛되이 일컫지 말라

신은 존재하는가? 답은 머릿속에 어떤 신을 떠올리느냐에 달렸다. 우주의 신비? 아니면 세상의 입법자? 사람들은 신에 관해 이야기할 때, 가끔 경이로운 거대 수수께끼를 두고 이야기한다. 그것에 관해 우리가 아는 것은 전혀 없다. 우리가 이 불가사의한 신을 불러오는 것은 가장 심오한 우주의 수수께끼를 설명하려 들 때다. 왜 아무것도 없지 않고 무엇인가 존재하는가? 근본적인 물리 법칙은 어떻게 생겨났나? 의식이란 무엇이며 어디에서 비롯하는가? 이런 질문들에 대한 답을 우리는 알지 못한다. 우리의 이런 무지에 우리는 신이라는 거창한 이름을 부여한다. 이 수수께끼 같은 신의 가장 근본적인 특징이라면, 그에 관해 구체적으로 말할 수 있는 것은 아무것도 없다는 점이다. 이때의 신은 철학자의 신이며, 우리가 밤늦게 모닥

불 주변에 둘러앉아 인생이 무엇인지 논할 때 이야기하는 신이다.

또 다른 경우에 사람들은 신을 완고한 세상만사의 입법자로 본다. 그런 신에 관해서는 우리가 너무나 잘 안다. 패션과 음식, 섹스, 정치에 관해 그가 무슨 생각을 하는지도 우리는 정확히 알고, 수만 가지 규제와 법령, 분쟁을 정당화할 때면 으레 이 '하늘 위의 성난 남자'를 끌어들인다. 그는 여성이 짧은 팔 셔츠를 입거나, 두 남자가 성관계를 맺거나, 10대가 자위를 하면 분노한다. 어떤 사람들은 우리가 술 마시는 것조차 그가 싫어한다고도 하고, 또 다른 사람들에 따르면 그는 적극적으로 우리에게 매주 금요일 밤이나 일요일 아침에 와인을 마시라고 요구한다. 온 도서관의 책에는 정확히 그가 무엇을 바라고 무엇을 싫어하는지 아주 세세한 것까지 설명이 나와 있다. 이 세상만사의 입법자인 신의 가장 근본적인 특징은 우리가 그에 관해서는 극도로 구체적인 것까지 말할 수 있다는 점이다. 이 신은 십자군의 신이자 지하드 전사의 신이며, 종교재판관의 신이자 여성 혐오자의 신이며 동성애 혐오자의 신이다. 이 신은 우리가 타오르는 장작 주변에 둘러서서 불 위의 이단자를 향해 돌을 던지고 욕을 할 때 이야기하는 바로 그 신이다.

신을 믿는 사람들은 신이 실제로 존재하는지 묻는 질문을 받으면, 먼저 우주의 불가해한 신비와 인간 이해력의 한계에 관한 이야기부터 한다. 이들은 "과학은 빅뱅을 설명할 수 없다"라고 운을 뗀 뒤 "그래서 신이 있을 수밖에 없다"라고 주장한다. 하지만 그런 다음에는 마치 마술사가 카드 한 장을 다른 카드와 감쪽같이 바꿔치기해 관객을 속이는 것처럼, 우주의 신비를 재빨리 세상의 입법자로 대체한다. 알 수 없는 우주의 비밀에 '신'의 이름을 갖다 붙이고서 그다음에는 그것을 어떻게든 비키니와 이혼을 비난하는 데 활용한다. "우리는 빅뱅을 이해하지 못한다. 그러므로 우리는 공공장소에서는 두발을 가려야 하고 동성애 결혼 합법화에 반대표를 던져야 한다." 이 두 명제는 논리적으로 연결되지 않을뿐더러 사실은 상충된다. 우주의 신비가 깊을수록, 그것에 책임이 있는 것은 무엇이 됐건 여성의 복장이나 인간의 성적 행동에 관심을 가질 가능성은 희박하다.

우주의 신비와 세상의 입법자 간의 빠진 연결고리는 흔히 어떤 신성한 책이 제공한다. 이 책은 사소하기 이를 데 없는 규제들로 가득하다. 하지만 그 모든 것을 우주의 신비 탓으로 돌린다. 신도들의 설명대로라면 그 책도 시간과 공간을 창조한 신이 지었다. 그 신은 어리석은 우리 인간을 깨우치는 수고도 마다하지 않았는데, 그 내용은 주로 어떤 불가사의한 신전의 의식과 음식 터부에 관한 것들이다. 사실은 성경이 됐건, 쿠란이 됐건, 모르몬 경전이 됐건, 베다가 됐건, 다른 어떤 신성한 책이 됐건, 그 책이 에너지는 질량 곱하기 빛의 속도의 제곱이며 양성자의 질량은 전자의 1,837배라는 법칙을 결정한 것과 같은 힘에 의해 씌었음을 보여주는 증거는 아무것도 없다. 우리가 아는 최선의 과학 지식에 따르면, 이 모든 성스

러운 텍스트들은 상상력이 뛰어난 호모 사피엔스가 쓴 것이다. 그
것들은 우리의 선조가 사회 규범과 정치 구조를 정당화하려고 발명
한 이야기일 뿐이다.

　나는 개인적으로 존재의 신비에 관해 늘 궁금해해왔다. 하지만
그것이 유대교와 기독교, 힌두교의 성가신 법률들과 무슨 상관이
있는지 도무지 이해할 수 없었다. 이 법률들은 수천 년 동안 사회
질서를 확립하고 유지하는 데에는 확실히 큰 도움이 됐다. 하지만
바로 그 점에서 이 법률들도 세속 국가와 제도의 법률과 근본적으
로 다르지 않다.

　성경에 나오는 십계명의 세 번째 계명은 인간에게 신의 이름을
망령되이 일컫지 말라고 지시한다. 사람들은 이것을 어린애처럼 이
해하기 쉽다. 신의 이름을 입 밖에 내뱉는 것을 금지한 것으로 말이
다(유명한 희극 그룹 몬티 파이튼의 공연 중에 '여호와'를 함부로 부른 자를 처
형하려던 집행관이 "여호와라고 말하면"이라고 했다가 되레 자신이 군중의 돌
에 맞아 죽는 장면이 나온다). 아마도 십계명의 보다 깊은 의미는, 우리
의 정치적 이익이나 경제적 야심, 개인적 증오를 정당화하기 위해
신의 이름을 사용하지는 말라는 뜻일 것이다. 사람들은 누군가를
미워할 때 "신이 그를 미워한다"라고 말하고, 땅이 탐날 때 "신이
그것을 바라신다"라고 한다. 우리가 세 번째 십계명을 보다 성실하
게 지키기만 해도 세상은 훨씬 나은 곳이 될 것이다. 이웃과 전쟁을
하고 싶거나 그들의 땅을 뺏고 싶은가? 제발 거기서 신은 제외하고

다른 핑곗거리를 찾기 바란다.

　모든 것을 감안했을 때, 결국은 의미론의 문제다. 나는 '신'이라는 단어를 사용할 때는 IS의 신, 십자군의 신, 종교재판관의 신, '신은 동성애자를 미워한다'라고 쓴 배너 속의 신을 생각한다. 반면 존재의 신비를 생각할 때는 '신'이 아닌 다른 단어를 즐겨 사용한다. 혼동을 피하기 위해서다. IS와 십자군 — 이름, 무엇보다 자신들이 가장 신성시하는 이름에 그토록 관심을 갖는 자들 — 의 신과는 달리, 존재의 신비는 우리 같은 유인원이 거기에 어떤 이름을 붙이든 털끝만큼도 관심이 없다.

무신론

윤리

　　　물론 우주의 신비는 사회 질서를 유지하는 데는 전혀 도움이 안 된다. 사람들은 흔히 인간에게 아주 구체적인 계율을 준 신을 우리가 믿어야 하며, 그러지 않으면 도덕은 소멸하고 사회는 원시시대의 혼란 속으로 빠져들 거라고 주장한다.

　신에 대한 믿음이 다양한 사회 질서에 필수적이었으며, 때때로 긍정적인 결과를 낳았다는 것은 분명한 사실이다. 실제로 어떤 사람들에게는 증오와 편협한 광신을 낳는 바로 그 종교가 다른 사람들에게는 사랑과 연민을 불러일으킨다. 가령, 1960년대 초 감리교 목사 테드 매킬비너는 그의 공동체에 있는 LGBT(성 소수자인 레즈비

언, 게이, 양성애자, 트랜스젠더의 머리글자를 딴 약어 — 옮긴이)의 어려운
처지를 알게 되었다. 그는 사회 전반에 걸쳐 게이와 레즈비언의 실
태를 조사하기 시작했고, 1964년에는 캘리포니아의 화이트 메모리
얼 휴양센터에서 사흘간 성직자들과 동성애 운동가들이 서로 대화
하는 선구적인 행사를 개최했다. 참가자들은 후속 사업으로 '종교
와 동성애 위원회CRH, the Council on Religion and the Homosexual'를 조직했
고, 여기에는 동성애 활동가들 외에 감리교, 영국 성공회, 루터교,
통일그리스도교회 목사들도 참여했다. 이것은 당시로서는 대담하
게 '동성애'라는 단어를 단체의 공식 명칭에 사용한 최초의 미국 조
직이었다.

　그 후로 CRH는 가장무도회 조직부터 부당한 차별과 박해에 맞
선 법적 대응에 이르기까지 다양한 활동을 벌여 나갔다. CRH는 캘
리포니아에서 시작된 동성애 권리 운동의 씨앗이 되었다. 매킬비너
목사와 그를 따르는 성직자들은 성경이 동성애를 금지한다는 사실
을 잘 알고 있었다. 하지만 이들은 성경에 나오는 말을 엄격히 따르
기보다 그리스도가 말한 연민의 정신을 섬기는 것이 더 중요하다고
생각했다.[1]

　하지만 신이 우리에게 어진 마음을 불러일으킬 수 있다 해도, 종
교적 믿음이 도덕적 행동의 필수 조건인 것은 아니다. 우리가 도덕
적으로 행동하기 위해서는 초자연적 존재가 있어야 한다는 생각은
도덕성에 관한 한 비자연적인 무언가가 있음을 전제로 한다. 하지

만 그래야만 할 이유가 있을까? 어떤 종류의 도덕이든 자연적이다. 침팬지부터 들쥐에 이르기까지 모든 사회적 포유류들은 절도와 살해 같은 것을 제한하는 나름의 도덕적 규약이 있다. 인간들 사이를 보더라도 모두 같은 신을 믿는 것은 아니며, 아예 신을 믿지 않는 경우도 있지만 모든 사회에 도덕은 존재한다. 기독교인은 힌두교의 수많은 신들을 믿지 않고도 자비롭게 행동하고, 무슬림은 그리스도의 신성을 배격하면서도 정직성을 소중히 여긴다. 덴마크와 체코 공화국 같은 세속 국가들이 이란과 파키스탄 같은 신앙심 깊은 국가들보다 더 폭력적인 것도 아니다.

도덕의 의미는 '신의 명령을 따르는 것'이 아니다. '고통을 줄이는 것'이다. 따라서 도덕적으로 행동하기 위해 어떤 신화나 이야기를 믿을 필요는 없다. 고통을 깊이 헤아리는 능력을 기르기만 하면 된다. 어떤 행동이 어떻게 해서 자신이나 남에게 불필요한 고통을 낳는지 진정으로 이해한다면 자연스럽게 그 행동을 멀리하게 될 것이다. 그럼에도 사람들이 사람을 죽이고 강간하고 물건을 훔치는 것은, 그런 행동이 초래하는 불행을 피상적으로만 이해하기 때문이다. 그런 사람은 자신의 행동이 타인에게 미치는 영향이나, 심지어 자신에게 미치는 장기적인 영향에는 아랑곳없이 당장의 정욕이나 탐욕을 채우는 데만 집착한다. 종교재판 시대의 심문관은 불려온 희생자에게 최대한 고통을 가하는 것이 임무였지만, 이들조차도 평소 자신들이 하는 행동과는 거리를 두려고 자신의 감각을 무디게

301

만들고 비인간화하는 다양한 기술을 사용했다.[2]

혹시 이렇게 반문할지도 모르겠다. 모든 인간이 비참한 느낌을 피하려고 하는 것은 자연스러운 일이지만 어떤 신이 명하지 않는 다음에야 타인의 불행에 신경을 쓰려고 할까? 한 가지 분명한 답은 인간은 사회적 동물이며, 따라서 자신의 행복도 남들과의 관계에 아주 많이 의존한다는 것이다. 사랑과 우정, 공동체 없이 누가 행복할 수 있을까? 혼자서 외롭게 자기중심적인 삶을 산다면 비참한 신세가 될 것이 거의 틀림없다. 따라서 최소한 행복해지고 싶은 마음이 있다면 가족과 친구, 공동체 구성원에게 관심을 가져야 한다.

그렇다면 완전한 이방인은 어떨까? 내가 전혀 모르는 이방인이라면 그를 살해하고 그가 가진 것으로 나 자신과 우리 부족을 부유하게 해도 무방하지 않을까? 그 문제에 관해 많은 사상가들이 정교한 사회 이론을 구축해왔다. 이들의 설명은 그런 행동이 장기적으로 볼 때는 오히려 역효과를 낳는다는 것이었다. 우선, 낯선 사람이 수시로 강도나 살해를 당하는 사회에서는 누구도 살고 싶지 않을 것이다. 끊임없는 위험 속에서 지내야 할 뿐 아니라, 이방인들 간의 신뢰에 의존하는 상업 같은 것의 혜택도 누릴 수 없을 테니 말이다. 상인들이 도둑 소굴을 찾아갈 리는 없다. 고대 중국부터 근대 유럽에 이르기까지 세속적인 이론가들(종교적 믿음과 무관하게 도덕의 기초를 모색한 이론가들 — 옮긴이)은 그와 같은 논리로 "남이 네게 하지 않았으면 하는 일을 남에게 하지 말라"라는 황금률을 정당화했다.

하지만 그처럼 복잡한 장기 이론에 기대지 않고도 보편적 연민의 자연적 기초를 찾을 수 있다. 상업 이야기는 잠시 잊자. 훨씬 즉각적인 수준에서 보더라도, 남을 해치면 우리 자신도 다친다. 세상의 모든 폭력적인 행동은 누군가의 마음속 폭력적인 욕망에서 시작되는데, 이는 다른 누군가의 평화와 행복을 방해하기 전에 먼저 그 사람 자신의 평화와 행복을 깨뜨린다. 그래서 사람들은 자신의 마음속에 먼저 탐욕과 시샘이 일어나 쌓이지 않는 한, 좀처럼 남의 것은 훔치지 않는다. 또한 일반적으로 먼저 분노와 증오가 일어나지 않는 한, 살인은 저지르지 않는다. 탐욕과 시샘, 분노와 증오 같은 감정은 아주 불쾌한 것이다. 마음속이 분노나 시샘으로 끓어오르는 한, 기쁨과 조화를 경험할 수 없다. 따라서 누군가를 살해했다면, 그보다 오래전에 이미 분노가 자신의 마음의 평화를 죽인 상태였을 것이다.

물론, 증오의 대상을 실제로 살해하지는 않은 채 마음속으로만 분노를 몇 년째 끓어오르게 둘 수도 있다. 그런 경우에도 다른 누군가를 해치지는 않았지만 이미 자기 자신을 해친 것이다. 따라서 마음속 분노에 대해 무언가를 하도록 유도해야 할 것은 — 어떤 신의 명령이 아니라 — 본능적인 이기심이다. 만약 마음속 분노에서 완전히 자유로워진다면, 혐오하는 적을 살해했을 때보다 훨씬 기분이 좋을 수 있다.

어떤 사람에게는, 원수에게 다른 쪽 뺨까지 돌려 대주라고 명령한 인정 많은 신을 믿는 것이 마음속 분노를 누르는 데 도움이 될 수도 있을 것이다. 그런 식으로 종교적 믿음은 세상의 평화와 조화에 막대한 기여를 해왔다. 하지만 불행히도, 똑같은 종교적 믿음이 다른 사람들에게는 분노를 키우고 그들의 분노를 정당화한다. 특히 누군가 자신이 믿는 신을 모욕하거나 신의 바람을 무시했을 때 그렇다. 이렇게 볼 때 세상의 입법자로서 신의 가치는 궁극적으로 그것을 믿는 사람들의 행동에 좌우된다. 만약 그들이 행동을 잘한다면 그들이 좋아하는 것은 무엇이든 믿을 수 있다. 마찬가지로, 종교적 의식과 성지의 가치도 그것이 신도들에게 불러일으키는 느낌과 행동의 유형에 달려 있다. 사원을 찾아간 사람들이 평화와 조화를 체험한다면 그것은 훌륭한 일이다. 하지만 특정 사원이 사람들 사이에 폭력과 분쟁을 유발한다면 그것이 우리에게 왜 필요하겠는가? 그것은 명백히 사회에 역기능을 하는 사원이다. 열매보다 가시만 돋는 병든 나무를 두고 싸우는 일이 무의미한 것처럼, 조화보다 적의만 낳는 불량 사원을 두고 싸우는 일은 의미가 없다.

어떤 사원도 찾아가지 않고, 어떤 신도 믿지 않는 것 역시 우리가 선택할 수 있는 사항이다. 지난 몇 세기가 입증했듯이, 우리가 도덕적인 삶을 살기 위해 굳이 신의 이름을 불러들일 필요는 없다. 세속주의만으로도 우리는 우리에게 필요한 모든 가치를 얻을 수 있다.

14

세속주의

당신의 그늘을 인정하라

세속적이라는 것은 무슨 뜻일까? 세속주의는 가끔 종교의 부정으로 규정되기도 한다. 따라서 세속적인 사람은 그가 믿지 않고 행하지 않는 것에 따라 규정된다. 이런 정의에 따르면 세속적인 사람은 어떤 신이나 천사도 믿지 않고, 교회나 절에도 가지 않으며, 종교적인 의식이나 의례도 행하지 않는다. 이렇게만 보면 세속적인 사람은 속이 비어 있고 허무주의적이며 도덕관념이라고는 없는 존재 — 무언가로 채워지기만을 기다리는 빈 상자 — 처럼 보인다.

이런 부정적인 정체성을 자신의 것으로 삼고 싶은 사람은 별로 없을 것이다. 스스로 세속주의자라고 하는 사람들은 세속주의를 아주 다르게 본다. 이들에게 세속주의란 이런저런 종교에 반대하는 입장이라기보다 나름의 일관된 가치 기준으로 규정되는, 대단히 긍정적이며 적극적인 세계관이다. 실제로 세속적 가치의 다수는 다양한 종교 전통들도 공유하는 것들이다. 일부 종교 분파들이 모든 지혜와 좋은 것들은 자신들이 독점하고 있다고 주장하는 것과는 달리, 세속주의자의 주요 특징 중 하나는 그런 독점권을 주장하지 않는다는 점이다. 그들은 인간의 도덕과 지혜가 어느 특정 장소와 시간에 하늘에서 내려왔다는 주장을 믿지 않는다. 오히려 도덕과 지혜는 모든 인간의 자연적인 유산이라고 생각한다. 따라서 최소한 몇몇 가치들은 세계 도처의 인간 사회에서 저절로 생겨났으며, 이것이 무슬림이나 기독교인이나 힌두교도나 무신론자에게나 공통적이라는 사실은 충분히 예상된 것이었다.

종교 지도자들은 흔히 신도들에게 단호한 양단간의 선택지 — 가령, 너는 무슬림인가, 아닌가 — 를 제시한다. 만약 무슬림이라면 다른 모든 교리는 거부해야 한다는 식이다. 반면에 세속주의자들은 여러 가지가 뒤섞인 정체성에 익숙하다. 세속주의로 말하자면 이런 식이다. 자신을 무슬림이라 부르고 알라에게 기도를 드리며 할랄 음식(이슬람교 계율에 따라 도축된 짐승의 고기와 그것으로 만든 음식 — 옮긴이)을 먹고 메카로 성지순례를 떠나면서도, 동시에 세속적인 윤리 규범을 지키는 한 세속적인 사회의 좋은 성원 또한 될 수 있다. 실제로 무신론자뿐 아니라 수백만의 무슬림과 기독교인, 힌두교도들까지 그런 생활 방식을 따른다. 이때 중시되는 것은 진실과 연민, 평등, 자유, 용기, 책임의 가치인데, 이는 근대 과학과 민주 제도의 기초이기도 하다.

　모든 윤리 규범이 그런 것처럼 세속적인 규범도 사회 현실이라 기보다 열망하는 이상이다. 기독교 사회와 기독교 제도가 기독교의 이상에서 벗어날 때가 많듯이, 세속주의 사회와 제도 역시 세속주의의 이상에 한참 미달할 때가 많다. 중세 프랑스는 자칭 기독교 왕국이었지만 그리 기독교적이라 할 수 없는 갖가지 행위를 자행했다 (혹사당한 농민들에게 물어보라). 또한 근대 프랑스는 자유를 앞세운 자칭 세속 국가라면서도, 로베스피에르 시대부터 줄곧 자유의 정의를 내리는 데만도 무진장 애를 먹었다(여성들에게 물어보라). 그렇다고 해서 세속주의자들 — 프랑스에서든 다른 곳에서든 — 에게는 도덕의 나침반이나 윤리적 책임감이 결여돼 있다는 뜻은 아니다. 단지 이상에 맞춰 살기가 쉽지 않다는 뜻일 뿐이다.

세속주의
이상

　　　　그렇다면 세속주의의 이상이란 무엇인가? 가장 중요한 세속주의의 가치는 **진실**이다. 단지 믿음이 아닌 관찰과 증거를 기반으로 한 진실을 말한다. 세속주의자들은 이 진실과 믿음을 혼동하지 않으려고 노력한다. 만약 당신이 어떤 이야기에 대한 강한 믿음을 품고 있다면, 그것은 당신의 심리와 유년기, 뇌 구조에 관해서는 흥미로운 사실들을 많이 알려줄 수 있겠지만, 그 이야기가 진실임을 증명해주지는 않는다. (오히려 이야기가 진실이 아닐 때 강한 믿음이 필요한 경우가 많다.)

더욱이 세속주의자들은 어떤 집단이나 개인, 책을 두고 오직 그것만이 진실의 유일한 후견인인 것처럼 신성시하지는 않는다. 세속주의자들은 진실이 스스로 모습을 드러내는 한 어디에서 나온 것이든 신성하게 여긴다. 예를 들어 고대의 화석화된 유골이나 머나먼 은하를 촬영한 사진, 통계 수치가 적힌 표, 다양한 인류의 전례 기록 들이다. 이처럼 진실에 헌신하는 태도야말로 근대 과학의 기저를 이룬다. 덕분에 인류는 원자의 비밀을 풀었고, 유전체를 해독했으며, 생명의 진화 과정을 알아냈고, 인류 자신의 역사를 이해할 수 있게 되었다.

세속주의자들이 중시하는 또 다른 가치는 연민이다. 세속주의 도덕률은 이런저런 신의 명령에 복종하는 것이 아니라 고통을 깊이 헤아리는 데서 나온다. 가령, 세속주의자가 살인을 금하는 것은 어떤 고대 서적이 그것을 금지해서가 아니라 살인이 지각 있는 존재에게 막대한 고통을 끼치기 때문이다. "신이 그렇게 말씀하신다"는 이유만으로 살인을 피하는 사람은 더 심각한 곤란과 위험을 야기할 소지가 있다. 그런 사람은 연민보다 복종심에 따라 행동한다. 만약 자신이 믿는 신이 이단자나 마녀, 간통자, 이방인을 죽이라고 명한다고 믿게 되면 그는 어떻게 행동할까?

물론 절대적인 신의 계명이 없는 상황에서 세속적인 윤리는 어려운 딜레마에 봉착할 때가 많다. 똑같은 행동이 어떤 사람에게는 해가 되고 다른 사람에게는 득이 될 때는 어떻게 될까? 가난한 사람을 도우려고 부자에게 많은 세금을 부과하는 것은 도덕적인가? 잔인한 독재자를 제거하려고 유혈 전쟁을 일으키는 것은? 난민 입국을 무제한으로 허용하는 것은? 세속주의자는 그런 딜레마에 직면하면 "신이 뭐라고 명령하는가?"라고 묻는 대신, 관련된 당사자들의 느낌을 신중히 저울질하고 폭넓게 관찰하고 가능성들을 검토해서 피해를 최소화할 타협책을 찾는다.

예를 들어 성적 취향에 대한 태도를 보자. 세속주의자는 강간과 동성애, 수간, 근친상간을 지지할지 반대할지 어떻게 결정할까? 관련된 사람의 느낌을 살펴서 결정한다. 강간은 명백히 비도덕적이다. 어떤 신의 계명을 어겨서가 아니라 사람에게 고통을 주기 때문이다. 반면에 두 남성이 사랑하는 것은 아무에게도 고통을 주지 않는다. 따라서 금지할 이유가 없다.

그렇다면 수간은 어떨까? 나는 공사를 막론하고 동성애 결혼에 관한 토론에 수도 없이 참여해봤다. 그런 자리에 가면 어떤 똑똑한 남성이 꼭 이런 질문을 던질 때가 많다. "만약 두 남자끼리의 결혼에 문제가 없다면 남자와 염소 간 결혼도 괜찮다는 건가?" 세속주의자의 관점에서 대답은 명확하다. 건강한 관계에는 감정적인 차원과 지적인 차원뿐만 아니라 영적인 깊이까지 필요하다. 결혼에 그런 깊이가 없으면 불만스럽고 외로울 뿐 아니라 정신도 더 성장하지 못한다. 두 남자끼리는 확실히 감정적, 지적, 영적 욕구를 서로 충족시킬 수 있지만, 염소와의 관계에서는 불가능하다. 따라서 결혼을 — 세속주의자가 생각하듯이 — 인간의 행복 증진을 위한 제도로 본다면 꿈에라도 그런 괴상한 질문을 할 생각은 들지 않을 것이다. 오직 결혼을 일종의 기적적인 의례로 보는 사람들만 그런 질문을 할 것이다.

그렇다면 아버지와 딸 사이의 관계는 어떨까? 두 사람 다 인간인 이상, 문제될 게 있을까? 글쎄, 심리학자들의 수많은 연구 결과를 보면 그런 관계는 아이에게 막대한 그리고 통상 회복이 불가능한 해를 끼친다는 사실을 알 수 있다. 게다가 그런 관계는 그런 부모에게 내재된 파괴적 경향성을 반영할 뿐 아니라 더 강화한다. 사피엔스의 정신은 로맨틱한 결합이 부모의 유대감과는 잘 섞이지 않는 방향으로 진화해왔다. 따라서 근친상간에 반대하기 위해 신이나 성경이 필요한 것은 아니다. 심리학의 관련 연구들만 읽어봐도 충분하다.[1]

세속주의자가 과학적 진실을 중시하는 것도 바로 이런 깊은 이유에서다. 지적 호기심을 충족시키기 위해서가 아니라 세상의 고통을 줄이는 최선의 방법을 알기 위해서다. 과학적인 연구의 안내를 받지 못하면 우리가 가진 연민도 맹목적이 될 때가 많다.

세속주의의 쌍둥이 가치인 진실과 연민에 헌신하는 태도는 또한 **평등**을 향한 헌신으로 귀결된다. 세속주의자들은 경제적, 정치적 평등이 무엇인지에 대한 의견은 달라도 근본적으로는 모든 선험적인 위계를 의심한다. 고통은 누가 경험하더라도 고통이다. 지식은 누가 발견하더라도 지식이다. 특정 민족이나 계급, 성이 경험하거나 발견한 것을 그들만의 특권으로 삼을 때 우리는 무뎌지고 우매해지기 쉽다. 세속주의자는 자기 민족이나 국가, 문화의 고유함에 분명히 자부심을 느낀다. 하지만 '고유함'과 '우월함'을 혼동하지 않는다. 따라서 세속주의자는 자기 민족과 국가를 향한 특별한 의무를 인정하면서도, 그 의무가 배타적이라고는 생각하지 않으며, 동시에 인류 전체를 향한 의무도 인정한다.

우리는 생각하고 조사하고 실험할 자유 없이는 진리는 물론이고 고통에서 벗어날 길도 찾을 수 없다. 따라서 세속주의자는 자유를 중시하며, 어떤 텍스트나 제도, 지도자에게 최고 권위를 부여해서 옳고 그름의 최종 심판으로 삼는 일을 삼간다. 인간은 언제라도 의심하고, 다시 검증하고, 다른 의견을 듣고, 다른 길을 시도해볼 자유가 있어야 한다. 세속주의자는 지구가 정말 우주의 중심에 미동도 없이 앉아 있는지 용감하게 질문한 갈릴레오 갈릴레이를 존경한다. 또한 1789년 바스티유 감옥으로 몰려가서 루이 14세의 폭군 체제를 무너뜨린 민중을 높이 평가한다. 또한 백인 승객에게만 허용된 버스 좌석에 앉는 용기를 발휘한 로자 파크스를 찬양한다.

편견과 억압적인 체제에 맞서 싸우려면 큰 용기가 필요하다. 하지만 무지를 인정하고 미지의 세계를 모험하는 데는 훨씬 큰 용기가 필요하다. 세속적인 교육은 우리에게 무엇이든 모르는 것이 있으면 우리의 무지를 인정하고 새로운 증거를 찾는 것을 두려워하지 말아야 한다고 가르친다. 심지어 우리가 무엇을 안다고 생각하더라도 우리의 의견을 의심하고 다시 검증하기를 겁내지 말아야 한다. 많은 사람이 미지의 사실을 두려워하고 모든 질문에 명확한 답을 바란다. 미지의 사실에 대한 두려움이 그 어떤 폭군보다 더 우리를 마비시킬 수 있다. 역사를 통틀어 사람들은 우리가 어떤 일련의 절대적인 해답을 믿지 않으면 인간 사회는 와해될 거라고 걱정했다. 하지만 사실은 기꺼이 자신의 무지를 인정하고 곤란한 질문을 제기한 용기 있는 사람들의 사회가, 모든 구성원이 단일한 해답을 무조건 수용해야만 했던 사회보다 더 번영했을 뿐만 아니라 더 평화로웠다. 자신이 믿는 진실을 잃을까 겁내는 사람은 몇 가지 다른 관점에서 세상을 보는 데 익숙한 사람보다 더 폭력적인 경향이 있다. 일반적으로 말해서, 답할 수 없는 질문이 질문을 불허하는 답보다 훨씬 낫다.

끝으로, 세속주의자는 **책임**을 소중하게 여긴다. 세속주의자는 어떤 상위의 힘이 있어서 세상을 돌보고, 사악한 자를 벌하며, 의로운 자에게 보상하고, 우리를 기근과 전염병과 전쟁에서 보호해준다고는 믿지 않는다. 따라서 피와 살로 된 우리 인간이 우리가 행하는 ― 그리고 하지 않는 ― 모든 것에 전적으로 책임져야 한다. 세상이 온통 비참한 상태에 있다면 해법을 찾는 것은 우리의 의무다. 세속주의자는 근대 사회가 전염병을 치료하고 굶주린 사람을 먹이고, 세계 곳곳에 평화를 전파하는 등 헤아릴 수 없이 많은 성취를 거둔 데 자부심을 느낀다. 이런 성취를 어떤 신적인 보호자의 공으로 돌릴 필요는 없다. 그것은 인간이 자신의 지식과 동정심을 계발한 결과들이다. 하지만 바로 그와 같은 이유 때문에 우리는 대량 학살에서 생태계 악화에 이르기까지 근대성이 초래한 범죄들과 실패들에 대해서도 전적인 책임을 져야 한다. 기적을 바라는 기도를 올리는 대신, 우리가 할 수 있는 것이 무엇인지 물어야 한다.

이런 것이 세속적인 세계의 주된 가치들이다. 앞에서 이야기했듯이 이들 가치 중에 세속주의에만 국한된 것은 아무것도 없다. 유대인도 진실을 중시하고, 기독교인도 연민을 중시하고, 무슬림도 평등을 중시하고, 힌두교도도 책임을 중시한다. 그 밖의 종교들도 마찬가지다. 세속주의 사회와 제도는 기꺼이 이런 상호 관련성을 인정하고 유대교를 믿는 유대인이나 기독교인, 무슬림, 힌두교도 모두를 포용한다. 다만 세속주의 규범이 종교적 교리와 충돌할 때는 후자가 양보한다는 전제하에서만 그렇다. 가령, 세속주의 사회에 받아들여지려면 정통파 유대교도는 유대교도가 아닌 사람도 동등하게 대해야 하고, 기독교인은 이단자를 화형에 처하지 말아야 하며, 무슬림은 표현의 자유를 존중하고, 힌두교도는 카스트에 따른 차별을 포기해야 한다.

반면에 종교가 있는 사람은 신을 부인하거나 전통 의식과 의례를 포기하지 않아도 된다. 세속주의 세계는 사람을 판단할 때 그 사람이 좋아하는 의복과 의식보다는 행동을 본다. 누구라도 더없이 특이한 분파의 복식을 따를 수 있고 더없이 이상한 종교 예식도 실천할 수 있다. 하지만 마음속 깊이 세속주의의 핵심 가치를 따라야 한다. 세상에는 유대인 과학자, 기독교인 환경주의자, 무슬림 페미니스트, 힌두교인 인권 운동가 들이 많이 있다. 이들이 과학적 진실과 연민과 평등과 자유의 가치에 충실하는 한 모두가 세속주의 세계의 정회원이다. 이들이 굳이 야물커(유대인 남성이 정수리 부분에 쓰는 작고 동글납작한 모자 — 옮긴이)나 히잡(이슬람 여자들이 외출 때 머리에 쓰는 수건 — 옮긴이)을 벗거나, 십자가나 틸라크(힌두교도가 이마에 붙이는 점 — 옮긴이)를 제거해야 할 이유는 없다.

비슷한 이유에서, 세속주의 교육은 아이들에게 신을 믿지 말라거나 종교 예식에 참가하지 말라고 가르치는 금지의 교의 주입이 아니다. 오히려 세속주의 교육은 아이들에게 진실과 믿음을 분별하고, 고통을 느낄 줄 아는 모든 존재를 위한 동정심을 계발하며, 지구에 서식하는 모든 생물의 지혜와 경험을 이해하고, 미지의 것을 두려워하지 않고 자유롭게 사고하며, 자신의 행동과 세계 전체에 책임을 지도록 가르친다.

스탈린은
세속적이었나?

　　　　　따라서 세속주의를 두고 윤리적 헌신이나 사회적 책임감이 결여돼 있다고 비판하는 것은 근거가 없다. 사실 세속주의의 주된 문제는 그것과 정반대다. 윤리적 기준을 너무 높게 잡는 경향이 있다는 것이다. 대다수의 사람들은 그런 부담스러운 기준에 부응할 수 없을 뿐 아니라, 많은 사람들이 모여 사는 사회는 아무 구속력은 없는 진실과 연민의 추구에만 의존해서는 운영될 수 없다. 특히 비상 시기—전쟁이나 경제 위기 같은 경우—에 사회는 즉시 강력한 행동에 나서야 한다. 무엇이 진실이고 무엇이 가장 온정적인지 확신할 수 없는 상황에서도 그래야 한다. 그럴 때는 명확한 지침과 시선을 끄는 슬로건, 그리고 사기를 북돋는 함성이 필요하다. 의심스러운 추측을 내세워서는 병사들을 전쟁터로 내보내거나 급진적인 경제 개혁을 추진하기 어렵기 때문에 세속적인 운동은 번번이 독단적인 신조로 탈바꿈한다.

　예를 들어, 카를 마르크스는 사회주의 운동을 시작할 때 모든 종교는 억압에 봉사하는 사기라고 주장하며, 추종자들에게는 스스로 세계 질서의 본질을 탐구해보라고 권장했다. 하지만 그 뒤로 수십 년이 지나는 동안 마르크스주의는 혁명과 전쟁의 압력에 짓눌려 점점 경직돼갔고, 마침내 스탈린 시절에 이르러 소련 공산당의 공식 노선은, 세계 질서는 너무 복잡해서 보통 사람이 이해할 수 없으며, 따라서 언제나 당의 지혜를 믿고 당이 시키는 대로, 심지어 수천 명

절 망 과　희 망

315

의 무고한 사람을 투옥하고 처형하도록 지휘하더라도 그대로 따르는 것이 최선이라는 입장으로 변질됐다. 이런 태도 변화는 혐오스럽게 보일 수 있음에도 당의 이론가들은 줄기차게 혁명은 소풍이 아니며 오믈렛을 먹고 싶다면 계란 몇 개는 깨뜨릴 각오를 해야 한다고 강변했다.

스탈린도 세속주의 지도자로 간주해야 할까? 그것은 우리가 세속주의를 어떻게 규정하느냐에 달렸다. 만약 우리가 최소한의 부정적 기준만 사용해서 '세속주의자는 신을 믿지 않는다'라고 규정하면 스탈린은 확실히 세속주의자에 해당한다. 반면, 보다 적극적인 기준을 사용해서 '세속주의자는 모든 비과학적 도그마를 배격하고 진실과 연민, 자유에 헌신한다'라고 규정하면, 마르크스는 세속주의의 선각자였지만 스탈린은 결코 아니었다. 그는 무신론자이긴 했어도 극도로 독단적인 스탈린교의 선지자였을 뿐이다.

스탈린주의만 그런 게 아니다. 정치 이념의 반대편에 있는 자본주의 역시 처음에는 대단히 개방적인 과학적 이론으로 시작했지만 점차 도그마로 경직돼갔다. 많은 자본주의자들은 자유 시장과 경제 성장의 주문을 계속 되풀이해서 왼다. 땅 위의 현실은 아랑곳없다. 근대화와 산업화, 민영화가 이따금씩 얼마나 끔찍한 결과를 빚어내든, 자본주의의 열혈 신봉자들은 그런 것들은 '성장통'일 뿐이라고 일축한 채, 좀 더 성장하면 모든 것이 좋아질 거라고 약속한다.

중도 성향의 자유민주주의자들은 진실과 연민을 추구하는 세속주의 노선에 좀 더 충실한 편이었다. 하지만 이들조차 때로는 안락한 도그마에 기울면서 세속주의의 가치를 저버리곤 한다. 그 결과, 무자비한 독재와 실패한 국가가 혼재된 상황에 직면했을 때는 자유주의자들조차 국민 총선거라는 의식에 대한 맹목적인 신앙을 드러낸다. 이라크와 아프가니스탄, 콩고 같은 곳도 총선만 치르면 마법처럼 수니파 버전의 덴마크(정치학자 프랜시스 후쿠야마는 저서《정치 질서와 정치 쇠퇴》에서 자유민주주의의 모범으로 덴마크 모델을 꼽은 바 있다 — 옮긴이)로 바뀔 거라는 확신하에 전쟁을 벌이고 수십억 달러를 쏟아붓는다. 실패를 거듭하고도 그런 행동을 반복한다. 심지어 주기적인 총선의 전통이 확립된 나라에서도 이런 민주주의의 의례는 심심찮게 권위주의적인 포퓰리스트의 집권으로 이어지고, 결국에는 기껏해야 다수의 독재로 귀결되고 마는데도 말이다. 만약 총선의 지혜를 주장하는 데 맞서 의문을 제기하려 들면, 정치범수용소로 추방되는 일까지는 없겠지만, 도그마에 입각한 독설의 얼음물 세례를 맞을 가능성이 대단히 높다.

물론 모든 도그마가 똑같이 해로운 것은 아니다. 어떤 종교적 믿음은 인류를 이롭게 했듯이 마찬가지로 세속주의 도그마들 중에서도 어떤 것들은 이로웠다. 특히 인권의 신조가 그렇다. 우리가 중시하는 권리가 존재하는 유일한 장소는, 인간이 발명하고 서로 주고받는 이야기 속이다. 이런 이야기들은 종교적 광신과 전제 정부에 맞서 투쟁을 벌여오는 동안 자명한 교리로 신성시하게 된 것들이

317

다. 인간은 태어날 때부터 생명이나 자유의 권리를 갖는다는 것은 진실이 아니어도, 이 이야기에 대한 믿음 덕분에 권위주의 정권의 권력을 억제했고, 소수자들의 피해를 막았으며, 수십억 인구를 빈곤과 폭력의 최악의 결과로부터 보호했다. 역사상 이보다 더 인류의 행복과 복지에 기여한 신조도 없을 것이다.

하지만 그렇다 해도 이 역시 도그마일 뿐이다. 그렇기 때문에 유엔 인권 선언은 19조에서 "누구나 의견과 표현의 자유를 누릴 권리가 있다"고 명시했다. 이것을 우리가 정치적 요구 사항("누구나 의견의 자유권을 가져야 한다")으로 이해하는 한에서 이는 전적으로 타당한 말이다. 하지만 모든 사피엔스에게는 태어날 때부터 '의견의 자유권'이 주어졌으며, 따라서 어떠한 검열도 자연법에 반하는 것이라고 믿는다면, 우리는 인류에 관한 진실을 놓치게 된다. 자신을 '양도할 수 없는 자연권을 지닌 개인'으로 규정하는 한, 자신이 진정으로 어떤 존재인지 알 수 없을뿐더러, 자신이 속한 사회와 자신의 정신('자연권'에 대한 믿음까지 포함해서)을 규정하는 역사적 힘들을 이해하지 못할 것이다.

그런 무지는 20세기에는 별로 문제되지 않았을 수 있다. 사람들은 히틀러, 스탈린과 싸우느라 바빴다. 하지만 21세기에는 치명적인 문제가 될 수 있다. 생명기술과 인공지능이 이제 인간성 자체의 의미를 바꾸려 하고 있기 때문이다. 만약 생명권을 신봉한다면, 그 말은 죽음을 극복하기 위해 생명기술을 이용해야 한다는 뜻까지 함축할까? 만약 자유권을 신봉한다면, 우리의 숨은 욕망을 찾아 읽어내고 그것을 충족시키기 위해 알고리즘에 힘을 부여해야 할까? 만약 모든 인간이 동등한 인간적 권리를 누린다면 초인간은 초인권을 누려도 될까? '인권'이라는 도그마의 믿음을 고수하는 한, 세속주의를 따르는 사람들로서는 그런 질문에 답하기 어려울 것이다.

　인권의 도그마는 이전 세기 동안 종교재판관과 '앙시앵 레짐'(1789년 프랑스혁명 당시 절대군주 체제 — 옮긴이), 나치, KKK(백인 우월주의를 표방한 미국의 극우 결사단체 — 옮긴이)에 맞서 싸우기 위한 무기로 만들어진 것이다. 앞으로 초인간, 사이보그, 초지능 컴퓨터를 다루기에는 맞지 않다. 인권 운동은 종교적 편견과 인간 폭군을 상대로는 아주 인상적인 주장과 방어의 병기들을 개발해왔지만, 이 병기들이 앞으로 닥칠 소비자주의의 범람과 기술 유토피아로부터 우리를 지켜줄 것 같지는 않다.

그늘을
인정하기

　　　　세속주의를 스탈린주의의 독단론이나 서양 제국주의와 산업주의의 폭주가 맺은 쓰디쓴 과실들과 동일시해서는 안 된다. 하지만 그렇다고 그것들에 대한 모든 책임을 면할 수는 없다. 세속주의 운동들과 과학기관들은 인간성을 완성시키고 지구의 풍부한 자원으로 우리 종을 이롭게 하겠다는 약속들로 수십억 인류의 마음을 사로잡아왔다. 그 약속들은 전염병과 기근 퇴치라는 결과를 낳기도 했지만, 굴라크(옛 소련의 정치범 강제노동수용소 — 옮긴이)와 극지방의 빙하가 녹는 사태를 초래했다. 이는 모두 사람들의 오해와 함께 세속주의의 핵심 이상과 과학의 참모습을 왜곡한 탓이라고 주장할 법도 하다. 전적으로 맞는 말이다. 하지만 그것은 영향력 있는 모든 운동이 피할 수 없는 공통의 문제다.

예를 들어, 기독교는 종교재판과 십자군, 세계 전역의 원주민 문화 억압, 여성의 권리 박탈 같은 중대 범죄들에 책임이 있다. 기독교인들은 이런 주장에 대해 지금 말한 모든 범죄들은 기독교의 완전한 오해에서 비롯했다고 반박할 수 있다. 예수는 오직 사랑만을 가르쳤으며, 종교재판이 예수의 가르침을 끔찍하게 왜곡했을 뿐이라는 것이다. 이런 주장에 공감할 수도 있지만, 그렇다고 기독교의 책임을 쉽게 면해주는 건 실수가 될 것이다. 종교재판과 십자군의 잔혹 행위에 그저 놀라는 것만으로 손을 씻어서는 안 된다. 그보다 스스로에게 아주 어려운 질문을 던져야 한다. 어떻게 해서 자신들의 '사랑의 종교'가 그런 식으로 왜곡되었던가? 그것도 한 번이 아니라 수없이 많이. 모든 것을 가톨릭의 광신주의 탓으로 돌리려는 개신교도가 있다면, 아일랜드나 북미에서 개신교도 식민주의자들의 행동에 관해 쓴 책을 읽어보기 바란다. 마찬가지로 마르크스주의자들은 마르크스의 가르침 중에서 어떤 것이 굴라크의 길을 닦았는지 자문해야 하고, 과학자들은 어떻게 해서 과학적인 사업이 그토록 쉽게 지구 생태계를 불안정하게 만드는 데 활용됐는지 숙고해야 하며, 특히 유전학자들은 나치가 다윈의 이론을 이용한 데서 터져 나온 경고음에 귀 기울여야 한다.

모든 종교와 이데올로기, 신조에는 그늘이 있다. 어떤 신조를 따르든지 불가피한 그늘을 인정하고, "우리에게는 일어날 리 없다"라는 안일한 확신을 피해야 한다. 세속주의 과학은 전통 종교 대다수와 비교하면 한 가지 큰 이점이 있다. 그것은 자신의 그늘을 두려워하지 않는다는 것이다. 과학은 원리상 기꺼이 자신의 실수와 맹점을 인정한다. 그것이 아니라 어떤 초월적인 힘이 계시한 절대 진리를 믿는 사람이라면 어떠한 실수도 인정할 수 없을 것이다. 그럴 경우 자신이 믿는 이야기 전체를 무효로 만들 것이기 때문이다. 하지만 오류를 범하기 마련인 인간의 진리 추구를 믿는다면, 실수를 인정하는 것 자체가 게임의 일부가 된다.

그렇기 때문에 독단적이지 않은 세속주의 운동은 상대적으로 겸손한 약속들을 하는 경향이 있다. 자신의 불완전함을 알기 때문에 작고 점진적인 변화를 일으키길 희망한다. 최저임금을 몇 달러라도 올리고 아동 사망률을 몇 퍼센트라도 낮추려는 식이다. 반면, 독단적인 이데올로기는 자기 확신이 지나친 나머지 습관적으로 불가능한 것을 이루겠다고 서약하는 것이 특징이다. 이들의 지도자는 너무나 거침없이 '영원'과 '순수', '구원'에 관해 이야기한다. 마치 어떤 법률을 시행하거나, 어떤 사원을 짓거나, 어떤 영토를 정복하면 일거에 전 세계를 구할 수 있을 것처럼 말이다.

우리는 지금 생명의 역사에서 가장 중요한 결정을 내려야 하는 시기를 맞고 있다. 이런 때 나는 개인적으로 자신의 무오류성을 주장하는 사람보다 무지를 인정하는 사람을 더 신뢰할 것이다. 만약 자신의 종교나 이데올로기나 세계관이 세계를 이끌기 바란다면, 내가 던지고 싶은 첫 번째 질문은 이것이다. "당신의 종교, 이데올로기, 세계관이 저지른 가장 큰 실수는 무엇이었나요? 무엇을 잘못했지요?" 아무런 심각한 잘못을 제시하지 못한다면, 나는 당신을 신뢰하지 않을 것이다.

제 4 부

진실

지금 세계가 직면한 난제들 때문에 혼란스러움과 무력감을 느낀다면,

상황을 제대로 보고 있는 것이다. 세계가 굴러가는 과정은

이제 어느 한 개인이 이해하기에는 너무 복잡해졌다. 세계에 관한 진실을

알고 선전물과 거짓 정보의 희생자가 되지 않으려면 어떻게 해야 할까?

15

무지

당신은 당신이 생각하는 것보다 무지하다

앞에서 우리는 과장된 테러 위협부터 유례없는 기술적 파괴에 이르기까지 금세기 세계가 직면한 문제들과 사건들 중에서 가장 중요한 몇 가지를 살펴보았다. 이것들만 해도 너무 과해서 도무지 대처할 수 없겠다는 불안감이 가시지 않는다면, 당신 생각이 옳다. 누구에게나 불가능한 일이다.

지난 몇 세기 동안 자유주의 사상은 합리적 개인에 대한 엄청난 믿음을 키워왔다. 개개인을 독립적인 이성적 주체로 그리고는 이런 신화적인 창조물을 근대 사회의 기초로 삼아왔다. 민주주의는 유권자가 가장 잘 안다는 생각 위에 서 있고, 자유시장 자본주의는 고객은 언제나 옳다고 믿으며, 자유주의 교육은 학생들이 스스로 사고하도록 가르친다.

하지만 합리적 개인을 과신하는 것은 실수다. 탈식민주의 사상가들과 페미니즘 사상가들은 이 '합리적 개인'이야말로 상류층 백인 남성의 자율성과 권력을 찬양하는 서구의 국수주의적 환상일 뿐이라고 지적해왔다. 앞에서 지적했듯이, 행동경제학자들과 진화심리학자들은 인간의 결정은 대부분 이성적 분석보다는 감정적 반응과 어림짐작식의 손쉬운 방법에 기초하고 있다는 사실을 증명해왔다. 우리의 감정과 어림짐작은 석기시대를 살아가는 데는 적합했을지 모른다. 하지만 실리콘 시대에는 한심할 정도로 부적합하다.

합리성뿐 아니라 개인성 또한 신화이다. 인간은 스스로 생각하는 경우가 드물다. 그보다는 집단 속에서 사고한다. 아이 한 명을 키우는 데 마을이 협력해야 하는 것처럼, 도구를 발명하고 갈등을 풀고 질병을 치료하는 데도 부족이 힘을 모아야 한다. 교회를 짓든 원자폭탄을 만들든 비행기를 띄우든, 어느 한 개인이 그 과정의 모든 것을 알지는 못한다. 호모 사피엔스가 다른 모든 동물들보다 경쟁에서 우위를 보이고 마침내 지구의 주인이 될 수 있었던 것은, 인간 개인의 합리성이 아니라 대규모로 함께 사고할 수 있는 전례 없는 능력 덕분이었다.[1]

인간 개인이 세상에 관해 아는 것은 창피할 정도로 적다. 더욱이 역사가 진행돼가면서 개인이 아는 것은 점점 더 줄어들게 되었다. 석기시대의 수렵·채집인은 자기 옷을 만들고 불을 붙이고 토끼를 사냥하고 사자를 피하는 법을 알았다. 오늘날 우리는 그보다 훨씬 더 많이 안다고 생각한다. 하지만 개개인의 차원에서 보면 실제로 우리가 아는 것은 훨씬 적다. 우리는 우리에게 필요한 것 거의 전부를 다른 사람의 전문성에 의존해서 얻는다. 우리를 겸손하게 만드는 한 실험에서 연구진은 먼저 사람들에게 지퍼의 작동 원리를 얼마나 잘 이해하는지 물어봤다. 응답자 대다수는 아주 잘 안다고 자신 있게 답했다. 그도 그럴 것이 지퍼야 우리가 늘 사용하는 것 아닌가. 그런 다음 실험자는 응답자들에게 지퍼가 작동하는 과정을 가능한 한 자세히 묘사해보라고 주문했다. 이번엔 대부분의 응답자들이 답하지 못했다.[2] 이를 두고 스티븐 슬로먼과 필립 페른백은 '지식의 착각'이라고 불렀다. 우리는 우리가 꽤 많이 안다고 생각한다. 사실 개인적으로는 아는 게 미미한데도 다른 사람의 머릿속에 든 지식을 마치 자신의 것이라고 여기기 때문이다.

이것을 두고 반드시 나쁘다고만은 할 수 없다. 이런 집단사고에 의존한 덕분에 우리는 세계의 주인이 될 수 있었고, 지식의 착각 덕분에 스스로 모든 것을 이해하려는 불가능한 노력에 사로잡히지 않은 채 삶을 헤쳐 나갈 수 있었다. 진화의 관점에서 보면, 남들의 지식을 신뢰한 것이야말로 호모 사피엔스에게 대단히 유리하게 작용했던 것이다.

하지만 지난 시대에는 통했지만 근대에 와서는 곤란을 초래하는 다른 인간의 특성과 마찬가지로 지식의 착각 역시 부정적인 면이 있다. 세계는 나날이 복잡해지고 있는 반면, 사람들은 세상이 돌아가는 상황에 자신이 얼마나 무지한지 깨닫지 못하고 있다. 그러다 보니 기상학과 생물학에 관해서는 아는 것이 거의 없는 사람들이 기후변화와 유전자변형농작물에 관한 정책을 제안하고, 이라크나 우크라이나가 지도 어디에 있는 나라인지도 모르는 사람들이 그 지역의 정책을 두고 극도로 강한 견해를 고집한다. 사람들이 자신의 무지를 헤아리는 경우가 드문 이유는, 자신과 같은 생각을 가진 친구들로 가득한 반향실反響室과 자기 의견을 강화해주는 뉴스피드 안에만 갇혀 있기 때문이다. 이들의 믿음은 계속해서 공고해질 뿐 도전받는 일이 거의 없다.[3]

그렇다고 사람들에게 더 나은 정보를 더 많이 제공한다고 해서 상황이 나아질 것 같지도 않다. 과학자들은 보다 나은 과학 교육을 통해 잘못된 시각을 퇴출시키기를 바라고, 사회평론가들은 오바마케어나 지구온난화 같은 이슈에 관한 정확한 사실과 전문가 보고서를 대중에게 제시하는 방법으로 여론을 움직일 수 있기를 희망한다. 하지만 그런 희망은 실제로 사람들이 어떻게 사고하는지에 관한 오해에 기초하고 있다. 대부분의 우리 견해는 개인의 합리성보다 공동체의 집단사고에 의해 형성된다. 우리가 이런 견해를 고수하는 것도 집단을 향한 충성심 때문이다. 사람들에게 사실을 쏟아놓고 그들 개인의 무지를 들춰낼 경우에는 오히려 역풍을 맞기 쉽다. 대다수의 사람들은 너무 많은 사실은 싫어한다. 게다가 자신이 멍청하게 느껴지는 것은 더더욱 싫어한다. 티파티Tea Party 운동

(2009년 미국의 거리 시위에서 시작한 보수주의 정치 운동으로, 보스턴 차 사건에서 따왔다 — 옮긴이) 지지자들에게 지구온난화에 관한 통계 자료를 보여주고 진실을 믿게 할 수 있다고 생각한다면 오산이다.[4]

집단사고의 위력은 너무나 만연해서 얼핏 자의적인 것처럼 보이는 믿음도 좀처럼 깨지지 않는다. 가령, 미국에서는 환경오염과 멸종위기종 같은 문제에 관한 한 우파 보수주의자들이 좌파 진보주의자들에 비해 관심이 훨씬 낮다. 보수 지역인 루이지애나 주의 환경 규제가 진보 성향의 매사추세츠 주보다 훨씬 약한 것도 그 때문이다. 이런 상황이 우리에게는 너무나 익숙해서 당연하게 여겨진다. 하지만 이는 실제로 대단히 놀라운 일이다. 말 그대로 보수주의자라면 오랜 생태계의 질서를 보존하고 선조들의 땅과 숲과 강을 보호하는 데 훨씬 많은 관심을 쏟을 거라고 짐작할 것이다. 반면에 진보주의자는 지방을 급진적으로 바꾸는 일에, 특히 그 목표가 사회 진보를 앞당기고 인간의 생활수준을 끌어올리는 것이라면 그런 문제에 훨씬 개방적일 거라고 예상할지 모른다. 하지만 실제로는 다양한 역사적 변수에 의해 정당의 노선이 한 번 결정되고 난 결과, 보수주의자들은 으레 하천 오염이나 조류 멸종 같은 문제는 거들떠 보지도 않게 된 반면, 좌파 진보주의자들은 오랜 생태계 질서를 교란하는 것이라면 무엇이든 두려워하는 경향을 보인다.[5]

심지어 과학자들도 집단사고의 영향력에서 자유롭지 않다. 그래서 사실이 여론을 바꿀 수 있다고 믿는 과학자들 자신도 과학자 집단사고의 희생자가 되기도 한다. 과학 공동체는 사실의 효력을 믿는 집단이다 보니, 이런 공동체에 충직한 학자들은 올바른 사실만 열거해도 공적인 토론에서 이길 수 있다고 줄기차게 믿지만, 경험상 정반대인 경우가 다반사다.

마찬가지로 개인의 합리성에 대한 자유주의자의 믿음 자체가 자유주의자들의 집단사고의 산물일 수 있다. 몬티 파이튼의 〈브라이언의 삶〉에 나오는 절정의 장면 중 하나에서 홀딱 반한 신도 무리가 브라이언을 메시아로 착각한다. 브라이언은 제자들에게 "나를 따를 필요가 없다. 어느 누구든 따를 필요가 없다! 너희는 스스로 생각해야 한다! 너희는 모두가 개인이다! 너희는 다 다르단 말이다!"라고 하자 열광하는 무리는 한목소리로 제창한다. "그렇다! 우리는 모두가 개인이다! 그렇다, 우리는 다 다르다!"

몬티 파이튼의 이 장면은 1960년대를 휩쓴 반反문화의 교조주의를 풍자한 것이었지만, 여기서 전하려는 요지는 합리적 개인주의에 대한 믿음 전반에도 적용될 수 있다. 근대 민주 사회를 가득 메운 군중 역시 한목소리로 이렇게 외친다. "그렇다, 유권자가 제일 잘 안다! 그렇다, 고객은 언제나 옳다!"

진   실

권력의
블랙홀

집단사고와 개인의 무지는 일반 유권자와 고객뿐 아니라 대통령과 CEO도 괴롭히는 문제다. 이들의 수하에는 풍부한 자문 인력과 대단한 정보 부서들이 있지만, 그렇다고 해서 반드시 사정이 나아지는 것은 아니다. 세계를 지배하면서 진실을 알아내기란 극도로 어렵다. 한마디로 너무 바쁘다. 정계의 수장들과 재계의 거물들은 쉴 새 없이 달린다. 하지만 어떤 주제를 깊이 파고들고 싶다면 그만큼 많은 시간을 들여야 한다. 특히 시간을 낭비할 수 있는 특권이 필요하다. 비생산적인 경로도 실험해보고, 막다른 길도 탐색해보고, 의심과 심심풀이의 여지도 둬야 하고, 작은 통찰의 씨앗이 서서히 자라서 꽃을 피우게도 할 수 있어야 한다. 시간을 낭비할 수 없다면 결코 진실도 찾을 수 없다.

설상가상, 거대한 권력은 불가피하게 진실을 왜곡한다. 권력은 현실을 있는 그대로 보기보다 바꾸는 데 관심이 있다. 손에 망치를 들고 있으면 모든 것이 못처럼 보인다. 수중에 거대 권력이 있으면 모든 것이 나를 부르는 것만 같다. 어찌어찌해서 당신 자신은 이런 충동을 이겨낸다 해도 주변 사람들이 당신을 가만두지 않는다. 이들은 당신 수중에 거대한 망치가 있다는 사실을 끊임없이 상기시킨다. 당신과 이야기하는 사람은 의식적이든 무의식적이든 자신의 의제를 품고 있다. 그러니 그가 하는 말을 전적으로 신뢰할 수도 없다. 그 어떤 술탄도 신하들과 부하들이 자신에게 진실을 말한다고 확신하지는 못한다.

거대 권력은 블랙홀처럼 주변 공간 자체를 왜곡한다. 그 곁에 가까이 갈수록 모든 것이 더 심하게 뒤틀린다. 어떤 말이 됐든 당신의 궤도로 진입할 때는 단어 하나하나에 무게가 더해진다. 당신이 만나는 사람은 저마다 당신에게 아첨하거나 당신을 달래거나 아니면 당신에게서 뭔가를 얻어내려 한다. 그들은 당신이 1, 2분밖에 시간을 낼 수 없다는 사실을 안다. 그래서 행여 자신의 말이 부적절하거나 뒤죽박죽이 될까봐 노심초사하다가 결국에는 아무 알맹이 없는 슬로건 내지는 가장 흔한 상투어만 내뱉고 만다.

몇 년 전 나는 베냐민 네타냐후 이스라엘 총리와의 만찬에 초대받은 적이 있다. 내 친구들은 가지 말라고 했지만 나는 유혹을 뿌리칠 수 없었다. 그런 비공개 행사장 안에서 중요한 인사들 사이에서만 새 나오는 어떤 큰 비밀들을 들을 수 있지는 않을까 생각했다. 하지만 실망이 이만저만이 아니었다. 그날 참석자는 한 서른 명쯤 됐는데, 모두가 권력자의 관심을 끌고, 재치 있는 말로 그를 감명시키고, 비위를 맞추고, 그로부터 뭔가를 얻어내려 애를 썼다. 만약 그중 어느 누구라도 어떤 큰 비밀을 알고 있었다면, 그는 비밀이 누설되지 않도록 하는 데에는 더없는 수완을 발휘한 셈이었다. 이것은 네타냐후의 잘못이라고 보기는 어려웠다. 사실 어느 누구의 잘못도 아니었다. 권력이 갖고 있는 중력 탓이었다.

진심으로 진실을 바란다면 권력의 블랙홀을 피하고, 중심에서 떨어진 주변부에서 이리저리 방황하며 오랜 시간을 허비할 수 있어야 한다. 혁명적인 지식은 권력의 중심에서 출현하는 경우가 드물다. 왜냐하면 중심은 언제나 존재하는 지식을 토대로 구축되기 때문이다. 구질서의 수호자가 권력의 중심에 다가올 수 있는 자를 결정하는데, 이때 전통에서 벗어난 파괴적 사상을 가진 자는 걸러내는 경향이 있다. 물론 이 과정에서 엄청난 양의 쓸데없는 지식도 걸러낸다. 다보스 세계경제포럼에 초대받았다는 사실이 그 사람의 지혜를 담보해주지는 않는다. 주변부에서 많은 시간을 보낼 필요가 있다는 것도 그런 이유에서다. 다보스 포럼에서 오가는 논의 중에는 어떤 눈부신 혁명적 통찰이 담겨 있을 수도 있다. 하지만 대부분은 정확한 정보에 기초하지 않은 추측과 한물간 모델, 신화적인 도그마, 터무니없는 음모 이론 등으로 가득하다.

따라서 지도자들은 진퇴양난에 처해 있다. 만약 권력의 중심에만 머물러 있으면 세계를 보는 눈이 극도로 왜곡될 것이다. 그렇다고 주변부로 모험을 감행하면 귀중한 시간을 너무 많이 허비할 것이다. 게다가 문제는 갈수록 악화될 것이다. 앞으로 수십 년 안에 세계가 지금보다 훨씬 더 복잡해짐에 따라, 결과적으로 인간 개개인은—장기판의 왕이 됐든 졸이 됐든—세계를 구성하는 기술 도구와 경제 흐름, 정치 동학에 훨씬 더 무지해질 것이다. 2,000년도 더 전에 소크라테스가 관찰했듯이, 그런 조건하에서 우리가 할 수 있는 최선은 우리 개개인의 무지를 인정하는 것이다.

하지만 그럴 경우 도덕과 정의의 문제는 어떻게 해야 할까? 세계를 이해할 수 없다면 어떻게 우리가 옳고 그름과, 정의와 불의의 차이를 분별하길 기대할 수 있을까?

진   실

16

정의

우리의 정의감은 시대착오적일지도 모른다

우리의 다른 모든 감각들이 그렇듯이 정의감도 오랜 진화에 뿌리를 두고 있다. 인간의 도덕은 수백만 년에 걸친 진화 과정에서 형성된 것으로, 수렵·채집인이 소규모 무리를 이뤄 살면서 직면했던 사회적, 윤리적 딜레마를 해결하는 데 맞게 조정돼왔다. 가령, 만일 내가 당신과 같이 사냥을 나갔다가 사슴 한 마리를 잡았는데 당신은 아무것도 못 잡았다면, 내가 잡은 사슴을 당신과 나눠 가져야 할까? 만약 당신이 버섯을 캐러 갔다가 바구니 한가득 담아서 돌아왔는데 내가 당신보다 힘이 세다면 그 버섯을 다 빼앗아도 될까? 만약 당신이 나를 죽이려는 음모를 꾸미고 있다는 사실을 내가 알았다면 어두운 밤을 틈타 선제공격에 나서 당신의 목을 베어도 될까?[1]

겉으로 봐서는 우리가 아프리카 초원을 떠나 도시 정글에 이르기까지 변한 것은 많지 않은 듯하다. 보기에 따라서는, 지금 우리가 당면한 문제들 — 시리아 내전, 세계 불평등, 지구온난화 — 도 예전 문제들과 조금도 다르지 않다고 생각할 수도 있다. 하지만 그것은 착각이다. 문제는 규모다. 정의의 관점에서 보더라도 다른 것들과 마찬가지로 우리는 지금 우리가 살아가는 세계에 도저히 적응했다고 할 수 없다.

문제는 어떤 가치에 있는 것이 아니다. 21세기의 시민들은 종교가 있든 없든 각자 수많은 가치를 추구한다. 문제는 이 가치들을 복잡한 지구촌 세계에서 실현하는 과정에서 발생한다. 화근은 숫자에 있다. 수렵·채집인 시절의 정의감은 수십 제곱킬로미터 넓이의 지역에 모여 사는 수십 명의 생활에 관련된 딜레마에 대처하도록 구성된 것이었다. 그렇게 형성된 도덕감으로 오늘날 온 대륙을 가로질러 수백만 명 사람들 사이의 관계를 이해하려고 할 때는 압도될 수밖에 없다.

정의를 실행할 때에는 일련의 추상적인 가치뿐 아니라 구체적인 인과관계까지 이해할 필요가 있다. 예를 들어, 만약 당신이 아이들을 먹이려고 버섯을 캐 왔는데 내가 버섯 바구니를 강제로 빼앗았다면, 이런 행동은 당신이 했던 일을 헛수고로 만들고 아이들을 굶주린 채로 잠들게 만든 것이기 때문에 누가 봐도 부당하다. 이런 예는 이해하기 쉽다. 인과관계를 파악하기 쉽기 때문이다. 하지만 불행하게도 오늘날 우리가 사는 지구촌 세계의 내재적 특징은 인과관계가 고도로 분화하고 복잡해졌다는 것이다. 가령, 나는 남에게 해를 끼칠 만한 일은 그 무엇도 하지 않고 집 안에서 평화롭게 살 수 있다. 하지만 좌파 운동가들에 따르면, 이런 나는 요르단강 서안 지구의 이스라엘 정착민들과 병사들이 저지르는 잘못을 수수방관하는 협력자가 된다. 또한 사회주의자들에 따르면, 내가 누리는 안락한 삶은 비참한 제3세계 노동착취공장에서 자행되는 미성년 노동을 기반으로 하고 있다. 그런가 하면 동물복지 운동가들은 내 삶이 인류 역사상 가장 충격적인 범죄 중 하나에 얽혀 있다고 일깨운다. 그 범죄란 수십억 마리에 이르는 농장 가축들을 잔인한 착취 체계 아래 둔 것을 가리킨다.

그 모든 것에 대해 나는 정말 비난받아야 할까? 답하기가 쉽지 않다. 나 자신이 생존하기 위해서는 이해하기 어려울 정도로 복잡한 경제적, 정치적 유대의 연결망에 의존해야 하고, 전 지구 차원의 인과관계까지 너무나 복잡하게 얽혀 있기 때문에 나로서는 가장 단순한 질문에조차 답하기 어렵다. 가령 내가 먹는 점심은 어디에서 오는 건지, 내가 신는 신발은 누가 만든 건지, 내가 가입한 연금기금은 내 돈으로 무엇을 하고 있는지와 같은 질문들이다.[2]

강1 절도 죄는
성립할까

원시시대에 수렵·채집 여성은 자신의 점심이 어디에서 오는지 아주 잘 알았고(자신이 직접 모았으니까), 신고 있던 모카신(부드러운 가죽으로 만든 납작한 신 — 옮긴이)은 누가 만들었는지도 알았으며(그는 그녀와 20미터쯤 떨어진 곳에서 자는 사이였으니까), 자신의 연금기금이 무엇을 하고 있는지도 잘 알았다(진흙탕 속에서 놀고 있었으니까. 그때는 사람들이 기댈 수 있는 연금기금이 딱 하나뿐이었는데 '아이들'이라 불렀다). 지금 나는 그 수렵·채집인보다 훨씬 무지하다. 혹시라도 몇 년 동안 조사를 해보면 내가 표를 준 정부가 지구 반대편 수상한 독재자에게 비밀리에 무기를 팔고 있다는 사실을 알게 될지도 모르겠다. 하지만 그런 사실을 알아내느라 시간을 보내는 동안 내가 저녁 식사로 먹은 달걀을 낳아준 닭의 운명 같은, 훨씬 더 중요한 사실을 알아낼 기회를 놓칠 수도 있다.

세상이 짜인 방식이라는 게, 알려고 노력하지 않는 사람은 행복한 무지 속에 남아 있을 수 있고, 정작 알려고 애쓰는 사람은 진실을 알기가 대단히 어렵다는 것을 알게 돼 있다. 세계 경제 시스템은 내가 모르는 사이에 나를 대신해 쉴 새 없이 도둑질을 하고 있다. 어떻게 하면 이런 상황을 피할 수 있을까? 이런 상황에서는 당신이 행동의 옳고 그름을 결과로 판단하는(도둑질은 피해자에게 불행을 안기니까 잘못이다) 사람이냐, 아니면 결과와는 상관없이 무조건 따라야 할 정언적 의무을 믿는(도둑질은 신이 나쁘다고 했으니까 잘못이다) 사람이냐 하는 것은 중요하지 않다. 문제는 우리 자신이 실제로 무엇을 하고 있는지 파악하는 것이 극도로 복잡해졌다는 사실이다.

도둑질을 하지 말라는 계율이 만들어진 시기는 도둑질이라는 행동이 내 손으로 직접 남의 물건을 물리적으로 가져가는 것을 뜻할

진   실

337

때였다. 하지만 오늘날 실제로 절도에 관한 가장 중요한 주장은 완전히 다른 시나리오에 관한 것이다. 내가 1만 달러를 석유화학 분야 대기업의 주식에 연 5퍼센트의 투자 수익률을 조건으로 투자했다고 가정해보자. 그 기업의 수익률은 아주 높은데, 그 이유는 외부 효과 비용을 지불하지 않기 때문이다. 인근 지역의 상수도와 공중보건, 야생동물에 미치는 피해에는 아랑곳없이 유독성 폐기물을 인근 강에 버린다. 피해 보상을 요구하는 소송이 제기되면 막대한 자금력으로 기라성 같은 변호인단을 구성해서 방어한다. 환경 규제를 강화하는 입법은 로비스트들을 동원해 사전에 차단한다.

이 경우에 우리는 그 기업을 '강도 절도' 죄로 기소할 수 있을까? 그 기업에 투자한 나는 어떨까? 나는 누구의 가택을 침범한 적도, 남의 지갑에서 돈을 강탈한 적도 없다. 나는 이 특정 기업이 어떻게 수익을 낳고 있는지도 모른다. 내 자산의 일부가 그 회사에 투자돼 있다는 사실조차 간신히 기억할 정도다. 그런 내게도 절도죄가 성립할까? 관련 사실을 다 알기란 불가능한 상황인데 어떻게 도덕적으로 행동할 수 있을까?

'의도의 도덕성'이라는 개념으로 문제를 피해 가려고 시도할 수도 있다. 중요한 것은 내가 실제로 한 것이나 한 행동의 결과가 아니라, 내가 의도한 것이라는 이야기다. 하지만 모든 것이 서로 연결된 세계에서 최고의 도덕적 정언명령에 따르면 아는 것도 의무가 된다. 근대 역사에서 최대 범죄는 증오나 탐욕이 아니라 무지와 무관심에서 더 많이 나왔다. 매력적인 영국 숙녀들은 아프리카나 카리브해 지역에는 발도 디뎌본 적이 없었지만, 런던 증권거래소에서 주식과 채권을 사는 방식으로 대서양 노예무역을 재정적으로 후원했다. 그러고도 오후 네 시가 되면 눈처럼 흰 각설탕을 차에 타서 즐겨 마셨다. 물론 각설탕은 지옥 같은 플랜테이션 농장에서 생산된 것이었다. 이런 사실을 그녀들은 몰랐다.

1930년대 후반 독일에서 지방 우체국의 관리자라고 하면 평소 직원들의 복지를 돌보고, 사람들의 분실 소포도 찾아주는 올곧은 시민이었을지 모른다. 회사에도 늘 가장 먼저 출근해서 가장 늦게 퇴근하고, 눈보라가 이는 날에도 우편물이 정시에 도착하도록 만전을 기한다. 그런데 어쩐다? 그런 그가 관리하는 효율적이고 친절한 우체국이 사실은 나치 국가의 신경망에서 핵심 세포였다. 우체국은 인종주의 선전물과 군 입대 통지서, SS특무부대(나치 친위대의 한 분과로 무장친위대의 전신 — 옮긴이) 지부 하달 명령서 같은 것들을 곳곳에 신속하게 전달했다. 사실을 알려는 진지한 노력을 기울이지 않는 사람이라면 의도와 무관하게 잘못된 일에 연루될 수 있다.

하지만 '알려는 진지한 노력'은 무엇을 말하는가? 전국의 우체국장들은 자신들이 배달해야 할 우편물을 열어보고, 그것들이 정부 선전물이라면 사임하거나 항거해야 하나? 이미 지나간 1930년대 나치 독일을 완전한 도덕적 확신에 찬 눈으로 돌아보기는 쉽다. 왜냐하면 지금 우리는 인과관계의 연결고리가 어떤지 알기 때문이다.

하지만 사후 판단의 이점이 없다면 그만한 도덕적 확실성을 갖기란 불가능할 것이다. 쓰라린 진실은, 이제 세계가 우리 수렵·채집인의 뇌로 이해하기에는 너무나 복잡해졌다는 사실이다.

지금 세계에서 불의의 대부분은 개인의 선입견보다는 대규모의 구조적 편향에서 나온다. 하지만 우리 수렵·채집인의 뇌는 그런 구조적 편향을 감지하도록 진화하지는 않았다. 그런 편향의 적어도 일부에는 우리 모두가 함께 연루돼 있다. 하지만 우리는 그것을 발견할 시간과 에너지가 없다. 이 책을 쓰는 동안 나 자신이 그 교훈을 절실하게 깨달았다. 글로벌 이슈를 논할 때 나는 늘 다양한 소외 집단들보다 글로벌 엘리트들의 관점을 우선시하는 위험에 빠진다. 글로벌 엘리트들은 대화를 주도한다. 그러다 보니 그들의 관점은 놓칠 수가 없다. 반면에 소외된 집단들은 대개 말이 없다. 그러다 보면 그들의 존재마저 잊기 쉽다. 이 모든 게 고의적인 악의가 아니라 순전한 무지에서 생기는 일이다.

가령 나는 태즈메이니아 원주민의 독특한 관점과 문제에 관해서는 전혀 아는 게 없다. 정말로 나는 너무나 아는 것이 없어서 이전 책에서 유럽 정착민들이 완전히 몰아냈기 때문에 태즈메이니아 원주민이 더 이상 존재하지 않는 것이라고 가정했을 정도다. 사실은 지금도 태즈메이니아 원주민의 후손이 수천 명이나 살아 있다. 그들은 자신들만의 별난 문제들로 고심하고 있는데, 그중 하나가 자신들의 존재 자체를 사람들이 종종 부인한다는 것이다. 특히 박식한 학자들이 그런다.

　설령 자신이 개인적으로 어떤 소외 집단에 속하기 때문에 직접 체험으로 그들의 관점을 깊이 이해한다 해도, 다른 소외 집단들의 관점까지 다 이해하지는 못한다. 각 집단과 하위집단은 서로 다른 유리 천장과 이중 잣대, 은어를 통한 모욕, 제도적 차별의 미로에 직면하기 때문이다. 30세의 아프리카계 미국 남성은 아프리카계 미국 남성이 된다는 것이 무슨 뜻인지에 관한 30년간의 경험이 있다. 하지만 그는 아프리카계 미국 여성, 불가리아 집시, 앞 못 보는 러시아인, 중국인 레즈비언이 된다는 것이 무엇을 뜻하는지에 관한 경험은 없다.

　이 아프리카계 미국 남성은 성장하는 동안 반복해서 뚜렷한 이유 없이 경찰에 불심검문을 당했다. 중국인 레즈비언이라면 겪을 필요가 없었던 일이다. 반면, 아프리카계 미국인이 모여 사는 곳의 아프리카계 미국인 가정에 태어난 남성이라면, 자신과 같은 사람들이 주변에 있어서 이들로부터 아프리카계 미국 남성으로 살아남고 성공하려면 알아야 할 것들을 전수받았을 것이다. 중국인 레즈비언은 레즈비언 동네의 레즈비언 가정에서 태어난 것이 아니다. 그러니 아무도 그녀에게 필수적인 교훈을 가르쳐주지 않았을 것이다. 그러니 볼티모어에서 흑인으로 자랐다고 항저우에서 레즈비언으로 자라는 과정의 고충을 이해하는 게 수월해질 리는 없다.

　이전 시대에는 이런 문제들이 덜 중요했다. 세계 반대편에 사는 사람들의 고충에 우리는 책임이 거의 없었기 때문이다. 우리보다 불운한 이웃에게 동정심을 발휘하려 애쓰는 것만으로도 대개는 충분했다. 하지만 지금은 기후변화와 인공지능 같은 문제에 관한 주요 글로벌 논쟁이 태즈메이니아에 살든, 항저우에 살든, 볼티모어에 살든 모든 사람에게 영향을 미침에 따라 우리는 모든 관점을 감안해야 할 상황이다. 하지만 어떻게 그걸 할 수 있을까? 도대체 어떻게 전 세계 수천 개의 교차 집단들 사이의 관계망을 이해할 수 있을까?[3]

축소할 것인가,
부정할 것인가?

설사 세계가 당면한 주요 도덕적 문제들을 진심으로 이해하고 싶어도 우리 대부분은 더 이상 그럴 능력이 없다. 사람들은 수렵·채집인 두 명이나 스무 명 사이, 혹은 두 이웃 씨족 사이의 관계는 이해할 수 있다. 하지만 수백만 시리아인이나 5억 명의 유럽인, 혹은 지구상의 모든 교차 집단과 하위집단 간의 관계를 이해할 능력은 없다.

그만한 규모의 도덕적 딜레마를 이해하고 판단하려 할 때 사람들은 흔히 다음 네 가지 방법 중 하나를 사용한다. 첫 번째는 이슈를 축소하는 것이다. 가령, 시리아 내전을 마치 두 명의 수렵·채집인 사이에 일어난 일처럼 이해하는 것이다. 즉, 아사드 정권과 반군을 각각의 인격체로 보고, 하나는 착한 사람, 다른 하나는 나쁜 사람으로 상상한다. 분쟁의 역사적인 복잡성은 단순명료한 줄거리로 대체된다.[4]

두 번째는 감동적인 휴먼 스토리에 초점을 맞추는 것이다. 그 이야기는 분쟁 전체를 피상적으로 대표한다. 분쟁의 복잡한 진상을 통계와 정확한 데이터로 사람들에게 설명하려 하면 실패한다. 하지만 한 어린이의 운명에 관한 사적인 이야기는 사람들의 눈물샘을 자극하고, 피를 끓게 하고, 허위의 강한 확신을 불러일으킨다.[5] 이것은 많은 자선단체들이 오랫동안 알고 있었던 방법이다. 이와 관련해 주목할 만한 실험이 있었다. 연구진은 사람들에게 로키아라는 이름의 말리 출신 가난한 일곱 살 소녀를 돕기 위한 기부금을 부탁했다. 많은 사람들이 소녀의 사연에 감동해서 마음과 지갑을 열었다. 하지만 로키아의 개인적인 사연에 더해 연구진이 아프리카의 보다 폭넓은 빈곤 문제에 관한 통계를 제시하자, 갑자기 응답자들의 구호 의향이 줄어들었다. 또 다른 연구에서는 학자들이 구호 모금을 하면서 한 명의 아픈 아이를 도울 것인지, 여덟 명의 아픈 아이들을 도울 것인지 선택하게 했다. 사람들은 여덟 명의 집단보다 한 아이에게 더 많은 돈을 기부했다.[6]

대규모 도덕적 딜레마에 대처하는 세 번째 방법은 음모 이론을 짜는 것이다. 세계 경제는 어떤 식으로 작동할까? 이것은 좋을까, 나쁠까? 세계 경제는 너무나 복잡해서 파악할 수가 없다. 그 대신 스무 명의 억만장자들이 자신들의 치부를 위해 언론을 지배하고 전쟁을 조장하며, 막후에서 조종을 하고 있다고 상상하는 것이 훨씬 쉽다. 이는 거의 언제나 근거가 없는 환상이다. 오늘날 세계는 너무나 복잡하다. 우리의 정의감에는 물론 경영 능력에 비춰봤을 때도 그렇다. 아무도 — 억만장자, CIA, 프리메이슨, 시온의 장로들the Elders of Zion(유대인의 세계 지배를 위한 행동 강령을 담은 '시온의정서'의 작성자로 알려진 비밀결사. 이 문서는 1903년 러시아에서 처음 출판된 후 전 세계에 퍼지면서 반유대주의를 촉발했으나 내용이 허위로 밝혀졌다 — 옮긴이) 까지 포함 — 세계가 어떻게 돌아가는지 제대로 이해하지 못한다. 그러니 아무도 막후 조종을 효과적으로 할 수가 없다.[7]

지금까지 이야기한 세 가지 방법은 세계의 진정한 복잡성을 부정하려는 것이다. 네 번째이자 최후의 방법은 도그마를 만들고, 모든 것을 안다고 주장하는 이론이나 제도, 우두머리를 믿고 어디든지 이끄는 대로 따라가는 것이다. 오늘날 과학의 시대에도 종교적, 이념적 도그마는 대단히 매력적이다. 왜냐면 현실의 복잡함에 좌절감을 느끼는 사람들에게 안전한 피난처를 제공하기 때문이다. 앞에서 언급했듯이, 세속주의 운동도 이런 위험으로부터 면제받지 못했다. 처음에는 모든 종교적 도그마를 배격하고 과학적 진실에만 헌신하겠다는 각오로 시작한다 해도, 얼마 있지 않아 현실의 복잡성이 너무나 성가신 나머지 교의를 만들게 되고, 그에 대한 질문은 금지된다. 그런 교의는 사람들에게 지적 평안과 도덕적 확신을 주지만 정의를 제공하는지에 대해서는 논쟁의 여지가 있다.

그러면 우리는 어떻게 해야 할까? 자유주의 도그마를 채택해 개별 유권자와 고객의 의견을 합한 것을 신뢰해야 할까? 아니면 개인주의적 접근을 거부하고, 역사에서 이전의 많은 문화권이 그랬듯, 공동체 전체에 세상을 해석하는 힘을 부여해야 할까? 하지만 그런 해법은 개인의 무지라는 프라이팬에서 뛰쳐나와 편향된 집단사고의 불길 속으로 뛰어드는 것과 같다. 수렵·채집 시대의 씨족이나 시골의 생활공동체, 심지어 도시의 이웃 주민들 정도만 돼도 공동 현안에 관해 함께 생각할 수 있을 것이다. 하지만 지금 우리는 전 지구적 차원의 문제들로 고통받으면서도 전 지구적 공동체는 이루지 못한 상태다. 페이스북도, 민족주의도, 종교도 그런 공동체를 창출하기는 어렵다. 기존의 모든 인간 부족들은 전 지구적 진실을 이해하기보다 자신들의 특정 이익을 증진하는 데 더 골몰하고 있다. 미국인도, 중국인도, 무슬림도, 힌두교도도 '글로벌 공동체'의 일원이 되지 못하고 있다. 그러니 이들의 현실 해석도 신뢰하기 어렵다.

그러면 이제 우리는 모든 노력을 포기하고, 진실을 이해하고 정의를 발견하려던 인류의 모색은 실패했다고 선언해야 할까? 우리는 공식적으로 탈脫진실의 시대로 진입한 걸까?

17

탈진실

어떤 가짜 뉴스는 영원히 남는다

우리는 요즘 '탈진실post-truth'이라 부르는 새로운 시대에 살고 있다 제　4　부
는 말을 반복해서 듣는다. 사방이 거짓말과 허구로 둘러싸인 무서
운 시대다. 사례는 어렵지 않게 들 수 있다. 2014년 2월 말의 일이
다. 군 계급장을 달지 않은 러시아 특수부대가 우크라이나를 침공
해 크림반도의 핵심 시설을 점령했다. 하지만 러시아 정부는 물론
푸틴 대통령까지 직접 나서서 이들이 러시아군이라는 사실을 반복
해서 부인하며, 이들은 자발적인 '자위 집단'이며 현지 상점에서 러
시아제로 보이는 군 장비를 구했을 거라고 주장했다.[1] 이런 자가당
착적인 주장을 편 푸틴과 그 측근들도 자신들이 거짓말을 하고 있
다는 사실을 너무나 잘 알고 있었다.

　이런 거짓말을 두고도 러시아 민족주의자들은 보다 높은 진실에

봉사하기 위한 것이라는 핑계를 댔다. 러시아는 지금 정당한 전쟁을 치르고 있으며, 정당한 대의를 위한 살인에는 아무런 문제가 없다면, 거짓말쯤이야 무슨 문제가 되겠는가? 그들이 우크라이나 침공을 정당화한다고 주장한 보다 높은 대의란 신성한 러시아 민족의 보존이었다. 러시아 민족주의 신화에 따르면, 러시아는 수천 년에 걸쳐 사악한 적들의 침략과 해체 기도를 이겨낸 신성한 실체다. 러시아 민족주의자들은 과거 몽골족과 폴란드인, 스베아족, 나폴레옹의 대육군Grande Armée, 히틀러의 국방군Wehrmacht에 이어 1990년대에 들어와서는 나토와 미국, 유럽연합이 러시아의 몸통 일부를 떼어내 우크라이나 같은 '가짜 국가들'로 만드는 식으로 러시아를 파괴하려 든다고 주장한다. 많은 러시아 민족주의자들에게는 우크라이나가 러시아와 별개 민족이라는 주장이야말로 푸틴이 러시아 민족 재통합의 신성한 사명을 수행하면서 했던 그 어떤 발언보다도 훨씬 큰 거짓말에 해당한다.

이런 설명을 듣고 우크라이나 시민과 외부 관찰자, 전문 역사가들이 격분하는 것은 물론, 이런 주장을 러시아의 속임수 병기 중에서도 일종의 '거짓말 핵폭탄'으로 간주하는 것은 당연한 일이다. 러시아가 우크라이나를 별개의 민족이자 독립된 국가로 보지 않는다고 주장하는 것은 수많은 역사적 사실을 무시하는 처사다. 가령, 러시아가 수천 년에 걸쳐 단일 국가로 이어져왔다고 주장하지만 키예프와 모스크바가 한 국가에 속했던 기간은 300년밖에 되지 않는다.

또한 과거에 러시아는 독립 우크라이나의 주권과 국경을 보장한 수많은 국제법과 조약을 수용했으면서도 이제 와서는 그것을 위반하고 있다. 무엇보다 중요한 것은 수백만 우크라이나인들이 자신들에 대해 어떻게 생각하는지를 무시한다는 점이다. 우크라이나인은 자신의 정체성에 대한 발언권도 없단 말인가?

우크라이나 민족주의자들도 러시아 민족주의자들 말대로 주변에 가짜 국가들이 있다는 데는 분명히 동의할 것이다. 하지만 우크라이나는 그런 가짜 국가가 아니다. 가짜 국가들이란 러시아가 우크라이나에 대한 무단 침공을 위장하려고 세운 '루한스크 인민공화국' '도네츠크 인민공화국' 같은 것들이다.[2]

어느 편을 지지하든, 우리는 실제로 무서운 탈진실의 시대에 살고 있는 듯 보인다. 비단 특정한 군사적 사건뿐 아니라 전 역사와 민족마저 가짜로 조작될 수 있는 시대다. 하지만 만약 지금이 탈진실의 시대라면 진실의 태평성대는 정확히 언제였나? 1980년대였나? 아니면 1950년대? 1930년대? 탈진실의 시대로 넘어가게 만든 것은 무엇이었나? 인터넷인가? 소셜미디어인가? 푸틴과 트럼프의 부상인가?

역사를 대충 훑어보기만 해도 정치 선전과 거짓 정보는 새로운 게 아님을 알 수 있다. 심지어 민족을 통째로 부인하고 가짜 국가를 만드는 습관조차 유서가 깊다. 1931년 일본 육군은 중국 침략을 정당화하려고 자작 모의공격을 벌였고, 그런 다음 괴뢰국가인 만주국을 세워 정복을 정당화했다. 그런 중국 자신은 티베트가 독립국가로 존재했다는 사실을 오랫동안 부인해왔다. 영국은 호주 점령을 '무주지terra nullius 선점'의 법리(주인 없는 땅은 먼저 차지하는 자가 소유권을 갖는다는 법리. 20세기 초 구미 열강이 원주민이 거주하는 영토를 차지하기 위한 명분으로 악용하는 경우가 많았다 — 옮긴이)로 정당화해 사실상 5만 년 원주민의 역사를 지워버렸다.

20세기 초 시온주의자들은 가장 좋아하는 슬로건으로 '땅 없는 사람(유대인)의 사람(팔레스타인인) 없는 땅으로의' 귀환을 내세웠다. 그 지역에 있던 아랍 사람들의 존재는 자신들의 편의에 따라 무시됐다. 1969년 이스라엘의 골다 메이어 총리가 팔레스타인 사람은 존재하지도 않고 존재한 적도 없다고 한 말은 유명하다. 그런 견해는 지금도 이스라엘 내부에서 아주 흔하다. 존재하지 않는다는 상대와 수십 년째 무력 분쟁을 해왔으면서도 말이다. 가령, 2016년 2월 이스라엘의 국회의원 아나트 베르코는 의회에서 연설하던 중에 팔레스타인 사람들의 실체와 역사를 의문에 붙였다. 그녀가 제시한 증거가 무엇이었는지 아는가? 팔레스타인이라는 단어의 머리글자인 'p'조차 아랍어 철자에는 없다는 것이었다. 그러니 어떻게 팔레스타인 사람이 존재할 수 있겠느냐는 주장이었다. (아랍어에서는 f가 p에 해당한다. 따라서 팔레스타인Palestine을 아랍어로 표기하면 Falastin이 된다.)

탈진실의

종種

　　　　사실 인간은 늘 탈진실의 시대를 살아왔다. 호모 사
피엔스야말로 탈진실의 종이다. 호모 사피엔스 특유의 힘은 허구를
만들고 믿는 데서 나온다. 석기시대 이래 줄곧 자기 강화형 신화는
인간 집단을 하나로 묶는 데 기여해왔다. 실로 호모 사피엔스가 이
행성을 정복한 것도 무엇보다 허구를 만들고 퍼뜨리는 독특한 능력
덕분이었다. 우리는 수많은 이방인들과도 협력할 수 있는 유일한
포유동물이다. 그것이 가능했던 것도 허구의 이야기를 발명하고 사
방으로 전파해서 수백만 명의 다른 사람들까지 그 이야기를 믿도록
납득시킬 수 있었기 때문이다. 모두가 같은 허구를 믿는 한, 우리는
다 같이 동일한 법을 지키게 되고, 그럼으로써 효과적으로 협력도
할 수 있다.

　그러니 무서운 탈진실의 새 시대가 도래한 것을 두고 페이스북
이나 트럼프, 푸틴을 탓한다면, 수 세기 전 수백만 기독교인이 자기
강화형 신화의 버블 속에 자신을 가둬둔 사실을 떠올리기 바란다.
그때도 성경의 진위 여부는 조금도 의심하려 들지 않았다. 수백만
무슬림 역시 쿠란을 추호의 의심도 없이 신앙의 대상으로만 받아들
였다. 옛 1,000년 동안 사람들의 당시 소셜 네트워크에서 '뉴스'와
'사실'로 통했던 것들의 상당수는 기적과 천사, 귀신과 마녀에 관한
이야기들이었다. 그 시대의 대담한 리포터들은 지하세계의 가장 깊
은 수렁에서 일어난 일도 생중계하듯 전했다. 하지만 이브가 사탄

의 유혹에 빠졌다는 과학적인 증거는 전혀 없다. 모든 불신자는 죽은 후 영혼이 지옥에서 불탄다거나, 브라만 계급과 불가촉천민 계급의 결혼은 우주의 창조주가 싫어한다는 말도 마찬가지다. 그럼에도 수십억 사람들은 수천 년 동안 이런 이야기들을 믿어왔다. 어떤 가짜 뉴스들은 영원히 남는다.

이처럼 종교를 가짜 뉴스와 동일시하는 것에 많은 사람이 분노할 수 있다는 사실을 나는 잘 알고 있다. 하지만 내가 지적하고 싶은 것이 바로 그 점이다. 1,000명의 사람이 어떤 조작된 이야기를 한 달 동안 믿으면 그것은 가짜 뉴스다. 반면에 10억 명의 사람이 1,000년 동안 믿으면 그것은 종교다. 하지만 우리는 그것을 '가짜 뉴스'라 불러서는 안 된다는 충고를 들어왔다. 신도들의 감정을 자극(하거나 분노를 촉발)하지 않기 위해서다. 그렇지만 지금 나는 종교의 효과나 그것이 품고 있는 자애로움의 가능성을 부인하는 것이 아니다. 정반대다. 좋든 나쁘든 허구는 인류가 가진 도구들 중에서 가장 효과적인 것에 속한다. 종교적 신념을 통해 사람들을 한데 뭉치고 대규모 협력을 끌어낼 수 있다. 그 결과 사람들은 군대와 감옥은 물론 병원과 학교, 다리도 지을 수 있다. 아담과 이브는 결코 존재한 적이 없지만 그래도 샤르트르 대성당은 여전히 아름답다. 성경은 상당 부분이 허구일지 몰라도 여전히 수십억 신도에게 기쁨을 줄 수 있고, 사람들에게 연민과 용기와 창의력을 불어넣을 수 있다. 《돈키호테》와 《전쟁과 평화》《해리 포터》 같은 다른 위대한 소설 작품들처럼 말이다.

어떤 사람들은 성경과 《해리 포터》를 비교한 것 때문에 또 불쾌해 할지도 모르겠다. 과학적으로 사고하는 기독교인이라면 성경에 나오는 모든 오류들과 신화적인 요소들을 두고, 성경은 실화가 아니라 깊은 지혜를 담은 은유적인 이야기로 읽어야 한다고 할 수도 있다. 하지만 그거야 《해리 포터》도 마찬가지 아닌가?

근본주의 기독교인이라면 성경의 단어 하나하나가 진실이라고 고집하려 들 가능성이 더 높다. 잠시 그 말이 옳다고 치고, 성경이 진정한 유일신의 무오류의 말씀을 기록한 것이라고 가정해보자. 그러면 쿠란이나 탈무드, 모르몬교 경전, 베다, 아베스타(조로아스터교 경전 — 옮긴이), 이집트인의 사자死者의 서(고대 이집트에서 죽은 사람을 매장할 때 명복을 빌면서 함께 묻은 기도문 — 옮긴이)는 어떻게 생각하는가? 이런 문서들은 모두 육신을 가진 인간이(아니면 혹시 악령이?) 만들어낸 정교한 허구들이라고 말하고 싶지 않은가? 또한 아우구스투스와 클라우디우스 같은 로마 황제의 신성은 어떻게 봐야 할까? 로마 원로원은 자신들에게 사람을 신으로 바꿀 수 있는 힘이 있다고 주장했고, 황제의 신민들은 이러한 신을 섬기는 것을 당연시했다. 하지만 그 역시 허구가 아니었던가? 사실 우리는 역사에서 가짜 신이 자기 입으로 자신의 허구성을 인정한 사례가 적어도 한 번 있었다는 사실을 안다. 앞에서도 이야기했듯이 1930년대와 1940년대 초 일본 군국주의는 히로히토 천황의 신성에 대한 광신에 의존했다. 일본이 전쟁에서 패한 후에야 히로히토는 천황의 신성을 부인하면서 자신은 신이 아니라고 공식 선언했다.

그러니까, 성경이 진정 신의 말이라는 주장에 동의한다 하더라도, 그와 똑같이 수천 년 동안 자신들의 허구를 믿어온 독실한 힌두교도, 무슬림, 유대인, 이집트인, 로마인, 일본인도 있다. 반복해서 말하지만, 이런 허구들이 반드시 무가치하거나 해롭기만 하다는 뜻은 아니다. 그것들은 여전히 아름다우며 영감을 주는 것일 수 있다.

물론, 모든 종교적 신화들이 똑같이 이로웠던 것은 아니다. 1255년 8월 29일, 휴라는 이름의 아홉 살 난 영국 소년의 시신이 링컨이라는 마을의 우물에서 발견됐다. 그때는 페이스북과 트위터도 없었지만 삽시간에 헛소문이 퍼졌다. 그 지역 유대인들이 종교의식을 수행하던 중에 소년을 살해했다는 내용이었다. 이야기는 전해지는 과정에서 점점 불어났고, 당시 영국에서 가장 유명한 연대기 기록자 ― 매슈 패리스 ― 가 기록을 내놓기에 이르렀다. 영국 전역에서 링컨으로 모여든 저명한 유대인들이 납치된 소년을 살찌우고, 고문하고, 급기야 십자가에 처형하기까지의 잔혹상을 상세히 묘사한 것이었다. 그 후 유대인 19명이 사람들 주장대로 살인죄로 기소되어 처형되었다. 이와 비슷한 '피의 비방'이 다른 마을에서도 횡행했고, 유대인 공동체 전원이 몰살당하는 집단 학살이 잇따랐다. 결국 1290년 영국에 있던 모든 유대인이 추방당했다.[3]

이야기는 거기서 그치지 않았다. 영국에서 유대인이 추방된 지

1세기 후 영국 문학의 아버지 제프리 초서는 《캔터베리 이야기》에 휴의 이야기를 모델로 한 피의 비방 사건('부수녀원장 이야기')을 포함했다. 이 이야기는 유대인을 교수형에 처하는 것으로 끝이 난다. 이와 유사한 피의 비방은 그 후로 중세 후기 스페인에서 근대 러시아에 이르기까지 모든 반유대주의 운동의 주요 부분으로 자리 잡았다. 심지어 그로부터 한참이 지난 2016년 미국 대선 때 확산된 '가짜 뉴스'에서도 메아리를 들을 수 있었다. 그 가짜 뉴스란 힐러리 클린턴이 이끄는 어린이 인신매매 연계 조직이 인기 있는 피자 전문점 지하에 어린이를 성노예로 감금했다는 내용이었다. 클린턴의 선거 운동을 망치려고 유포한 그 이야기를 사실로 믿은 사람이 적지 않았고, 어떤 사람은 총을 들고 그 피자 가게에 가서 지하실을 보여 달라고 요구하기까지 했다(그곳에는 지하실이 없는 것으로 밝혀졌다).[4]

링컨의 휴의 경우 그 소년이 자신의 죽음을 어떻게 생각했는지는 아무도 모른다. 하지만 그는 링컨 대성당에 묻혔고 성인으로 추대됐다. 그 뒤에도 그가 다양한 기적을 일으킨다는 소문이 자자했고, 영국에서 모든 유대인이 추방되고 수 세기가 지난 후에도 그의 무덤에는 순례자들의 발길이 이어졌다.[5] 홀로코스트가 있고 10년 뒤인 1955년에야 비로소 링컨 대성당은 피의 비방을 공식 부인하고, 휴의 무덤 곁에 다음과 같은 내용의 안내판을 세웠다.

　　유대인 공동체들이 기독교도 소년들을 죽인다는 '살인 의식'에 관한 날조된 이야기들이 중세는 물론 한참 후에도 유럽 전역에서 횡행했다. 이런 거짓 이야기들 때문에 수많은 유대인들이 무고하게 목숨을 잃었다. 링컨에도 나름의 전설이 있었고, 이른바 그때 희생자가 1255년 대성당 안에 묻혔다. 그런 이야기들은 기독교계의 신의에 도움이 되지 않는다.[6]

글쎄, 어떤 가짜 뉴스는 700년밖에 못 간다.

한때는 거짓말이었지만
언제나 진리

협력을 끌어내기 위해 허구를 사용한 것은 고대 종교만이 아니었다. 보다 최근에도 각 민족은 나름의 민족 신화를 만들어왔다. 공산주의, 파시즘, 자유주의 같은 운동 역시 정교한 자기 강화의 신조들을 창안했다. 나치의 선전 총책이자 아마도 현대사에서 가장 뛰어난 미디어 마법사일 요제프 괴벨스는 자신의 수법을 이런 말로 간단명료하게 설명했다. "한 번 한 거짓말은 거짓말일 뿐이지만, 천 번을 반복한 거짓말은 진실이 된다."[7] 《나의 투쟁》에서 히틀러는 이렇게 썼다. "가장 탁월한 선전선동가의 기술을 가졌다 해도 한 가지 근본적인 원리가 머릿속에 즉각 떠오르지 않으면 아무런 성공도 거둘 수 없을 것이다. 즉, 몇 가지 요점만 한정해 계속 반복해야 한다는 것이다."[8] 오늘날 어떤 가짜 뉴스 장사꾼이 이보다 나

355

을 수 있을까?

진실을 다루는 기민함에서는 소련의 선전기구도 이에 못지않았다. 그들은 전쟁의 전모부터 개인 사진에 이르기까지 모든 것의 역사를 다시 썼다. 1936년 6월 29일 공식 당 기관지 〈프라우다〉(러시아어로 '진실'이라는 뜻)는 1면에 이오시프 스탈린이 8세 소녀 겔랴 마르키조바를 안은 채 미소 짓고 있는 사진을 실었다. 이 사진은 스탈린을 국부로 떠받드는 한편, '행복한 소련 어린이'를 이상화한 스탈린주의의 아이콘이 되었다. 전국의 인쇄소들과 공장들이 그 장면을 담은 수백만 장의 포스터와 조각, 모자이크를 제작했고, 이것들은 소련의 한쪽 끝에서 다른 쪽 끝까지 모든 공공기관에 걸쳐 대거 전시되었다. 모든 러시아정교회에 아기 예수를 안은 성모 마리아의 아이콘이 있어야 했던 것처럼, 모든 소련 학교에는 소녀 겔랴를 안은 파파 스탈린의 아이콘이 있어야 했다.

하지만 애석하게도 스탈린 제국에서 명예는 재앙으로 이끄는 초대장일 때가 많았다. 1년도 지나지 않아 겔랴의 아버지는 일본 첩자이자 트로츠키파 테러리스트라는 거짓 혐의로 체포되었고, 1938년에 처형됐다. 그런 그도 스탈린 공포정치에 희생된 수백만 명 중 한 명에 지나지 않았다. 이어 겔랴와 그녀의 어머니는 카자흐스탄으로 추방됐고, 그곳에서 어머니는 곧 의문사했다. 그러면 '인민의 적'으로 단죄된 자의 딸을 안은 국부로 묘사된 수많은 아이콘들은 어떻게 한다? 아무런 문제가 없었다. 그 순간부터 겔랴 마르키조바라는 이름은 사라졌고, 도처에 내걸린 사진 속 '행복한 소련 어린이'의 신원은 맘라카트 나칸고바 농장에서 부지런히 목화를 딴 공로로 레닌 훈장을 받은 13세 타지키스탄 소녀로 바뀌었다(사진 속 소녀가 열세 살처럼 보이지 않는다고 생각한 사람도 그런 반혁명 이단자 같은 소리를 입 밖으로 낼 만큼 어리석지는 않았다).[9]

소련의 선전기구는 수완이 너무나 뛰어났다. 국내에서 일어난 괴물 같은 잔학 행위들은 철저히 숨겼고 밖으로는 유토피아적인 비전을 내보냈다. 오늘날 우크라이나인들은 러시아가 크림반도와 돈바스에서 저지른 행동에 관해 푸틴이 서방 매스컴을 속여 넘겼다고 불만을 터뜨린다. 하지만 속임수에 관한 한 푸틴은 스탈린의 발밑에도 못 미친다. 1930년대 초 서방의 좌파 언론인들과 지식인들이 당시 소련을 이상적인 사회로 찬양하고 있을 때, 우크라이나를 비롯한 다른 소련 국민들은 스탈린의 실정으로 발생한 인위적 기근 때문에 수백만 명이 죽어가고 있었다. 요즘 같은 페이스북과 트위터의 시대에는 가끔 한 사건을 두고도 어떤 버전을 믿어야 할지 판단하기가 어렵지만, 적어도 어떤 정권이 세상 모르게 수백만 명을 살해하는 일은 더 이상 일어날 수 없다.

종교나 이데올로기 외에 상업 회사들도 허구와 가짜 뉴스에 의존한다. 브랜딩 작업에는 흔히 동일한 허구의 이야기를 반복해서 들려주는 것도 포함된다. 사람들이 진실이라고 믿을 때까지 계속된다. 코카콜라를 생각하면 어떤 이미지가 먼저 떠오르는가? 건강한 젊은이들이 운동을 즐기며 노는 장면이 연상되나? 아니면 과체중의 당뇨 환자가 병원 침상에 누워 있는 모습이 떠오르나? 코카콜라를 많이 마신다고 해서 젊어지지도 건강해지지도 않고, 몸매가 좋아지는 것도 아니다. 오히려 비만과 당뇨로 고생할 확률만 높아질 뿐이다. 하지만 수십 년 동안 코카콜라는 수십 억 달러를 투자해 자사의 이미지를 젊음과 건강, 운동과 연결시켰고, 수십억 명의 사람들은 무의식중에 이런 연관성을 믿는다.

사실, 호모 사피엔스의 의제에서 진실이 높은 순위를 차지한 적은 한 번도 없었다. 많은 사람들은 어떤 종교나 이데올로기가 현실을 잘못 전달하면 머지않아 지지자들이 그런 사실을 알아차릴 수밖에 없을 거라고 생각한다. 그럴 경우 현실을 더 정확히 반영한 경쟁자들에게 뒤질 수밖에 없을 것이기 때문이다. 글쎄, 그런 가정 역시 또 하나의 마음 편한 신화다. 현실에서 사람들 간의 협동력은 진실과 허구 사이에서 미묘한 균형을 유지하는 데 달렸다.

현실 왜곡이 지나치면 행동도 비현실적이 되면서 오히려 힘을 잃을 수 있다. 가령, 1905년 동아프리카의 무당 킨지키틸레 응왈레는 자신이 뱀의 신령인 홍고를 접신했다고 주장했다. 이 새로운 선지자는 독일 식민지였던 동아프리카 사람들에게 다음과 같은 혁명의 메시지를 전파했다. "단결해서 독일인을 몰아내라." 메시지에 호소력을 더하기 위해 응왈레는 추종자들에게 마법의 부적을 주면서 이것이 독일군의 총탄을 물(스와힐리어로 '마지maji')로 바꿔줄 거라고 했다. 그렇게 해서 마지 마지 반란이 시작됐다. 하지만 실패였다. 전쟁터에서 날아오는 독일군의 총탄은 물로 변하지 않았다. 오히려 총탄은 무장이 허술했던 반란군의 몸속으로 사정없이 파고들었다.[10] 그보다 2,000년 전 유대인이 로마인을 상대로 벌인 위대한 반란 역시 비슷했다. 신이 유대인을 위한 싸움에 나서서 무적처럼 보이는 로마 제국을 무찔러줄 거라는 열렬한 믿음에 고무되어 시작됐지만 그 또한 수포로 돌아갔다. 예루살렘은 파괴되었고 유대인은 추방당했다.

그런가 하면, 한 무리의 사람들을 효과적으로 조직하는 일은 어떤 신화에 의존하지 않고서는 불가능하다. 순수한 현실만 고집할 경우에는 따르는 사람이 별로 없을 것이다. 신화 없이는, 실패로 끝난 마지 마지 반란과 유대인의 반란뿐 아니라 훨씬 더 성공적이었던 마흐디 반란(19세기 후반 영국 식민지 수단에서 일어난 반란 — 옮긴이)과 마카비 반란(기원전 2세기 유대인 지도자 마카비의 주도로 셀레우코스 왕에게 맞서 예루살렘 탈환에 성공한 반란 — 옮긴이)마저 조직할 수 없었을 것이다.

사실, 사람들을 단결시키는 데 거짓 이야기는 진실보다 본질적인 이점이 있다. 만약 자신이 속한 집단의 충성심이 얼마나 강한지 알아보고 싶다면, 시험 삼아 사람들에게 분명히 참인 사실보다 어떤 불합리한 것을 믿어보라고 요구하는 편이 훨씬 낫다. 조직의 보스가 "태양은 동쪽에서 떠서 서쪽으로 진다"라고 말할 때는 굳이 그

진　　　실

에 대한 충성심이 없더라도 박수를 칠 수 있다. 하지만 보스가 "태양은 서쪽에서 떠서 동쪽으로 진다"라고 할 때는 진정한 충성파들만 박수를 보낼 것이다. 마찬가지로 당신 주변 사람들 모두가 그런 터무니없는 이야기를 듣고 믿어준다면, 당신이 위기에 처한 순간에도 그들은 당신 편을 들어주리라 신뢰할 수 있다. 공인된 사실만 믿겠다는 사람이라면 그의 충성심을 어떻게 알 수 있겠는가?

이렇게 말하면 적어도 어떤 경우에는 허구나 신화보다 공동의 합의를 통해 사람들을 효과적으로 조직하는 것이 가능하다는 반론을 펼 수도 있을 것이다. 실제로 경제 분야를 보면 돈과 협력이 어떤 신이나 신성한 경전보다 사람들을 훨씬 더 효과적으로 결속시킨다. 돈과 협력이라는 것도 사람들끼리의 협약에 불과하다는 사실을 모든 사람이 아는데도 그렇다. 성경을 믿는 진정한 신도는 "나는 그것이 성스러운 책이라고 믿는다"라고 말할 것이다. 반면에 달러를 믿는 사람은 "나는 **다른 사람들**이 달러는 가치가 있다고 믿는다는 사실을 믿는다"라고만 말할 것이다. 이처럼 달러가 인간의 창조물에 불과하다는 사실이 명백함에도 전 세계 사람들은 달러를 존중한다. 그렇다면 사람들은 모든 신화와 허구적인 이야기는 포기하고, 달러와 같이 서로 합의된 협약을 기초로 사회를 조직할 수는 없을까?

하지만 그런 협약도 허구적인 이야기와 그리 선명하게 구분되지는 않는다. 가령, 성경과 화폐의 차이만 해도 첫눈에 보이는 것보다 훨씬 작다. 대부분의 사람들은 달러 지폐를 볼 때 그것이 인간의 협약에 불과하다는 사실은 잊는다. 실제로는 이미 고인이 된 백인 남성의 모습이 찍힌 녹색 종잇조각을 보면서, 그 속에 내재된 가치를 보거나 그 자체를 가치 있는 무엇으로 본다. 그럴 때마다 "실제로는 이게 다 가치 없는 종잇조각일 뿐이지만 다른 사람들이 가치 있는 것으로 보기 때문에 나도 사용할 수 있는 거야"라고 자신을 일깨우는 경우는 거의 없다. 사람의 뇌를 fMRI 스캐너로 관찰해보면, 수백 달러 지폐가 가득 담긴 가방을 받았을 때 뇌에서 활성화하기 시작하는 부분은 의심을 담당하는 부위('다른 사람들은 이걸 가치 있다고 믿을까?')가 아니라 탐욕에 관련된 부위('우와! 너무 갖고 싶어!')다. 바꿔 말하면, 대부분의 경우 사람들이 성경이나 베다, 모르몬교 경전을 신성시하기 시작하는 것은 그것을 신성시하는 다른 사람들을 오랫동안 반복해서 접하고 난 다음의 일이다. 우리가 신성한 책을 존중하게 되는 과정이나 지폐를 존중하게 되는 과정이나 알고 보면 정확히 동일하다.

따라서 실제로는 '어떤 것이 인간의 협약에 불과하다는 사실을 아는 것'과 '어떤 것이 본질적으로 가치 있다고 믿는 것' 사이에 선을 긋기란 불가능하다. 많은 경우 사람들은 이런 구분에 관해 모호한 태도를 취하거나 아예 잊는다. 또 다른 예를 들자면, 사람들이 심도 있는 철학적인 토론을 벌일 때는 기업은 인간이 만든 허구적인 이야기에 불과하다는 데 거의 모두가 동의할 것이다. 그러니까, 마이크로소프트는 그 회사가 소유한 사옥도 아니고, 그 회사가 고

진   실

용한 직원도 아니며, 그 회사가 봉사하는 주주도 아니라는 얘기다. 단지 입법자들과 변호사들이 만든 복잡한 법적 허구일 뿐이다. 그럼에도 우리는 살면서 거의 매 순간 심각한 철학적 토론에 빠져들기보다는, 기업 역시 호랑이나 사람과 똑같이 세계에 존재하는 실체인 것처럼 대한다.

허구와 현실 사이의 경계 흐리기는 여러 가지 목적에 도움이 될 수도 있다. '재미'를 위한 필요에서 '생존'의 차원에 이르기까지 용도는 다양하다. 가령, 우리가 게임이나 소설을 즐길 때에는 적어도 잠시 동안만이라도 불신감을 접어둬야만 한다. 축구를 제대로 즐기고 싶다면 경기 규칙을 온전히 받아들여야 하고, 적어도 시합이 계속되는 90분 동안에는 그 규칙이 인간의 협약에 불과하다는 사실은 잊어야 한다. 그러지 않으면 22명의 선수들이 공 하나를 쫓아 이리 뛰고 저리 뛰는 모습이란 참으로 웃기는 일이라고 생각될 것이다. 축구가 처음 생겨났을 때는 단순한 오락거리였을지 모르지만 경우에 따라서는 그보다 훨씬 더 심각한 것이 될 수도 있다. 영국의 홀리건이나 아르헨티나의 민족주의자들을 보면 알 수 있는 일이다. 축구는 개인의 정체성을 형성하는 데 도움을 줄 수도 있고, 대규모 공동체를 결속시킬 수도 있을 뿐 아니라, 심지어 폭력 사태의 원인을 제공할 수도 있다. 그럼 점에서 민족과 종교는 한층 강화된 축구클럽이나 다름없다.

인간에게는 이처럼 알면서 동시에 모를 수도 있는 놀라운 능력이 있다. 보다 정확히 말하면, 무엇에 관해 진지하게 생각하면 알 수 있지만, 대부분의 시간은 그것에 관해 생각하지 않기 때문에 알지 못한다. 가령, 정말로 주의를 집중하면 돈이 허구라는 사실을 깨닫는다. 하지만 평소에는 그런 식으로 주의를 집중하지 않는다. 누군가로부터 축구에 관한 질문을 받으면 그것이 인간의 발명품이라는 사실을 안다. 하지만 시합 열기로 달아올랐을 때는 아무도 그것에 관해 묻지 않는다. 민족도 마찬가지다. 그 문제에 시간과 에너지를 바치면 민족은 정교한 교직물이라는 사실을 알아낼 수 있다. 하지만 전쟁 도중에는 그럴 시간과 에너지가 없다. 종교도 마찬가지다. 세상에 관한 궁극의 진실을 요구한다면, 당신은 아담과 이브의 이야기가 신화라는 사실을 깨닫는다. 하지만 우리는 얼마나 자주 궁극의 진실을 요구하는가?

　진실과 권력의 동반 여행은 어느 정도까지만 가능하다. 머지않아 각자의 길을 가게 돼 있다. 권력을 바란다면 어느 지점부터는 허구를 퍼뜨리기 시작해야 할 것이다. 반면, 세상에 관한 모든 허구는 배제한 채 진실만을 알고 싶다면, 어느 지점부터는 권력을 단념해야 할 것이다. 그런 경우에는 자신의 동조자를 얻고 추종자를 격려하기 어렵게 만드는 사실들마저 인정해야만 할 것이기 때문이다. 훨씬 더 결정적인 것은, 자신과 지금 자신이 가지고 있는 권력의 원천, 그리고 자신이 더 많은 권력을 바라는 이유에 관한 어떤 불편한 사실들마저 인정해야만 할 것이라는 점이다. 진실과 권력 사이에 이런 간극이 존재한다는 사실은 하등 신비로울 게 없다. 직접 목격하고 싶다면, 전형적인 미국 와스프WASP(백인 앵글로색슨계 신교도의 영문 머릿글자를 딴 약자로 미국사회의 주류를 뜻한다 — 옮긴이)를 찾아가 인종 문제를 제기하거나, 주류 이스라엘인을 찾아가 팔레스타인 점령 문제를 화제에 올리거나, 영국의 전형적인 남성bloke에게 가부장제 문제로 말을 걸어보라.

호모 사피엔스 종으로서 인간은 진실보다는 힘을 선호한다. 세계를 이해하려고 애쓰기보다 통제하려는 데 훨씬 많은 시간과 노력을 기울인다. 세계를 이해하려고 애쓰는 것도, 그러면 통제하기가 쉬워질 거라는 기대 때문이다. 따라서 진실이 지배하고 신화는 무시되는 사회를 꿈꾼다면 '호모 사피엔스'에게서 기대할 것은 거의 없다. 차라리 침팬지에게 운을 시험해보는 게 낫다.

세뇌 기계에서
빠져나오기

이 모든 말이 가짜 뉴스는 심각한 문제가 아니라거나 정치인들과 성직자들은 내키는 대로 거짓말을 해도 좋다는 뜻은 아니다. 또한 모든 것이 그저 가짜 뉴스일 뿐이고, 따라서 진실을 발견하려는 어떤 시도도 실패하기 마련이며, 진지한 저널리즘과 선전 선동 사이에는 아무런 차이가 없다고 결론 내린다면 완전히 잘못 생각하는 것이다. 모든 가짜 뉴스의 기저에는 진정한 사실과 고통이 존재한다. 가령, 우크라이나에서는 러시아 병사들이 실제 전투를 벌이고 있고, 수천 명이 실제로 목숨을 잃었으며, 수십만이 실제로 집을 잃었다. 인간의 고통은 허구의 믿음에서 촉발될 때가 많지만 고통 자체는 엄연히 실재한다.

따라서 가짜 뉴스를 당연한 것으로 받아들이는 대신, 그것은 우리가 생각하는 것보다 훨씬 더 해결하기 어려운 문제라는 사실을 인정하고, 허구와 실체를 구분하기 위해 훨씬 더 열심히 분투해야만 한다. 완벽을 기대할 수는 없다. 난무하는 허구들 중에서도 가장 큰 허구가 세계의 복잡성을 부인하면서 더없는 순수 대 사탄과 같은 악이라는 절대적인 용어로 생각하는 것이다. 어떤 정치인도 진실의 전모를 말하거나 진실만을 말하는 법이 없다. 그럼에도 어떤 정치인은 다른 정치인보다 훨씬 낫다. 내게 선택지가 주어진다면 스탈린보다는 처칠을 훨씬 더 신뢰할 것이다. 물론 그런 처칠도 자신에게 이로울 때만 진실을 내세우는 정치인에 지나지 않았다. 마찬가지로 어떤 신문도 편견과 실수에서 자유롭지 않다. 하지만 어떤 신문은 진실을 찾아내기 위해 정직한 노력을 기울이는 반면 다른 신문은 세뇌 기계와 다름없다. 만일 내가 1930년대로 되돌아간다면 〈프라우다〉와 〈슈튀르머Der Stürmer〉(1923년부터 제2차 세계대전 종전까지 나치당원 율리우스 슈트라이허가 발행한 반유대주의 선전선동 주간지 — 옮긴이)보다 〈뉴욕타임스〉를 더 신뢰하는 분별력이 있기를 바란다.

우리의 편견을 드러내고 정보원을 검증하는 데 시간과 노력을 들이는 것은 우리 모두의 책무다. 앞 장에서 이야기했듯이 우리는 모든 것을 직접 조사할 수는 없다. 하지만 바로 그런 사실 때문에 우리는 적어도 우리가 선호하는 정보원을 세밀하게 따져볼 필요가 있다. 그것이 신문이든, 웹사이트든, 티브이 방송이든, 어떤 개인이든 마찬가지다. 어떻게 하면 세뇌를 피하고, 현실과 허구를 구분할지에 관해서는 20장에서 훨씬 깊이 있게 살펴볼 것이다. 다만 여기서는 개략적인 요령 두 가지만 제시하겠다.

첫째, 믿을 만한 정보를 얻고 싶다면 그에 합당한 만큼의 돈을 지불해야 한다. 만약 뉴스를 공짜로 얻는다면 당신이 상품이기 쉽다. 어떤 수상한 억만장자가 당신에게 이런 거래를 제시했다고 가정해 보자. "당신에게 매월 30달러를 주겠다. 그 대신 당신은 내가 바라는 정치적, 상업적 편견을 당신 머릿속에 심을 수 있도록, 매일 한 시간 당신을 세뇌할 수 있게 해달라." 이런 거래를 받아들이겠는가? 제정신이라면 그럴 가능성은 희박하다. 그러자 수상한 억만장자는 조금 다른 거래를 제안한다. "매일 한 시간 내가 당신을 세뇌할 수 있도록 허락해달라. 그 대신 이 서비스의 비용을 당신에게 물리지 않겠다." 그러자 갑자기 수억 명의 사람들이 솔깃해 한다. 부디 그런 사례를 따라가지 않기를 바란다.

두 번째 요령은, 만약 어떤 이슈가 특별히 중요해 보인다면 그것에 관련된 과학 문헌을 찾아 읽으려고 노력하는 것이다. 내가 말하는 과학 문헌이란 동료 평가를 거치는 논문, 저명한 학술 출판사가

낸 책, 명망 있는 기관의 교수가 쓴 저술이다. 과학 역시 나름의 한계가 분명히 있다. 과거에도 많은 오류가 있었다. 그럼에도 과학 공동체는 수 세기 동안 우리가 가장 신뢰할 수 있는 지식의 원천이었다. 만약 당신이 과학 공동체가 어떤 문제에 관해 틀렸다고 생각한다면, 그 또한 충분히 있을 수 있는 일이다. 다만 적어도 당신이 거부하는 과학 이론을 알아야 하고, 당신의 주장을 뒷받침할 경험적 증거를 제공할 수 있어야 한다.

과학자들은 지금보다 훨씬 적극적으로 공적 토론에 개입할 필요가 있다. 특히 토론 내용이 자신의 전문 영역으로 넘어왔을 때에는 주저하지 말고 자기 목소리를 내야 한다. 분야가 의학이 됐든, 역사가 됐든 마찬가지다. 침묵은 중립이 아니다. 그것은 현상 유지를 편드는 것이다. 물론 학문적 연구를 계속 해나가고 그 결과물을 소수의 전문가들만 읽는 과학 저널에 발표하는 것도 대단히 중요하다. 하지만 그 못지않게 대중 과학서를 통해 일반 대중에게 최신 과학 이론을 전파하고 그들과 소통하는 것도 중요하다. 예술과 허구를 능숙하게 활용하는 일도 마다할 이유가 없다.

과학자가 공상과학 소설SF도 쓰기 시작해야 한다는 말인가? 그것도 사실 나쁘지 않은 생각이다. 예술은 사람들의 세계관 형성에 핵심적인 역할을 한다. 특히 21세기에 와서는 공상과학 소설이야말로 가장 중요한 장르라는 주장도 있다. AI라든가 생명공학, 기후변화 같은 문제에 관한 대다수 사람들의 이해를 좌우하기 때문이다.

우리에게 좋은 과학이 필요하다는 것은 분명하다. 하지만 정치적 관점에서 보자면, 좋은 SF 영화 한 편이 〈사이언스〉나 〈네이처〉에 실린 논문 한 편보다 훨씬 가치가 크다.

18

공상과학 소설

미래는 영화에서 보는 것과 다르다

진 실 인간이 세계를 지배하는 것은 다른 어떤 동물보다 협력을 잘할 수 있기 때문이고, 협력을 그토록 잘할 수 있는 비결은 허구를 믿기 때문이다. 그런 점에서 시인과 화가, 극작가는 최소한 군인과 기술자만큼이나 중요하다. 사람들이 전쟁을 하고 대성당을 짓는 것도 신을 믿기 때문이고, 신을 믿는 것은 신에 관한 시를 읽어왔고, 신을 그린 그림을 보아왔고, 신에 관한 연극 공연에 매료돼왔기 때문이다. 마찬가지로 근대 자본주의 신화에 관한 우리의 믿음도 할리우드와 팝 산업의 예술적인 창조물에 의해 뒷받침된다. 우리가 물건을 더 많이 사면 행복해질 거라고 믿는 것도, 우리 눈으로 텔레비전에서 자본주의의 낙원을 봤기 때문이다.

아마도 21세기 초에 가장 중요한 예술 장르라고 하면 공상과학 소설일 것이다. 기계 학습이나 유전공학 분야의 최신 논문을 읽는 사람은 극히 드물다. 사람들은 그 대신 〈매트릭스〉와 〈그녀Her〉 같은 영화라든가 〈웨스트월드〉 〈블랙 미러〉 같은 티브이 시리즈물을 보면서 우리 시대의 가장 중요한 기술적, 사회적, 경제적 발전상들을 이해한다. 그런 점에서 공상과학 소설은 과학적인 현실을 묘사하는 방식에서 더 큰 책임감을 느낄 필요가 있다. 그러지 않으면 사람들에게 잘못된 생각을 주입하거나, 그들로 하여금 잘못된 문제에 관심을 쏟게 할 수 있기 때문이다.

앞 장에서 이야기한 바와 같이, 오늘날 공상과학 소설의 최악의 잘못은 지능과 의식을 혼동하는 경향이 있다는 점이다. 그 결과 로봇과 인간 사이의 전쟁 가능성을 지나치게 우려한다. 사실 우리는 알고리즘으로 증강된 소수의 슈퍼휴먼 엘리트와 무력해진 다수 하위 계층의 호모 사피엔스 간의 갈등을 두려워해야 한다. AI의 미래에 관한 생각에서는 여전히 카를 마르크스가 스티븐 스필버그보다 나은 안내자다.

정말이지, 인공지능에 관한 많은 영화들은 과학적 실제와 너무 동떨어진 나머지, 완전히 다른 관심사를 비유적으로 표현한 게 아닐까 하는 의심이 들 정도다. 2015년에 나온 영화 〈엑스 마키나Ex Machina〉가 그렇다. 이 영화는 얼핏 보기엔 AI 전문가가 여성 로봇과 사랑에 빠졌다가 결국에는 속아 넘어가서 로봇에게 조종당한다는 이야기 같다. 하지만 사실은 지능이 있는 로봇에 대한 인간의 두려움을 그린 영화가 아니라, 똑똑한 여성에 대한 남성의 두려움, 특히 여성 해방이 여성의 지배로 이어질 수 있다는 두려움을 그린 영화다. AI는 여성, 과학자는 남성으로 나오는 AI 영화를 보면, 십중팔구 인공두뇌학보다는 페미니즘에 관한 영화다. 도대체 왜 AI에게 성 정체성이나 젠더 정체성이 필요한가? 성은 다세포 유기체의 특징이다. 유기체도 아닌 인공두뇌학적 존재에게 도대체 성이 무슨 의미를 가질 수 있단 말인가?

상자 안에서
살기

진   실

공상과학 소설이 더욱 심오한 통찰력을 발휘해서 탐구해온 주제는 따로 있다. 바로 기술이 인간을 조종하고 통제하는 데 사용될 위험에 관한 것이다. 영화 〈매트릭스〉는 거의 모든 인간이 사이버 공간에 갇혀서 생활하는 세계를 그린다. 그 속에서 사람들이 경험하는 것은 모두 마스터 알고리즘에 의해 만들어진다. 〈트루먼 쇼〉는 자신도 모르게 리얼리티 티브이 쇼의 스타가 된 한 개인에게 초점을 맞춘 영화다. 사실은 자신만 모르고 있을 뿐, 그의 어머니와 아내, 가장 친한 친구들까지 모두가 연기자다. 그에게 일어나는 모든 일은 잘 짜인 대본에 따른 것이다. 그가 말하고 행동하는 모든 것은 몰래카메라에 저장되고, 수백만 팬들이 그것을 열심히 지켜본다.

두 영화는 뛰어난 작품이다. 하지만 이들 영화 역시 결국에는 시나리오의 함의를 끝까지 풀어내지 못한 채 뒷걸음질치고 만다. 두 영화 모두 매트릭스의 함정에 빠진 인간에게 여전히 어떤 기술적 조작에도 때 묻지 않은 진짜 자아가 있고, 매트릭스를 넘어서면 진짜 실제가 있으며, 주인공 영웅들이 노력만 충분히 하면 진짜 실제에 접속할 수 있다고 가정한다. 매트릭스도 단지 내 안의 진짜 자아와 바깥의 진짜 세계를 가로막는 인공 장애물일 뿐이다. 영화의 두 주인공 영웅인 〈매트릭스〉의 네오와 〈트루먼 쇼〉의 트루먼은 숱한 시행착오와 고생 끝에 조작의 그물망을 넘어서 탈출한 뒤 진정한 자아를 찾고 진정한 약속의 땅에 이른다.

하지만 희한하게도, 그렇게 해서 도달한 진정한 약속의 땅 역시 중요한 면에서는 조작된 매트릭스와 다 똑같다. 트루먼이 티브이 스튜디오 밖으로 탈출했을 때, 그는 고교 시절 첫사랑과 재결합하려 하지만 그것은 티브이 쇼의 감독이 그녀를 출연진에서 제외한 뒤였다. 하지만, 만약 트루먼이 그 낭만적인 상상을 실현해서 첫사랑과 피지 섬으로 휴가까지 떠난다면, 그의 삶이야말로 완벽한 할리우드 드림처럼 보일 것이다. 바로 〈트루먼 쇼〉가 지구 전역의 수백만 시청자에게 판매한 것과 똑같은 것이다. 하지만 그 영화는 트루먼이 마침내 이르게 된 진짜 세계에서 어떤 종류의 대안적 삶을 찾았는지에 관해서는 아무런 암시도 주지 않는다.

그와 마찬가지로, 네오 역시 그 유명한 빨간 알약을 삼키고 매트릭스 밖으로 탈출했을 때 바깥 세계가 안의 세계와 아무런 차이가 없다는 사실을 발견한다. 매트릭스 안이나 바깥 모두 폭력적 갈등이 난무하고 사람들은 공포와 탐욕, 사랑, 시기에 사로잡혀 있다. 영화는 네오가 접속한 현실이 사실은 더 큰 매트릭스일 뿐이며, '진정한 현실 세계'로 도피하고 싶다면 다시 파란 알약과 빨간 알약 중에서 선택해야 한다고 일러주는 것으로 끝났어야 했다.

오늘날 과학 기술 혁명의 결과가 함축하고 있는 의미는, 진정한 개인과 진짜 현실이 알고리즘과 티브이 카메라에 의해 조종될 수 있다는 것이 아니라 진정성 자체가 신화라는 것이다. 사람들은 상자 안에 갇히는 것을 두려워하면서도 이미 자신들이 상자 — 자신의 뇌 — 안에 갇혀 있으며, 그 상자는 다시 더 큰 상자 — 무수히 많은 기능을 갖춘 인간 사회 — 안에 갇혀 있다는 사실은 깨닫지 못한다. 매트릭스를 탈출했을 때 발견하게 되는 것은 더 큰 매트릭스일 뿐이다. 1917년 러시아 농부들과 노동자들은 차르에 맞서 반란을 일으켰지만 결국에는 스탈린 체제로 귀결됐다. 세계가 당신을 조종하는 여러 가지 방식을 탐구하기 시작하더라도, 결국 자신의 핵심적 정체성은 뇌신경망이 만들어내는 복잡한 환상이라는 사실을 알게 될 뿐이다.

사람들은 상자 안에 갇히는 것을 두려워하면서 정작 세상의 모든 경이로움은 놓치고 만다. 네오가 매트릭스 안에 갇혀 있는 한, 그리고 트루먼이 티브이 스튜디오 안에 묶여 있는 한, 그들은 피지 섬

진   실

도, 파리도, 마추픽추도 갈 수 없을 것이다. 하지만 사실, 우리가 인생에서 경험하는 모든 것은 우리 자신의 몸과 마음 안에 있다. 매트릭스 밖으로 탈출하든, 피지 섬으로 여행을 가든 그 점에서는 아무런 차이가 없을 것이다. 당신 마음속 어딘가에 '피지 섬에서만 개봉할 것!'이라는 커다란 붉은색 경고문이 적힌 강철 상자가 있어, 남태평양으로 여행을 가서 그 상자를 열었을 때에야 비로소 피지 섬에서만 누릴 수 있는 온갖 특별한 감정과 느낌이 발산되는 것이 아니다. 피지 섬에 가보지 못하면 이런 특별한 느낌을 영원히 누리지 못하게 되는 것도 아니다. 결코 그렇지 않다. 피지 섬에서 느낄 수 있는 것은 무엇이든 세계 어디에서나 느낄 수 있다. 심지어 매트릭스 안에서도 가능하다.

어쩌면 우리 모두가 '매트릭스' 스타일의 거대한 컴퓨터 시뮬레이션 속에서 살고 있는지도 모른다. 그것은 우리가 믿는 모든 민족적, 종교적, 이데올로기적 이야기와 상충될 것이다. 하지만 그렇다 하더라도 우리의 정신적 체험은 실재하는 것이다. 만약 인류의 역사가 지르콘 행성(영화 '스타워즈'의 무대인 은하 외곽지역의 행성—옮긴이)에서 온 쥐 과학자들에 의해 슈퍼컴퓨터로 운영되는 정교한 시뮬레이션으로 밝혀지면 카를 마르크스와 IS로서는 꽤 당혹스러울 것이다. 하지만 이 쥐 과학자들도 아르메니아 집단 학살과 아우슈비츠 문제에는 책임을 져야 할 것이다. 어떻게 그런 일이 지르콘 대학의 윤리위원회를 통과할 수 있었단 말인가? 비록 가스실이 실리콘칩 안의 전기 신호에 불과했다(컴퓨터 시뮬레이션이었다는 뜻—옮긴이) 해도, 그때 희생자들이 체험한 고통과 공포, 좌절감의 극심함은 조금도 덜하지 않을 것이다.

고통은 고통, 공포는 공포, 사랑은 사랑이다. 매트릭스 안에서도 마찬가지다. 우리가 느끼는 두려움이 바깥 세계의 원자가 모여서 일어나는 것이든, 컴퓨터가 조종하는 전기 신호에서 생겨나는 것이든 상관없다. 어떻든 두려움은 실재한다. 따라서 우리 정신의 실체를 탐구하고 싶다면 매트릭스 안에서든 바깥에서든 어디서나 가능하다.

지금까지 나온 최선의 과학적 이론과 최신의 기술 장비에 따르면 정신은 어떤 경우에도 조작에서 자유롭지 않다. 조작용 껍질 안에서 해방되기를 기다리는 진정한 자아는 없다. 그런데도 대다수 SF 영화는 여전히 케케묵은 이야기를 하고 있다. 이른바 물질에 대한 정신의 승리다. 이를테면 이런 식이다. "3,000년 전에 정신이 돌칼을 상상한다 — 손이 칼을 창조한다 — 인간은 매머드를 죽인다." 하지만 사실 인간이 세계를 장악하게 된 것은 칼을 발명하고 매머드를 죽여서라기보다 인간의 정신을 조종한 결과였다. 정신은 역사적 행동과 생물학적 현실을 자유롭게 만들어내는 주체가 아니다. 오히려 역사와 생물학에 의해 만들어지는 대상이다. 심지어 우리가 가장 소중히 여기는 이상인 자유와 사랑, 창의성조차 다른 누군가가 매머드를 죽이기 위해 만들어낸 돌칼 같은 것이다.

최근 몇 년 사이에 우리가 얼마나 많은 영화와 소설, 시를 섭렵했으며, 이 인공물들이 사랑에 대한 우리의 생각에는 얼마만큼 영향을 미쳤는지 아는가? 포르노가 섹스관에 영향을 주고 람보가 전쟁관에 영향을 주는 것처럼 로맨틱 코미디는 우리의 사랑관에 영향을 준다. 행여 어떤 삭제 버튼이라도 눌러서 우리의 무의식과 변연계(기본 감정·욕구 등을 관장하는 신경계 — 옮긴이)에서 할리우드의 모든 자취를 제거할 수 있을 거라고 생각한다면, 순전한 착각이다.

우리는 인간이 돌칼을 만들었다는 생각을 좋아한다. 하지만 우리 자신이 바로 돌칼이라는 생각은 싫어한다. 그래서 옛날 매머드 이야기를 매트릭스 버전으로 바꿔보면 이렇게 된다. "정신이 로봇을 상상한다 — 손이 로봇을 창조한다 — 로봇이 테러범들을 죽인다. 뿐만 아니라 정신까지 통제하려 한다 — 정신은 로봇을 죽인다." 여기서 문제는 로봇을 상상해낸 정신이 이미 그보다 훨씬 전에 조작된 산물이라는 사실이다. 그러니 로봇을 죽인다고 해서 우리가 자유로워지는 것은 아니다.

디즈니도 자유 의지의
믿음을 잃다

2015년 픽사 스튜디오와 월트 디즈니 픽처스는 인간 조건에 관한 모험담을 그린 애니메이션 〈인사이드 아웃〉을 선보였다. 종전 작품들보다 훨씬 현실적이면서도 고민하게 하는 작품이었고, 곧바로 아이와 어른이 다 좋아하는 블록버스터가 되었다. 이 영화에서 주인공인 11세 소녀 라일리 앤더슨은 미네소타에 살다가 부모를 따라 샌프란시스코로 이사를 간다. 하지만 친구들과 고향을 그리워하며 새로운 삶에 적응하는 데 힘들어 하다가 결국 집을 나와 미네소타로 돌아가려 한다. 하지만 이 과정에서 라일리 자신은 모르게 또 한 편의 훨씬 거대한 드라마가 진행되고 있다. 라일리는 자신도 모르는 티브이 리얼리티 쇼의 스타도 아니고, 매트릭스 안에 갇혀 있지도 않다. 바로 그녀 자신이 매트릭스이고, 그녀 내부에 뭔가가 갇혀 있다.

디즈니는 그전까지는 한 가지 신화를 반복해서 들려주는 방식으로 자신만의 제국을 건설해왔다. 무수히 많은 디즈니 영화에서 영웅들은 어려움과 위험에 직면하지만 결국에는 진정한 자신을 찾고 자신의 자유로운 선택을 따름으로써 승리한다. 하지만 〈인사이드 아웃〉은 이런 신화를 무참히 해체한다. 인간에 관한 최신 신경생물학적 관점에서 라일리의 뇌 속을 탐험하는 여정으로 관객을 이끄는데, 라일리에게는 진정한 자아가 있는 것도 아니고 자유로운 선택을 하는 것도 아님을 알게 된다. 라일리는 사실상 서로 갈등하는 생화학적 기제의 합산으로 운영되는 대형 로봇이다. 영화에서는 생화학적 기제를 귀여운 만화 주인공으로 인격화한다. 노란색의 명랑한 기쁨이, 푸른색의 시무룩한 슬픔이, 붉은색의 다혈질 버럭이, 기타 등등. 주인공들은 본부 안에서 대형 티브이 화면으로 라일리의 모든 움직임을 지켜보며 일련의 버튼과 레버를 조작해 라일리의 모든 기분과 결정과 행동을 통제한다.

라일리가 샌프란시스코의 새로운 생활에 적응하지 못한 것도 본부 안이 엉망이 되면서 라일리의 뇌를 통제 불능 상태로 빠뜨릴 지경이 됐기 때문이다. 상황을 바로잡기 위해 기쁨이와 슬픔이는 라일리의 뇌를 관통하는 장대한 여행에 나선다. 생각의 기차에 올라 무의식의 감옥도 탐사하고, 예술적인 뉴런 팀이 꿈을 만드느라 분주한 안쪽 제작소도 방문한다. 이처럼 인격화된 생화학 기제들을 따라 라일리의 뇌를 깊이 들여다보는 동안, 그 어디에서도 영혼이라든가, 진정한 자아라든가, 자유 의지 같은 것은 찾아볼 수 없다. 사실, 전체 이야기의 축이 밝혀지는 순간은 라일리가 자신의 유일한 진짜 자아를 발견하는 때가 아니라, 오히려 라일리라는 아이는 어떤 하나의 핵심과 동일시될 수 없으며, 그녀의 행복도 서로 다른 많은 기제들의 상호작용에 의존한다는 사실이 분명해지는 때다.

영화 초반에만 해도 관객들은 라일리를 주도적인 캐릭터 — 노란색의 명랑한 기쁨이 — 와 동일시하게 된다. 하지만 결국에는 이것이 라일리의 삶을 망칠 뻔한 결정적인 실수였음이 드러난다. 기쁨이는 자기만 라일리의 진정한 정수라 생각하고 다른 캐릭터들을 윽박지른 끝에 라일리 뇌의 연약한 평형 상태를 무너뜨린 것이다. 결국 기쁨이가 자신의 실수를 알아차리고, 라일리는 기쁨이도, 슬픔이도, 그 어떤 다른 캐릭터도 아니라는 사실을 깨닫는 순간 관객들은 카타르시스를 경험한다. 라일리는 모든 생화학적 캐릭터들이 다 함께 갈등하고 협력하면서 만들어내는 복합적인 이야기인 것이다.

참으로 놀라운 것은 디즈니가 그토록 급진적인 메시지를 담은 영화를 대담하게 시장에 선보였을뿐더러, 그런 영화가 전 세계에서 히트하기까지 했다는 사실이다. 어쩌면 〈인사이드 아웃〉이 그처럼 크게 성공한 것은 해피 엔딩의 코미디물이었던 데다, 관객 대다수는 영화에 담긴 신경학적 의미와 그 밑에 깔린 섬뜩한 메시지를 간과했기 때문인지도 모른다.

하지만 우리가 아는 20세기의 가장 예언적인 공상과학 소설에 대해서는 그렇게 얘기할 수 없다. 이 작품 속에 담긴 불길한 본질만큼은 놓칠 수가 없다. 이 책은 1세기 전에 씌었지만 해가 갈수록 그 적실성이 커지고 있다. 올더스 헉슬리가 《멋진 신세계》를 쓴 것은 1931년이었다. 당시는 공산주의와 파시즘이 러시아와 이탈리아를 포위하고, 독일에서는 나치즘이 부상했으며, 군국주의 일본이 중국에서 정복 전쟁을 시작하고, 전 세계가 대공황을 맞았던 시기였다. 하지만 헉슬리는 이 모든 먹구름을 꿰뚫어보고 그다음 미래 사회를 상상할 수 있었다. 그것은 전쟁과 기근, 역병은 완전히 사라지고, 중단 없는 평화와 번영, 건강을 구가하는 소비주의 세계다. 이곳에서는 섹스와 마약, 로큰롤을 자유롭게 즐길 수 있으며, 행복이 최고 가치가 된다. 이 책이 깔고 있는 근본 가정은 인간은 생화학적 알고리즘이고, 과학은 인간 알고리즘을 해킹할 수 있으며, 기술을 사용해 인간 알고리즘을 조작할 수 있다는 것이다.

이 멋진 신세계에서 세계 정부는 최신 생명기술과 사회공학을 사용해 모든 사람이 매 순간 만족을 느끼게 하고 아무도 반란을 꿈꿀 이유가 없도록 만든다. 마치 라일리의 뇌 속에 있는 기쁨이와 슬픔이를 비롯한 다른 캐릭터들이 충성스런 정부 요원들로 변신한 것과 같다. 따라서 비밀경찰도, 정치범수용소도, 조지 오웰의 《1984》에 나오는 '사랑부'(작품에 나오는 '빅브라더'에 대한 애정이 부족한 사람들을 교화하는 부서 — 옮긴이) 따위도 있을 필요가 없다. 헉슬리의 천재성은 공포와 폭력보다 사랑과 쾌락을 통해 훨씬 확실하게 사람을 통제할 수 있음을 보여준 데 있다.

사람들이 《1984》를 읽을 때는 오웰이 끔찍한 악몽 같은 세계를 묘사하고 있음을 확연히 알 수 있다. 남는 질문은 "어떻게 하면 우리는 그런 무시무시한 국가를 피할 수 있을까"이다. 그에 비해 《멋진 신세계》를 읽는 일은 훨씬 더 혼란스럽고 도전적인 경험이다. 여기서는 미래 사회를 디스토피아로 만드는 것이 정확히 무엇인지 짚어내기가 어렵기 때문이다. 여기서 묘사된 세계는 평화와 번영 속에 있고 모두가 항상 최상의 만족감에 차 있다. 그게 무슨 문제가 될 수 있단 말인가?

헉슬리는 소설이 최고조에 이른 지점에서 직접 이 질문을 다룬다. 소설 속에서 서구 사회를 위한 세계통제관으로 나오는 무스타파 몬드와, 뉴멕시코 원주민보호소에서 평생을 살아온 야만인 존 사이의 대화다. 존은 무스타파 몬드와 더불어 런던에서 여태 셰익스피어나 신에 관해 알고 있는 유일한 사람이다.

야만인 존이 런던 사람을 선동해 통제 시스템에 맞서 반란을 일으키려 할 때, 시민들은 그의 외침에 무관심한 반응을 보이지만 경찰은 그를 체포해 무스타파 몬드 앞으로 데려온다. 세계통제관은 존을 상대로 즐겁게 대화하는 중에, 만약 그가 계속해서 반사회적인 태도를 고집하면 격리된 곳으로 추방해 은둔자로 지내게 할 거라고 설명한다. 그러자 존은 세계 질서의 기저를 이루고 있는 견해에 의문을 제기하면서, 세계정부가 행복을 추구하는 과정에서 진실과 아름다움은 물론 인생에서 고상하고 영웅적인 것들마저 모두 제거해왔다고 고발한다.

진   실

"친애하는 젊은이," 무스타파 몬드가 말했다. "문명사회에는 고귀함이나 영웅주의가 조금도 필요 없어요. 그런 것들은 정치가 비효율적일 때 나타나는 증상이니까요. 우리처럼 적절하게 조직된 사회에서는 고귀하거나 영웅적일 기회가 없어요. 그런 기회는 사회 조건이 완전히 불안정해진 후에야 생길 수 있으니까요. 전쟁이 벌어졌거나, 충성의 대상이 나뉜 상황, 혹은 저항의 유혹이 있거나, 싸워서라도 얻거나 지켜야 할 사랑의 대상이 있는 경우, 그런 곳에서는 분명히 고귀함이나 영웅주의가 어떤 식으로든 의미가 있겠지요. 하지만 요즘은 전쟁이 없어요. 오히려 가장 주의해야 할 것은 누구라도 너무 많이 사랑하지 않도록 예방하는 거지요.

충성의 대상이 나뉘는 일 따위도 없어요. 모두가 해야만 하는 것을 하지 않을 수 없도록 맞춰져 있으니까요. 사람들이 해야 할 일들도 전반적으로 너무나 즐겁고, 숱한 자연스러운 충동들이 자유롭게 작동하도록 허용되는 것들이라서 사실상 거기에 저항하고픈 유혹이 없습니다. 그리고 어쩌다 운이 나빠서 불쾌한 일이 좀 일어날 경우에도 전혀 문제될 게 없어요. 언제든지 현실에서 벗어나 휴식을 취할 수 있게 해주는 소마soma(약물)가 있으니까요. 소마는 분노를 가라앉히고 적과 화해하게 하며 인내심과 참을성을 갖게 해줍니다. 과거에는 엄청난 노력과 몇 년에 걸친 힘든 수양을 통해서만 이런 것들을 이룰 수 있었지요. 하지만 지금은 0.5그램짜리 알약 두세 알이면 됩니다. 누구든지 좋은 품성을 가질 수 있지요. 적어도 도덕성의 절반쯤은 병 안에 넣고 다닐 수 있습니다. 눈물 없는 기독교, 그게 바로 소마입니다."

"하지만 눈물은 필요해요. 오셀로가 한 말이 기억나지 않나요? '폭풍이 지나갈 때마다 그런 평안이 찾아온다면, 바람아 불어다오, 죽음을 깨울 때까지.' 우리 마을의 나이든 인디언이 해준 이야기도 생각나는군요. 마트사키의 처녀에 관한 이야기입니다. 마트사키와 결혼하고 싶은 청년들은 여자의 집 정원에서 아침마다 괭이질을 해야 했습니다. 쉬워 보였지요. 하지만 마법에 걸린 파리며 모기 들이 있었어요. 벌레들이 물고 쏘는 것을 대부분의 청년들은 견디지 못했지요. 하지만 단 한 명은 참아냈고 그가 처녀를 차지했습니다."

"멋지군요!" 통제관은 말했다. "하지만 문명사회에서는 아침에 괭이질을 하지 않고도 아가씨를 차지할 수 있고, 쏘아대는 파리나 모기도 없어요. 몇 세기 전에 다 없애버렸으니까요."

야만인은 눈살을 찌푸리며 고개를 끄덕였다. "다 없애버렸다. 네, 어련하시겠어요. 불쾌한 것은 무엇이 됐든 참는 법을 배우는 대신 없애버리고 말지요. 포악한 운명의 투석과 화살을 참아낼 것인가, 아니면 시련의 바다에 맞서 싸워 끝장을 낼 것인가, 어느 쪽이 더 고귀한 정신에 부합하는 것일까…… 하지만 당신은 어느 쪽도 아니지요. 견디지도 맞서지도 않아요. 그냥 투석과 화살을 없애버리고 말지요. 그것은 너무나 쉽지요." 야만인은 말을 이어갔다. "당신들에게 필요한 것은 가끔씩 눈물을 **동반하는** 무엇입니다…… 위험한 삶 속에 중요한 무엇이 있지 않을까요?"

"그 안에 많은 것이 있지요." 통제관은 답했다. "남성과 여성은 가끔씩 부신에 자극을 받아야만 합니다…… 완벽한 건강의 조건들 중 하나지요. 그래서 우리는 V.P.S. 요법을 의무화했습니다."

"V.P.S.요?"

"격렬한 열정 대리Violent Passion Surrogate의 약자입니다. 매달 한 번씩 받는 정기 요법이지요. 신체 전반에 아드레날린이 넘치도록 합니다. 두려움과 분노를 생리학적으로 완전히 대행하는 거지요. 데스데모나를 살해하거나 오셀로에게 살해당할 때의 모든 강장 효과가 일어나면서도 아무런 불편함이 없습니다."

"하지만 나는 불편한 것이 좋아요."

"우린 그렇지 않아요." 통제관이 말했다. "우린 무엇이든 편안하게 하는 것이 좋습니다."

"하지만 나는 안락함을 바라지 않아요. 나는 신을 원하고, 시를 원하고, 참된 위험을 원하고, 자유를 원하고, 선을 원합니다. 나는 죄악을 원합니다."

"사실상 당신은 불행해질 권리를 요구하는 거군요." 무스타파 몬드가 말했다.

"그렇다면 좋습니다. 나는 불행해질 권리를 주장하겠어요." 야만인이 도전적으로 말했다.

"늙고 추해지고 성 불능이 될 권리, 매독과 암에 걸릴 권리, 먹을 것이 부족할 권리, 몸에 이가 득실거릴 권리, 내일은 어떻게 될지 끊임없는 걱정 속에서 살아갈 권리, 장티푸스에 걸릴 권리, 온갖 종류의 형언할 수 없는 고통에 고문당할 권리는 물론입니다."

한참 동안 침묵이 흘렀다.

이윽고 야만인이 말했다. "나는 그 모든 것을 요구합니다."

무스타파 몬드는 어깨를 으쓱했다. "좋을 대로 해요." 그가 말했다.[1]

야만인 존은 사람이 살지 않는 황무지로 쫓겨나 은둔자로 살아간

384

다. 수년 동안 원주민 보호구역에서 살며 셰익스피어와 종교로 세뇌된 그는 근대의 모든 축복을 배격하기에 이른다. 하지만 너무나 이례적이고 흥미진진한 인물이 있다는 입소문이 삽시간에 퍼지면서 사람들이 그에게 몰려들었고, 그가 하는 행동을 지켜보고 기록했다. 그는 곧 유명인사가 된다. 하지만 원치 않은 사람들의 관심에 지긋지긋해진 야만인은 문명화된 매트릭스에서 탈출한다. 그가 택한 방법은 빨간 알약을 삼킨 것이 아니라 스스로 목을 매단 것이었다.

〈매트릭스〉와 〈트루먼 쇼〉의 제작자와는 달리 헉슬리는 바깥 세계로의 탈출 가능성에 의문을 품었다. 그런 식의 탈출을 감행할 사람이 있을지 의문이었기 때문이다. 우리의 뇌와 '자아'가 매트릭스의 부분인 이상 매트릭스에서 벗어나려면 자기 자신으로부터 도피해야 하기 때문이다. 하지만 과연 그럴 수 있을지 그 가능성은 한번 탐구해볼 만한 가치가 있다. 자아를 규정하는 협소한 틀을 벗어나는 것이야말로 21세기에 필요한 생존 기술이 될 수도 있다.

회복탄력성

혼미의 시대 어떻게 살아갈까? 옛 이야기들은 무너지고
그것을 대신할 새 이야기는 아직 등장하지 않았는데.

19

교육

변화만이 유일한 상수다

인류는 지금 전례 없는 혁명기에 직면했다. 우리가 아는 옛 이야기 들은 다 무너져내리고 있는 반면, 그것들을 대신할 새로운 이야기 는 아직 등장하지 않았다. 이토록 전례 없는 변혁과 뿌리째 흔들리 는 불확실성의 세계에 우리 자신과 아이들을 어떻게 대비시켜야 할 까? 오늘 태어나는 아기는 2050년이면 30대가 된다. 모든 것이 잘 되면 그 아기는 2100년 무렵까지도 살아 있을 것이고, 심지어 22세 기에도 활발한 시민으로 남아 있을지 모른다. 그런 아기가 2050년 혹은 22세기 세계에서도 살아남아 번창하는 데 도움을 주려면 무 엇을 가르쳐야 할까? 일자리를 구하고, 주변에서 일어나는 일들을 이해하고, 미로 같은 인생을 헤쳐 나가려면 어떤 종류의 능력이 필 요할까?

불행히도 2050년의 세상이 어떨지 아는 사람은 아무도 없다. 2100년은 말할 것도 없다. 그러니 우리로서는 이 질문의 답을 알지 못한다. 물론 그전에도 인간은 미래를 결코 정확히 예측할 수 없었다. 하지만 오늘날에 와서는 전에 없이 더 어려워졌다. 기술을 이용해 우리의 몸과 뇌와 정신을 공학적으로 개조할 수 있게 된 이상, 이제 우리는 그 무엇도 확신할 수 없게 되었기 때문이다. 여기에는 그전까지는 고정돼 있었고 영원불변일 것처럼 보이던 것들까지 포함된다.

1,000년 전인 1018년에만 해도 미래에 관해서는 사람들이 모르는 것이 많았다. 그럼에도 당시 사람들은 인간 사회의 기본적인 특징만큼은 변하지 않을 거라고 확신했다. 1018년 중국에 살던 사람이라면 1050년쯤이면 송 제국이 멸망할 것이고, 북쪽에서 거란이 쳐들어올 수도 있으며, 역병이 닥쳐 수백만 명이 죽을 수도 있다는 것을 알았다. 하지만 1050년이 되더라도 여전히 대다수 사람은 농사를 짓거나 베 짜는 일을 하고, 통치자는 군대와 관직에 사람을 충원하며, 남성은 여성 위에 군림하고, 인간의 기대수명은 40세 정도에 신체는 예전과 똑같을 거라고 확신했다. 그러니 1018년 가난한 중국 농부라면 아이들에게 벼를 심고 비단을 짜는 법을 가르쳤고, 부유한 부모라면 사내아이에게는 유교 고전을 읽고 붓글씨를 쓰고 말을 타고 싸우는 법을 가르치는 한편, 여자아이에게는 조신하고 순종적인 주부가 되도록 가르쳤다. 이런 능력이 1050년에도 여전

히 필요할 거란 사실은 분명해 보였다.

반면, 오늘날 우리는 2050년에 중국이나 세계 다른 나라들이 어떻게 돼 있을지 알지 못한다. 사람들이 생계를 위해 무엇을 하고 있을지도 모른다. 군대와 관료제는 어떻게 작동할지, 젠더 관계는 어떻게 될지 알지 못한다. 어떤 사람은 십중팔구 지금보다 훨씬 오래 살 것이고, 인간의 몸 자체도 생명공학과 직접적인 뇌-컴퓨터 인터페이스 덕분에 유례없는 혁명적 변화를 겪을 수 있다. 따라서 오늘날 아이들이 배우는 것의 대부분은 2050년이면 별 소용이 없어질 가능성이 크다.

그런데도 지금 너무나 많은 학교들이 학생들에게 정보를 밀어넣는 데만 열중하고 있다. 과거에는 이런 방법도 일리가 있었다. 그때는 정보가 희소했고 기존 지식의 느린 전파마저도 검열에 의해 반복해서 차단됐다. 가령, 1800년 멕시코의 지방 소도시에 사는 사람은 더 넓은 세상에 관해 많이 알기가 어려웠다. 라디오도 텔레비전도 일간 신문도 공공도서관도 없었다.[1] 글을 읽을 줄 알고 사설 도서관을 이용할 수 있다 해도, 소설이나 종교 책자 외에는 읽을 게 많지 않았다. 스페인 제국은 국내에서 출판되는 모든 서적을 엄하게 검열하는 한편 해외 출판물도 검열을 마친 소량에 한해서만 수입을 허용했다.[2] 러시아나 인도, 터키, 중국의 지방 도시에 살았어도 사정은 같았다. 근대 학교가 도입되면서 모든 아이에게 읽고 쓰는 법을 가르치고, 지리와 역사, 생물의 기본 사실을 교육하게 된 것은 엄청난 개선이었다.

반면, 21세기의 우리 주변은 어마어마한 양의 정보로 넘쳐난다. 검열관들조차 정보를 차단하려 애쓰기보다, 잘못된 정보를 퍼뜨리고 하찮은 것들로 우리의 주의를 분산시키느라 바쁘다. 만약 당신이 멕시코의 어느 지방 도시에 사는 사람이고 스마트폰만 있다면 위키피디아를 찾아 읽고, 테드 강연을 시청하고, 무료 온라인 강좌를 수강하면서 평생을 보낼 수도 있다. 이제는 어떤 정부도 원치 않는 정보라고 해서 감춰져 있기를 바랄 수 없다. 다른 한편, 상충되는 보도와 주의 분산용 낚시성 뉴스로 대중을 혼란에 빠뜨리기도 놀랄 만큼 쉬워졌다. 전 세계 사람들이 클릭 한 번으로 시리아 알레포가 폭격을 당했다거나 북극의 만년설이 녹아내린다는 최신 뉴스를 접할 수 있지만, 상충되는 설명이 너무나 많아 무엇을 믿어야 할지 알기가 어렵다. 그것 말고도 무수히 많은 뉴스가 클릭 한 번에 밀려들다 보니 주의를 집중하기도 어렵다. 정치나 과학만 해도 너무 복잡하다. 그러니 사람들의 시선이 향하는 곳은 재미있는 고양이 동영상, 유명인 가십, 아니면 포르노가 되기 일쑤다.

이런 세상에서 교사가 학생들에게 전수해야 할 교육 내용과 가장 거리가 먼 것이 바로 '더 많은 정보'다. 정보는 이미 학생들에게 차고 넘친다. 그보다 더 필요한 것은 정보를 이해하는 능력이고, 중요한 것과 중요하지 않은 것의 차이를 식별하는 능력이며, 무엇보다 수많은 정보 조각들을 조합해서 세상에 관한 큰 그림을 그릴 수 있는 능력이다.

사실, 이런 능력은 수 세기 동안 서구의 자유주의 교육이 추구해 온 이상이기도 했다. 하지만 지금까지는 서양의 많은 학교들조차 그런 이상을 추구하는 데 오히려 태만했다. 학생들에게는 '스스로 생각하라'고 권장하면서 정작 교사 자신들은 아무렇지도 않게 데이터를 밀어넣는 데만 집중했다. 자유주의 학교들은 권위주의를 너무나 두려워한 나머지 특히 거대 서사에는 질색이었다. 그들은 우리가 학생들에게 많은 데이터와 약간의 자유만 주면 학생들이 자기 나름의 세계상을 만들어낼 것으로 여겼다. 지금 세대는 설령 모든 데이터를 종합해서 세계에 관한 하나의 일관되고 의미 있는 이야기를 만들어내지 못하더라도, 장래에는 훌륭한 종합을 이뤄낼 수 있는 충분한 시간이 있을 것이다. 하지만 지금 우리는 시간이 없다. 다음 수십 년 사이에 우리가 내릴 결정들이 생명 자체의 미래를 결정할 것이다. 또한 우리는 지금 우리가 갖고 있는 세계관을 기초로 해서만 그 결정들을 내릴 수 있다. 지금 세대에 우주에 관한 포괄적인 견해가 없다면 생명의 미래는 무작위로 결정될 것이다.

열기는

달아올랐다

　　　　정보를 제외하면, 또한 대다수 학교들은 미분방정식을 풀거나, C++로 컴퓨터 코드를 짜거나, 시험관의 화학물을 판독하거나, 중국어 회화 같은 일련의 예정된 기량을 전수하는 데만 지나치게 관심을 기울인다. 하지만 2050년의 세계와 고용시장이 어떻게 될지 모르는 이상, 사람들에게 특히 어떤 기량이 필요할지도 알 수 없다. C++ 코딩이나 중국어 회화 능력을 가르치는 데 많은 노력을 들였는데, 정작 2050년에는 AI가 인간보다 소프트웨어 코딩을 더 잘하거나, 새로운 구글 번역 앱 덕분에 '니 하오'만 알아도 표준 중국어와 광둥어(홍콩과 중국 서남부 중국어 — 옮긴이), 하카어(중국 동남부 방언 — 옮긴이)로 나무랄 데 없이 대화할 수 있을지도 모른다.

그렇다면 우리는 학생들에게 뭘 가르쳐야 할까? 많은 교육 전문가들은 학교의 교육 내용을 '4C', 즉 비판적 사고critical thinking, 의사소통communication, 협력collaboration, 창의성creativity으로 전환해야 한다고 주장한다.[3] 보다 포괄적으로 말하면, 학교는 기술적 기량의 교육 비중을 낮추고 종합적인 목적의 삶의 기술을 강조해야 한다. 무엇보다 중요한 것은 변화에 대처하고, 새로운 것을 학습하며, 낯선 상황에서 정신적 균형을 유지하는 능력일 것이다. 2050년의 세계에 발맞춰 살아가려면 새로운 생각과 상품을 발명하는 데 그쳐서는 안 된다. 무엇보다 자기 자신을 반복해서 재발명해야만 할 것이다.

왜냐하면 변화의 속도가 점점 빨라지면서 경제뿐 아니라 '인간이라는 것'의 의미 자체가 변할 가능성이 높기 때문이다. 이미 1848년에 《공산당 선언》은 "모든 단단한 것들은 공중으로 분해된다"고 선포했다. 하지만 그때만 해도 마르크스와 엥겔스가 주로 염두에 둔 것은 사회적, 경제적 구조였다. 2048년이면 물리적, 인지적 구조 또한 공중이나 클라우드 속 데이터 비트로 분해될 것이다.

1848년에는 수백만 명이 시골 농장에서 일자리를 잃고서 대도시로 이주한 후 공장에서 일했다. 하지만 대도시에 이르렀다고 그들의 젠더가 바뀌어 있거나 여섯 번째 감각이 더해져 있을 가능성은 없었다. 만일 도시의 어떤 방직공장에 일자리를 얻었다면, 노동자로서 남은 인생을 그 일을 하며 보내리라 기대할 수 있었다.

반면, 2048년이 되면 사람들은 사이버 공간으로의 이민이라든가 유동적인 젠더 정체성, 컴퓨터 체내이식을 통한 새로운 감각 체험 등에 대처해야 할지도 모른다. 설령 자신이 3D 가상현실 게임에 쓸 최신 유행 패션을 디자인하는 데서 일과 의미를 찾았다 해도, 10년 안에 이런 특정 직업뿐 아니라 이 정도 수준의 예술적 창의력을 요구하는 모든 직업이 AI에 의해 대체될 수도 있다. 25세 때는 데이트 사이트에서 자신을 소개할 때 '런던에 살며 패션숍에서 일하는 25세 이성애자 여성'이라 하고, 35세가 되어서는 '젠더 불특정 인간으로, 나이 조정 시술을 거쳤으며, 신피질 활동은 주로 뉴코스모스 가상세계에서 이뤄지고 있고, 평생의 목표는 어떤 패션디자이너도 가본 적 없는 곳에 가는 것'이라고 소개할지도 모른다. 45세 때는 데이트며 자기소개 따위는 다 한물간 것이 된다. 그냥 알고리즘이 내게 꼭 맞는 짝을 찾아주기만(혹은 만들어주기만) 기다리면 된다. 패션디자인이라는 예술에서 삶의 의미를 찾는 것만 하더라도, 이

때가 되면 알고리즘에 의해 돌이킬 수 없을 만큼 추월당해 10년 전 자신의 최고 성과물을 보면 자부심보다 수치감에 휩싸이게 된다. 더구나 이제 겨우 45세다. 아직도 자기 앞에는 급격한 변화의 시간이 수십 년 더 남아 있다.

이런 시나리오를 문자 그대로 받아들이지는 말기 바란다. 그 누구도 장차 우리가 목격하게 될 변화를 구체적으로 예측할 수는 없다. 어떤 특정 시나리오도 진실과는 딴판일 가능성이 크다. 만약 누군가가 21세기 중반의 세계를 묘사하는데 공상과학 소설처럼 들린다면 그것은 거짓일 가능성이 크다. 하지만 누군가가 21세기 중반의 세계를 묘사하는데 공상과학 소설처럼 들리지도 않는다면 그것은 확실히 거짓이다. 비록 지금으로서는 세부 내용을 확신할 수는 없지만, 변한다는 것만큼은 유일하게 확실한 미래의 진실이다.

그 변화는 너무나 심대해서 삶의 기본 구조까지 바꿔놓을 수 있다. 그럴 경우 단절성이야말로 삶의 가장 뚜렷한 특징이 된다. 태곳적부터 인생은 두 개의 상호 보완적인 부분으로 나뉘었다. 배우는 시기와 그다음 일하는 시기다. 인생의 전반부에는 정보를 축적하고 기량을 연마하며 세계관을 구축하고 안정적인 정체성을 확립하느라 시간을 보냈다. 비록 15세 때 하루의 대부분을 (정규 학교가 아니라) 가족의 논에서 일을 하며 보냈어도, 이때 했던 가장 중요한 일은 학습이었다. 일하는 중에 쌀을 경작하는 법과, 대도시의 탐욕스런 쌀 상인과 흥정하는 법, 그리고 다른 마을 사람들과 땅과 물 분쟁을 해결하는 법을 배웠다. 그런 다음 인생 후반부에는 그동안 축적한 기량을 활용해 세상을 헤쳐 나가고, 생계를 꾸리며, 사회에 기여했다. 물론 50세가 되고 난 다음에도 계속해서 쌀과 상인과 분쟁에 관한 새로운 것들을 배웠지만, 이미 잘 연마된 능력에 약간의 조정을 더하는 정도였다.

하지만 21세기 중반이 되면 변화의 속도는 점점 더 빨라지는 데다 수명까지 길어지면서 전통적인 모델은 쓸모가 없어질 것이다. 인생은 조각조각 부서지고, 서로 다른 기간들 사이에 연속성도 점점 줄어들 것이다. "나는 누구인가?"라는 물음이 전에 없이 다급하고 복잡한 질문으로 떠오를 것이다.[4]

이 과정은 엄청난 수준의 스트레스를 동반할 가능성이 크다. 변화는 거의 늘 스트레스를 유발하기 때문이다. 어떤 나이가 지나면 대다수 사람들은 아예 변화를 싫어한다. 15세 때만 해도 삶 전체가 변화다. 몸도 자라고 정신도 발달하고 인간관계도 깊어진다. 이때는 모든 것이 유동적이고 모든 것이 새롭다. 누구나 자신을 발명하느라 분주한 시기다. 대다수 10대는 이 시기를 두려워하지만, 동시에 이 시기는 흥미진진하다. 새로운 지평이 눈앞에 펼쳐지고, 온 세상이 나의 정복을 기다리고 있는 것만 같다.

하지만 50세가 되면 변화를 바라지 않는다. 대다수 사람들은 세계 정복 같은 것은 포기한 상태다. 거기도 가봤고, 그것도 해봤고, 그곳 기념 티셔츠도 갖고 있다. 그러니 안정을 훨씬 더 선호할밖에.

이미 너무나 많은 것을 자신의 기량과 경력, 정체성, 세계관에 쏟아부은 상태여서 이 모든 것을 다시 시작하고 싶지 않다. 무언가를 쌓는 데 열심이었을수록 그것을 떠나보내고 새로운 것을 위한 공간을 만들기가 어렵다. 여전히 새로운 경험과 약간의 조정을 소중히 여기는 사람도 있을 수 있지만, 대부분의 50대는 자신의 정체성과 인격의 심층 구조를 뜯어고치는 데 소극적이다.

여기에는 신경학적 이유가 있다. 성인의 뇌가 과거에 생각했던 것보다는 더 탄력적이고 변덕스럽다 해도 10대에 비하면 가소성이 훨씬 낮다. 이들로서는 뉴런을 재연결하고 시냅스를 재배선하는 것이 너무나 힘든 일이다.[5] 하지만 21세기에는 안정을 누릴 만한 여유가 거의 없다. 어떤 안정된 정체성이나 일, 세계관을 고집하려 들다가는, 세계는 휙 지나가고 자신은 뒤로 처지는 위험을 무릅써야만 한다. 게다가 기대수명까지 늘어날 가능성이 크다는 점을 감안하면, 그 후로도 수십 년을 멍청한 화석 상태로 보내야 할 수 있다. 앞으로 세상에 뒤처지지 않고 살아가려면 — 경제적으로뿐만 아니라 무엇보다 사회적으로 — 끊임없이 배우고 자신을 계속 쇄신하는 능력이 필요할 것이다. 50세 정도의 젊은 나이라면 확실히 그래야만 한다.

늘 낯선 것이 새로운 기본 new normal이 되면서, 개인의 과거 경험은 물론 인류 전체가 겪은 지난 경험까지 미래의 안내자로 삼기는 어려워질 것이다. 인간은 개인으로나 인류 전체로나 이전에는 아무도 경험하지 못한 것들에 대처해야 한다. 가령 초지능 기계와 공학적으로 설계된 신체, 소름 끼칠 정도로 정확하게 감정을 조정할 수 있는 알고리즘, 신속하게 조절되는 인공 기후 변동, 10년마다 직업을 바꿔야 할 필요성 같은 것들이다. 이런 전적인 미증유의 상황을 맞아 과연 무엇을 해야 옳을까? 막대한 양의 정보는 홍수처럼 밀려드는데 도무지 그것들을 흡수하고 분석할 방법은 없는 지금 당신은 어떻게 해야 할까? 심대한 불확실성이 일시적 결함이 아니라 항구적인 특성인 세계에서 우리는 어떻게 살아야 할까?

그런 세계에서도 살아남고 번성하기 위해서는 강한 정신적 탄력성과 풍부한 감정적 균형감이 필요할 것이다. 반복해서 지금 자신이 가장 잘 아는 것 중에서도 어떤 것은 버리고, 그전에는 자신이 몰랐던 것도 편안히 받아들일 수 있어야 한다. 불행히도, 아이들에게 미지의 것을 포용하고 정신적 균형을 유지하는 법을 가르친다는 것은, 물리학 방정식이나 제1차 세계대전의 원인을 가르치는 것보다 훨씬 더 어려운 일이다. 책 한 권을 읽거나 강의 한 번 듣는 것으로 회복탄력성을 배울 수는 없다. 대개는 교사 자신들이 21세기가 요구하는 정신적 탄력성을 갖고 있지 못할 때가 많다. 이들도 옛날식 교육 체계의 산물이기 때문이다.

산업혁명의 여파로 우리는 교육에서도 생산라인 이론을 물려받았다. 마을 중간에 거대한 콘크리트 건물이 있는데, 그 안은 똑같이 생긴 수많은 방으로 나뉘어 있고 각각의 방에는 책걸상이 줄지어 놓여 있다. 종이 울리면 아이들은 자신과 같은 해에 태어난 다른 아이들 30명과 함께 이 교실들 중 한 곳으로 간다. 매시간 어떤 어른이 교실로 걸어 들어와서는 이야기를 시작하는데, 이들은 정부로부터 보수를 받는다. 그들 중 한 명은 지구의 형태에 관해 이야기하고, 다른 한 명은 인류의 과거에 관해 이야기한다. 세 번째 사람은 인간의 신체에 관해 이야기한다. 이런 교육 모델을 비웃기는 쉽다. 그리고 이 모델이 과거에는 성취가 어떠했든 이제는 파산했다는 데 거의 모든 사람이 동의한다. 하지만 지금까지 우리는 쓸 만한 대안은 만들어내지 못했다. 캘리포니아 교외 부촌에만 국한된 것이 아니라 멕시코 농촌 지역에서도 실행할 수 있을 만큼 확장 가능한 교육 모델은 분명히 없다.

인간 해킹

따라서 멕시코나 인도, 앨라배마 어느 동네의 구식 학교에 묶여 있는 15세 소년에게 지금 내가 해줄 수 있는 최선의 조언은 이것이다. "어른들에게 너무 의존하지 말라." 대부분은 나름 선의를 갖고 하는 말이겠지만, 사실은 어른들 자신이 세계를 이해하지 못한다. 과거에는 어른 말을 따르는 편이 상대적으로 안전했다. 왜냐하면 어른들이 세상을 아주 잘 알았기 때문이다. 그때만 해도 세계는 천천히 변했다. 하지만 21세기는 다를 것이다. 변화의 속도가 빨라지면서 어른들의 말이 시간을 초월한 지혜인지 시대에 뒤

떨어진 편견에 불과한지 결코 확신할 수 없을 것이다.

그렇다면 그 대신 무엇에 의존해야 할까? 혹시 기술에 의존해야 할까? 그것은 훨씬 위험한 도박이다. 물론 기술은 많은 도움을 줄 수 있다. 하지만 기술이 삶 속에서 너무 많은 힘을 갖게 되면, 인간 자신이 기술의 의제에 인질이 될 수 있다. 수천 년 전 인간은 농업을 발명했다. 하지만 이 기술은 소수의 엘리트만 부유하게 했다. 인간의 다수는 노예로 만들었다. 대다수 사람은 해 뜰 때부터 해 질 때까지 뙤약볕 아래에서 잡초를 뽑고 물동이를 나르고 옥수수를 수확하며 일을 해야 했다. 이는 앞으로 당신에게도 일어날 수 있는 일이다.

기술 자체는 나쁘지 않다. 내가 인생에서 바라는 것이 무엇인지 알 때에는 기술이 그것을 가질 수 있게 도와줄 수 있다. 하지만 인생에서 바라는 것이 무엇인지 모른다면 앞으로는 기술이 나를 대신해 나의 목표를 결정하고 나의 삶을 통제하기가 너무나 쉬워질 것이다. 특히 기술이 인간을 더 잘 이해하게 됨에 따라, 기술이 나에게 봉사하기보다 내가 기술에 봉사하게 될 수 있다. 스마트폰에 얼굴을 붙인 채 길을 오가는 좀비를 본 적이 있는가? 그들이 기술을 통제하는 걸까? 기술이 그들을 통제하는 걸까?

그렇다면 나 자신에게 의존해야 할까? 그런 말은 〈세서미 스트리트Sesame Street〉(미국의 유아용 티브이 프로그램 — 옮긴이)나 구식 디즈니 영화에서라면 멋진 생각이다. 하지만 현실 생활에서는 잘 통하지 않는다. 디즈니조차 그런 사실을 깨달아가는 중이다. 라일리 앤더슨과 마찬가지로 대다수 사람은 자신을 잘 모른다. '자신의 목소리에 귀를 기울이려고' 할수록 외부 조작의 희생물이 되기 쉽다. 우리 머릿속에서 들려오는 목소리조차 믿을 만한 것이 못 된다. 그것은 언제나 국가 선전, 아니면 이념적 세뇌, 상업 광고를 반영했기 때문이다. 물론 여기에는 생화학적인 결함도 포함된다.

앞으로 생명기술과 기계 학습이 발전함에 따라 인간의 심층 감정과 욕망까지 조작하기가 점점 쉬워질 것이고, 그만큼 우리의 마음을 따르는 일도 점점 위험해질 것이다. 코카콜라나 아마존, 바이두 혹은 정부가 우리의 가슴에 연결된 조종끈을 당기고 뇌의 버튼을 누르는 법을 아는 상황에서, 어떤 것이 나 자신의 목소리이고 어떤 것이 시장 전문가가 주입한 내용인지 식별할 수 있을까?

그런 막중한 임무를 제대로 수행하려면 우리 자신의 운영 체계를 더 잘 알기 위해 아주 열심히 노력해야 할 것이다. 내가 누구인지, 내가 인생에서 바라는 것이 무엇인지를 알아야 한다. 물론 이것은 책에 나오는 가장 오래된 교훈이다. 너 자신을 알라. 수천 년 동안 철학자들과 선지자들은 사람들에게 자신을 알라고 촉구했다. 하지만 이 조언은 21세기에 와서 더없이 다급한 것이 되었다. 노자나 소크라테스 시대와 달리 지금 우리 앞에는 위협적인 경쟁자가 등장했기 때문이다. 코카콜라와 아마존, 바이두, 정부 모두 우리를 해킹하기 위해 서로 경쟁하고 있다. 이들의 해킹 대상은 스마트폰도, 컴퓨터도, 은행 계좌도 아니다. 그들은 바로 우리 자신과 우리의 유기적 운영 체계를 해킹하는 경쟁에 뛰어든 것이다. 컴퓨터를 해킹하는 시대에 살고 있다는 말은 들어봤을 것이다. 하지만 이 말은 진실의 절반도 담고 있지 않다. 사실인즉, 우리는 지금 인간을 해킹하는 시대에 살고 있다.

바로 지금 알고리즘은 우리를 지켜보고 있다. 우리가 어디로 가고, 무엇을 사고, 누구를 만나는지 지켜보고 있다. 조만간 모든 걸음과 숨결, 심장 박동까지 모니터할 것이다. 빅데이터와 기계 학습을 통해 알고리즘은 우리를 점점 더 잘 알게 된다. 그리하여 이 알고리즘이 우리 자신보다 우리를 더 잘 알게 되면 우리를 통제하고 조종할 수 있지만, 거기에 우리가 할 수 있는 것은 별로 없을 것이다. 우리는 〈매트릭스〉 혹은 〈트루먼 쇼〉 속에 살게 될 것이다. 결국 단순히 경험적으로 판가름날 문제다. 알고리즘이 우리보다 우리 내부에서 일어나는 것을 더 잘 이해하면 자연히 권위는 그리로 이동할 것이다.

물론 모든 권위를 알고리즘에 넘기고 우리와 나머지 세계를 위한 결정을 믿고 맡기는 것을 아무렇지도 않게 여기는 사람도 있을 수 있다. 그런 사람은 긴장을 풀고 질주를 즐기면 된다. 그것에 관해서는 아무것도 할 필요가 없다. 알고리즘이 모든 것을 맡아서 할 것이다. 하지만 우리 개인의 존재와 삶의 미래에 대한 통제권을 갖고 싶다면 알고리즘보다, 아마존보다, 정부보다 더 빨리 달려야 한다. 그들보다 먼저 나 자신을 알아야 한다. 빠르게 달리려면 짐이 많아서는 곤란하다. 갖고 있던 모든 환상들은 뒤에 남겨두고 떠나야 한다. 그 환상들은 너무나 무겁다.

20

의미

인생은 이야기가 아니다

나는 누구인가? 나는 인생에서 무엇을 해야 하는가? 인생의 의미는 무엇인가? 인간은 태곳적부터 이런 질문들을 해왔다. 모든 세대는 새로운 답이 필요하다. 우리가 아는 것과 모르는 것이 계속 변하기 때문이다. 오늘날 과학과 신, 정치와 종교에 관해 우리가 아는 것과 모르는 모든 것을 감안했을 때 제시할 수 있는 최선의 답은 무엇일까?

사람들은 어떤 종류의 답을 기대할까? 거의 모든 경우, 사람들이 인생의 의미를 물을 때는 어떤 이야기를 들으리라 기대한다. 호모 사피엔스는 이야기하는 동물이기 때문이다. 숫자나 그래프보다 이야기로 생각하고, 우주 자체도 이야기처럼 돌아간다고 믿는다. 그 이야기는 영웅과 악당, 갈등과 해결, 절정과 해피 엔딩으로 차 있다.

인생의 의미를 찾을 때, 우리는 도대체 현실이란 무엇이며, 우주의 드라마 속에서 내 역할은 무엇인지 설명해줄 이야기를 바란다. 이 역할이 내가 누구인지 규정하고, 나의 모든 경험과 선택에 의미를 부여한다.

의미를 갈망하는 수십억 인류가 수천 년 동안 들어온 인기 있는 이야기는 우리 모두가 모든 존재를 포괄하고 연결하는 영원한 순환의 일부라고 설명한다. 각 존재에는 그 순환에서 완수할 독특한 기능이 있다. 인생의 의미를 이해하는 것은 당신의 독특한 기능을 이해하는 것이고, 좋은 삶을 사는 것은 그 기능을 완수하는 것이다.

힌두교 서사시 《바가바드기타》(고대 힌두 경전으로 700구절로 된 대서사시. 신의 현현인 크리슈나와 그의 제자인 아르주나 왕자의 대화를 통해 마음, 물질, 삶과 죽음 등의 문제를 설명한다 — 옮긴이)에서 위대한 전사 아르주나는 살인적인 내전 도중에 적진의 친구들과 친척들을 죽이지 못하고 주저하다 무기를 내려놓는다. 어려운 도덕적 딜레마에 직면한 아르주나는 선악의 본질과 인생의 목적을 곰곰이 생각한다. 그때 크리슈나는 아르주나에게 이렇게 설명한다. 거대한 우주 순환 속에서 각각의 존재는 고유한 '다르마'Dharma(산스크리트어이며 법法으로 번역된다. 인도 전통 철학에 따르면 만물은 유기적으로 연결되어 있으며, 물질, 동물, 인간은 상호 의존적인 관계를 맺고 있다. 그것을 관통하는 우주의 보편 법칙은 사회적, 종교적 의무의 형태로 구현되며 이를 준수함으로써 사회의

405

통합과 조화가 유지된다 — 옮긴이)가 있으며, 그것이 네가 따라야 할 길이요, 완수해야 할 의무다. 너의 다르마를 깨달으면 그 길이 아무리 힘들더라도 마음의 평화와 모든 의심으로부터 해방을 누린다. 다르마를 따르기를 거부하고 다른 누군가의 길을 가려 하거나 길을 잃고 방황하면, 너는 우주의 균형을 교란하고 결국 평화도 기쁨도 찾을 수 없을 것이다. 네게 정해진 길이 어떤 것이든 차이는 없다. 그 길을 따르기만 하면 된다. 세탁부의 길을 충실히 따르는 세탁부가 왕자의 길에서 벗어나 방황하는 왕자보다 훨씬 낫다. 인생의 의미를 이해한 아르주나는 전사로서 자신의 다르마를 따르기로 하고 충실히 임무를 수행한다. 그리하여 자신의 친구들과 친척들을 죽이고 군대를 승리로 이끈 끝에 힌두 세계에서 가장 존경받고 사랑받는 영웅 중 한 명이 된다.

  1994년 디즈니 영화 〈라이온 킹〉은 이 고대 이야기를 현대의 시청자를 위해 재포장한 것이다. 여기서는 아르주나를 대신해 어린 사자 심바가 등장한다. 심바가 존재의 의미를 알고 싶어 하자 아버지 사자 — 라이온 킹 무파사 — 는 아들에게 거대한 생명의 원에 대해 들려준다. 영양은 풀을, 사자는 영양을 먹고, 사자는 죽으면 사체가 분해돼 풀을 먹인다고 설명한다. 이것이 세대에서 세대로 생명이 이어지는 방식이다. 이 드라마 속에서 각 동물은 제 역할만 하면 된다. 모든 것은 연결돼 있으며 모두가 서로에게 의존한다. 따라서 풀잎 하나라도 소명을 완수하지 못하면 생명의 순환 전체가 흐트

러진다. 심바의 소명은 무사파가 죽고 난 후 사자 왕국을 다스리고 다른 동물들을 질서대로 유지하는 것이라고 무파사는 말한다.

그렇지만 무파사가 사악한 동생 스카에게 때 이른 죽임을 당하자, 어린 심바는 참사의 잘못이 자신에게 있다고 생각하고 죄책감에 사로잡힌 나머지 사자 왕국을 떠난다. 그는 왕위 승계의 운명을 피해 황야로 들어가 방황한다. 거기서 그는 다른 두 낙오자인 미어캣과 혹멧돼지를 만나고, 이들과 함께 익숙한 길을 벗어나 태평하게 몇 년을 보낸다. 이들의 반사회적인 철학은 모든 문제에 '하쿠나 마타타'(걱정할 것 없어)라고 외치는 태도로 나타난다.

하지만 심바는 그의 다르마를 피하지 못한다. 성장하면서 점점 고민에 빠진다. 자신이 누구인지, 자신의 삶 속에서 무엇을 해야 하는지 알지 못한 채 방황한다. 영화의 절정부에서 무파사의 영혼이 심바 앞에 모습을 드러내고 생명의 원과 왕족의 정체성을 상기시킨다. 심바는 또한 그가 없는 동안 사악한 스카가 왕위를 찬탈해 왕국을 잘못 다스린 결과 지금은 왕국이 부조화와 기근으로 크게 고생하고 있다는 사실을 알게 된다. 마침내 심바는 자신이 누구이며 무엇을 해야 할지 이해한다. 그는 사자 왕국으로 돌아와 삼촌을 죽이고 왕이 되어 조화와 번영을 되찾는다. 영화의 마지막 장면에서 자부심에 찬 모습의 심바는 모여든 동물들에게 갓 태어난 왕위 계승자를 소개함으로써 거대한 생명의 원이 계속된다는 사실을 분명히 한다.

생명의 원은 순환적 이야기의 우주적 드라마를 제시한다. 심바와 아르주나가 아는 것과는 상관없이, 사자는 영양을 먹었고 전사는 영겁의 세월 동안 싸움을 계속했다. 앞으로도 싸움은 영원히 계속될 것이다. 이 이야기에 힘을 부여하는 것은 영원한 반복인데, 이것이 사물의 자연 질서이며, 따라서 아르주나가 전투를 피하거나 심바가 왕이 되기를 거부한다면, 그것은 바로 자연법칙에 저항하는 일임을 함축하고 있다.

만약 내가 어떤 식으로든 생명의 원 이야기를 믿는다면, 그것은 내게 고정된 진정한 정체성이 있어서 그것이 내 삶 속에서 의무를 결정한다는 뜻이다. 몇 년 동안이나 나는 그 정체성을 의심하거나 모를 수도 있다. 하지만 언젠가는 어떤 위대한 절정의 순간에 그것이 모습을 드러내면서 나는 우주적 드라마 속의 내 역할을 이해할 것이다. 그런 후에는 숱한 시련과 고난에 직면하더라도 결코 의심하거나 자포자기하지 않을 것이다.

다른 종교들과 이데올로기들도 단선적인 우주의 드라마를 믿는다. 여기에는 인상적인 시작과 그리 길지 않은 중간부, 그리고 최종 결말이 있다. 가령, 무슬림 이야기에서는 태초에 알라가 온 우주를 창조했고 우주의 법을 정했다. 그런 후에는 인간에게 주는 법을 쿠란에 명시했다. 불행히도 무지하고 사악한 인간이 알라에게 반란을 일으켰고 이 법을 깨거나 숨기려 했다. 덕망 있고 충성스런 무슬림의 본분은 이 법을 지키고 지식을 전파하는 것이다. 마침내 심판의

날에 알라는 각 개인의 행동을 심판할 것이다. 그는 의로운 자에게
는 낙원에서 영원히 축복을 누리는 상을 줄 것이고, 사악한 자는 지
옥의 불구덩이에 던져 넣을 것이다.

이 대서사 안에는, 인생에서 나의 작지만 중요한 역할이란 알라
의 명령을 따르고, 그의 법에 대한 지식을 전파하고, 그의 희망에
복종하는 것이라는 뜻이 담겨 있다. 만약 내가 무슬림 이야기를 믿
는다면 하루에 다섯 번 기도하고, 사원 신축에 헌금하고, 배교자
와 불신자에 맞서 싸우는 데서 의미를 찾는다. 가장 세속적인 활
동 — 손을 씻고, 와인을 마시고, 성생활을 즐기는 것 — 에까지 우
주적 의미가 스며들어 있다.

민족주의 역시 직선적인 이야기의 구조를 취한다. 따라서 시오
니즘 이야기는 성경에 나오는 유대인의 모험과 성취로 시작해,
2,000년 동안의 유배와 박해를 이야기하고, 홀로코스트와 이스라
엘 건국으로 절정에 이른다. 그리고 장차 이스라엘이 평화와 번영
을 누리고 전 세계에 도덕적 영적 횃불이 되는 날을 기대한다. 만
약 내가 시오니즘 이야기를 믿는다면, 내 인생의 사명이란 유대 민
족의 이익을 증진하는 것이라고 결론 내리고, 히브리어의 순수성을
지키거나, 잃어버린 유대 영토를 되찾기 위해 싸우거나, 어쩌면 새
로운 세대의 충성스런 이스라엘 어린이들을 낳고 기를 것이다.

이 경우에도 역시, 단조로운 일까지 의미로 충만해진다. 이스라
엘에서 독립일이 되면 학생들은 흔히 조국을 위한 행동을 찬양하는

인기 있는 히브리 노래를 함께 부른다. 한 아이가 "나는 이스라엘 땅에 집을 지었네" 하고 선창하면 다른 아이가 "나는 이스라엘 땅에 나무를 심었네" 하고 화답한다. 세 번째 아이는 "나는 이스라엘 땅에서 시를 썼다네"라며 맞장구친다. 이런 식으로 이어지다가 마침내 모두가 한목소리로 "그래서 이스라엘 땅 우리에겐 집이 있고 나무가 있고 (…)[추가하고 싶은 것들로 계속 이어간다] 시가 있다네" 하고 합창을 하면서 끝이 난다.

공산주의도 이와 유사한 이야기를 들려준다. 하지만 초점은 민족보다 계급에 있다.《공산당 선언》은 다음과 같은 선언으로 시작한다.

> 지금까지 존재하는 모든 사회의 역사는 계급투쟁의 역사다. 자유인과 노예, 귀족과 평민, 영주와 농노, 동업조합의 장인과 직인, 요컨대 억압자와 비억압자는 서로가 끝없는 대립 속에서, 때로는 은밀하게, 때로는 공공연히 중단 없는 투쟁을 벌여왔으며, 그것은 매번 사회 전체가 혁명적으로 재건되거나 맞서 싸우던 계급들이 함께 몰락하는 것으로 끝이 났다.[1]

선언문은 계속해서 현대의 상황을 설명한다. "사회 전체가 두 개의 적대 진영으로, 서로 직접 맞대결하는 두 거대 계급인 부르주아지와 프롤레타리아트로 점점 양분되고 있다."[2] 두 계급의 투쟁은 결국 프롤레타리아트의 승리로 끝나면서 역사의 종언과 지상의 공산주의 낙원 수립을 알릴 것이다. 그때가 되면 개인의 소유는 사라지고 모든 사람이 완전히 자유롭고 행복해진다.

내가 이 공산주의 이야기를 믿는다면, 내 인생의 사명은 프롤레타리아트의 이익을 증진하는 것이 된다. 그것을 위해 계급의식을 일깨우려고 팸플릿을 작성하거나 파업과 시위를 조직하거나, 어쩌면 탐욕스런 자본가를 암살하거나 하수인에 맞서 싸울지도 모른다. 이야기는 일상의 작은 몸짓에도 의미를 부여한다. 가령 방글라데시의 방직공장 노동자를 착취하는 브랜드를 보이콧하거나, 크리스마스 저녁 식탁에서 탐욕스런 자본가인 장인과 논쟁하는 것까지 포함된다.

나의 참다운 정체성을 규정하고 행동에 의미를 부여하려는 이야기의 모든 사례들을 살펴보면, 놀랍게도 이야기의 규모는 별로 중요하지 않다는 것을 알 수 있다. 심바가 믿는 생명의 원 같은 종류의 이야기는 무한대로 뻗어 나가는 것 같다. 이런 경우에는 전 우주를 배경으로 했을 때만 내가 누구인지 알 수 있다. 반면에 민족주의나 부족의 신화 같은 이야기는 상대적으로 미약하다. 시온주의는 인류의 약 0.2퍼센트 정도가 지구 표면의 0.005퍼센트에서 시간의 긴 역사 중에서도 아주 짧은 기간 동안 겪은 모험을 신성하게 여긴다. 이런 시온주의 이야기는 중국의 왕조들에도, 뉴기니의 부족들에도, 안드로메다은하에도 아무런 의미를 줄 수 없다. 뿐만 아니라 모세와 아브라함과 유인원의 진화가 있기 전에 지나간 영겁의 시간

411

에도 의미를 부여할 수 없다.

그런 근시안은 심각한 결과를 초래할 수 있다. 가령 이스라엘과 팔레스타인이 평화 협정을 맺는 데 주요 장애물 중 하나는, 이스라엘인이 예루살렘 시를 분할할 의향이 없다는 데 있다. 그들은 이 도시가 '유대인의 영원한 수도'라고 주장한다. 누구라도 영원하다고 믿는 것에 대해서는 타협할 수 없다.[3] 영원에 비하면 몇 사람 죽는 것쯤 대수인가? 물론 이것은 완전히 난센스다. 영원은 최소한 138억 살이다. 현재 우주의 나이다. 지구라는 행성은 약 45억 년 전에 생겼고, 인간이 출현한 것은 최소 200만 년 전이다. 반면에 예루살렘 시는 불과 5,000년 전에 세워졌고, 유대인의 역사는 기껏해야 3,000년이다. 도무지 영원이라고는 할 수 없다.

미래로 말할 것 같으면, 물리학은 지구가 지금부터 약 75억 년 후에는 팽창하고 있는 태양에 흡수될 것이고,[4] 우리 우주는 최소한 130억 년은 더 존재할 것이라고 말한다. 유대인이나 이스라엘 국가, 예루살렘 시가 지금부터 130억 년은커녕 1만 3,000년 후에도 계속 존재할 거라고 누가 진지하게 믿을까? 미래를 생각하면 시오니즘의 기대수명은 수 세기밖에 안 된다. 하지만 그 정도만 해도 이스라엘인 대부분의 상상을 다 채우고, 어떤 식으로든 '영원'으로 간주하기에는 충분하다. 그래서 사람들은 덧없는 주택단지를 위해서라면 아마도 거부할 게 분명한 자신의 희생을 '영원한 도시'를 위해서라면 기꺼이 감수한다.

이스라엘의 10대 소년 시절, 나 역시 초기에는 나 자신보다 더 큰 어떤 것의 일부가 되게 해주는 민족주의의 약속에 사로잡혔다. 나의 삶을 국가에 바치면 그 국가에서 영원히 살 것이라는 말을 믿고 싶었다. 하지만 '국가에서 영원히 산다'는 것이 무슨 뜻인지 가늠할 수가 없었다. 표현은 대단히 심오하게 들렸다. 하지만 실제로 무엇을 뜻하는 걸까? 내가 열세 살 때인가 열네 살 때 본 현충일 기념식이 기억난다. 미국의 현충일은 주로 쇼핑 세일이 특징인 데 반해, 이스라엘에서는 극도로 엄숙하고 중요한 행사가 주를 이룬다. 이날 학교는 이스라엘의 많은 전쟁에서 숨진 병사들을 추모하는 기념식을 연다. 아이들은 흰색 옷을 맞춰 입고 시를 낭송하고 노래를 부르며 헌화하고 국기를 흔든다. 나도 그랬다. 우리 학교에서 기념식이 거행되는 동안 흰옷을 입은 채로, 국기가 나부끼고 추모시가 울려 퍼지는 가운데 나는 자연스럽게 마음속으로 다짐했다. 나도 크면 전몰 병사가 되고 싶다고. 내가 이스라엘을 위해 생명을 바친 영웅적인 전몰 병사라면, 이 모든 아이들이 나의 명예를 위해 시를 낭송하고 국기를 흔들 터였다.

하지만 그때 나는 생각했다. '잠깐만. 내가 죽고 나면, 이 아이들이 정말로 나를 추모하는 시를 낭송하는지는 어떻게 알 수 있지?' 그래서 나는 내가 죽었다고 상상해봤다. 산뜻한 군 묘지의 하얀 비석 아래 누워 지상에서 들려오는 추모시에 귀를 기울이는 모습을 상상했다. 하지만 그런 다음 이런 생각이 들었다. '죽으면 나는 아무런 시도 들을 수 없어. 귀도 없고 뇌도 없으니, 아무것도 들을 수도 느낄 수도 없을 테니까. 그러면 그게 다 무슨 소용이람?'

설상가상, 내가 열세 살이 됐을 때였다. 나는 우주가 생긴 지 수십억 년이 됐으며 앞으로도 아마 수십억 년은 더 존재할 거라는 사실을 알았다. 현실적으로 이스라엘이 그토록 오랜 시간 동안 존재하기를 기대할 수 있을까? 2억 년 후에도 호모 사피엔스 단계의 아이들이 흰옷을 입고 나를 추모하는 시를 낭송할까? 이 모든 것에 미심쩍은 구석이 있었다.

만약 당신이 팔레스타인인이라 해도 으스댈 것은 없다. 지금으로부터 2억 년쯤 후에는 팔레스타인인 또한 존재할 것 같지는 않다. 실로 그때쯤이면 그 어떤 포유류도 남아 있지 않을 것이다. 다른 민족운동도 편협하기는 마찬가지다. 세르비아 민족주의는 쥐라기 시대에 일어난 사건에는 관심이 없다. 한국의 민족주의자는 세상 전체를 볼 때 아시아 대륙 동쪽 해안의 작은 반도야말로 우주에서 유일하게 중요한 부분이라고 믿는다.

물론 심바도 — 영원한 생명의 원에 전심으로 헌신했음에도 — 사자와 영양과 풀이 실제로 영원하지는 않다는 사실을 숙고해보지는 않았다. 심바는 포유류가 진화하기 전에는 우주가 어땠는지는 물론, 인간이 사자를 다 죽이고 아스팔트와 콘크리트로 초원을 뒤덮고 나면 사랑하는 아프리카 초원의 운명이 어떻게 될지는 고려하지 않는다. 그런 사실이 심바의 삶을 무의미하게 만들까?

모든 이야기는 불완전하다. 하지만 실현 가능한 나 자신의 정체성을 구축하고 내 삶에 의미를 부여하기 위해서, 꼭 맹점이나 내적 모순이라고는 조금도 없는 완전무결한 이야기가 필요한 것은 아니다. 내 인생에 의미를 부여하기 위해 이야기는 두 가지 조건만 충족시키면 된다. 첫째, 내가 맡을 어떤 역할을 부여해야만 한다. 뉴기니의 부족민이 시온주의나 세르비아 민족주의를 믿을 가능성은 낮다. 이 이야기들에 뉴기니와 그 부족 사람은 전혀 개의치 않기 때문이다. 스타 영화배우와 마찬가지로 인간은 자신에게 중요한 배역을 맡기는 대본만 좋아한다.

둘째, 좋은 이야기는 무한정 확장될 필요는 없지만 지금 나의 지평은 넘어서는 것이어야 한다. 이야기는 나 자신보다 더 큰 무엇 안에 나를 자리매김함으로써 내게 정체성을 부여하고 내 삶에 의미를 준다. 하지만 '더 큰 무엇'에 의미를 부여하는 것은 무엇인지에 의문을 갖기 시작할 수도 있는 위험은 늘 존재한다. 내 삶의 의미가 프롤레타리아트나 폴란드 민족을 돕는 것이라면, 프롤레타리아트나 폴란드 민족에 의미를 주는 것은 정확히 무엇이란 말인가? 세계는 거대한 코끼리의 등 위에서 쉬며 자리를 지키고 있다고 주장한 사람이 있었다. 그 코끼리는 어디에 서 있는지 묻자 그는 큰 거북의 등 위에 서 있다고 답했다. 그렇다면 거북은? 훨씬 더 큰 거북의 등 위에. 그 큰 거북은? 그 남자는 퉁명스럽게 말했다. "그건 신경 쓰지 마시오. 거기서부터 아래로 내려가면서는 계속해서 거북이

니까."

대부분의 성공적인 이야기는 결말이 열려 있다. 궁극적으로 의미가 어디에서 나오는지는 결코 설명할 필요가 없다. 그런 이야기는 사람들의 관심을 붙들어 안전지대에 묶어두는 데 너무나 뛰어나기 때문이다. 따라서 세계는 거대한 코끼리 등 위에 머물러 있다고 설명할 때는, 코끼리의 거대한 귀가 퍼덕이면 태풍이 일어난다거나 코끼리가 분노로 떨면 지진이 지표면을 흔들 거라고 자세히 묘사하는 식으로, 어떤 어려운 질문도 미연에 방지해야 한다. 이야기를 충분히 짜내기만 한다면 코끼리가 어디에 서 있는지는 누구도 물어볼 생각을 하지 않을 것이다. 그와 마찬가지로, 민족주의는 영웅담들로 우리의 넋을 잃게 하고, 과거의 재난을 되새겨 감동으로 눈물짓게 하는가 하면, 민족이 겪은 불의를 반추해 우리의 분노에 불을 붙인다. 우리는 이런 민족의 서사에 너무나 심취한 나머지 세상에서 일어나는 모든 일을 우리 민족에 미치는 영향으로 평가하기 시작한다. 그 전에 먼저 우리 민족이 왜 중요한지 물어볼 생각은 좀처럼 하지 않는다.

특정한 이야기를 믿으면 그 이야기의 아주 세세한 것들에도 극도로 높은 관심을 갖게 된다. 반면에 그 범위 밖에서 일어나는 일은 그 어떤 것도 관심 밖으로 밀려난다. 헌신적인 공산주의자는 혁명의 초기 단계에서 사회민주주의자와 동맹을 맺는 것을 허용할지 논쟁하는 데는 무수한 시간을 보낼지 몰라도, 지구상에서 포유류 생명이 진화하는 과정에서 혹은 우주에서 유기체 생명이 퍼져 나가는 과정에서 프롤레타리아트가 어떤 지위를 차지하는지에 대해서는 잠시 멈춰 숙고해보는 일이 거의 없다. 그런 한가한 이야기는 반혁명적인 시간 낭비로 여긴다.

비록 어떤 이야기들은 시간과 공간 전부를 망라하는 수고까지 마다하지 않지만, 다른 많은 성공적인 이야기들은 사람들의 주의를 통제하는 능력 덕분에 설명 범위가 훨씬 소박한 채로도 남아 있을 수 있다. 스토리텔링의 결정적인 법칙은 이야기가 청중의 지평을 넘어 확장되기만 하면 최종 범위는 크게 중요하지 않다는 것이다. 사람들은 10억 년 된 신을 위해서나 1,000년 된 민족을 위해서나 똑같이 살인적인 광신주의를 내보일 수 있다. 사람들은 큰 수에는 밝지 않다. 대부분의 경우 우리의 상상은 놀라울 정도로 손쉽게 채워질 수 있다.

우리가 우주에 대해 아는 모든 사실을 감안하면, 정신이 온전한 사람이 우주와 인간 존재에 관한 궁극의 진실이 이스라엘이나 독일, 러시아의 민족주의 혹은 민족주의 전반의 이야기라고 믿는 일은 도저히 있을 수 없을 것이다. 전체 시간과 공간, 빅뱅, 양자역학, 생명의 진화를 거의 무시하는 이야기는 기껏해야 진실의 극히 작은 일부에 지나지 않는다. 그런데도 사람들은 그 너머는 보지 않고도 어떻게든 그럭저럭 살아간다.

정말이지, 인류 역사에서 수십억의 사람들은 자신들의 인생에서 의미를 찾기 위해 민족이나 거대한 이념 운동 속에 흡수될 필요조차 없었다. 단지 '무엇인가를 후대에 남기기'만 한다면, 그렇게 해서 자기 개인의 이야기가 죽은 뒤에도 이어지기만 하면 그것으로도 충분하다. 내가 뒤에 남기는 '무엇'이란 이상적으로는 나의 영혼이나 개인적인 정수를 말한다. 만약 지금의 육체가 사망한 후에도 새로운 육체를 입고 내가 다시 태어난다면 죽음은 끝이 아니다. 죽음은 단지 두 개의 장 사이의 여백일 뿐이다. 앞 장에서 시작된 플롯은 다음 장에서 계속될 것이다. 이런 이론을 과거 많은 사람이 적어도 어렴풋하게나마 믿었다. 다만 어떤 구체적인 신학을 기반으로 삼은 것은 아니었다. 이들에게는 정교한 교리가 필요하지도 않았다. 자신의 이야기가 죽음의 지평 너머까지 이어진다는 안도감을 얻는 것으로 충분했다.

이처럼 삶을 끝없는 서사로 보는 이론은 극도로 매력적이면서 흔하다. 하지만 그것은 두 가지 주요 결함이 있다. 첫째, 내 개인의 이야기를 길게 늘인다고 해서 의미가 더 깊어지는 것은 아니다. 단지 이야기만 길어질 뿐이다. 실로, 삶과 죽음이 끝없이 순환한다고 가르치는 두 위대한 종교인 힌두교와 불교는 그 모든 것이 공허하다는 두려움까지 공유한다. 수백만 번에 수백만 번을 반복해서 태어나 걸음마를 배우고, 커서 어른이 되고, 시어머니와 다투고, 병들고, 죽는다. 그런 다음 이 모든 것을 다시 반복한다. 이게 도대체 무슨 의미가 있는가? 내 모든 전생에서 흘렸던 눈물을 다 모으면 아마

태평양을 채우고도 남을 것이다. 내가 잃어버린 모든 치아와 머리카락이며 체모를 한데 쌓으면 히말라야보다 높을 것이다. 그게 다 무슨 소용이란 말인가? 그러니 힌두교와 불교의 현자들이 한결같이 이 회전목마 같은 인생을 끊임없이 타고 가기보다 거기서 내리는 방도를 찾는 데 많은 노력을 기울인 것도 당연하다.

이 이론의 두 번째 문제는 뒷받침하는 증거가 부족하다는 점이다. 전생에 내가 중세의 농부였거나 혹은 네안데르탈인 수렵꾼, 티라노사우루스, 아메바(내가 정말 수백만 번의 생을 살았다면, 어느 시점에선가는 공룡과 아메바였을 것이다. 인간이 지구상에 존재한 지는 250만 년밖에 되지 않았기 때문이다)였다는 증거가 어디에 있나? 미래에는 내가 사이보그나 은하계를 넘나드는 탐험가 혹은 심지어 개구리로 환생할 거라고 누가 보장하나? 이런 약속을 내 인생의 기반으로 삼는 것은, 마치 구름 위 은행에서 발행한 선수표(미래 일자로 발행한 수표—옮긴이)를 받고 내 집을 파는 것과 비슷하다.

그렇기 때문에 죽은 후에도 어떤 유의 영혼이나 정령이 살아남는다는 것을 의심하는 사람은 좀 더 실체가 있는 무엇인가를 사후에 남기려고 애를 쓴다. 그 '실체가 있는 무엇'이란 다음 둘 중 한 가지 형태를 띤다. 즉, 문화적이거나 생물학적인 것이다. 가령 시나 귀중한 내 유전자 일부를 남길 수 있을 것이다. 사람들이 지금부터 100년 후에도 내 시를 읽을 테니 혹은 그때까지 내 자식들과 손주들이 세상에 있을 테니 내 인생은 의미가 있다. 그러면 자식들과 손주들의 인생은 무슨 의미가 있을까? 글쎄, 그건 그들의 문제이지 내 문제는 아니다. 그러니 인생의 의미는 실제 수류탄을 갖고 노는 것 비슷하다. 다른 누군가에게 넘기면 당신은 안전하다.

안타깝게도, '사후에 무엇인가를 남기려는' 소박한 희망은 좀처럼 충족되지 않는다. 지금껏 존재했던 유기체의 대부분은 유전적 상속물을 남기지 못하고 멸종했다. 예를 들어 거의 모든 공룡이 그랬다. 또는 네안데르탈인 일가도 멸종하면서 그 뒤를 사피엔스가 이었다. 또는 폴란드계인 우리 할머니 집안도 그랬다. 할머니 파니는 1934년에 부모와 두 자매와 함께 예루살렘으로 이민을 왔지만, 친척들 대부분은 폴란드의 흐미엘니크와 쳉스토호바 마을에 남아 있었다. 몇 년 후 나치가 들어와서 마지막 아이 한 명까지 몰살하고 말았다.

어떻게든 문화적 유산을 남기려는 시도도 결과가 그리 좋지는 않았다. 우리 할머니의 폴란드 문중만 해도 가족 앨범 속의 빛바랜 얼굴 사진 몇 장을 제외하면 이제 남아 있는 것이 없다. 할머니마저 96세의 고령이라 앨범 속 얼굴과 이름을 제대로 맞히지 못한다. 내가 알기로는, 할머니 집안 사람들은 문화적 창작물도 남긴 것이 전혀 없다. 시 한 편, 일기장 한 권, 식료품 목록 한 장조차 없다. 유대인이나 시온주의 운동의 집단 유산에 나름의 몫이 있다고 주장할지도 모르겠다. 하지만 그것이 그들 개인의 인생에 의미를 부여한다고 보기는 어렵다. 더욱이, 그들 모두가 정말로 유대인 정체성을 소중히 여겼거나 시온주의 운동을 지지했는지 우리가 어떻게 알겠는가? 혹시 그들 중 누군가는 헌신적인 공산주의자여서 소비에트를 위한 첩보 활동에 인생을 바치지는 않았을까? 또 다른 누군가는 폴란드 사회에 동화되는 것으로 충분하다고 여겨 폴란드 군에서 장교로 복무하다가 카틴 숲 대학살 때 소련군에게 살해되지는 않았을까? 혹시 또 다른 누군가는 급진 페미니스트여서 모든 전통 종교나 민족주의 정체성을 거부하지는 않았을까? 그들이 뒤에 남긴 것이라고는 아무것도 없으니 사후에 그들을 이런저런 대의에 끌어들이기란 너무나 쉽다. 더구나 사실과 다르다 해도 죽은 이는 항의조차할 수 없다.

사후에 실체가 있는 무언가 — 유전자나 시 — 를 남길 수 없다 하더라도, 세상을 좀 더 낫게 만든다면 그것으로 충분하지 않을까? 누군가를 도우면 그 누군가는 그 뒤에 다른 누군가에게 도움을 줄테고, 그렇게 우리는 세상 전반을 개선하는 데 기여하고 친절의 거대한 사슬을 잇는 작은 연결고리가 될 수도 있다. 형편은 어렵지만 머리가 뛰어난 아이를 위해 멘토로 봉사하면 그 아이는 의사가 되어 수백 명의 생명을 구하지 않을까? 길을 건너는 나이든 부인을 도우면 그녀의 삶이 한 시간이라도 밝아지지 않을까? 이런 생각은 나름의 장점이 있지만 친절의 거대한 사슬도 결국에는 거북의 거대한 사슬과 좀 비슷한 데가 있다. 의미가 맨 처음 어디에서 나오는지 불분명하다는 점에서 그렇다. 어느 현명한 노인에게 인생의 의미에 대해 알게 된 것이 무엇인지 묻자 그는 이렇게 답했다. "내가 다른 사람들을 돕기 위해 지상에 와 있다는 것을 알았소. 하지만 다른 사람들이 왜 이곳에 있는지는 아직도 알아내지 못했소."

어떤 미래 유산이나 집단 서사 같은 거대 사슬의 서사도 믿지 않는 사람이라면, 그나마 기댈 수 있는 가장 안전하면서 가성비 높은 이야기는 아마도 로맨스일 것이다. 그것은 '지금 여기'를 넘어서 무언가를 찾지 않는다. 무수한 연애시가 증언하듯, 우리가 사랑에 빠졌을 때는 온 우주가 내 연인의 귓불이며 속눈썹이며 유두로 축소된다. 줄리엣이 손에 뺨을 기울여 대고 있는 모습을 응시하던 로미오는 이렇게 외친다. "오, 내가 저 손의 장갑이라면 저 뺨을 만질 수 있으련만!" 지금 여기에 있는 하나의 몸과 연결됨으로써 우리는 온 우주와 연결된다고 느낀다.

사실은 당신의 연인 역시 또 다른 인간일 뿐이다. 매일 기차 안이나 슈퍼마켓에서 만나면서도 모르는 체하는 많은 사람들과 본질에서 다를 게 없다. 하지만 당신에게 그나 그녀는 무한한 존재로 보이고, 당신은 그 무한함 속에 빠져서 행복해한다. 동서양의 전통을 막론하고 모든 신비주의 시인은 흔히 낭만적인 사랑과 우주적 합일을 하나로 보았고, 신을 연인으로 노래했다. 반대로 낭만주의 시인은 자신의 연인을 신으로 묘사함으로써 찬사를 돌려주었다.

만약 당신이 지금 사랑에 빠진 것이 아니라면? 낭만적인 이야기를 믿으면서도 현재 사랑에 빠진 것은 아니라면, 적어도 인생의 목표가 무엇인지는 알고 있는 셈이다. 그 목표는 바로 진정한 사랑을 찾는 것이다. 당신은 그것을 무수히 많은 영화에서 봤고 헤아릴 수 없이 많은 책 속에서 읽었다. 그래서 당신도 언젠가는 특별한 누군가를 만날 것이고, 그 순간 반짝이는 두 눈에서 무한함을 보게 되며, 모든 삶이 불현듯 의미로 충만해지고, 한 사람의 이름을 반복해서 부르기만 해도 당신이 품어온 모든 질문이 답을 얻을 것임을 잘 안다. 마치 〈웨스트사이드 스토리〉의 토니 혹은 발코니에서 자신을 내려다보는 줄리엣을 본 로미오처럼.

**지붕의
무게**

　　　　　좋은 이야기는 나에게 역할을 주면서 나의 지평 너머로 뻗어가야 하지만 반드시 진실일 필요는 없다. 이야기는 순수한 허구이면서도 내게 정체성을 부여하고 내 인생에 의미가 있다고 느끼게 해줄 수 있다. 실제로 우리가 아는 최선의 과학적 이해에 따르면, 인류 역사를 통틀어 수많은 다양한 문화와 종교, 부족 들이 발명해온 수천 가지 이야기 중 어느 하나도 진실인 것은 없다. 모두가 인간의 발명품일 뿐이다. 만약 당신이 인생의 진정한 의미를 구하고서 이야기를 답으로 얻는다면, 이것이 틀린 답이라는 것을 안다. 정확한 세부 내용은 중요하지 않다. 어떤 이야기도 단지 그것이 이야기라는 이유만으로도 진실이 아니다. 우주는 이야기처럼 작동하지는 않기 때문이다.

그러면 왜 사람들은 이런 허구를 믿을까? 한 가지 이유는, 개인의 정체성은 이야기 위에 구축되기 때문이다. 사람들은 아주 어릴 적부터 이야기를 믿도록 가르침을 받는다. 그런 이야기에 대해 질문을 던지고 검증하는 데 필요한 지적, 감성적 독립성을 키워가기 오래전부터 부모와 교사, 이웃, 문화 전반으로부터 이야기를 듣는다. 지적으로 성숙해졌을 때쯤이면 이미 사람들은 이야기에 너무나 심하게 투자를 한 상태여서, 그 이야기를 의심하기보다는 합리화하는 데 자신의 지력을 사용할 가능성이 훨씬 크다. 정체성 찾기를 계속하는 사람들도 대부분은 보물찾기에 나선 아이와 같다. 부모가 자신을 위해 미리 숨겨둔 것만 찾을 뿐이다.

두 번째로, 우리의 개인 정체성뿐만 아니라 집단의 제도 역시 이야기 위에 서 있다. 그 결과 그 이야기를 의심하는 것을 극도로 두려워한다. 많은 사회에서 그 이야기를 의심하려 드는 사람은 누구든 추방당하거나 박해를 받는다. 그 정도까지는 아닌 경우에도 사회의 연결망인 이야기에 의문을 제기하려면 강심장이어야 한다. 왜냐하면, 만약 실제로 그 이야기가 거짓으로 판명나면 그때는 우리가 알던 세계 전체가 의미를 잃게 되기 때문이다. 국가의 법이며 사회 규범, 경제 제도, 이 모든 것이 무너질지도 모른다.

대부분의 이야기는 기초가 튼튼해서라기보다는 지붕의 무게 덕분에 탈 없이 유지된다. 기독교 이야기를 보자. 기초는 엉성하기 짝이 없다. 온 우주의 창조자의 아들이 2,000년 전쯤 은하수 어딘가에서 탄소 기반 생명으로 태어났다는 증거가 어디에 있나? 그런 일이 로마 속주였던 팔레스타인에서 일어났고 그의 어머니는 처녀였다는 증거는 어디에 있나? 그럼에도 전 지구에 걸쳐 막대한 기관들이 그 이야기 위에 세워졌고, 그 무게가 너무도 압도적인 힘으로 내리누르는 덕분에 그 이야기는 자리를 지키고 있다. 그 이야기에서 단어 하나를 바꾸려는 것을 두고도 전면전이 벌어졌다. 서유럽 기독교도와 동방정교회 기독교도 간에 1,000년 동안 계속된 균열은 최근에는 세르비아인과 크로아티아인 간의 상호 살육전으로 표출되기도 했는데, 애초에 '필리오케filioque'(라틴어로 '또한 성자에게서'라는 뜻)라는 한 단어가 발단이었다. 서유럽 기독교도는 기독교인의 신앙고백 안에 이 단어를 넣고 싶어 한 반면, 동방정교회 기독교도는 격렬히 반대했다. (이 단어를 추가하는 것이 갖는 신학적인 함의는 너무나 불가사의해서 여기서 이해가 되도록 설명하는 것은 불가능한 일이 될 것이다. 궁금하면 구글에 물어보라.)

일단 이야기 위에 개인의 정체성과 사회의 전 체계가 구축되고 나면, 이야기를 의심하는 것은 생각할 수 없게 된다. 그것을 뒷받침하는 증거 때문이 아니다. 그것이 무너지면 개인적, 사회적 대격변이 일어날 것이기 때문이다. 역사를 돌아봤을 때, 때로는 지반보다 지붕이 더 중요하다.

마법의 주문과
믿음의 산업

우리에게 의미와 정체성을 부여하는 이야기는 모두가 허구적이지만 인간은 그것을 믿어야 할 필요가 있다. 그렇다면 어떻게 해야 이야기를 실제처럼 느끼게 할 수 있을까? 인간이 이야기를 믿고 싶어 하는 이유는 분명하다. 하지만 어떻게 해서 실제로 믿는지는 불분명하다. 이미 수천 년 전에 사제들과 무당들은 답을 찾았다. 그것은 바로 의식儀式이다. 의식은 추상적인 것을 구체화하고 허구적인 것을 실제로 만드는 마술적인 행동이다. 의식의 핵심이 바로 이런 마법의 주문이다. "호쿠스 포쿠스, X는 Y!"[5](X를 Y로 변하게 할때 외는 주문 — 옮긴이)

어떻게 하면 그리스도를 신봉자에게 실재하는 것으로 만들 수 있을까? 천주교 사제는 미사를 집전하면서 빵 한 조각과 포도주 한 잔을 들고서는 빵은 그리스도의 살이며 포도주는 그리스도의 피라고 선포한다. 신도는 그것을 먹고 마심으로써 그리스도와의 교감을 얻는다. 그리스도를 실제로 입안에 넣고 맛보는 것보다 무엇이 더 생생할 수 있을까? 전통적으로 사제는 성찬식 때 이런 과감한 선포를 라틴어로 했다. 라틴어는 고대 종교와 법률 그리고 생명의 비밀을 이야기할 때 쓰는 언어였다. 모여 있던 농민들이 놀란 눈으로 바라보는 앞에서 사제는 빵 한 조각을 높이 들고 이렇게 선포했다. "호크 에스트 코르푸스!(Hoc est corpus!, 이것은 몸이다!)" 그러면 아마도 그 빵은 그리스도의 살이 되었을 것이다. 하지만 "호크 에스트 코르푸스"라는 라틴어를 몰랐던 까막눈의 농민들 머릿속에서는 그 말이 "호쿠스 포쿠스Hocus pocus!"로 와전됐고, 그 뒤 이것은 개구리를 왕자로 변하게 하고 호박을 마차로 바꿔놓는 강력한 주문으로 거듭났다.[6]

기독교가 탄생하기 1,000년 전에 고대 힌두교도 같은 수를 썼다. 《브리하다라냐카 우파니샤드》는 말을 바치는 의식을 우주의 모든 이야기를 구현하는 것으로 해석한다. 이 경전 역시 "호쿠스 포쿠스, X는 Y!"의 구조를 따라 이렇게 말한다. '제물인 말의 머리는 새벽이며 눈은 태양, 활력은 공기, 벌린 입은 바이스라바나Vaisravana(다문천왕多聞天王, 불교의 사천왕 중 수미산의 북방을 수호하는 천왕 — 옮긴이)라 불리는 불, 그리고 제물인 말의 몸통은 연年 (…) 사지는 계절, 관절은 월과 격주, 발은 낮과 밤, 뼈는 별, 살은 구름 (…) 하품은 번개, 전율은 천둥, 소변은 강우, 울음은 음성이다."[7] 그리하여 한 마리의 불쌍한 말은 온 우주가 된다.

초에 불을 붙이거나 종을 치거나 묵주를 굴리는 것 같은 세속적인 동작도 심오한 종교적 의미를 부여하면 거의 모두가 의식으로 바뀔 수 있다. 머리를 숙이거나(목례) 엎드리거나(부복) 두 손바닥을 맞대는(합장) 식의 몸짓도 마찬가지다. 시크교도의 터번부터 무슬림의 히잡에 이르기까지 다양한 형태의 쓰개에도 너무나 깊은 의미가 담긴 나머지, 이 때문에 수 세기 동안 열정적인 투쟁이 계속돼왔다.

음식에도 또한 영양가를 훌쩍 뛰어넘는 영적인 중요성이 부여될 수 있다. 새 생명과 그리스도의 부활을 상징하는 부활절 달걀이나 유대인이 유월절에 이집트 노예 시절과 기적적인 탈출을 기억하기 위해 먹어야 하는, 누룩을 넣지 않은 빵과 쓴 나물도 다 마찬가지다. 뭔가를 상징하는 것으로 해석되지 않아온 세상의 음식이 드물 정도다. 그래서 새해 첫날이면 종교적인 유대인은 새해가 달콤하기를 바라면서 꿀을 먹고, 물고기처럼 다산에 전진만 했으면 하는 마음에서 생선 대가리를 먹고, 석류의 수많은 씨앗처럼 좋은 행실이 불어났으면 해서 석류를 먹는다.

비슷한 의식들이 정치적 목적으로도 활용돼왔다. 수천 년 동안 왕관과 왕좌, 지휘봉이 왕국과 온 제국을 대표했고, 수백만의 양민이 '왕좌'와 '왕관'을 차지하기 위해 벌어진 전쟁에서 죽어갔다. 왕실은 극도로 정교한 의전을 개발했고, 그 복잡함이란 종교 예식과 자웅을 겨룰 정도였다. 군에서도 기율과 의식은 불가분의 관계다. 고대 로마부터 오늘날에 이르기까지 병사들은 오와 열을 맞춰 행진하고, 상관에게 경례하고, 군화에 광을 내는 데 무수히 많은 시간을 보낸다. 나폴레옹이 화려한 색의 리본을 위해 남자들이 목숨을 바치게 만든 것은 유명하다(나폴레옹은 영국과의 전쟁 개전 1년 후 붉은색 리본의 레지옹 도뇌르 훈장을 제정해 군인들에게 대거 수여함으로써 사기를 진작했다—옮긴이).

아마 공자만큼 의식의 정치적 중요성을 잘 이해한 사람도 없을 것이다. 그는 의례를 엄격히 준수하는 것이 사회가 조화를 이루고 정치가 안정을 얻는 열쇠라고 봤다. 공자가 쓴 《예기》와 《주례》 《의례》 같은 고전을 보면 국가 행사에서 따라야 할 의례에 대해 더없이 상세하게 기록해놓았다. 심지어 예식에 사용되는 제기祭器의 수, 연주에 사용되는 악기 유형, 참가자가 갖춰 입어야 할 의복의 색상까지 나와 있을 정도다. 중국에 어떤 위기가 닥쳤을 때에도 유학자들은 곧장 의례를 소홀히 한 탓으로 돌리곤 했다. 마치 군부대의 주임상사가 군사적인 패배를 두고 군기 빠진 병사들이 군화에 광을 내지 않은 탓으로 돌리는 것과 같다.[8]

근대 서구에서는 유교가 의식에 집착한 것을 두고 흔히 인간에 대한 얕은 이해와 의고擬古주의를 보여주는 것으로 여겼다. 하지만 사실은 오히려 공자야말로 시대를 뛰어넘어 변하지 않는 인간 본성을 깊이 꿰뚫어 본 것이라고 할 수 있다. 유교 문화―중국을 필두로 이웃 나라인 한국과 베트남, 일본―에서 극도로 수명이 긴 사회적, 정치적 구조를 만들어냈다는 사실은 아마 우연이 아닐 것이다. 인생의 궁극적인 진실을 알고 싶은 사람에게는 의례와 의식이 거대한 장애물이다. 하지만 공자와 같이 사회의 안정과 조화에 관심이 있는 사람이라면 진실은 골칫거리일 때가 많다. 그런 사람에게는 의례와 의식이야말로 최선의 동맹이다.

이것은 고대 중국에서뿐만이 아니라 지금 21세기에도 맞는 이야기다. 호쿠스 포쿠스의 힘은 우리가 살아가는 근대 산업사회에서도 여전히 건재하다. 2018년인 지금도 많은 사람에게는 못질로 한데 붙인 두 개의 나무 막대가 신이며, 벽에 붙은 화려한 포스터가 혁명이고, 바람에 나부끼는 천 조각이 국가다. 당신은 프랑스를 볼 수도 들을 수도 없다. 그것은 상상 속에만 존재하기 때문이다. 하지만 삼색기는 분명히 보고 〈라마르세예즈〉(프랑스 국가—옮긴이)는 확실히 듣는다. 사람들이 화려한 깃발을 흔들고 국가를 부를 때 추상적인 이야기는 실체가 있는 현실로 바뀐다.

수천 년 전 신실한 힌두교도는 귀중한 말을 희생犧牲으로 바쳤지만 지금은 비용이 많이 드는 국기를 생산하는 데 투자한다. 인도의 국기는 티랑가(3색이라는 뜻)로 알려져 있는데, 사프란색, 흰색, 녹색의 줄무늬 셋으로 구성돼 있다. 2002년 인도 국기법은 이렇게 선언한다. 국기는 "인도 국민의 희망과 염원을 대표한다. 국기는 우리 국민의 자부심의 상징이다. 지난 50년간 군인을 포함해 여러 사람들이 삼색기의 온전한 영광을 보존하기 위해 기꺼이 목숨을 버렸다".[9] 뒤이어 인도의 제2대 대통령 사르베팔리 라다크리슈난의 말을 인용한다.

사프란색은 금욕 혹은 사심 없음을 나타낸다. 우리 지도자들은 물질적 이익에 무관심하고 자신의 직무에 헌신해야 한다. 중앙의 흰색은 빛, 우리의 행동을 인도하는 진리의 길이다. 녹색은 흙과 우리의 관계, 다른 모든 생명이 의존하는 이곳 지구의 생명과 우리의 관계를 보여준다. 흰색 띠 중앙에 있는 아소카 바퀴는 다르마의 법륜法輪이다. 진실 혹은 사티아, 다르마 혹은 덕은 이 깃발 아래에서 일하는 모든 사람의 지배 원칙이어야 한다.[10]

2017년 인도의 민족주의 정부는 인도-파키스탄 국경 지역의 아타리에서 세계 최대 수준의 국기를 게양했다. 이는 금욕과 사심 없음이 아닌 파키스탄의 질투를 낳기 위해 계산된 조치였다. 그 삼색기는 길이 36미터에 폭이 24미터였고, 110미터 높이의 깃대에 게양됐다(프로이트가 봤으면 뭐라고 말했을까?). 파키스탄 중심 도시 라호르에서도 볼 수 있을 정도였다. 불행히도 강풍이 계속 불어닥치는 바람에 국기는 찢어졌고, 국가의 자존심 때문에 꿰매 붙이기를 반복했다. 그에 따른 국민의 세금 부담이 만만치 않았다.[11] 왜 인도 정부는 희소한 자원을 델리 빈민촌의 하수도 건설 대신 어마어마한 국기를 짜는 데 투입할까? 국기는 인도를 실체로 만들어주는 반면, 하수도는 그렇지 않기 때문이다.

실제로 깃발 제작에 들어가는 돈은 국가적인 의식의 효과를 높여준다. 모든 의식 중에서도 가장 잠재력이 큰 것은 희생이다. 세상 모든 것 중에 고통이야말로 가장 실감나는 현실이기 때문이다. 이것만은 결코 누구도 무시하거나 의심할 수 없다. 사람들에게 어떤 허구를 정말로 믿게 만들고 싶다면, 그것을 대신해서 희생하는 쪽으로 그들을 유도하라. 누구라도 이야기를 위해 고통을 체험하고 나면 대부분 그 이야기가 실제라고 확신하게 돼 있다. 가령, 신의 명령이라 믿고 금식을 하면 그 배고픔의 생생한 느낌이 그 어떤 조각상이나 아이콘보다 더 강하게 신의 존재를 실감하게 만든다. 애국심에서 나간 전쟁에서 다리를 잃으면 그 어떤 시나 국가國歌보다 더 생생하게 다리가 잘려나간 부위와 휠체어로 국가의 존재를 느끼게 된다. 그 정도까지 거창하지는 않더라도, 우리 일상에서도 작은 희생을 체험할 수 있다. 슈퍼마켓에서 수입산 고급 이탈리아 파스타 대신 그보다 못한 국내산을 구입하면서도 국가國家를 실감한다.

물론 이것은 논리상 오류다. 신이나 국가에 대한 믿음 때문에 고통을 받는다고 해서 그 믿음이 참으로 입증되는 것은 아니다. 단지 잘 속아 넘어가는 것에 대한 대가를 치르는 것뿐일 수도 있지 않은가? 하지만 대부분의 사람은 자신이 바보라고 인정하고 싶어 하지 않는다. 그러다 보니, 특정한 믿음을 위한 희생이 크면 클수록 신앙은 더 강해진다. 이것이 신비한 희생의 연금술이다. 희생적인 사제는 사람들을 자신의 영향력 아래 두기 위해 아무것도 줄 필요가 없다. 비도, 돈도, 전쟁의 승리도. 그보다는 무언가를 없애면 된다. 사람들이 고통스런 희생을 감수할 정도의 확신만 주면 그들은 덫에 걸려든다.

똑같은 원리가 상업 세계에서도 작동한다. 만일 당신이 중고 피아트를 2,000달러에 구입하면, 들을 의향이 있는 누구에게든 차에 대한 불평을 털어놓을 가능성이 높다. 반면, 신형 페라리를 20만 달러에 구입하면, 동네방네 칭송하고 다닐 것이다. 그만큼 좋은 차여서가 아니라, 큰돈을 주고 샀기 때문에 당신으로서는 그게 세상에서 가장 멋진 차라고 믿어야 하는 것이다. 심지어 연애에서도 마찬가지다. 로미오나 베르테르처럼 사랑에 불타는 사람이라면 누구든지 희생 없이는 진정한 사랑도 없다는 것을 안다. 희생은 당신의 사랑이 진지하다는 것을 연인에게 확신시키는 방법에만 그치지 않는다. 그것은 당신 자신에게 당신이 정말 사랑에 빠져 있음을 확신시키는 방법이기도 하다. 여성들이 왜 연인에게 다이아몬드 반지를 가져오라고 요구할까? 연인이 그만큼 막대한 금전적 희생을 무릅쓴다면, 스스로 그만한 가치 있는 일을 위한 것이라 확신했을 것이기 때문이다.

자기희생은 극단적인 설득의 행동이다. 이것은 비단 순교자 자신만을 위한 것이 아니라 지켜보는 사람들을 향한 것이기도 하다. 그어떤 신이나 국가나 혁명도 순교자 없이 지속되는 경우는 드물다. 무엄하게도 신에 관한 이야기나 민족주의 신화 혹은 혁명의 무용담에 의문을 제기하려 들면 곧바로 질책을 받는다. "신성한 순교자들이 이런 걸 위해 숨졌다고! 감히 그들의 죽음이 헛되다고 할 거야? 이 영웅들이 바보라고 생각해?"

시아파 무슬림이 볼 때 우주의 드라마가 절정에 이른 순간은 아슈라의 날이었다. 헤지라(기독교력으로 680년 10월 10일)[무함마드가 메카에서 박해를 피해 메디나로 이주한 사건 — 옮긴이]가 있은 지 61년 뒤 무하람(이슬람력으로 정월)의 달, 열 번째 날이었다. 바로 그날 이라크

433

의 카발라에서 사악한 찬탈자 야지드의 병사들이 예언자 무함마드
의 손자인 후세인 이븐 알리와 그때 함께 있었던 소규모 추종자들
을 한꺼번에 학살했다. 시아파에게 후세인의 순교는 악에 대항하는
선, 불의에 맞선 피압제자의 영원한 투쟁을 상징하게 되었다. 기독
교인들이 반복해서 십자가형을 그린 드라마를 재연하고 그리스도
의 수난을 따라 하듯이, 시아파도 아슈라의 드라마를 재연하고 후
세인의 수난을 모방한다. 후세인이 순교한 곳에 세워진 카발라의
성지에는 매년 수백만 시아파가 모여든다. 아슈라 시아파의 날만
되면 세계 도처에서 애도의 의식이 거행된다. 어떤 이들은 칼과 쇠
사슬로 자기 몸에 채찍질을 하고 자상을 입히기도 한다.

　하지만 아슈라의 중요성은 어느 한 장소, 어느 하루에 국한되지
않는다. 아야톨라 루홀라 호메이니를 비롯해 수많은 다른 시아파
지도자들은 반복해서 추종자들에게 "매일이 아슈라이며 모든 곳이
카발라"라고 말했다.[12] 그 결과, 카발라에서 일어난 후세인의 순교
는 언제 어디에서 일어나는 어떤 사건에든 의미를 부여한다. 심지
어 가장 세속적인 결정까지 거대한 우주의 차원에서 진행되는 선과
악의 투쟁에 영향을 주는 것으로 여겨져야 한다. 이 이야기에 감히
의문을 제기하는 사람이 있으면 곧바로 카발라를 상기시킨다. 즉,
후세인의 순교를 함부로 의심하거나 조롱하는 것은 저지를 수 있는
최악의 범죄에 해당한다는 뜻이다.

　그 대신, 만약 순교자가 드물고 사람들이 자기희생을 꺼리면, 희

생적인 사제는 추종자들로 하여금 다른 누군가를 대신 순교하게 만들 수도 있다. 복수심에 불타는 바알 신에게 인간을 제물로 바치거나, 예수 그리스도의 더 큰 영광을 위해 이단자를 화형에 처하거나, 알라의 명이라는 이유로 불륜을 저지른 여성을 처형하거나, 계급의 적을 수용소로 보내는 식이다. 한 번 그렇게 하고 나면, 약간 다른 희생의 연금술이 당신에게 마법을 발휘하기 시작한다. 어떤 이야기의 이름으로 당신에게 고통을 가할 때는 이런 선택이 주어진다. '이 이야기는 진실이다. 그렇지 않다면 나는 잘 속는 바보다.' 그 고통을 타인에게 가할 때도 선택이 주어진다. '이 이야기는 진실이다. 그렇지 않다면 나는 잔혹한 악당이다.' 우리 자신을 바보라고 인정하고 싶지 않은 것처럼, 우리는 자신을 악당이라고 인정하고 싶지 않다. 그 결과 우리는 그 이야기가 진실이라고 믿는 쪽을 택한다.

1839년 3월 이란의 마슈하드라는 도시에서 피부 질환을 앓던 유대인 여성이 동네 돌팔이 의사로부터 개를 죽이고 그 피로 손을 씻으면 병이 나을 거라는 말을 들었다. 마슈하드는 시아파 성지였고, 공교롭게도 그 여성은 성스러운 아슈라의 날(무함마드 사후 후계자 경쟁에서 숨진 후세인 알리를 추모하는 시아파 최대 기념일 —옮긴이)에 그 소름 끼치는 치료를 감행했다. 이 장면을 어떤 시아파 사람들이 목격했고, 이들은 그 여성이 개를 죽여 카발라의 순교(후세인 알리가 참수당한 것이 카발라 전투에서였다 —옮긴이)를 조롱했다고 믿었다 — 혹은 그렇게 믿는다고 주장했다. 이 상상할 수조차 없는 신성모독에 대

435

한 이야기는 순식간에 마슈하드 거리 곳곳으로 퍼졌다. 지역 이맘(이슬람 공동체의 지도자—옮긴이)의 부추김을 받은 성난 무리는 유대인 거주구역으로 쳐들어갔고 시너고그(유대교 회당—옮긴이)에 불을 지르고 유대인 36명을 그 자리에서 살해했다. 마슈하드에서 살아남은 유대인에게는 선택지가 주어졌다. 즉시 이슬람으로 개종하든가 죽든가. 이 추악한 사건이 있고도 '이란의 정신적 수도'라는 마슈하드의 평판에는 거의 금이 가지 않았다.[13]

우리는 인신공양을 생각할 때 보통 가나안이나 아즈텍 사원의 소름 끼치는 의식을 떠올린다(구약 성경에 가나안 지역 사람의 인신공양 이야기가 나온다. 스페인 정복자들은 아즈텍 제국의 인신공양 장면에 충격을 받았다는 기록을 남겼다—옮긴이). 그리고 흔히 일신교가 이런 끔찍한 관행에 종지부를 찍었다고 주장한다. 사실은 일신교를 믿는 사람들이 대부분의 다신교 종파 집단들보다 훨씬 더 큰 규모로 인간 제물을 바쳤다. 기독교와 이슬람교가 신의 이름으로 죽인 사람의 수는 바알(고대 가나안인들이 숭배했던 풍요와 다산의 신. 야훼 신과 경쟁 관계였다—옮긴이)이나 우이칠로포치틀리(아즈텍 신화의 최고 신—옮긴이)의 추종자들보다 훨씬 많았다. 스페인에서 온 정복자들이 아즈텍과 잉카 신에 대한 인신공양을 전면 금지했을 때, 자국 내에서는 종교재판소가 이단자들을 수레 단위로 화형에 처하고 있었다.

희생은 형태와 규모를 불문하고 실행될 수 있다. 반드시 칼을 휘두르는 사제나 피의 대학살이 필요한 것도 아니다. 가령 유대교는 신성한 안식일sabbath에 일을 하거나 여행하는 것을 금한다('sabbath'라는 단어의 원뜻은 '가만히 있다' 혹은 '쉬다'이다). 안식일은 금요일 일몰때 시작해서 토요일 일몰 때까지 지속된다. 그 사이에 정통파 유대교도는 거의 모든 종류의 일을 금한다. 심지어 화장실에서 두루마리 휴지를 끊는 것까지 삼간다. (이 문제를 두고 가장 박식한 랍비들이 논의를 벌인 끝에 화장실 휴지를 끊는 것도 안식일 금기를 위반하는 것이라고 결론 내렸고, 그 결과 안식일에 밑을 닦고 싶은 신실한 유대교도는 미리 분절돼 나오는 휴지 주머니를 사전에 준비해둬야 했다.[14])

이스라엘에서는 종교적인 유대인들이 세속화된 유대인들과 심지어 완전한 무신론자들한테까지 이런 금기를 강요하려 들 때가 많다. 이스라엘 정치에서 정통파 유대교 정당들이 대체로 힘의 결정권을 행사하게 된 뒤로, 안식일에 모든 종류의 활동을 금지하는 법을 대거 통과시켰다. 안식일에 개인 차량을 사용하는 것을 불법화하는 데는 실패했지만, 대중교통 운행을 금지하는 데는 성공했다. 전국에 걸쳐 종교적 희생을 강제한 이 조치는 주로 사회에서 가장 취약한 계층에 타격을 준다. 특히 토요일은 노동계급 사람들이 자유롭게 먼 친척이나 친구를 방문하거나 관광 명소로 여행할 수 있는 유일한 날이기 때문이다. 돈이 많은 할머니야 신형 자가용을 몰고 다른 도시에 사는 손주를 찾아가는 데 아무런 문제가 없지만, 가난한 할머니는 버스와 기차가 모두 운행을 하지 않으니 어디에도 오갈 수가 없다.

수만 명의 시민에게 이런 불편을 끼치면서 종교적인 정당들은 자신들의 확고한 유대교 신앙을 증명해 보이고 단단히 다진다. 피를 흘리는 일은 없지만 많은 사람의 안녕이 희생된다. 만약 유대교가 허구적인 이야기일 뿐이라면, 할머니가 손주를 방문하는 것을 막거나 가난한 학생이 해변에 놀러 가는 것을 막는 일은 잔인하고 매정한 짓이다. 그럼에도 그렇게 함으로써 종교적인 정당들은 세상을 향해, 그리고 스스로를 향해 자신들은 유대교의 이야기를 정말로 믿는다고 밝히는 것이다. 하지만 그들은 이렇다 할 이유도 없이 사람들에게 해를 주는 것을 즐긴다는 생각이 들지는 않는가?

희생은 이야기에 대한 믿음을 강화할 뿐 아니라 믿음에 요구되는 다른 모든 책무를 대체할 때가 많다. 인류가 믿어온 대부분의 거대한 이야기가 설정한 이상理想은 대다수 사람은 완수할 수 없는 것들이다. 얼마나 많은 기독교인이 조금의 거짓이나 탐욕도 없이 십계명을 곧이곧대로 지킬까? 지금껏 얼마나 많은 불교도가 무아의 경지에 이르렀을까? 얼마나 많은 사회주의자가 실제로 필요한 것 이상은 취하지 않은 채 최선을 다해 일할까?

도저히 이상에 맞춰 살 수는 없기 때문에 사람들은 해결책으로 희생에 의지한다. 어떤 힌두교도는 세금 사기에 가담하고, 이따금 몸을 파는 매춘부도 찾고, 나이 든 부모를 학대하기도 하지만, 자신은 아요디아에 있는 바브리 이슬람 사원의 파괴를 지지하고(1992년 인도의 근본주의 힌두교 성지인 아요디아에 있던 바브리 이슬람 사원을 완전 파

괴한 사건 — 옮긴이), 그 자리에 대신 힌두 사원을 짓는 데 헌금까지
했으니 아주 독실한 신자임에 틀림없다고 스스로를 납득시킨다. 고
대와 꼭 마찬가지로, 21세기에도 인간의 의미 추구는 희생의 연속
으로 끝날 때가 너무나 많다.

정체성

포트폴리오

　　　　　　고대 이집트인과 가나안인, 그리스인은 희생에서도
헤지(투자 손실 대비 — 옮긴이)를 구사했다. 수많은 신을 섬기면서 하
나가 실패하면 또 다른 신이 해낼 것으로 기대했다. 그래서 그들은
아침에는 태양신, 정오에는 땅의 신, 저녁에는 온갖 요정과 악령이
뒤섞인 무리에 제물을 바쳤다. 이런 전략 역시 크게 변하지 않았다.
오늘날 사람들이 믿는 이야기들과 신들 — 그것이 야훼가 됐든, 맘
몬(돈의 신 — 옮긴이)이 됐든, 국가가 됐든, 혁명이 됐든 — 은 모두가
불완전하고 허점투성이인 데다 모순으로 가득하다. 그러니 사람들
은 자신의 신앙 전부를 하나의 이야기에만 두지 않는다. 대신 여러
가지 이야기와 여러 가지 정체성의 포트폴리오를 유지하면서 필요
할 때마다 어느 하나에서 다른 것으로 바꿔가며 사용한다. 그런 인
지 부조화는 거의 모든 사회와 운동에 내재한다.

　전형적인 티파티 지지자만 해도 예수 그리스도에 대한 열렬한 믿
음을 정부의 복지 정책에 대한 완강한 반대, 그리고 전미총기협회

에 대한 확고한 지지와 어떻게든 일치시킨다. 예수는 사람들이 자신을 완전 무장하는 것보다 가난한 사람을 돕는 것을 더 바라지 않았던가? 저런 믿음들은 도저히 양립 불가능해 보이지만, 인간의 뇌에는 서랍과 칸이 워낙 많은 데다 심지어 어떤 뉴런들은 도무지 서로 대화도 않는다. 버니 샌더스 지지자들도 사정은 비슷하다. 이들은 어떤 미래 혁명에 대한 막연한 믿음을 갖고 있으면서, 동시에 자신들의 돈을 현명하게 투자하는 것이 중요하다고 믿는다. 그러니 세계 부의 불공정한 분배를 성토하다가도 월스트리트 투자 실적에 대한 이야기로 쉽게 옮겨갈 수 있다.

오늘날 하나의 정체성만으로 사는 사람은 거의 없다. 아무도 단지 무슬림으로만 혹은 이탈리아인으로만 혹은 자본가로만 살아가지 않는다. 하지만 가끔씩 광신적인 신조가 따라와서는 사람들에게 오직 하나의 이야기만 믿고 오직 하나의 정체성만 가져야 한다고 우긴다. 최근에 겪었던 그런 유의 가장 광신적인 신조는 파시즘이었다. 파시즘은 사람들에게 민족주의 이야기 이외에는 어떤 이야기도 믿어서는 안 되며, 민족 이외에는 어떤 정체성도 가져서는 안 된다고 고집했다. 모든 민족주의자들이 파시스트인 것은 아니다. 대부분의 민족주의자들은 자기 민족의 이야기에 커다란 믿음을 갖고 있다. 자기 민족의 유일무이한 장점과 민족에 대한 고유한 의무를 강조한다. 하지만 그럼에도 세상에는 자기 민족 이외에도 많은 민족이 있다는 사실을 인정한다. 나는 이탈리아 국민에게 특별한 의무

440

가 있는 충성스런 이탈리아인이면서 동시에 다른 정체성도 가질 수 있다. 또한 나는 사회주의자가 될 수도 있고 가톨릭 신도, 남편, 아버지, 과학자, 채식주의자가 될 수도 있다. 이들 정체성에는 각각 부가적인 의무가 따라붙는다. 어떤 때는 내 정체성들 중의 몇 가지가 서로 다른 방향으로 나를 끌어당긴다. 나의 의무 중 어떤 것은 다른 것과 충돌하기도 한다. 하지만 글쎄, 누가 인생이 쉽다고 했던가?

파시즘은 민족주의가 인생을 자기 민족에만 너무 편한 것으로 만들고자 하는 나머지 다른 정체성과 의무는 모두 부인할 때 등장한다. 파시즘의 정확한 의미에 관해서는 최근에 많은 혼란이 있었다. 사람들은 자신이 싫어하는 사람이라면 거의 아무나 '파시스트'라고 부른다. 그럴 경우 파시즘은 아무 데나 남용되는 용어로 전락해 버릴 위험이 있다. 그렇다면 정확한 뜻은 무엇일까? 간단히 말하면, 민족주의는 나의 민족은 고유하며 나는 내 민족에 대한 특별한 의무가 있다고 가르치는 데 반해, 파시즘은 내 민족이 가장 우월하며 나는 내 민족에 대한 배타적인 의무가 있다고 말한다. 파시즘은 내 민족이 그저 특별할 뿐 아니라 가장 우월하며, 나의 유일무이한 정체성도 민족 정체성뿐이고, 나는 내 민족에 고유한 의무를 넘어 배타적인 의무를 지고 있다는 생각이다. 나는 어떤 상황에서도 다른 어떤 집단이나 개인의 이익을 내 민족의 이익보다 우선해서는 안 된다. 비록 내 민족이 머나먼 타지에서 수백만 이방인에게 큰 고통을 안기는 데서 보잘것없는 이익을 취하는 상황에 있더라도, 나는 거리낌 없이 민족을 지지해야 한다. 그러지 않으면 나는 비열한 반역자다. 만약 내 민족이 나에게 수백만 명의 사람을 죽이라고 요구하면 나는 수백만 명을 죽여야 한다. 또한 내 민족이 진실과 아름다움을 거역하라고 요구하면 나는 진실과 아름다움을 거역해야 한다.

파시스트는 예술을 어떻게 평가하는가? 파시스트는 어떤 영화가 좋은 영화인지 어떻게 아는가? 아주 간단하다. 하나의 잣대가 있을 뿐이다. 그 영화가 민족의 이익에 봉사하면 좋은 영화다. 그렇지 않으면 나쁜 영화다. 파시스트는 학교에서 아이들에게 어떻게 가르치는가? 똑같은 잣대를 사용한다. 민족의 이익에 봉사하는 것은 무엇이든 가르쳐라. 진실은 중요하지 않다.[15]

이러한 민족 숭배는 대단히 매력적이다. 수많은 어려운 딜레마를 단순하게 만들어줄 뿐만 아니라 사람들이 자신을 세상에서 가장 중요하고 아름다운 것, 즉 자기 민족에 속한다고 생각하게 만들기 때문이다. 제2차 세계대전과 홀로코스트의 참사는 이런 사고의 흐름이 어떤 끔찍한 결과를 낳게 되는지를 보여준다. 불행히도 사람들은 파시즘의 병폐를 이야기할 때 핵심을 제대로 짚지 못하는 경우가 많다. 왜냐하면 파시즘을 단지 추악한 괴물로 묘사하면서 그것이 왜 그토록 유혹적인지는 설명하지 못하곤 하기 때문이다. 그 결과 오늘날 많은 사람들이 때때로 부지불식간에 파시스트적인 생각을 취하곤 한다. 사람들은 이렇게 생각한다. '나는 파시즘이 추악하다고 배웠어. 거울에 비친 내 모습을 보면 아주 아름다운 것만 보

여. 그러니 나는 파시스트일 리가 없어.'

하지만 이런 생각이야말로 할리우드 영화가 볼드모트(《해리 포터》 시리즈에 나오는 악당 ― 옮긴이), 사우론(《반지의 제왕》에 나오는 어둠의 군주 ― 옮긴이), 다스 베이더 같은 악당을 추악하고 야비하게 묘사할 때 저지르는 것과 같은 실수다. 악당들은 보통 자신의 가장 충성스런 지지자에게도 잔혹하고 비열하게 군다. 그런 영화를 볼 때마다 나로서는 이해할 수 없는 점이 있다. 어떻게 해서 볼드모트 같은 메스꺼운 작자를 따르고 싶은 마음이 들 수 있을까?

악의 문제는 악이 실제 삶 속에서는 반드시 추악하지는 않다는 데 있다. 악은 사실 대단히 아름답게 보일 수 있다. 이 점에 관한 한 기독교는 할리우드보다 현명했다. 전통적인 기독교 미술에서는 사탄을 대단히 매력적인 정부情婦로 묘사하는 경향이 있었다. 사탄의 유혹에 저항하기가 그토록 어려운 것도 그 때문이다. 파시즘에 대처하기가 어려운 것도 같은 이유에서다. 파시즘의 거울로 자신을 들여다보면 추악한 것이라고는 조금도 눈에 띄지 않는다. 1930년대에 독일인들이 파시즘의 거울로 자신들을 봤을 때는 독일이 세상에서 가장 아름다운 민족으로 보였다. 지금 러시아인들이 파시즘의 거울을 보면 러시아가 세상에서 가장 아름답게 보일 것이다. 이스라엘인들이 파시즘의 거울을 보면 이스라엘이 세상에서 가장 아름답게 보일 것이다. 그러면 그들 모두 그 아름다운 집합체 속에 자신도 빠져들고 싶다고 생각할 것이다.

'파시즘'이라는 단어는 라틴어 'fascis'에서 나왔다. '막대 다발'이라는 뜻이다. 세계사에서 가장 흉포하고 살인적인 이데올로기치고는 별 매력 없는 상징처럼 들린다. 하지만 여기에는 깊고 사악한 의미가 있다. 막대 하나는 대단히 약하다. 누구나 쉽게 부러뜨릴 수 있다. 그렇지만 여러 개를 다발로 묶으면 부러뜨리기가 거의 불가능해진다. 이는 각 개인은 보잘것없는 존재이지만 집단으로 한데 뭉치면 대단히 강력하다는 사실을 함축하고 있다.[16] 그래서 파시스트들은 어떤 개인보다도 집단의 이익이 특권을 갖는다고 믿으며, 어떤 하나의 막대도 다발의 결속을 깨려 들어서는 안 된다고 요구한다.

물론, 어디에서 하나의 인간 '막대 다발'이 끝나고 또 다른 다발이 시작되는지는 도무지 알 수 없다. 왜 굳이 이탈리아라는 막대 다발에 내가 속해야 하나? 왜 나의 가족이나 피렌체 시나 토스카나주나 유럽 대륙 혹은 온 인류의 다발에 속하면 안 된단 말인가? 보다 온건한 민족주의라면, 나는 이탈리아에 특별한 의무가 있음과 동시에 내 가족이나 피렌체, 유럽, 온 인류에 대해서도 의무를 질 수 있다고 말할 것이다. 반면에 이탈리아 파시스트는 이탈리아에 대해서만 절대적인 충성을 요구할 것이다.

무솔리니와 파시스트당이 전력을 기울였음에도 대부분의 이탈리아인은 여전히 '파밀리아famiglia(가족)'보다 이탈리아를 우선시하는 데는 좀 미온적이었다. 독일에서 나치 선전기구는 훨씬 철저히 임무를 수행했지만, 히틀러조차 국민들이 나치즘을 대신할 이야기를 깡그리 잊게 만들지는 못했다. 나치 시대에 가장 암울했던 시기에도 사람들은 늘 국가의 공식 서사와는 별도로 다른 예비품을 숨겨두고 지냈다. 이런 사실은 1945년 종전 후 분명히 드러났다. 12년에 걸쳐 나치가 국민을 세뇌한 뒤라면 많은 독일인이 전후 생활에 대해서는 이해할 능력을 잃어버렸을 거라는 생각이 들 수 있다. 자신의 모든 믿음을 하나의 거대한 이야기에다 두었는데 그 이야기가 무너지고 나면 어떻게 해야 할까? 하지만 대부분의 독일인은 놀라운 속도로 회복했다. 이들은 나치의 세뇌 중에도 자신의 정신 어딘가에 세계에 관한 다른 이야기를 간직하고 있었다. 히틀러가 자기 머리에 총알로 구멍을 냈을 때 베를린과 함부르크, 뮌헨의 시민들은 새로운 정체성을 택했고 삶의 새로운 의미도 찾았다.

사실인즉, 나치의 지역 당 지도자인 가울라이터gauleiter의 약 20퍼센트가 자살했다. 장교의 자살률도 약 10퍼센트였다.[17] 하지만 이 말은 가울라이터의 80퍼센트와 장교의 90퍼센트는 그 뒤에도 아주 잘 살았다는 뜻이다. 나치의 공식 당원과 심지어 나치 친위대ss 대원조차 상당수가 정신이상자가 되거나 자살을 하지는 않았다. 전후에도 각자 농부나 교사, 의사, 보험 설계사가 되어 생산적인 삶을 살았다.

사실은 자살마저도 유일한 이야기에 대한 절대적 헌신을 증명하는 것은 아니다. 2015년 11월 13일 IS는 파리에서 여러 건의 자살

공격을 감행해 130명을 살해했다. 이 극단주의 단체는 자신들의 자살공격을 두고, 앞서 프랑스 공군이 시리아와 이라크에서 IS 조직원들에게 폭탄 공격을 가한 데 대한 보복이며, 앞으로 프랑스가 그런 폭격을 감행하지 못하게 하려는 조치라고 설명했다.[18] 이어서 IS는 프랑스 공군에 의해 살해된 모든 무슬림은 순교자이며, 지금은 천국에서 영원한 복을 누리고 있다고 선언했다.

여기에는 말이 안 되는 부분이 있다. 실제로 프랑스 공군에 의해 살해된 순교자가 지금은 천국에 있다면, 왜 그에 대한 보복을 해야 하나? 정확히 무엇에 대한 보복이란 말인가? 사람들을 천국에 보낸 데 대한 보복인가? 만약 사랑하는 형제가 100만 달러짜리 복권에 당첨됐다는 소식을 들었다면, 그에 대한 복수로 복권 가판대를 폭파할 건가? 그래서 프랑스 공군이 자신의 형제 몇 명에게 천국행 편도 티켓을 주었다는 이유만으로 파리에 가서 난동을 부린 것인가? 만일 그것으로 실제 프랑스가 시리아에서 추가 폭격을 단행하는 것을 막는다면 결과는 훨씬 나빠질 것이다. 그럴 경우 천국에 갈 수 있는 무슬림 수가 줄어들 것 아닌가?

이렇게 보면 IS 조직원들도 실제로는 순교하면 천국에 간다고 믿지는 않는다고 결론 내리고 싶을지 모른다. 그러니 그들이 폭격을 맞아 살해됐을 때 분노하는 것 아닌가? 하지만 그렇다면 왜 그들 중 일부는 폭탄 벨트를 두르고 자폭해 자신을 산산조각 내는 걸까? 십중팔구는 그들이 두 가지 상호 모순된 이야기를 고수하면서 비일관성에 대해서는 그리 깊이 고민하지 않기 때문이라는 게 답일 것이다. 앞에서 말했듯이, 우리 뇌 속의 어떤 뉴런들은 서로 말도 섞지 않는다.

프랑스 공군이 시리아와 이라크의 IS 근거지를 폭격하기 8세기 전에 또 다른 프랑스 군대가 중동을 침공한 일이 있었다. 후대에 '일곱 번째 십자군'으로 알려진 사건이다. 성왕聖王 루이 9세가 이끈 십자군은 나일 계곡을 정복하고 이집트를 기독교의 요새로 바꿔놓으려 했다. 하지만 이들은 만수라 전투에서 패했고 십자군 병사 대부분은 포로가 되었다. 당시 십자군에 가담했던 기사 장 드 주앵빌은 훗날 회고록에서 이렇게 술회했다. 그들이 전투에 패해 항복하기로 결정했을 때 자신의 부하 중 한 명이 이렇게 말했다. "나는 이 결정에 동의할 수 없다. 우리 모두 싸우다 죽어야 한다는 것이 내 의견이다. 그래야 우리가 천국에 갈 것 아닌가." 주앵빌은 심드렁하게 "우리 중 아무도 그의 말에 귀 기울이지 않았다"고 써놓았다.[19]

그들이 그 말을 귀담아듣지 않은 이유는 설명하지 않는다. 어찌됐든 그들이 프랑스의 안락한 성을 떠나 중동에서의 그 길고 위험천만한 모험을 찾아 나선 것은 대체로 영원한 구원의 약속을 믿었기 때문 아니던가. 그렇다면 왜 천국의 끝없는 지복을 누릴 수도 있을 순간에 스스로 무슬림의 포로가 되는 길을 택했던가? 구원과 천국을 열렬히 믿었던 십자군도 결정적 순간에는 위험을 피하는 투자 전략을 택했던 게 분명하다.

엘시노어*의
슈퍼마켓

지금까지 역사를 보더라도 거의 모든 인간은 동시에 몇 가지 이야기를 믿었으며, 어느 한 이야기의 진실만 절대적으로 확신한 적은 없었다. 이 불확실성은 대부분의 종교를 덜컥거리게 했다. 이에 따라 종교는 신앙을 핵심 덕목으로, 의심을 최악의 죄악 중 하나로 간주했다. 마치 어떤 것을 증거도 없이 믿는 데에 본질적으로 선한 무엇이 있는 것처럼 여겼다. 하지만 근대 문화가 부상하면서 상황은 뒤집혔다. 신앙은 점점 정신적 노예처럼 보였고, 의심은 자유의 전제 조건으로 비치게 되었다.

1599년에서 1602년 사이 어느 시기에 윌리엄 셰익스피어는 《햄릿》이라는 제목으로 더 유명한 자기 나름의 〈라이온 킹〉을 썼다. 하지만 심바와 달리 햄릿은 생명의 원을 완성하지 않는다. 그는 마지막 순간까지 회의적이고 양면적인 상태로 남아, 인생의 의미가 무엇인지 찾지도 못하고, '사느냐 죽느냐' 둘 중에서 어느 쪽이 나은지 결정도 못 내린다. 이 점에서 햄릿은 전형적인 근대의 영웅이다. 근대는 과거로부터 물려받은 과다한 이야기들을 거부하지는 않았다. 대신 그것들을 파는 슈퍼마켓을 차렸다. 근대 인간은 그 모두를 자유롭게 시식해볼 수 있는데, 자기 입맛에 맞는 것이면 무엇이든

---

* 덴마크 헬싱웨르Helsingør. 셰익스피어의 희곡 《햄릿》의 배경인 크론보르 성으로 유명한 도시 —옮긴이

고르거나 조합할 수 있다.

어떤 사람들은 그토록 많은 자유와 불확실성을 견디지 못한다. 파시즘 같은 근대 전체주의 운동은 의심에 찬 사상들의 슈퍼마켓에 격렬히 반발했고, 오직 하나의 이야기에 대한 절대적 믿음만 요구하는 데에서는 전통 종교들까지 능가했다. 하지만 대부분의 근대 사람들은 믿음의 슈퍼마켓이 마음에 들었다. 인생의 의미가 무엇인지, 어떤 이야기를 믿어야 할지 모를 때 사람들은 어떻게 할까? 선택의 가능성 자체를 신성시한다. 영원토록 슈퍼마켓 통로에 서서, 원하는 것은 무엇이든 선택할 능력과 자유가 있는 한, 자기 앞에 진열된 상품을 살펴보기만 한다. (…) 그러다 어느 순간 화면 정지, 컷, 끝. 그리고 엔딩 크레디트가 올라간다.

자유주의 신화에 따르면, 그렇게 큰 슈퍼마켓에서 한참을 서 있다 보면 문득 자유주의에 눈을 뜨는 순간을 체험하게 돼 있다. 그러면서 인생의 진정한 의미를 깨닫게 된다. 슈퍼마켓 진열대에 놓인 이야기는 모두 가짜다. 인생의 의미는 다 만들어서 나오는 제품이 아니다. 신성한 경전이 있는 것도 아니고, 나 아닌 밖에서 내 인생에 의미를 줄 수 있는 것은 아무것도 없다. 오로지 나만이 나의 자유로운 선택과 나 자신의 느낌을 통해 모든 것에 의미를 불어넣을 뿐이다.

판타지 영화 〈윌로Willow〉 — 지극히 평범한 조지 루커스 감독의 동화 같은 이야기 — 에 나오는 동명의 주인공은 평범한 난쟁이인

데, 위대한 마법사가 되어 존재의 비밀을 터득하려는 꿈을 꾼다. 어
느 날 한 위대한 마법사가 견습생을 구하는 길에 난쟁이 마을을 지
나가게 된다. 윌로와 견습생을 희망하는 다른 난쟁이 두 명이 그를
찾아가 자신들을 소개하자 마법사는 지망생들에게 간단한 시험 문
제를 낸다. 그가 오른손을 뻗어 손가락을 펴고 요다 같은 목소리로
묻는다. "세계를 지배하는 힘은 어느 손가락에 있겠느냐?" 그러자
난쟁이 세 명이 각각 한 손가락씩 선택한다. 하지만 셋 다 틀린다.
그럼에도 마법사는 윌로에 대해서는 무언가를 감지하고 나중에 그
에게 묻는다. "내가 손가락을 들었을 때 너는 맨 처음 어떤 충동을
느꼈느냐?" "음, 멍청하다고 생각했어요." 윌로가 당황하며 말한다.
"제 손가락을 집다니." "아하!" 마법사가 의기양양하게 외친다. "바
로 그게 정답이었어! 너는 자신에 대한 믿음이 부족하구나." 자유
주의 신화가 지치지 않고 되풀이해 말하는 것도 이런 교훈이다.

제 5 부

　성경과 쿠란, 베다를 쓴 것도 우리 인간의 손가락이고, 이들 이야
기에 힘을 부여한 것도 우리의 정신이다. 모두가 아름다운 이야기
임에는 틀림없지만, 그 아름다움도 철저히 보는 사람 눈에만 그렇
게 보인다. 예루살렘, 메카, 바라나시와 부다가야(둘 다 인도의 힌두교
성지─옮긴이)는 성스러운 장소이지만, 그 역시 인간이 그곳에 갔을
때 경험하는 느낌 때문이다. 우주도 그 자체로는 의미 없는 원자들
의 뒤죽박죽일 뿐이다. 아무것도 아름답거나 성스럽거나 섹시하지
않다. 하지만 인간의 느낌이 그렇게 만든다. 빨간 사과를 먹음직스

럽게 만드는 것도, 똥 덩이를 역겹게 만드는 것도 오로지 인간의 느낌이다. 인간의 느낌을 제거하면 남는 것은 분자 다발뿐이다.

우리는 의미를 찾고 싶어 하면서도 우주에 관해 이미 다 만들어진 어떤 이야기에 자신을 맞추려고 한다. 하지만 세계에 관한 자유주의의 해석에 따르면 진실은 정확히 그 반대다. 우주가 내게 의미를 주는 게 아니다. 내가 우주에 의미를 준다. 이것은 나의 우주적인 소명이다. 나는 정해진 운명 혹은 다르마가 있다. 만일 내가 심바나 아르주나 입장이라면 왕국의 왕관을 차지하기 위해 싸우는 운명을 선택할 수도 있지만, 지금 나는 굳이 그럴 필요가 없다. 나는 유랑 서커스단에 합류할 수도 있고, 브로드웨이로 가서 뮤지컬 배우로 노래를 할 수도 있고, 실리콘밸리에 가서 스타트업을 창업할 수도 있다. 자유롭게 나 자신의 다르마를 창조할 수 있다.

따라서 다른 모든 우주의 이야기처럼, 자유주의 이야기 역시 서사의 창조와 함께 시작된다. 이 이야기에 따르면 창조는 매 순간 일어나며 창조자는 나 자신이다. 그렇다면 내 인생의 목표는 무엇인가? 의미를 만드는 것이다. 느낌과 사고와 욕망과 발명으로. 인간이 느끼고 생각하고 욕망하고 발명하는 자유를 제한하는 것은 무엇이든 우주의 의미를 제한한다. 따라서 그런 제한으로부터 자유로워지는 것이야말로 최고의 이상이다.

현실적인 측면에서는, 자유주의 이야기를 믿는 사람들은 두 가지 계율의 빛으로 살아간다. 창조, 그리고 자유를 위한 투쟁이다. 창의성은 시를 쓰거나 성적 취향을 탐험하거나 새로운 앱을 발명하거나 미지의 화학물질을 발견하는 것으로 나타날 수 있다. 자유를 위한 투쟁에는 사람들을 사회적, 생물학적, 물리적 제약에서 해방시키는 모든 것이 포함된다. 잔혹한 독재자에 맞서 시위를 할 수도 있고, 소녀들에게 읽기를 가르칠 수도 있으며, 암 치료법을 찾아낼 수도 있고, 우주선을 만들 수도 있다. 이런 자유주의 영웅의 만신전에는 로자 파크스, 파블로 피카소, 루이 파스퇴르, 라이트 형제가 안치돼 있다.

이 이야기는 적어도 이론적으로는 대단히 흥미진진하고 심오하게 들린다. 하지만 불행하게도 인간의 자유와 창의성은 자유주의 이야기가 상상하는 대로가 아니다. 오늘날 최선의 과학 지식에 따르면, 우리의 선택과 창조 이면에는 아무런 마술이 없다. 그것은 수십억 개의 뉴런이 생화학 신호를 교환한 결과물이며, 비록 가톨릭교회와 소련의 멍에에서는 풀려났다 해도 선택은 여전히 종교재판이나 KGB만큼이나 가차없는 생화학 알고리즘의 지시를 따를 뿐이다.

자유주의 이야기는 나를 표현하고 실현할 자유를 추구하라고 가르친다. 하지만 '자아'와 자유는 고대의 동화 같은 이야기에서 빌려온 신화적인 키메라들이다. 자유주의는 특히 '자유 의지'에 대한 혼란스런 개념을 갖고 있다. 인간은 분명히 의지도 있고 욕망도 있다. 그리고 때로는 욕망을 실현할 자유도 있다. 만약 '자유 의지'가 자신이 욕망하는 것은 무엇이든 할 수 있는 자유를 뜻한다면 물론 인간에게는 자유 의지가 있다. 하지만 '자유 의지'가 욕망하는 것을 선택할 자유를 뜻한다면 인간에겐 아무런 자유 의지가 없다.

만일 내가 성적으로 남성에게 끌린다면 그런 나의 환상을 실현할 자유가 있을 수 있다. 하지만 남성 대신 여성에게 성적인 매력을 느낄 자유는 없다. 경우에 따라서는 나의 성적 욕구를 억누르거나 '성전환' 요법을 시도해보기로 결심할 수도 있다. 하지만 나의 성적 지향을 바꾸려는 욕망 자체는 나의 뉴런이 내게 강요한 것이다. 여기에는 아마도 문화적, 종교적 편견이 작용했을 수 있다. 왜 어떤 사람은 자신의 성적 취향에 수치심을 느끼면서 바꾸려고 애쓰고, 어떤 사람은 똑같은 성적 욕망을 아무런 죄책감 없이 자축하는가? 앞의 사람은 뒤의 사람보다 종교적 감정이 강하기 때문이라고 해석할 수도 있다. 하지만 종교적 감정의 강약을 사람들이 임의로 선택할 수 있을까? 어떤 개인은 자신의 약한 종교적 감정을 강화하려는 의식적인 노력으로 매주 일요일 교회에 가기로 결심할 수 있다. 하지만 왜 어떤 사람은 무신론자로 남아서도 더없이 행복하게 사는데, 어떤 사람은 굳이 더 종교적인 사람이 되려고 열망할까? 이것은 그 사람이 가지고 있는 수많은 문화적, 유전적 성향의 결과일 수는 있지만 결코 '자유 의지'의 결과는 아니다.

성적 욕망에 대해서 참인 말은 모든 욕망에도 똑같이 적용된다. 실로 모든 느낌과 생각에도 해당된다. 지금 당신 머릿속에 떠오르는 다음 생각을 헤아려보라. 그 생각은 어디서 왔을까? 당신이 자유롭게 그것을 생각하기로 선택하고, 그런 다음에야 그것을 생각했나? 분명히 아니다. 자기 탐색의 과정은 단순한 것에서 시작해 갈수록 점점 힘들어진다. 처음에는 우리가 우리 밖의 세계를 통제하는 것이 아니라는 사실을 깨닫는다. 이 단계는 쉽다. 그런 다음에는 우리 자신의 몸 안에서 일어나는 것조차 우리가 통제하는 게 아니라는 사실을 깨닫는다. 이 과정은 더 어렵다. 궁극에는 우리의 욕망, 심지어 이런 욕망에 대한 반응까지 우리가 통제하는 것이 아니라는 사실을 깨달아야 한다.

이 사실을 깨닫게 되면 우리는 우리의 의견이나 느낌, 욕망에 덜 집착할 수 있다. 우리는 자유 의지가 없다. 하지만 우리 의지의 폭정에서 좀 더 자유로워질 수 있다. 인간은 보통 자신의 욕망에 너무나 큰 중요성을 부여한 나머지 이 욕망에 따라 온 세상을 지배하고 조성하려 애쓴다. 자신의 열망을 추구하느라 달에도 날아가고, 세계대전을 일으키고, 전 생태계까지 불안정하게 만든다. 만약 우리의 욕망이 완전히 자유로운 선택의 마술 같은 발현이 아니라 생화학적인 과정(여기에는 문화적 요인들도 영향을 미치지만 이 역시 우리의 통제력 밖에 있다)의 산물이라는 사실을 이해한다면, 우리는 그것에 덜 사로잡힐 수도 있을 것이다. 우리 머릿속에 떠오르는 환상이라면 무엇이든 실현하려 애쓰기보다 자기 자신과 정신, 그리고 욕망을 이해하는 것이 더 낫다.

우리 자신을 이해하기 위해 내디뎌야 할 결정적인 걸음은, '자아'

야말로 우리 정신의 복잡한 메커니즘이 끊임없이 지어내고 업데이트하고 재작성하는 허구적 이야기라는 사실을 인정하는 것이다. 우리 정신 안에 스토리텔러가 있어서 내가 누구인지, 어디서 왔으며 어디로 향하고 있는지, 바로 지금 무슨 일이 일어나고 있는지 설명한다. 마치 정부의 언론 담당자가 최신의 정치 파동을 설명해주는 것처럼, 내 안의 내레이터는 반복해서 상황을 오해하고, 아주 드물게는 잘못을 인정하기도 한다. 그리고 정부가 국기와 상징물과 행진으로 국가의 신화를 구축하는 것과 마찬가지로, 내 안의 선전 기계는 내가 소중히 여기는 기억들과 마음속 깊이 자리 잡은 트라우마들로 나만의 신화를 구축한다. 하지만 이 역시 진실과는 닮은 것이 별로 없을 때가 많다.

이제는 페이스북과 인스타그램 시대가 되어 이런 개인의 신화 제조 과정을 이전 어느 때보다 더 분명하게 관찰할 수 있다. 왜냐하면 그 과정의 일부야말로 우리 정신이 하던 일을 컴퓨터에 아웃소싱한 것이기 때문이다. 사람들이 온라인에서 완벽한 자아를 구축하고 장식하는 데 무수한 시간을 쏟는 가운데, 점점 자신의 창작물에 고착돼가고, 자신의 실체와 그것을 착각하는 것을 보면 무척 흥미로우면서도 두렵다.[20] 그 덕분에 실상은 교통 체증과 사소한 말다툼, 긴장된 침묵으로 가득할 뿐인 가족 휴가는 아름다운 풍경의 파노라마와 완벽한 저녁식사, 웃음 가득한 얼굴들의 모음으로 둔갑한다. 우리가 실제로 경험하는 것의 99퍼센트는 자아의 이야기에서 누락된다.

455

우리의 실제 경험은 신체적인 데 반해, 우리의 환상 속에서 빚어지는 자아는 아주 시각적이기 쉽다는 사실은 특히 주목할 만하다. 환상 속에서 당신은 각각의 장면을 마음의 눈 속이나 컴퓨터 스크린 위에서 관찰한다. 거기에는 당신이 열대 지역의 해변에서 푸른 바다를 배경으로 만면에 웃음을 띤 채 한 손에는 칵테일 잔을 들고 다른 팔로는 연인의 허리를 안고 서 있다. 천국이 따로 없다. 하지만 사진에는 많은 것이 빠져 있다. 그 순간 당신의 다리는 성가신 모기들에게 뜯기고 있고, 상한 생선 수프를 먹은 탓에 위장은 부글거리고, 어색하게 함박웃음을 짓느라 턱은 경련이 일 지경인 데다, 이 행복해 보이는 커플이 사실은 5분 전만 해도 추한 다툼까지 벌였다는 사실. 우리가 사진 속 사람들의 촬영 당시 감정까지 느낄 수 있다면 어떻게 될지!

그러므로 진정으로 자신을 이해하고 싶다면 페이스북 계정이나 자기 내면에서 하는 이야기와 자신을 동일시해서는 안 된다. 그 대신 몸과 마음의 실제 흐름을 관찰해야 한다. 그러면 이성의 많은 개입 없이도, 그리고 자신의 아무런 지시 없이도 우리의 생각과 감정과 욕망이 스스로 나타났다가 사라지는 것을 보게 된다. 마치 이런저런 바람이 이곳에서 저곳으로 바뀌어 불면서 머리칼을 헝클어뜨리는 것과 같다. 당신은 바람이 아닌 것처럼, 당신이 체험하는 생각과 감정과 욕망의 혼합체도 아니다. 또한 그것들을 지나오고 난 눈으로 보고 들려주는 세탁된 이야기도 분명히 아니다. 당신은 그 모든 것을 체험했지만 스스로 통제할 수는 없다. 가질 수도 없다. 그 체험들의 합도 아니다. 사람들은 묻는다. "나는 누구인가?" 그런 다음 어떤 이야기를 들으리라 기대한다. 하지만 자기 자신에 대해서 알아야 할 첫 번째 사실은, 당신은 이야기가 아니라는 것이다.

이야기

없음

자유주의는 모든 우주적인 드라마를 부인함으로써 급진적인 일보를 내디뎠지만 인간 존재 내부의 드라마 속으로 뒷걸음질쳤다. 우주는 짜인 각본이 없으므로 그것을 창조하는 일은 인간에게 달렸다. 따라서 그것이 우리의 소명이고 삶의 의미라는 이야기다. 자유주의 시대에 이르기 수천 년 전에 이미 고대 불교는 모든 우주적 드라마뿐 아니라 인간이 만들어낸 내적 드라마까지 부인했다. 우주는 의미가 없으며 인간의 느낌에도 의미가 없다. 그것은 단지 덧없는 떨림이며 특별한 목적 없이 나타났다 사라질 뿐이다. 그것이 진실이다. 그것을 넘어서라.

《브리하다라냐카 우파니샤드》는 우리에게 "제물인 말의 머리는 새벽이며 눈은 태양 (…) 사지는 계절, 관절은 월과 격주, 발은 낮과 밤, 뼈는 별, 살은 구름"이라고 말한다. 이와는 대조적으로 불교의 핵심 경전인 《마하사티파타나 숫타》는 이렇게 설명한다. 수도자가 명상할 때는 자신의 몸을 주의 깊게 관찰한다. 그는 이런 과정을 거친다. "이 몸에는 머리카락과 피부의 털, 손발톱, 이, 피부, 살, 힘줄, 뼈, 골수, 신장, 심장 (…) 타액, 콧물과 오줌이 있다. 그렇게 그는 몸을 관찰하며 숙고한다. (…) 이제 그의 이해는 이렇게 확정된다. '이것은 몸이다!'"[21] 머리카락이나 뼈, 오줌은 다른 무엇을 상징하는 것이 아니다. 그저 있는 그대로일 뿐이다.

경전은 그 뒤로도 계속해서 수도자에게 자신의 몸이나 마음에서 무엇을 관찰하든지 단지 있는 그대로 이해하라고 설법한다. 그래서 수도자는 숨을 쉬면서도 "깊게 숨을 쉴 때는 그에 맞게 '나는 깊은 숨을 쉬고 있다'라고 이해하고, 얕게 숨 쉴 때는 그에 맞게 '나는 얕은 숨을 쉬고 있다'라고 이해한다".[22] 긴 숨이 계절을 대표하는 것도 아니고, 짧은 숨이 하루를 대표하는 것도 아니다. 모두가 그저 몸속의 떨림일 뿐이다.

부처는 우주의 세 가지 기본 현실을 설파했다. 모든 것은 끊임없이 변하며, 지속적인 본질이란 없으며, 완전히 만족스러운 것도 없다. 우리는 몸과 마음, 은하계의 가장 먼 곳까지 탐사할 수 있다. 하지만 변하지 않는 것, 영원한 본질을 지닌 것, 우리를 완전히 만족시킬 것은 결코 만날 수 없을 것이다.

고통은 사람들이 이 사실을 음미하지 못하기 때문에 생겨난다. 사람들은 어딘가에 어떤 영원한 본질이 있으며, 그것을 찾아서 연결만 하면 완전한 만족을 얻을 수 있을 거라고 믿는다. 그 영원한 본질을 때로는 신이라 부르고, 때로는 국가, 때로는 영혼, 때로는 진정한 자아, 때로는 진실한 사랑이라 부른다. 그리하여 사람들이 그 것에 집착하면 할수록 예정된 실패에 따른 실망과 참담함도 커진다. 설상가상, 집착이 크면 클수록 그런 사람이 염원하는 목표와 자신 사이를 가로막고 있는 것처럼 보이는 모든 개인과 집단, 제도를 향한 증오심도 커진다.

부처에 따르면, 생에는 의미가 없다. 사람들은 어떤 의미를 만들 필요도 없다. 의미가 없다는 사실을 깨닫고, 그럼으로써 우리의 집착과 공허한 현상을 자신과 동일시하는 데서 비롯하는 고통에서 해방되면 된다. "나는 무엇을 해야 합니까?" 사람들의 물음에 부처는 이렇게 조언한다. "아무것도 하지 말라. 절대로 아무것도." 모든 문제는 우리가 끊임없이 뭔가를 하려는 데 있다. 꼭 신체의 차원에서만 그런 것이 아니다. 사실 우리는 눈을 감은 채 몇 시간 동안 부동자세로 앉아 있을 수는 있다. 하지만 정신의 수준에서 우리는 끊임없이 이야기와 정체성을 만들어내고, 싸움에서 이기고 승리를 얻느라 극도로 분주하다. 진정으로 아무것도 하지 않는다는 것은 우리의 정신 또한 아무것도 하지 않고 아무것도 만들어내지 않는다는 뜻이다.

불행히도 이 역시 너무나 쉽게 영웅적 서사로 바뀐다. 가만히 눈을 감고 앉아 내 숨이 콧속을 드나드는 것을 관찰하고 있다 보면, 어느새 그것에 관한 이야기를 구축하기 시작한다. "내 숨이 좀 부자연스럽구나. 좀 더 침착하게 숨을 쉬면 더 건강해질 거야" 혹은

459

"숨 쉬는 것을 관찰하기만 하고 아무것도 하지 않으면 나는 깨달음을 얻고 세상에서 가장 현명하고 행복한 사람이 될 거야". 그런 다음 서사는 확장하기 시작하고, 사람들은 자신을 집착에서 해방하는 것뿐 아니라 다른 사람들까지 그렇게 하도록 확신시키려 들기 시작한다. 인생에 의미는 없다는 사실을 받아들이고 난 후에는, 이 진실을 타인에게 설명하는 데서 의미를 찾는다. 그러다 그것을 믿지 않는 사람과 논쟁을 벌이기도 하고, 회의적인 사람들에게 강연도 하고, 수도원을 짓는 데 돈도 기부하는 등의 일을 해나간다. 이런 식으로 '이야기 없음'은 너무나 쉽게 또 다른 이야기가 될 수 있다.

불교의 역사는 모든 현상의 무상함과 허무, 그리고 집착에서 벗어남의 중요성을 믿는 사람들이 어떻게 한 나라의 정부, 건물의 소유, 심지어 말의 의미를 두고 다투며 싸울 수 있는지를 보여주는 사례들로 점철돼 있다. 영원한 신의 영광을 믿는다는 이유로 다른 사람과 싸우는 것은 불행하지만 이해는 간다. 모든 현상이 공허하다고 믿기 때문에 다른 사람과 싸우는 것은 정말이지 기이하다. 하지만 이 역시 아주 인간적인 일이다.

18세기에 버마(지금의 미얀마 — 옮긴이)와 그 이웃인 시암(타이의 전 이름 — 옮긴이) 두 나라의 왕실은 부처에 대한 자신들의 헌신을 자랑스러워했고, 불교 신앙의 보호자로서 정당성을 얻었다. 왕들은 사원을 기부하고 불탑을 짓는가 하면 매주 학식이 높은 수도승의 설법을 경청했다. 수도승들은 모든 인간이 지켜야 할 다섯 가지 기본 도덕률(오계五戒)에 대해 설법했는데, 살인하지 말고(불살생不殺生) 도둑질하지 말며(불투도不偷盜), 성적인 부정을 저지르지 말고(불사음不邪淫), 남을 속이지 말며(불망어不妄語), 술에 취하지 말라(불음주不飲酒)는 것이었다. 그럼에도 두 왕국은 서로 집요하게 싸웠다. 1767년 4월 7일 버마 왕 신뷰신의 군대가 시암의 수도를 오래 포위한 끝에 쳐들어갔다. 승리한 군대는 곳곳에서 죽이고 약탈하고 강간했다. 십중팔구 술에도 취했을 것이다. 그런 다음 왕궁은 물론 수도원과 불탑을 포함해 도시의 상당 부분을 불태우고는 수천 명의 노예들과 금과 보석이 가득 실린 수레들을 끌고 귀국했다.

신뷰신 왕이 자신의 불교에 대한 신앙을 소홀히 한 것은 아니었다. 그는 대승을 거둔 후 7년이 지났을 때 이라와디강을 따라 행차에 나서, 가는 길에 있는 중요한 불탑에서 예불도 올리고 부처에게 자신의 군대가 더 많은 승리를 거둘 수 있도록 축복해달라고 청했다. 또 랑군(미얀마의 이전 수도 양곤의 옛 이름 — 옮긴이)에 이르러서는 버마를 통틀어 가장 신성한 건축물인 셰다곤 파고다를 재건하고 확장했다. 그런 다음 확장된 건축물을 자기 몸무게만큼의 금으로 입히고, 불탑 꼭대기에는 금으로 나선형 첨탑을 세웠으며 (아마도 시암에서 약탈했을) 귀중한 보석들로 장식했다. 그는 또 그 기회를 이용해 포로로 잡혀 온 페구 왕과 그의 형제, 아들까지 처형했다.[23]

1930년대 일본에서는 사람들이 불교 계율을 민족주의와 군국주의, 파시즘과 결합하는 창의적인 방법도 찾아냈다. 이노우에 닛쇼,

기타 잇키, 다나카 치가쿠 같은 급진적 불교사상가들은 자기중심적 집착을 해체하려면 자신을 황제에게 바치고 모든 개인적인 생각을 잘라내고 국가에 대한 완전한 충성을 지켜야 한다고 주장했다. 다양한 극우민족주의 조직이 그런 사상에서 영감을 얻었다. 광신적인 군사 조직은 암살 작전으로 일본의 보수주의 정치 체제를 전복하려 했다. 전 재무 장관을 살해했고 미쓰이 기업의 전무, 급기야 총리 이누카이 쓰요시까지 죽였다. 그들은 일본을 군사독재로 바꾸는 속도를 앞당겼다. 군대가 전쟁을 시작했을 때 불교 승려들과 선禪명상 선사들은 국가 권위에 대한 멸사봉공을 설파했고 총력을 위한 자기희생을 권고했다. 그러는 사이, 공감과 비폭력에 관한 불교의 가르침은 어떻게든 잊었고, 난징과 마닐라, 서울에서 일본군이 벌인 행동에는 이렇다 할 영향을 미치지 못했다.[24]

오늘날 불교 국가인 미얀마의 인권 기록은 세계에서도 최악에 속한다. 불교 승려인 아신 위라투는 그 나라에서 반무슬림 운동을 이끈다. 그가 바라는 것은 오직 무슬림의 지하드 음모에 맞서 미얀마와 불교를 보호하는 것이라고 주장한다. 하지만 그의 설교와 강령은 너무나 선동적이어서 2018년 2월 페이스북에서 증오 발언 금지 수칙에 따라 그의 페이지를 삭제했을 정도다. 2017년 〈가디언〉과의 인터뷰에서 그는 날아가는 모기에 대한 동정심을 설교하면서도 무슬림 여성이 미얀마군에게 강간당했다는 주장에 대해서는 웃으면서 "불가능하다. 그들(무슬림 여성 —옮긴이)의 몸은 너무 역겹다"고 했다.[25]

80억 인류가 정기적인 명상을 시작한다고 해서 세계 평화와 전 지구적 조화가 도래할 가능성은 거의 없다. 자신에 관한 진실을 관찰하는 일 역시 마찬가지로 어렵다! 대부분의 인간으로 하여금 그런쪽으로 노력하게 한다 해도 우리 중 다수는 우리가 맞닥뜨리는 진실을 재빨리 영웅과 악당, 적 들이 등장하는 이야기로 왜곡하고 만다. 그러고는 전쟁을 일으킬 정말 그럴싸한 명분을 찾아낸다.

실체의
시험

비록 이런 큰 이야기들 모두가 우리 자신의 정신이 만들어낸 허구라 해도 좌절할 이유는 없다. 실체는 여전히 그대로 존재한다. 가공의 드라마에서는 역할을 맡을 수 없다. 그런데도 왜 그것을 맡고 싶어 하는가? 인류가 직면한 커다란 질문은 "인생의 의미는 무엇인가"가 아니라 "어떻게 하면 고통에서 벗어나느냐"이다. 모든 허구적 이야기를 포기하면 이전보다 훨씬 더 명료하게 실체를 관찰할 수 있다. 자신과 세계에 관한 진실을 안다면 아무것도 당신을 비참하게 만들 수 없다. 하지만 물론 그것은 말처럼 쉽지 않은 일이다.

우리 인간이 세계를 정복한 것은 허구적 이야기를 만들고 믿는 능력 덕분이었다. 그래서 특히 우리는 허구와 실체의 차이를 아는 데 서툴다. 차이를 무시하는 것은 우리에게 생존이 걸린 문제였다. 만약 그럼에도 차이를 알고 싶어 한다면 시작점은 고통이다. 세상에서 가장 현실적인 것은 고통이다.

어떤 거대한 이야기에 직면했을 때, 그리고 그것이 실체인지 상상인지 알고 싶다면 핵심 질문 중 하나는 그 이야기의 주인공이 고통을 느낄 수 있는지 묻는 것이다. 예를 들어, 누군가 당신에게 폴란드 국가 이야기를 들려준다면, 잠시 폴란드가 고통을 느낄 수 있는지 생각해보라. 위대한 낭만주의 시인이자 폴란드 민족주의의 아버지인 아담 미츠키에비치는 폴란드를 '민족들의 예수'라고 부른 것으로 유명하다. 폴란드가 러시아와 프로이센, 오스트리아에 의해 분할된 지 수십 년 후이자, 폴란드의 1830년 봉기가 러시아에 의해 야만적으로 진압된 지 얼마 되지 않은 1832년, 미츠키에비치는 폴란드의 참혹한 고통은 그리스도의 희생에 비견될 만한, 온 인류를 대신한 희생이었으며, 그리스도와 마찬가지로 폴란드는 죽음에서 부활할 것이라고 썼다.

한 유명한 구절에서 미츠키에비치는 이렇게 썼다.

폴란드는 (유럽 사람들에게) 말했다. "내게로 오는 자는 누구든 자유롭고 평등해질 것이다. 내가 자유이기 때문이다." 하지만 그 말을 들었을 때 유럽의 왕들은 깜짝 놀라, 폴란드 민족을 십자가에 못 박고 무덤에 누였다. 그러고는 외쳤다. '우리는 자유를 죽이고 묻었다.' 하지만 그들의 외침은 어리석었다. (…) 폴란드 민족은 죽지 않았기 때문이다. (…) 사흘째 되는 날, 우리 영혼은 다시

몸으로 돌아갈 것이다. 우리 민족은 일어나 유럽의 모든 사람을 노예의 신분에서 해방할 것이다.[26]

그런데 실제로 민족이 고통을 느낄 수 있을까? 민족에게 눈과 손, 감각, 감정, 열정이 있을까? 쿡 찌르면 피를 흘릴 수 있을까? 명백히 그렇지 않다. 전쟁에서 패하면 영토를 잃거나 심지어 독립을 뺏길 수도 있다. 하지만 고통이나 슬픔, 다른 종류의 비참함은 경험할 수 없다. 민족은 몸도 마음도, 그 어떤 것에 대한 느낌도 없기 때문이다. 사실인즉, 민족은 은유metaphor일 뿐이다. 폴란드라는 민족은 오직 어떤 사람들의 상상 속에서만 고통을 느낄 수 있는 실체다. 폴란드가 지속되는 것은 이처럼 상상하는 사람들이 몸을 빌려주기 때문이다. 이들은 폴란드군의 병사로 복무할 뿐만 아니라 민족의 기쁨과 슬픔을 자신들의 몸으로 체화한다. 1831년 5월 오스트로웽카 전투에서 폴란드가 패했다는 소식이 바르샤바에 도착했을 때 사람들의 위장은 우울감에 뒤틀렸고, 가슴은 고통으로 시큰거렸으며, 눈은 눈물로 가득 찼다.

그렇다고 러시아 침공을 정당화하려는 것은 아니다. 독립국가를 건설하고 자신들의 법과 관습을 결정하는 폴란드인의 권리를 훼손하려는 것도 아니다. 하지만 궁극적으로는 실체가 폴란드 민족의 이야기일 수는 없다는 뜻이다. 왜냐하면 폴란드의 존재 자체가 인간 정신의 상상에 의존하기 때문이다.

반면, 러시아 침략군에게 약탈당하고 강간당한 바르샤바 여성의 운명을 생각해보자. 폴란드 민족의 고통이 은유인 것과 달리, 그 여성의 고통은 아주 현실적이다. 물론 이런 일은 인간이 믿는 다양한 허구적 이야기, 가령 러시아 민족주의나 동방정교회, 마초 영웅주의 같은 것에 대한 믿음에서 일어났을 수 있다. 그런 믿음이 러시아 정치인과 군인 다수에게 영감을 불러일으켰을 수 있다. 그럼에도 그 결과가 초래한 고통은 100퍼센트 현실이었다.

그러니 정치인이 신비로운 용어로 이야기하기 시작할 때는 늘 경계해야 한다. 그들은 이해하기 힘든 거창한 말 속에 숨기는 방법으로 실제 고통을 위장하고 변명하려 들지 모른다. 특히 다음 네 단어를 조심해야 한다. 희생, 영원, 순수, 구원. 이 중 어떤 단어라도 듣게 되면 경보음을 울려야 한다. "그들의 희생이 영원한 우리 민족의 순수함을 구원할 것"이라는 말을 지도자가 상습적으로 해대는 나라에 살고 있다면 각오해야 한다. 정신을 온전히 보존하려면 그런 지도자의 주문은 늘 현실의 용어로 바꿔 이해해야 한다. 즉, "병사는 고뇌 속에서 울고, 여성은 얻어맞고 야만적인 취급을 당하며, 아이는 두려움 속에 떨게 될 것"이라는 뜻으로 말이다.

우주와 삶의 의미, 자신의 정체성에 관한 진실을 알고 싶은가. 가장 좋은 출발점은 먼저 고통을 관찰하고 그것이 무엇인지 탐구하는 것이다.

답은 결코 이야기가 아니다.

21

명상

오직 관찰하라

앞에서 그토록 많은 이야기와 종교, 이데올로기 들을 비판했으니 이제 나 역시 자신을 비판의 사선에 올려놓고, 그렇게나 회의적인 사람이 그러면서도 어떻게 아침에 기분 좋게 일어날 수 있는지 그 비결을 설명하는 것이 공평하겠다. 내가 그러기를 주저하는 것은 자기방종의 두려움 탓도 있지만, 행여 내게 맞는 것이 모든 사람에게 맞을 거라는 그릇된 인상을 주고 싶지 않아서이기도 하다. 나의 유전자, 뉴런, 개인사, 다르마가 만들어내는 특성은 다른 사람들도 나눠갖는 것이 아님을 나는 아주 잘 안다. 하지만 적어도 독자들이 내가 어떤 색깔의 안경을 끼고 세상을 보는지, 그리고 그것에 의해 내 시야와 글쓰기가 어떻게 변조되는지 알게 된다면 좋지 않을까 싶다.

10대 시절 나는 고민이 많았고 가만히 있지 못하는 아이였다. 내게 세상은 아무런 의미가 없었고, 나는 인생에 관한 큰 질문에도 답을 얻지 못했다. 특히, 왜 세상과 나 자신의 삶에 그토록 많은 고통이 있는지, 그것에 대해 무엇을 할 수 있는지 이해할 수 없었다. 내 주변의 사람들과 내가 읽은 책에서 얻은 것은 모두가 정교한 허구들이었다. 즉, 신과 천국에 관한 종교적 신화, 모국과 국가의 역사적 사명에 관한 민족주의 신화, 사랑과 모험에 관한 낭만적 신화 혹은 경제 성장과 어떤 구매와 소비가 나를 행복하게 해줄지에 관한 자본주의 신화 같은 것이었다. 이것들이 십중팔구 허구라는 사실을 깨달을 만큼의 분별력은 있었지만, 여전히 나는 어떻게 해야 진실을 찾을 수 있을지는 알지 못했다.

대학에 들어가서 공부를 시작했을 때, 나는 이곳이야말로 그 답을 찾을 수 있는 이상적인 장소일 거라고 생각했다. 하지만 실망스러웠다. 학문 세계는 내게 지금까지 인간이 만든 모든 신화를 해체하는 도구들은 제공했지만, 인생의 큰 질문에 대한 만족스러운 답을 주지는 않았다. 오히려 반대로 점점 더 좁은 질문에 초점을 맞추라고 권장했다. 결국 나는 옥스퍼드 대학교에서 중세 병사들의 자전적 기록을 주제로 박사학위 논문을 썼다. 부수적인 취미로 수많은 철학책을 읽고 숱한 철학적 토론을 벌였다. 하지만 그런 활동은 끝없는 지적 즐거움은 주었을지언정 진정한 통찰은 거의 주지 않았다. 너무나 답답했다.

보다 못한 나의 좋은 친구 론이 내게 다른 방법을 권했다. 최소한 며칠만이라도 모든 책과 지적인 토론은 제쳐두고 위빳사나 명상 과정에 한번 참여해보라는 것이었다.* 처음에 나는 그것을 뉴 에이지(서구적 가치를 거부하고 새로운 가치와 생활 방식을 추구하는 영적인 운동 — 옮긴이) 같은 미신 정도로 생각했고, 또 다른 신화를 듣는 데는 관심이 없었기에 같이 가자는 제의를 거절했다. 하지만 1년쯤 계속된 친구의 끈질긴 권유 끝에 2000년 4월, 나는 친구를 따라 10일 과정의 위빳사나 수련회에 갔다.[1]

그전까지 나는 명상에 관해서는 아는 게 거의 없었다. 그저 온갖 복잡한 신비주의 이론들이 들어 있을 거라고만 짐작했다. 그래서 사실은 그 가르침이 대단히 실용적인 것임을 알고 나서는 무척 놀랐다. 그 과정의 교사였던 S. N. 고엔카는 수련생들에게 다리를 꼬고 앉아 눈을 감고 코를 통해 숨이 드나드는 데에 모든 주의를 집중하라고 지도했다. "아무것도 하지 마세요." "숨을 통제하려고도 하지 말고, 숨을 특정한 방식으로 쉬려고도 하지 마세요. 그것이 무엇이 됐든, 그저 지금 이 순간의 실체를 관찰하기만 하세요. 숨이 들어오면 지금 숨이 들어오는구나, 하고 자각할 뿐입니다. 숨이 나가

---

* 'Vipassanā'는 마음과 몸의 무상한 성질을 꿰뚫어 보는 것을 뜻하며, 국내에서 비파사나(비빠사나), 위파사나(위빠사나) 등으로 표기하고 있다. 이 책에서는 한국불교학회의 불교학술 용어 표준화안의 빠알리Pali어(고대 인도어) 표기 규정에 따라 '위빳사나'로 표기한다. 유발 하라리는 S. N. 고엔카로부터 가르침을 받았다. 《고엔카의 위빳사나 명상》(김영사, 2017)이나 《고엔카의 위빳사나 10일 코스》(김영사, 2017)을 참조하라 — 옮긴이.

면 지금 숨이 나가고 있구나, 하고 자각할 뿐입니다. 그리고 초점을
잃고 정신이 기억과 환상 속에서 방황하기 시작하면 지금 내 정신
이 숨에서 멀어져 방황하는구나, 하고 자각할 뿐입니다." 그것은 그
때까지 누군가 내게 해준 말 중에서 가장 중요한 것이었다.

인생의 큰 질문을 할 때, 사람들은 보통 콧속으로 숨이 언제 들어
오고 나가는지 아는 데에는 아무런 관심이 없다. 그보다는 자기가
죽고 난 후에 어떻게 되는지 알고 싶어 한다. 하지만 인생의 진정한
수수께끼는 내가 죽고 난 뒤가 아니라, 죽기 전에 생기는 것이다.
죽음을 이해하고 싶다면 삶을 이해해야 한다.

사람들은 묻는다. "내가 죽으면 나는 그냥 완전히 사라질까? 천
국에 갈까? 신생아로 다시 태어날까?" 이런 질문들은 출생에서 죽음까지 지속되는 '나'라는 것이 있다는 가정 위에 있다. 하지만 출
생에서 죽음까지 지속되는 것은 무엇인가? 몸은 매 순간 변한다.
뇌도 매 순간 변한다. 정신도 매 순간 변한다. 자신을 자세히 관찰
하면 할수록, 순간순간에도 지속되는 것은 아무것도 없다는 사실이
점점 더 분명해진다. 그러면 전 생애를 한데 묶는 것은 무엇일까?
만약 이 질문에 대한 답을 모르면 삶을 이해하지 못한다. 틀림없이
죽음을 이해할 기회도 없다. 만약 삶을 한데 묶는 것을 발견한다면
그때 비로소 죽음의 큰 질문에 대한 답도 모습을 드러낼 것이다.

사람들은 말한다. "영혼은 출생에서 죽음까지 지속되며, 삶을 한
데 묶는다." 하지만 이것은 하나의 이야기일 뿐이다. 영혼을 관찰한

적이 있는가? 우리는 죽음의 순간뿐만 아니라 어떤 순간에도 영혼을 탐사할 수 있다. 한 순간이 끝나고 다른 순간이 시작되면서 일어나는 것을 이해할 수 있다면, 죽음의 순간에 무슨 일이 일어날지도 이해할 것이다. 숨을 한 번 쉬는 동안 자신을 진정으로 관찰할 수 있다면 모든 것을 관찰할 것이다.

내가 숨 쉬는 것을 관찰하면서 처음 알게 된 것은, 그전까지 내가 읽었던 모든 책과 대학 시절 참석했던 모든 수업에도 불구하고, 나는 내 정신에 관해서는 거의 아무것도 몰랐으며 그것을 통제할 능력도 거의 없었다는 사실이었다. 최선을 다해 노력했음에도 내 숨이 콧속을 드나드는 것의 실체를 관찰하다 보면 10초도 지나지 않아 정신은 흩어져서 방황했다. 수년 동안 나는 내 인생의 주인이며 나라는 개인 브랜드의 CEO라는 인상 속에서 살았다. 하지만 몇 시간 명상만으로도 나는 나 자신에 대한 통제력을 거의 갖고 있지 않다는 사실을 깨닫기에 충분했다. 나는 CEO가 아니었다. 고작 문지기 정도에 불과했다. 나는 내 몸의 출입구 ― 코끝 ― 에 서서 들고 나는 것을 관찰해보라는 요청을 받았다. 하지만 나는 곧 초점을 잃고 내 자리를 포기했다. 그것은 눈이 번쩍 뜨이는 체험이었다.

과정이 진행되면서 수련생들은 호흡뿐만 아니라 몸 전체의 감각을 관찰하라는 가르침을 받았다. 행복감이나 황홀경 같은 특별한 느낌이 아니라, 열, 압력, 고통 같은 가장 세속적이고 일상적인 감각 말이다. 위빳사나의 기술은 정신의 흐름이 몸의 감각과 긴밀하

회 복 탄 력 성

471

게 연결돼 있다는 통찰에 기반을 둔다. 나와 세계 사이에는 언제나 몸의 감각이 있다. 나는 결코 바깥 세계에서 일어나는 사건에 반응하는 것이 아니다. 나는 언제나 내 몸속 감각에 반응할 뿐이다. 감각이 불쾌하면 기피로 반응한다. 감각이 쾌적하면 더한 갈망으로 반응한다. 다른 사람이 한 일이나 트럼프 대통령의 최신 트윗, 혹은 먼 유년기의 추억에 반응하다고 생각할 때에조차, 사실 우리는 언제나 직접적인 신체 감각에 반응하는 것이다. 누군가 우리의 국가나 신을 모욕해서 우리가 격분할 때, 욕을 참을 수 없게 만드는 것은 명치에서 일어나는 타는 듯한 느낌과 가슴을 움켜쥐는 일단의 고통이다. 우리의 국가는 아무것도 느끼지 않는다. 우리 몸이 고통을 느끼는 것이다.

　분노가 무엇인지 알고 싶은가? 화가 났을 때 몸에서 일어나고 지나가는 감각을 관찰해보면 알 수 있다. 내가 그 수련회에 간 것은 스물네 살 때였다. 아마 그전까지 분노를 1만 번은 경험했을 것이다. 하지만 분노가 실제로 어떻게 느껴지는지 관찰해보려고 하지는 않았다. 화가 날 때마다 분노의 감각적 실체보다 분노의 대상 — 누군가 한 일이나 말 — 에만 집중했다.

　나는 이 열흘 동안 내 감각을 관찰하면서 나 자신과 인간 일반에 대해 알게 된 것이 그때까지 살면서 배운 것보다 더 많았다고 생각한다. 그리고 그렇게 하기 위해 어떤 이야기, 이론, 신화를 받아들일 필요도 없었다. 실체를 있는 그대로 관찰하기만 하면 됐다. 내가 깨달은 가장 중요한 것은, 내 고통의 가장 깊은 원천은 나 자신의 정신 패턴에 있다는 사실이었다. 내가 뭔가를 바라는데 그것이 나타나지 않을 때, 내 정신은 고통을 일으키는 것으로 반응한다. 고통은 외부 세계의 객관적 조건이 아니다. 나 자신의 정신이 일으키는 정신적 반응이다. 이것을 깨닫는 것이 더한 고통의 발생을 그치는 첫걸음이다.

2000년의 첫 과정 이후 매일 두 시간씩 명상을 시작했다. 그리고 매년 한두 달간 긴 명상 수련 휴가를 간다. 현실에서 도피하는 것이 아니다. 현실에 더 가까이 가는 것이다. 하루 최소 두 시간 동안 나는 실제로 실체를 있는 그대로 관찰한다. 다른 스물두 시간은 이메일과 트윗, 귀여운 강아지 동영상에 휩싸여 지낸다. 이런 수행을 통해 얻는 집중력과 명정함이 없었다면 《사피엔스》나 《호모 데우스》를 쓰지 못했을 것이다. 적어도 내게는 명상이 과학적 연구와 갈등을 일으키는 일이 전혀 없다. 오히려 과학적 도구세트 중에서 또 다른 귀중한 도구로 사용돼왔다. 특히 인간의 정신을 이해하려할 때 유용했다.

양 끝에서
파 들어가기

과학은 정신의 신비를 풀어내는 데 어려움을 겪고 있다. 주된 이유는 효율적인 도구가 없기 때문이다. 다수의 과학자를 포함해 많은 사람들은 정신과 뇌를 혼동하는 경향이 있다. 하지만 둘은 정말로 아주 다른 것이다. 뇌는 물질로 된 신경세포와 시냅스와 생화학 물질의 연결망이다. 정신은 고통, 쾌락, 분노, 사랑 같은 주관적인 경험의 흐름이다. 생물학자들은 뇌가 어떤 식으로든 정신을 만들고, 수십억 개의 뉴런에서 일어나는 생화학적 반응이 어떤 식으로든 고통과 사랑 같은 경험을 만든다고 가정한다. 그렇지만 지금까지 정신이 뇌에서 어떻게 발현하는지에 대한 설명은 내놓지 못하고 있다. 어떻게 해서 수십억 개의 뉴런이 특정 패턴을 이뤄 전기 신호를 발화할 때 나는 고통을 느끼고, 또 다른 패턴으로 발화할 때 나는 사랑을 느끼는가? 단서조차 없다. 따라서, 설사 정신이 실제로 뇌에서 발현한다 해도, 정신을 연구하는 것은 적어도 현재 뇌를 연구하는 것과는 다른 작업이다.

　뇌 연구는 현미경과 뇌 스캐너, 강력한 컴퓨터에 힘입어 비약적으로 발전하고 있다. 이런 기기들은 뇌에서 일어나는 생화학적이고 전기적인 활동들을 감지할 수 있을 것이다. 하지만 이런 활동과 관련된 주관적 경험에는 그런 식으로는 접근할 수 없다. 2018년 현재, 내가 직접 접근할 수 있는 유일한 정신은 나 자신이다. 다른 지각 있는 존재가 경험하는 것을 알고 싶다면 2차 보고서를 토대로만 가능하고, 그 과정에서 필연적으로 수많은 왜곡과 제약에 직면할 수밖에 없다.

　물론 우리는 다양한 사람들로부터 간접적인 보고를 많이 수집하고, 통계를 활용해서 반복되는 패턴을 파악할 수 있을 것이다. 그런 방법을 통해 심리학자들과 뇌과학자들은 정신을 훨씬 잘 이해할 수 있게 됐을 뿐 아니라, 수백만 명의 삶을 개선하고 생명까지 구할 수 있게 되었다. 그렇지만 간접 보고만 이용해서는 어떤 한계를 넘어서기가 어렵다. 과학에서 특정 현상을 조사할 때는 직접 관찰하는 것이 최선이다. 가령 인류학자들은 2차 자료를 폭넓게 사용한다. 하지만 정말로 사모아인의 문화를 이해하고 싶다면 조만간 가방을 꾸려 사모아에 가야 한다.

물론 방문이 다는 아니다. 사모아를 여행하는 배낭여행가가 쓴 블로그는 과학적인 인류학 연구로 간주되지는 않을 것이다. 대부분의 배낭여행가에게는 과학적 연구에 필요한 도구와 훈련 과정이 없었기 때문이다. 그들의 관찰은 너무 무작위적이고 편향돼 있다. 신뢰할 만한 인류학자가 되려면, 선입견과 편견을 배제한 채 방법론적이고 객관적인 방식으로 인간 문화를 관찰하는 법을 배워야 한다. 그것이 바로 인류학과에서 공부하는 것이고, 그 결과 인류학자는 서로 다른 문화들 간의 골을 메우는 데 그토록 중요한 역할을 맡을 수 있게 된다.

정신을 과학적으로 연구할 때 이런 인류학적 모델을 따르는 경우는 드물다. 인류학자는 먼 섬들과 신비한 나라들을 방문한 결과를 보고할 때가 많은데, 의식을 연구하는 학자들은 좀처럼 그렇게 정신 영역으로 주관적인 여행에 나서는 법이 없다. 내가 직접 관찰할 수 있는 유일한 정신이 나 자신이기 때문에, 사모아 문화를 편견이나 선입견 없이 관찰하는 것이 아무리 어렵다 해도, 나 자신의 정신을 객관적으로 관찰하기란 훨씬 힘들다. 한 세기가 넘는 고된 연구 끝에 오늘날 인류학자들은 객관적 관찰을 위해 자신들이 사용할 수 있는 강력한 절차를 갖게 되었다. 반면에 정신을 연구하는 학자들은 간접 보고를 수집하고 분석하기 위한 도구는 많이 개발했지만, 자기 자신의 정신을 관찰하는 데 이르면 겉핥기 수준에 불과하다.

직접 정신을 관찰하기 위한 근대적인 방법이 없는 상황에서 우리는 전근대 문화에서 개발된 도구들 중 어떤 것을 시험 삼아 사용해볼 수 있을 것이다. 몇몇 고대 문화는 정신 연구에 상당한 주의를 기울였고, 간접 보고를 수집하는 것이 아니라 자기 자신의 정신을 체계적으로 관찰하도록 훈련하는 데 의존했다. 그렇게 해서 개발된 방법들을 통칭해 '명상'이라는 일반 용어로 부른다. 오늘날 이 용어는 흔히 종교, 신비주의와 결부된다. 하지만 원리로 볼 때 명상은 자기 자신의 정신을 직접 관찰하기 위한 모든 방법을 일컫는다. 많은 종교들이 실제로 다양한 명상 기법을 폭넓게 사용했다. 하지만 그렇다고 해서 명상이 반드시 종교적인 것은 아니다. 많은 종교들이 책도 폭넓게 사용했지만, 그렇다고 해서 책을 활용하는 것이 종교적 수행은 아닌 것과 같다.

수천 년 넘게 인간은 수백 가지의 명상 기법을 개발해왔으며 각각의 원리와 효과는 차이가 있다. 나는 개인적으로 오직 한 가지 기법 ─ 위빳사나 ─ 으로만 체험했기 때문에, 내가 어떤 권위를 갖고 이야기할 수 있는 것으로는 그것이 유일하다. 다른 수많은 명상 기법과 마찬가지로 위빳사나는 고대 인도에서 부처에 의해 발견되었다고 전해진다. 수 세기에 걸쳐 수많은 이론들과 이야기들이 부처에서 비롯한 것으로 전승돼왔다. 하지만 그것이 사실임을 뒷받침하는 증거는 없는 경우가 많다. 하지만 명상을 하기 위해 그중 어떤 것을 믿을 필요는 없다. 나의 위빳사나 스승인 고엔카는 아주 실용적인 안내자 유형이었다고 할 수 있다. 그는 수련생들에게 정신을 관찰할 때는 모든 간접적 기술과 종교적 도그마, 철학적 추측은 제쳐놓고, 오직 자기 자신의 경험과 실제로 맞닥뜨리는 모든 실체에만 집중해야 한다고 반복해서 가르쳤다. 매일 수많은 수련생들이 그의 방으로 찾아가 안내를 구하고 질문을 했다. 그의 방 입구 게시문에는 이렇게 적혀 있었다. "이론적, 철학적 논의는 피해주시고, 실제 수행과 관련된 문제에 질문을 집중해주세요."

실제 수행이란 몸의 감각과 감각에 대한 정신적 반응을 철저하게 지속적이고 객관적인 방식으로 관찰하고, 그럼으로써 정신의 기본 패턴을 드러내는 것을 뜻한다. 사람들은 가끔 명상을 특별한 행복이나 황홀경의 체험을 추구하는 것으로 바꿔놓기도 한다. 하지만 진실인즉, 의식은 우주에서 가장 거대한 수수께끼이며, 열이나 가려움 같은 일상적인 느낌 역시 황홀이나 우주적 합일만큼이나 신비로운 것이다. 위빳사나 명상을 수행하는 사람들은 결코 특별한 체험을 추구하는 데 나서지 말고, 그것이 무엇이 됐든 정신의 실체를 이해하는 데 집중하라는 주의를 듣는다.

최근 몇 년 사이에 정신과 뇌를 연구하는 학자들은 그런 명상 기법에 점점 많은 관심을 보여왔다. 하지만 지금까지 대부분의 연구자들은 이 도구를 간접적으로만 사용해왔을 뿐이다.[2] 전형적인 과학자는 자신은 실제로 명상을 수행하지는 않는다. 그보다는 숙련된 명상가를 연구실에 초청해 머리 사방에 전극을 꽂고는 명상을 해보라고 하고 그 뒤에 일어나는 뇌 활동을 관찰한다. 그렇게 해도 뇌에 관한 흥미로운 것들을 알 수 있지만, 정신을 이해하는 것이 목표라고 한다면 우리는 가장 중요한 통찰에 해당하는 어떤 것을 놓치고 있다. 그것은 물질의 구조를 이해하려는 사람이 마치 돋보기로 돌을 관찰하는 것과 같다. 이런 사람에게 가서 현미경을 주고는 말해 보라. "이걸 써봐요. 훨씬 더 잘 보일 테니." 그러면 그는 현미경을 받아 들고서는 자신이 믿는 돋보기를 가지고 와서 현미경을 구성하는 물질을 확대경 너머로 주의깊게 관찰한다…… 명상은 정신을 직접 관찰하기 위한 돋보기다. 자신이 명상을 하는 대신 다른 어떤 명상가의 뇌에서 일어나는 전기 활동을 관찰만 하는 경우에는 명상에서 얻을 수 있는 잠재적 성과의 대부분을 놓치게 된다.

물론 현재 뇌 연구에서 사용하는 도구와 실행 방법을 포기하라고 제안하는 것은 아니다. 명상이 그것을 대체할 수는 없다. 하지만 보완할 수는 있을 것이다. 엔지니어들이 거대한 산에 터널을 뚫는 경우와 비슷하게 보면 된다. 굳이 왜 한쪽에서만 파야 하나? 양쪽에서 동시에 파 들어가는 게 더 나을 것이다. 뇌와 정신이 실제로 하나이고 같은 것이라면 터널의 양쪽은 만나게 되어 있다. 만일 뇌와 정신이 같은 것이 아니라면? 그렇다면 뇌뿐 아니라 정신 쪽으로도 파 들어가는 것이 더욱 중요해진다.

일부 대학들과 연구소들은 실제로 명상을 뇌 연구의 대상 차원을 넘어 연구 도구로 사용하기 시작했다. 하지만 이 과정은 여전히 걸음마 단계에 있다. 그 이유 중 일부는 연구자 쪽에 이례적인 규모로 투자를 해야 한다는 것이다. 진지한 명상에는 막대한 양의 기율이 요구된다. 우리의 감각을 객관적으로 관찰하려 할 때 가장 먼저 유의해야 할 점은, 우리의 정신은 너무나 거칠고 참을성이 없다는 것이다. 숨결이 콧속을 드나드는 것과 같은 비교적 뚜렷한 감각을 집중해서 관찰할 때조차, 정신은 보통 몇 초 지나지 않아 초점을 잃고 생각과 기억과 꿈속에서 방황하기 시작한다.

현미경이 초점을 잃었을 때는 작은 손잡이를 돌리기만 하면 된다. 손잡이가 부러지면 기술자를 불러 고칠 수도 있다. 하지만 정신이 초점을 잃으면 그리 쉽게 고칠 수 없다. 다시 엄정하게 객관적으로 자신에 대한 관찰을 시작할 수 있도록 정신을 가라앉히고 집중하려면 일반적으로 엄청난 훈련이 필요하다. 아마 미래에는 알약한 알만 먹으면 곧바로 집중력을 얻을 수도 있을 것이다. 하지만 명상은 단지 정신에 집중하기보다 탐사하는 것이 목표이기 때문에 그런 지름길을 택했을 때는 역효과만 날 수도 있다. 알약은 주의력을 크게 높이고 집중력을 키울 수도 있지만, 동시에 정신의 모든 스펙트럼에 대한 탐구를 막을 수도 있다. 결국, 지금도 우리는 티브이로 근사한 스릴러물만 봐도 정신 집중은 쉽게 할 수 있다. 하지만 이럴 때 정신은 영화에만 너무 집중한 나머지 자신의 움직임은 관찰하지 못한다.

하지만 그런 기술적 도구에 의존할 수 없다 해도 우리는 명상을 통한 정신 연구를 포기해서는 안 된다. 우리는 인류학자, 동물학자, 우주인을 통해서도 영감을 얻을 수 있다. 인류학자와 동물학자는 머나먼 섬에서 몇 년씩 살고, 수많은 질병과 위험에도 노출된다. 우주인은 지구 밖 공간으로 위험한 탐사를 대비하기 위해 힘든 훈련 체계에만 몇 년을 바친다. 만약 우리가 낯선 문화와 미지의 종과 먼 행성을 이해하기 위해 그만큼의 노력을 기울일 의향이 있다면, 우리 자신의 정신을 이해하기 위해 그 정도로 열심히 노력할 만한 가치는 충분할 것이다. 더욱이 알고리즘이 우리를 위한다며 우리의 정신을 결정하기 전에 우리가 먼저 우리의 정신을 이해하는 것이 좋을 것이다.

자기 관찰은 결코 쉬운 적이 없었지만 시간이 갈수록 더 힘들어질 수 있다. 역사가 진행됨에 따라 인류는 자신에 관한 점점 더 복합적인 이야기들을 만들어왔고, 그 때문에 우리가 진정 누구인지 알기가 점점 어려워졌다. 이 이야기들의 목적은 수많은 사람을 한

데 묶고, 힘을 모으고, 사회의 조화를 유지하려는 것이었다. 이 이야기들은 수십 억의 배고픈 사람들을 먹이고, 그들이 서로의 목을 베지 않도록 하는 데 결정적인 역할을 했다. 사람들이 자기 자신을 관찰하려 할 때 일반적으로 발견한 것은, 그와 같은 이미 만들어진 이야기였다. 제약 없는 탐구는 너무나 위험했고, 사회 질서를 전복할 우려가 있었다.

기술이 개선되면서 두 가지 일이 일어났다. 첫째, 돌칼이 점차 핵미사일로 진화함에 따라 사회 질서를 불안정하게 만드는 것은 더욱 위험해졌다. 둘째, 동굴 벽화가 점차 티브이 방송으로 진화함에 따라 사람들을 속이기는 더 쉬워졌다. 가까운 미래에 알고리즘은 이 과정이 완결에 이르게 할 수 있을 것이다. 그러면 사람들은 자기 자신에 관한 실체를 관찰하기가 거의 불가능해질 수 있다. 장차 우리가 누구이며, 우리 자신에 관해 알아야 할 것은 무엇인지를 결정하는 것은 알고리즘일 것이다.

앞으로 수 년 혹은 수십 년 동안에는 우리에게 선택의 여지가 있다. 우리가 노력을 기울인다면 아직은 우리 자신이 진정 누구인지 탐사할 수 있다. 하지만 이 기회를 활용하고 싶다면 지금 실행하는 것이 좋을 것이다.

1 당신은 모든 이야기는 본질적으로 허구이며 전적으로 믿을 수는 없다고 썼습니다. 21세기 인류가 직면한 문제의 답은 이야기가 아니라고도 단언했습니다. 하지만 당신의 이 책도 이야기입니다. 당신의 이야기가 다른 이야기들보다 더 진실하다거나 믿을 만하다는 주장을 어떻게 정당화할 수 있습니까?

내가 세계에 관한 지배적인 이야기들이 허구라고 한 것은, 그 이야기들의 이런저런 특정 사실이 틀렸다고 말하기 위해서가 아니었습니다. 그보다는 현실을 허구적인 영웅의 이야기처럼 보이게 함으로써 이야기들이 현실을 왜곡한다는 뜻입니다. 가령, "1931년 일본이 중국을 침략했다"고 하면, 이 말은 마치 일본과 중국이 현실의 주인공인 것처럼 보이게 합니다. 또 "기독교는 유대교의 분파로 시작했다"고 하면, 이 말은 마치 기독교와 유대교가 현실의 주인공인 것처럼 보이게 합니다. 또 "삼성이 지난해 현대보다 달러를 더 많이 벌었다"고 하면, 이 말은 마치 삼성과 현대, 달러가 현실의 주인공인 것처럼 보이게 합니다. 어떤 면에서는 모두 정확한 진술입니다. 실제로 일본은 1931년에 중국을 침략했습니다. 하지만 궁극적인 수준에서 이것들은 모두 허구입니다. 민족이나 종교, 기업, 돈은 인간의 상상 속에서만 존재하는 허구적인 것들이기 때문입니다.

그런 허구들이 꼭 나쁜 것은 아닙니다. 아주 유용할 수도 있습니다. 인간 집단은 민족과 종교, 기업, 돈에 관한 공동의 이야기를 받아들임으로써 결속합니다. 10억 중국인이 효과적으로 협력할 수 있는 것도 국민 모두가 중국 민족의 이야기를 믿기 때문입니다. 80억 인류가 모두 평화롭게 교역할 수 있는 것도 모두가 달러를 신뢰하고 삼성 같은 기업들을 믿기 때문입니다. 문제는 사람들이 이게 단지 상상의 이야기라는 사실을 잊고, 궁극의 실체라고 믿기 시작할 때 발생합니다. 그럴 경우 사람들은 이야기를 위해 서로에게 막대한 고통을 주기 시작할지도 모릅니다. '민족의 이익을 보호하기 위해' 혹은 '기업에 많은 돈을 벌어주기 위해' 전면전에 나설 수도 있습니다. 예를 들어, 나의 모국 이스라엘에서는 매일 이스라엘인들이 팔레스타인인들에게 많은 고통을 주면서, 이것을 '영원한 이스라엘 민족' 혹은 '유대인의 신적인 권리'에 관한 허구적인 이야기로 정당화한다는 사실을 나는 압니다.

이번 책을 포함해서 내가 쓴 모든 책의 주된 목표는, 사람들이 허구와 실체의 차이를 분간해서 결코 허구의 이야기를 실체로 오인하지 않고, 허구적인 것을 위해 실재하는 것들을 해치려는 유혹에 빠지지 않도록 돕는 것입니다. 실체인지 아닌지 알 수 있는 최선의 방법은 그것이 고통을 느끼는지 살펴보는 것입니다. 만약 어떤 이야기를 들었을 때, 이야기의 주인공이 실체인지 허구에 불과한지 알고 싶다면 "그것은 고통을 느낄 수 있는가?"라고 물어야 합니다. 민족, 국가, 기업, 돈 같은 것에 관해 우리가 하는 이야기들은 모두 허구입니다. 왜냐면 이런 이야기의 주인공들은 아무것도 경험할 수 없기 때문입니다. 민족은 전쟁에서 패하더라도 고통을 느낄 수 없습니다. 정신을 갖고 있지 않기 때문에 아픔이나 슬픔을 느낄 수 없습니다. 마찬가지로 기업은 파산을 해도 고통을 느낄 수 없습니다. 달러 또한 가치를 잃더라도 고통을 느낄 수 없습니다. 반면에, 전투에서 상처를 입은 병사는 정말로 고통을 느낍니다. 노동자는 일자리를 잃으면 고통을 느낍니다. 소도 도축당할 때 고통을 느낍니다. 인간과 동물은 실체입니다.

2   당신은 인류가 현재 당면한 주요 도전들에 대처하기 위해서는 전 지구적 사고가 매우 중요하다고 강조했습니다. 하지만 현실은 정반대 방향으로 가고 있는 듯 보입니다. 긴 진화를 거친 현 단계에서 지배적인 인류의 부족적 사고방식tribal mindset을 감안하면 전 지구적 사고는 능력 밖의 일처럼 보입니다. 민족들과 사람들 사이에서, (자기 이익을 앞세우는) 현실주의가 지배적인 힘으로서 점점 강해지고 있습니다. 이는 한국 같

은 작은 나라들로서는 특히 무시할 수 없는 힘입니다. 보다 현실적인 타협점을 찾는 것이 좀 더 현명한 일 아닐까요?

　진정으로 자기 이익을 추구한다면 부족적인 사고방식을 포기하고 보다 지구적인 접근법을 택해야 합니다. 우리 시대의 가장 큰 위험들로부터 자신을 보호하기 위한 유일한 방법은 지구적으로 협력하는 것이기 때문입니다. 이는 한국 같은 작은 나라들에는 특히 더 그러합니다.

　오늘날 모든 나라는 세 가지 주요 과제에 직면했습니다. 이것들은 전 지구적 차원에서만 해결될 수 있습니다. 세 가지 과제란 핵전쟁, 기후변화, 기술 혁신에 따른 파괴입니다. 한국 정부는 중국과 일본, 미국, 러시아, 그 밖의 수많은 다른 나라 정부들과 효과적으로 협력하지 않는 한 핵전쟁이나 지구온난화로부터 국가를 보호할 수 없습니다. 그와 비슷하게, 만약 인공지능과 생명공학의 잠재적인 파괴력을 염려한다면, 한국 정부 혼자서 이 기술들을 규제할 수 있으리라 기대할 수는 없습니다. 한국이 자율무기시스템 제조를 금지하고 유전공학을 이용한 맞춤 아기 출산을 금지한다고 가정해봅시다. 그래 봐야 미국이 킬러 로봇을 생산하고 중국이 유전적으로 증강된 슈퍼휴먼을 만들어낸다면 무슨 소용이 있을까요? 곧 한국도 뒤처질까봐 두려워 자국의 금지 규정을 깨고 싶은 유혹에 빠질 것입니다. 그런 막대한 잠재력으로 보건대, 파괴적인 기술들은 전 지구적 협력을 통해서만 규제될 수 있습니다.

그렇다면 국가들이 실제로 협력할 것인가? 현재로서는 그럴 것 같지 않습니다. 무언가를 하는 게 현명한 일이라고 해서 사람들이 실제로 그렇게 할 거라는 보장은 없습니다. 우리는 결코 인간의 어리석음을 과소평가해서는 안 됩니다. 그것은 역사상 가장 강력한 힘 가운데 하나였습니다.

3 본문에서 당신은 페이스북이 글로벌 공동체 구축을 위한 플랫폼의 주요 후보가 될 가능성에 대해 상세히 논의했습니다. 그사이 페이스북을 둘러싼 부정적인 뉴스가 많았고 페이스북 안팎에서 비판의 목소리도 나왔습니다. 일각에서는 '개방적이고 자유로운 인터넷'을 되찾기 위한 대안적인 플랫폼 운동을 시작했습니다. 지금 상황을 어떻게 평가하고 전망하십니까?

최근의 페이스북 스캔들은 사람들에게 이제는 데이터가 세상에서 가장 중요한 자산이라는 사실을 일깨워주었습니다. 옛날에는 토지가 가장 중요한 자산이었습니다. 정치는 땅을 통제하기 위한 투쟁이었습니다. 독재는 너무 많은 땅이 한 사람의 황제 혹은 소수의 귀족들 수중에 집중돼 있다는 뜻이었습니다. 지난 200년간 기계와 공장이 토지보다 더 중요해졌고, 정치적 투쟁은 기계를 통제하는 데 집중됐습니다. 독재는 모든 기계가 정부나 소수의 지배자들 손에 집중돼 있다는 뜻이었습니다. 하지만 21세기에는 데이터가 토지와 기계를 누르고 가장 중요한 자산으로 부상할 것이고, 정치는 데이터의 흐름을 통제하려는 투쟁이 될 것입니다. 너무 많은 데이터가 정부나 소수 기업에 의해 통제되면, 그 결과는 디지털 독재가 될 것입니다.

데이터는 너무나 중요합니다. 이제 우리는 컴퓨터뿐 아니라 인간을 해킹할 수 있는 시점에까지 이르렀기 때문입니다. 요즘 컴퓨터 해킹에 관한 이야기들이 많습니다. 하지만 실제로 우리는 인간 해킹의 시대로 진입하고 있습니다. 인간을 해킹하려면 두 가지가 필요합니다. 대량의 컴퓨팅 능력과 대량의 데이터, 특히 생체 데이터입니다. 내가 어느 곳에 가고 무엇을 사느냐에 관한 데이터가 아니라 내 몸과 두뇌 내부에서 무슨 일이 일어나는지에 관한 데이터 말입니다.

지금까지는 인간을 해킹할 수 있을 정도의 컴퓨팅 능력과 데이터를 아무도 갖지 못했습니다. KGB가 매일 매 순간 사람을 감시했다 해도, 사람의 욕망과 선택을 형성하는 생화학적 과정을 해킹하는 데 필요한 생물학적 지식과 컴퓨팅 능력은 없었습니다. 하지만 곧 정부와 기업은 둘 다 충분히 갖게 될지도 모릅니다.

컴퓨터 과학 분야의 진전, 특히 기계 학습과 AI의 발달이 필요한 컴퓨팅 능력을 생산할 것입니다. 생물학과 뇌과학의 진전으로, 인간의 뇌와 몸 내부에서 일어나는 것에 대한 필요한 이해가 가능해질 것입니다. 정보기술의 혁명과 생명기술의 혁명을 합치면, 인간을 해킹할 수 있는 능력을 갖게 됩니다.

이 능력을 정부가 갖든 기업이 갖든, 결과는 마찬가지일 수 있습니다. 즉, 디지털 독재의 부상입니다. 20세기에는 민주주의가 독재를 물리쳤습니다. 민주주의가 데이터를 처리하고 결정을 내리는 데 더 우월했기 때문입니다. 우리는 민주주의와 독재의 갈등을 두 가지 상이한 윤리 체계의 갈등으로 생각하는 경향이 있습니다. 하지만 이는 사실 데이터를 처리하기 위한 두 가지 상이한 시스템 간의 갈등입니다. 민주주의는 정보를 처리하는 힘을 분산시키고 많은 사람들 사이에서 결정을 내리는 반면, 독재는 정보와 권력을 한곳에 집중합니다. 20세기의 기술을 감안할 때 너무 많은 정보와 힘을 한곳에 집중하는 것은 비효율적이었습니다. 아무도 모든 정보를 충분히 빨리 처리하고 옳은 결정을 내릴 만한 능력이 없었습니다. 소련이 미국보다 훨씬 나쁜 결정을 내리고, 소련 경제가 미국 경제에 크게 뒤진 데에는 그 점도 일부 원인으로 작용했습니다.

그렇지만 곧 AI가 추를 반대 방향으로 돌려놓을지 모릅니다. AI는 어마어마한 양의 정보를 중앙에서 처리할 수 있게 합니다. 실제로 AI가 중앙집중 시스템을 분산 시스템보다 훨씬 더 효율적으로 만들 수도 있을 겁니다. 결과적으로 20세기에는 권위주의 정권의 주요 약점이었던 것 — 모든 정보를 한곳에 집중하려 했던 시도 — 이 21세기에는 결정적인 이점이 될지도 모릅니다.

이를 막고 싶다면 데이터의 소유를 규제해야 할 뿐만 아니라, 무엇보다도 분산형 데이터 처리를 중앙집중식 데이터 처리보다 더 효율화할 필요가 있습니다. 어떻게 해야 하냐고요? 저는 모릅니다.

4 당신은 기술이 발전하면서 그 혜택이 사람들 사이에 불평등하게 배분됨에 따라 인류가 다양한 집단으로 나뉠 수 있다고 썼습니다. 만약 새

로운 기술로 당신을 슈퍼휴먼으로 바꿀 수 있는 기회가 주어진다면 그렇게 할 의향이 있나요? 그렇다면 그 이유는요? 호모 사피엔스에게는 우리가 지켜야 할 어떤 인간적 본질이 있다고는 보지 않나요? 아니라면, 모든 인간을 더 나은 삶으로 이끌기 위해 기술적으로 업그레이드해야 한다는 트랜스휴머니스트의 주장에 대해서는 어떻게 반박할 수 있을까요?

호모 사피엔스의 현재 조건에 신성한 것은 그 무엇도 없다고 생각합니다. 우리는 끊임없이 변화해가는 진화 과정의 산물이고, 이 변화 과정은 계속될 것입니다. 우리는 우리의 선조와 다릅니다. 또한 우리가 앞으로도 영원히 같을 거라고 예상할 아무런 이유도 없습니다.

개인적으로 나는 나의 몸과 마음의 모든 잠재력을 탐구할 때 기술을 이용하여 도움을 받는 데 대단히 관심이 많습니다. 하지만 내 몸과 마음을 성급하게 업그레이드하려고 기술을 사용하는 것에는 신중을 기할 겁니다. 우리 자신을 이해하지 못한 상태에서 스스로를 업그레이드하려는 시도는 재앙으로 이어질 수 있습니다.

지난 세기에 우리 인간은 우리의 외부 세계에 대한 통제력을 얻었고 전 지구를 바꿔놓았습니다. 하지만 지구 생태계의 복잡성을 이해하지 못했기 때문에, 우리가 부주의하게 가한 변화는 전 지구의 생태계를 파괴했습니다. 다가오는 세기에 우리는 우리의 내부 세계에 대한 통제력을 갖고, 우리의 몸과 마음을 개조할 것입니다. 하지만 우리는 자기 정신의 복잡성을 이해하지 못하기 때문에 우리가 가할 부주의한 변화가 우리의 온 정신 체계를 파괴할 수도 있습니다.

그와는 다른 선택도 할 수 있습니다. 우리의 새로운 신적인 힘을 세계를 통제하기 위해서가 아니라 우리 자신과 세계를 더 잘 이해하기 위해 사용할 수도 있습니다. 하지만 내 생각에 대다수 사람들은 세계를 이해하기보다 통제하려는 유혹에 빠질 확률이 클 것 같습니다.

5 과학에 대한 당신의 입장에는 상충되는 면이 있는 것 같습니다. 당신의 모든 분석은 과학을 바탕으로 삼고 있는데, 과학은 본질적으로 인간의 협력을 통해 이루어지는 사업입니다. 하지만 당신은 종국에 가서는 내적 자아에 대한 주관적 관찰에 의지합니다. 주관적 관찰은 객관적 검증의 범위를 넘어섭니다. 이 주관주의와 객관주의를 어떻게 조화시킬 수 있습니까?

나는 내 입장에 아무런 모순도 없다고 생각합니다. 객관적인 과학적 관찰은 물리학과 생물학, 역사를 이해하는 데 결정적입니다. 하지만 정신을 연구하는 일에 관한 한, 우리는 자기 말고는 그 누구의 정신도 관찰할 수 없습니다. 현미경으로 타인의 뇌를 관찰할 수는 있지만 뇌는 정신이 아닙니다. 따라서 정신을 연구할 때는 우리 자신의 내면의 실체를 관찰할 필요가 있습니다.

6 당신은 고통이 유일한 실체이며 우리는 그것을 최대한 피하거나 줄이려고 노력하는 것이 중요하다고 강조했습니다. 하지만 우리는 때

때로 더 높은 목적을 이루기 위해 고통을 감수할 때도 있습니다. "고통 없이는 성취도 없다No pain, no gain"는 말도 있습니다.

고통pain과 괴로움suffering을 혼동하지 말아야 합니다. 괴로움은 고통과 전혀 다릅니다. 고통은 어떤 경험입니다. 주로 압력이나 열, 긴장 같은 다양한 감각들로 구성됩니다. 이 경험은 이따금 필요하고 심지어 유용할 때도 있습니다. 반면, 괴로움은 고통에 의해 촉발될 수도 있는 정신적 반작용입니다. 하지만 그것은 동시에 다른 많은 경험들로도 촉발될 수 있습니다. 쾌락도 괴로움을 야기할 수 있습니다. 가령, 어떤 매력적인 사람과 있을 때 아주 즐거운 느낌을 경험하면 이 즐거운 느낌에 애착이 갈 수 있습니다. 그런 다음에는 이 사람이 당신을 거부하거나 떠날까봐 두려워하기 시작할 수도 있습니다. 그럴 경우 당신의 정신은 두려움과 질투를 일으키고, 열등감과 자기모멸감을 일으킬 수도 있을 겁니다. "아, 나는 너무 못생긴 데다 멍청하기까지 해. 이 아름다운 사람은 나를 떠나버리고 말거야." 심지어 당신의 정신은 분노와 증오를 일으킬 수도 있습니다. 결국 이 매력적인 사람이 당신을 떠나지 못하도록 폭력을 사용하게 될지도 모릅니다. 이 모든 것은 당신이 이 사람과 교제하는 즐거운 느낌을 계속 체험하고 싶어 하기 때문에 일어나는 일입니다. 당신은 자신에게 이 사람을 사랑한다고 말할 수도 있습니다. 하지만 당신은 사실 당신이 경험하는 즐거운 느낌을 사랑할 뿐입니다. 이런 식으로, 막대한 괴로움은 고통보다는 즐거운 느낌에서 나옵니다.

괴로움의 본질은 실체의 거부입니다. 당신은 어떤 것 — 고통이든 쾌락이든 — 을 경험하면서 그 밖의 것을 바랍니다. 고통을 경험할 때에는 그 고통이 사라지기를 바랍니다. 쾌락을 경험할 때는 쾌락이 강해지고 영원히 지속되기를 바랍니다. 이런 실체의 부정이 모든 괴로움의 뿌리입니다. 우리는 실체를 있는 그대로 받아들이도록 스스로 훈련해야 합니다. 계속해서 고통에서 달아나고 더 많은 쾌락을 쫓아 달려가는 대신, 보다 균형 잡힌 정신을 유지하는 법을 배워야 합니다. 고통과 쾌락에 대해 불필요한 괴로움을 일으키지 않고 둘 다 있는 그대로 경험하는 법을 배워야 합니다.

7 당신은 유명 저자로서뿐만 아니라 열성적인 독서가로도 알려져 있습니다. 다양한 매체를 통해 좋은 책을 추천해오기도 했습니다. 하지만 우리 생활이 디지털화하고 자동화하면서 책을 읽는 사람, 특히 종이책 독자 수는 점점 줄고 있습니다. 진화 과정에서 호모 사피엔스의 최대 장점은 생각하는 힘이었고, 그것은 책을 읽고 쓰는 일과 더불어 급진적으로 발전했습니다. 이제 우리는 '가벼운' 콘텐츠가 넘쳐나는 디지털 스크린에 빠져 깊이 생각하는 기술은 잃어버리고 마는 걸까요? 책의 미래와 그것이 우리의 사고에 미칠 영향에 대한 의견을 듣고 싶습니다.

종이 묶음이라는 책의 물리적 형태에 집착할 필요는 없다고 생각합니다. 나는 개인적으로 종이책을 읽기보다 오디오북을 듣는 경우가 더 많습니다. 하지만 어떤 식으로든 '책의 경험'을 유지하는 것,

그러니까 140자 트윗이나 유튜브의 1분짜리 재미있는 고양이 동영상 같은 것들을 스치듯 훑고 다니는 게 아니라, 한 주제를 깊이 탐구하는 데 여러 시간 몰입할 수 있는 능력이 중요하다고 생각합니다. 복잡한 정치 이슈를 이해하려면 특히 더 그렇습니다. 그런 것은 결코 5분 만에 할 수 없습니다. 인간의 주의는 대단히 희소한 자원입니다. 정치인들과 기업들은 끊임없이 우리의 주의를 분산시키거나 납치하려 애를 씁니다. 지금 뉴스 시장은 대단히 해로운 모델이 지배하기에 이르렀습니다. 그 모델이란 '아무런 대가를 요구하지 않지만, 당신의 주의와 맞바꾸는 흥미진진한 뉴스'입니다. 소비자는 그런 뉴스에 돈은 내지 않지만 그렇게 얻는 상품의 품질은 낮습니다. 설상가상, 소비자는 부지불식간에 스스로 상품이 됩니다. 먼저 선정적인 헤드라인에 주의를 빼앗기면, 그다음에는 광고주들과 정치인들에게 그 주의가 다시 팔리는 거지요. 유명한 말이 있습니다. "공짜로 무언가를 얻는 경우 당신이 상품이다." 이것은 뉴스 시장에서 너무나 분명한 진실입니다.

우리는 지금의 뉴스 시장 모델을 바꿀 필요가 있습니다. 훨씬 더 나은 모델은 '소비자가 합당한 대가를 지불하되, 소비자의 주의를 악용하지 않는 고품질 뉴스'일 겁니다. 오늘날의 세계에서는 정보와 주의야말로 가장 중요한 자산입니다. 공짜라는 이유로 자신의 주의를 포기하는 대신 낮은 품질의 정보를 얻는 것은 정신 나간 짓입니다. 고품질의 음식과 옷과 자동차에 기꺼이 제값을 지불할 의향이 있다면, 왜 고품질의 정보에는 돈을 내지 않으려는 걸까요?

주
* 국내에 출간된 책은 한국어판 제목을 병기했다.

1장

1 예를 들어, 2005년 조지 W. 부시 미국 대통령은 취임사에서 이렇게 말했다. "우리는 사건들과 상식에 입각해볼 때 한 가지 결론에 이릅니다. 우리 영토 내 자유의 생존이 점점 다른 나라 영토 내 자유의 성공에 의존한다는 것입니다. 우리 세계의 평화를 위한 최선의 희망은 전 세계에 자유를 확대하는 것입니다." 'Bush Pledges to Spread Democracy', CNN, 20 January 2005, http://edition.cnn.com/2005/ALLPOLITICS/01/20/bush.speech/, accessed 7 January 2018. 오바마의 경우에는 가령, 그의 마지막 유엔 총회 연설문을 보라. Katie Reilly, 'Read Barack Obama's Final Speech to the United Nations as President', *Time*, 20 September 2016, http://time.com/4501910/president-obama-united-nations-speech-transcript/, accessed 3 December 2017.

2 William Neikirk and David S. Cloud, 'Clinton: Abuses Put China "On Wrong Side of History"', *Chicago Tribune*, 30 October 1997, http://articles.chicagotribune.com/1997-10-30/news/9710300304_1_human-rights-jiang-zemin-chinese-leader, accessed 3 December 2017.

3 Eric Bradner, 'Hillary Clinton's Email Controversy, Explained', CNN, 28 October 2016, http://edition.cnn.com/2015/09/03/politics/hillary-clinton-email-controversy-explained-2016/index.html, accessed 3 December 2017.

4 Chris Graham and Robert Midgley, 'Mexico Border Wall: What is Donald Trump Planning, How Much Will It Cost and Who Will Pay for It?', *Telegraph*, 23 August 2017, http://www.telegraph.co.uk/news/0/mexico-border-wall-donald-trump-planning-much-will-cost-will/, accessed 3 December 2017; Michael Schuman, 'Is China Stealing Jobs? It May Be Losing Them, Instead', *New York Times*, 22 July 2016, https://www.nytimes.com/2016/07/23/business/international/china-jobs-donald-trump.html, accessed 3 December 2017.

5 19세기와 20세기 초의 몇몇 사례들로는 Evgeny Dobrenko and Eric Naiman (eds.), *The Landscape of Stalinism: The Art and Ideology of Soviet Space* (Seattle: University of Washington Press, 2003); W. L. Guttsman, *Art for the Workers: Ideology and the Visual Arts in Weimar Germany* (New York: Manchester University Press, 1997). 총괄적인 논의로는 가령, Nicholas John Cull, *Propaganda and Mass Persuasion: A Historical Encyclopedia, 1500 to the Present* (Santa Barbara: ABC-CLIO, 2003).

6 이런 해석으로는 Ishaan Tharoor, 'Brexit: A modern-day Peasants' Revolt?', *Washington Post*, 25 June 2016, https://www.washingtonpost.com/news/worldviews/wp/2016/06/25/the-brexit-a-modern-day-peasants-revolt/?utm_term=.9b8e81bd5306; John Curtice, 'US election 2016: The Trump-Brexit voter revolt', BBC, 11 November 2016, http://www.bbc.com/news/election-us-2016-37943072.

7 물론, 이 중에서 가장 유명한 저술은 여전히 Francis Fukuyama, *The End of History and the Last Man* (London: Penguin, 1992).[프랜시스 후쿠야마, 《역사의 종말》]

8 Karen Dawisha, *Putin's Kleptocracy* (New York: Simon & Schuster, 2014); Timothy Snyder, *The Road to Unfreedom: Russia, Europe, America* (New York: Tim Duggan Books, 2018); Anne Garrels, *Putin Country: A Journey Into the Real Russia* (New York: Farrar, Straus & Giroux, 2016); Steven Lee Myers, *The New Tsar: The Rise and Reign of Vladimir Putin* (New York: Knopf Doubleday, 2016).

9 Credit Suisse, *Global Wealth Report 2015*, 53, https://publications. credit- suisse.com/tasks/render/file/?fileID=F2425415-DCA7-80B8- EAD989AF9341D47E, accessed 12 March 2018; Filip Novokmet, Thomas Piketty and Gabriel Zucman, 'From Soviets to Oligarchs: Inequality and Property in Russia 1905-2016', July 2017, *World Wealth and Income Database*, http://www.piketty.pse.ens.fr/files/NPZ2017WIDworld.pdf, accessed 12 March 2018; Shaun Walker, 'Unequal Russia', *Guardian*, 25 April 2017, https://www.theguardian.com/inequality/2017/apr/25/ unequal-russia-is-anger-stirring-in- the-global-capital-of-inequality, accessed 12 March 2018.

10 Ayelet Shani, 'The Israelis Who Take Rebuilding the Third Temple Very Seriously', *Haaretz*, 10 August 2017, https://www.haaretz.com/israel- news/.premium-1.805977, accessed January 2018; 'Israeli Minister: We Should Rebuild Jerusalem Temple', *Israel Today*, 7 July 2013, http:// www.israeltoday.co.il/Default.aspx?tabid=178&nid=23964, accessed 7 January 2018; Yuri Yanover, 'Dep. Minister Hotovely: The Solution

Is Greater Israel without Gaza', *Jewish Press*, 25 August 2013, http://www.jewishpress.com/news/breaking-news/dep-minister-hotovely-the-solution-is- greater-israel-without-gaza/2013/08/25/, accessed 7 January 2018; 'Israeli Minister: The Bible Says West Bank Is Ours', Al Jazeera, 24 February 2017, http://www.aljazeera.com/programmes/upfront/2017/02/israeli-minister-bible-west-bank- 170224082827910.html, accessed 29 January 2018.

11 Katie Reilly, 'Read Barack Obama's Final Speech to the United Nations as President', *Time*, 20 September 2016, http://time.com/4501910/president-obama-united-nations- speech-transcript/, accessed 3 December 2017.

2장

1 Gregory R. Woirol, *The Technological Unemployment and Structural Unemployment Debates* (Westport: Greenwood Press, 1996), 18-20; Amy Sue Bix, *Inventing Ourselves out of Jobs? America's Debate over Technological Unemployment*, 1929-1981 (Baltimore: Johns Hopkins University Press, 2000), 1-8; Joel Mokyr, Chris Vickers and Nicolas L. Ziebarth, 'The History of Technological Anxiety and the Future of Economic Growth: Is This Time Different?', *Journal of Economic Perspectives* 29:3 (2015), 33-42; Joe Mokyr, *The Gifts of Athena: Historical Origins of the Knowledge Economy* (Princeton: Princeton University Press, 2002), 255-7; David H. Autor, 'Why Are There Still So Many Jobs? The History and the Future of Workplace Automation', *Journal of Economic Perspectives* 29:3 (2015), 3-30; Melanie

497

Arntz, Terry Gregory and Ulrich Zierahn, 'The Risk of Automation for Jobs in OECD Countries', *OECD Social, Employment and Migration Working Papers* 89 (2016); Mariacristina Piva and Marco Vivarelli, 'Technological Change and Employment: Were Ricardo and Marx Right?', *IZA Institute of Labor Economics, Discussion Paper No.10471* (2017).

2 가령, 비행, 특히 전투 비행 시뮬레이션에서 인간을 능가하는 AI에 관해서는 Nicholas Ernest et al., 'Genetic Fuzzy based Artificial Intelligence for Unmanned Combat Aerial Vehicle Control in Simulated Air Combat Missions', *Journal of Defense Management* 6:1 (2016), 1-7; 인공지능을 활용한 교습과 교수 시스템에 관해서는 Kurt VanLehn, 'The Relative Effectiveness of Human Tutoring, Intelligent Tutoring Systems, and Other Tutoring Systems', *Educational Psychologist* 46:4 (2011), 197-221; 알고리즘을 활용한 주식 거래에 관해서는 Giuseppe Nuti et al., 'Algorithmic Trading', *Computer* 44:11 (2011), 61-9; 금융 설계와 자산 관리 등에 관해서는 Arash Baharammirzaee, 'A comparative Survey of Artificial Intelligence Applications in Finance: Artificial Neural Networks, Expert System and Hybrid Intelligent Systems', *Neural Computing and Applications* 19:8 (2010), 1165-95; 의료 시스템과 진단 및 치료 생산 영역의 복합 데이터 분석에 관해서는 Marjorie Glass Zauderer et al., 'Piloting IBM Watson Oncology within Memorial Sloan Kettering's Regional Network', *Journal of Clinical Oncology* 32:15 (2014), e17653; 막대한 양의 데이터에서 자연어로 된 원 문서를 창조하는 것에 관해서는 Jean-Sébastien Vayre et al., 'Communication Mediated through Natural Language Generation in Big Data Environments: The Case of Nomao', *Journal of Computer and Communication* 5 (2017), 125-48; 얼굴 인식에 관해서는 Florian Schroff, Dmitry Kalenichenko and

James Philbin, 'FaceNet: A Unified Embedding for Face Recognition and Clustering', *IEEE Conference on Computer Vision and Pattern Recognition* (CVPR) (2015), 815-23; 주행에 관해서는 Cristiano Premebida, 'A Lidar and Vision-based Approach for Pedestrian and Vehicle Detection and Tracking', *2007 IEEE Intelligent Transportation Systems Conference*(2007).

3   Daniel Kahneman, *Thinking, Fast and Slow* (New York: Farrar, Straus & Giroux, 2011)[대니얼 카너먼, 《생각에 관한 생각》]; Dan Ariely, *Predictably Irrational* (New York: Harper, 2009)[댄 에리얼리, 《상식 밖의 경제학》]; Brian D. Ripley, *Pattern Recognition and Neural Networks* (Cambridge: Cambridge University Press, 2007); Christopher M. Bishop, *Pattern Recognition and Machine Learning* (New York: Springer, 2007).

4   Seyed Azimi et al., 'Vehicular Networks for Collision Avoidance at Intersections,' *SAE International Journal of Passenger Cars - Mechanical Systems* 4 (2011), 406-16; Swarun Kumar et al., 'CarSpeak: A Content-Centric Network for Autonomous Driving', *SIGCOM Computer Communication Review* 42 (2012), 259-70; Mihail L. Sichitiu and Maria Kihl, 'Inter-Vehicle Communication Systems: A Survey', *IEEE Communications Surveys & Tutorials* (2008), 10; Mario Gerla, Eun-Kyu Lee and Giovanni Pau, 'Internet of Vehicles: From Intelligent Grid to Autonomous Cars and Vehicular Clouds', *2014 IEEE World Forum on Internet of Things* (WF-IoT) (2014), 241-6.

5   David D. Luxton et al., 'mHealth for Mental Health: Integrating Smartphone Technology in Behavioural Healthcare', *Professional Psychology: Research and Practice* 42:6 (2011), 505-12; Abu Saleh Mohammad Mosa, Illhoi Yoo and Lincoln Sheets, 'A Systematic Review of Healthcare Application for Smartphones', *BMC Medical Informatics and Decision Making* 12:1 (2012),

67; Karl Frederick Braekkan Payne, Heather Wharrad and Kim Watts, 'Smartphone and Medical Related App Use among Medical Students and Junior Doctors in the United Kingdom (UK): A Regional Survey', *BMC Medical Informatics and Decision Making* 12:1 (2012), 121; Sandeep Kumar Vashist, E. Marion Schneider and John H. T. Loung, 'Commercial Smartphone-Based Devices and Smart Applications for Personalised Healthcare Monitoring and Management', *Diagnostics* 4:3 (2014), 104-28; Maged N. Kamel Bouls et al., 'How Smartphones Are Changing the Face of Mobile and Participatory Healthcare: An Overview, with Example from eCAALYX', *BioMedical Engineering OnLine* 10:24 (2011), https://doi. org/10.1186/1475-925X-10-24, accessed 30 July 2017; Paul J. F. White, Blake W. Podaima and Marcia R. Friesen, 'Algorithms for Smartphone and Tablet Image Analysis for Healthcare Applications', *IEEE Access* 2 (2014), 831-40.

6   World Health Organization, *Global status report on road safety 2015* (2016); 'Estimates for 2000-2015, Cause-Specific Mortality', http://www.who.int/ healthinfo/global_burden_disease/estimates/en/index1.html, accessed 6 September 2017.

7   미국의 교통 사고 원인을 조사한 것으로는 Daniel J. Fagnant and Kara Kockelman, 'Preparing a Nation for Autonomous Vehicles: Opportunities, Barriers and Policy Recommendations', *Transportation Research Part A: Policy and Practice* 77 (2015), 167-81; 전 세계를 대상으로 한 개괄적인 조사로는 가령, *OECD/ITF, Road Safety Annual Report 2016* (Paris: OECD Publishing, 2016), http://dx.doi.org/10.1787/irtad-2016-en.

8   Kristofer D. Kusano and Hampton C. Gabler, 'Safety Benefits of Forward

Collision Warning, Brake Assist, and Autonomous Braking Systems in Rear-End Collisions', *IEEE Transactions on Intelligent Transportation Systems* 13:4 (2012), 1546-55; James M. Anderson et al., *Autonomous Vehicle Technology: A Guide for Policymakers* (Santa Monica: RAND Corporation, 2014), esp. 13-15; Daniel J. Fagnant and Kara Kockelman, 'Preparing a Nation for Autonomous Vehicles: Opportunities, Barriers and Policy Recommendations', *Transportation Research Part A: Policy and Practice* 77 (2015), 167-81; Jean-Francois Bonnefon, Azim Shariff and Iyad Rahwan, 'Autonomous Vehicles Need Experimental Ethics: Are We Ready for Utilitarian Cars?', *arXiv* (2015), 1-15. 차량 간 네트워크의 상호 충돌을 예방하기 위한 제안으로는 Seyed R. Azimi et al., 'Vehicular Networks for Collision Avoidance at Intersections', *SAE International Journal of Passenger Cars - Mechanical Systems* 4:1 (2011), 406-16; Swarun Kumar et al., 'CarSpeak: A Content-Centric Network for Autonomous Driving', *SIGCOM Computer Communication Review* 42:4 (2012), 259-70; Mihail L. Sichitiu and Maria Kihl, 'Inter-Vehicle Communication Systems: A Survey', *IEEE Communications Surveys & Tutorials* 10:2 (2008); Mario Gerla et al., 'Internet of Vehicles: From Intelligent Grid to Autonomous Cars and Vehicular Clouds', *2014 IEEE World Forum on Internet of Things (WF-IoT)* (2014), 241-6.

9   Michael Chui, James Manyika and Mehdi Miremadi, 'Where Machines Could Replace Humans - and Where They Can't (Yet)', *McKinsey Quarterly* (2016), http://www.mckinsey.com/business-functions/digital-mckinsey/our-insights/where- machines-could-replace-humans-and-where-they-cant-yet, accessed 1 March 2018.

10 Wu Youyou, Michal Kosinski and David Stillwell, 'Computer-based

personality judgments are more accurate than those made by humans', *PANS*, vol. 112 (2014), 1036-8.

11 Stuart Dredge, 'AI and music: will we be slaves to the algorithm?' *Guardian*, 6 August 2017, https://www.theguardian.com/technology/2017/aug/06/ artificial-intelligence-and- will-we-be-slaves-to-the-algorithm, accessed 15 October 2017. For a general survey of methods, see: Jose David Fernández and Francisco Vico, 'AI Methods in Algorithmic Composition: A Comprehensive Survey', *Journal of Artificial Intelligence Research* 48 (2013), 513-82.

12 Eric Topol, *The Patient Will See You Now: The Future of Medicine is in Your Hands* (New York: Basic Books, 2015); Robert Wachter, *The Digital Doctor: Hope, Hype and Harm at the Dawn of Medicine's Computer Age* (New York: McGraw-Hill Education, 2015); Simon Parkin, 'The Artificially Intelligent Doctor Will Hear You Now', *MIT Technology Review* (2016), https://www. technologyreview.com/s/600868/the-artificially- intelligent-doctor- will-hear-you-now/; James Gallagher, 'Artificial intelligence "as good as cancer doctors"', BBC, 26 January 2017, http://www.bbc.com/news/ health-38717928.

13 Kate Brannen, 'Air Force's lack of drone pilots reaching "crisis" levels', *Foreign Policy*, 15 January 2015, http://foreignpolicy.com/2015/01/15/air-forces-lack-of-drone- pilots-reaching-crisis-levels/.

14 Tyler Cowen, *Average is Over: Powering America Beyond the Age of the Great Stagnation* (New York: Dutton, 2013)[타일러 코웬, 《4차 산업혁명, 강력한 인간의 시대》]; Brad Bush, 'How combined human and computer intelligence will redefine jobs', *TechCrunch* (2016), https://techcrunch.

com/2016/11/01/how-combined-human-and-computer-intelligence-will-redefine-jobs/.

15 Ulrich Raulff, *Farewell to the Horse: The Final Century of Our Relationship* (London: Allen Lane, 2017); Gregory Clark, *A Farewell to Alms: A Brief Economic History of the World* (Princeton: Princeton University Press, 2008), 286; Margo DeMello, *Animals and Society: An Introduction to Human-Animal Studies* (New York: Columbia University Press, 2012), 197; Clay McShane and Joel Tarr, 'The Decline of the Urban Horse in American Cities', *Journal of Transport History* 24:2 (2003), 177–98.

16 Lawrence F. Katz and Alan B. Krueger, 'The Rise and Nature of Alternative Work Arrangements in the United States, 1995–2015', *National Bureau of Economic Research* (2016); Peter H. Cappelli and J. R. Keller, 'A Study of the Extent and Potential Causes of Alternative Employment Arrangements', *ILR Review* 66:4 (2013), 874–901; Gretchen M. Spreitzer, Lindsey Cameron and Lyndon Garrett, 'Alternative Work Arrangements: Two Images of the New World of Work', *Annual Review of Organizational Psychology and Organizational Behavior* 4 (2017), 473–99; Sarah A. Donovan, David H. Bradley and Jon O. Shimabukuru, 'What Does the Gig Economy Mean for Workers?', Washington DC: Congressional Research Service (2016), https://fas.org/sgp/crs/misc/R44365.pdf, accessed 11 February 2018; 'More Workers Are in Alternative Employment Arrangements', Pew Research Center, 28 September 2016, http://www.pewsocialtrends.org/2016/10/06/the-state-of-american-jobs/st_2016-10-06_jobs-26/, accessed 11 February 2018.

17 David Ferrucci et al., 'Watson: Beyond Jeopardy!', *Artificial Intelligence* 199–

200 (2013), 93-105.

18 'Google's AlphaZero Destroys Stockfish in 100-Game Match', Chess. com, 6 December 2017, https://www.chess.com/news/view/google-s-alphazero-destroys- stockfish-in-100-game-match, accessed 11 February 2018; David Silver et al., 'Mastering Chess and Shogi by Self-Play with a General Reinforcement Learning Algorithm', *arXiv* (2017), https://arxiv.org/pdf/1712.01815.pdf, accessed 2 February 2018; see also Sarah Knapton, 'Entire Human Chess Knowledge Learned and Surpassed by DeepMind's AlphaZero in Four Hours', *Telegraph*, 6 December 2017, http://www.telegraph.co.uk/science/2017/12/06/entire-human-chess-knowledge-learned- surpassed-deepminds-alphazero/, accessed 11 February 2018.

19 Cowen, *Average is Over*, op.cit.; Tyler Cowen, 'What are humans still good for? The turning point in freestyle chess may be approaching' (2013), http://marginalrevolution.com/marginalrevolution/2013/11/what-are-humans-still-good- for-the-turning-point-in-freestyle-chess-may-be-approaching.html.

20 Maddalaine Ansell, 'Jobs for Life Are a Thing of the Past. Bring On Lifelong Learning', *Guardian*, 31 May 2016, https://www.theguardian.com/higher-education- network/2016/may/31/jobs-for-life-are-a-thing-of-the-past-bring-on-lifelong-learning.

21 Alex Williams, 'Prozac Nation Is Now the United States of Xanax', *New York Times*, 10 June 2017, https://www.nytimes.com/2017/06/10/style/anxiety-is-the-new-depression- xanax.html.

22 Simon Rippon, 'Imposing Options on People in Poverty: The Harm of

a Live Donor Organ Market', *Journal of Medical Ethics* 40 (2014), 145–50; I. Glenn Cohen, 'Regulating the Organ Market: Normative Foundations for Market Regulation', *Law and Contemporary Problems* 77 (2014); Alexandra K. Glazier, 'The Principles of Gift Law and the Regulation of Organ Donation', *Transplant International* 24 (2011), 368–72; Megan McAndrews and Walter E. Block, 'Legalizing Saving Lives: A Proposition for the Organ Market', *Insights to A Changing World Journal 2015*, 1–17.

23 James J. Hughes, 'A Strategic Opening for a Basic Income Guarantee in the Global Crisis Being Created by AI, Robots, Desktop Manufacturing and BioMedicine', *Journal of Evolution & Technology* 24 (2014), 45–61; Alan Cottey, 'Technologies, Culture, Work, Basic Income and Maximum Income', *AI & Society* 29 (2014), 249–57.

24 Jon Henley, 'Finland Trials Basic Income for Unemployed,' *Guardian*, 3 January 2017, https://www.theguardian.com/world/2017/jan/03/finland-trials-basic-income-for- unemployed, accessed 1 March 2018.

25 'Swiss Voters Reject Proposal to Give Basic Income to Every Adult and Child', *Guardian*, 5 June 2017, https://www.theguardian.com/world/2016/jun/05/swiss-vote-give-basic-income-every-adult-child-marxist-dream.

26 Isabel Hunter, 'Crammed into squalid factories to produce clothes for the West on just 20p a day, the children forced to work in horrific unregulated workshops of Bangladesh', *Daily Mail*, 1 December 2015, http://www.dailymail.co.uk/news/article- 3339578/Crammed-squalid-factories-produce-clothes-West-just-20p-day-children-forced-work-horrific-unregulated-workshops-Bangladesh.html, accessed 15 October

2017; Chris Walker and Morgan Hartley, 'The Culture Shock of India's Call Centers', *Forbes*, 16 December 2012, https://www.forbes.com/sites/morganhartley/2012/12/16/the-culture-shock-of-indias-call-centres/#17bb61d372f5, accessed 15 October 2017.

27 Klaus Schwab and Nicholas Davis, *Shaping the Fourth Industrial Revolution* (World Economic Forum, 2018), 54. 장기 발전 전략에 대해서는 Ha-Joon Chang, *Kicking Away the Ladder: Development Strategy in Historical Perspective* (London: Anthem Press, 2003).[장하준,《사다리 걷어차기》]

28 Lauren Gambini, 'Trump Pans Immigration Proposal as Bringing People from "Shithole Countries"', *Guardian*, 12 January 2018, https://www.theguardian.com/us-news/2018/jan/11/trump-pans-immigration-proposal-as-bringing-people-from-shithole-countries, accessed 11 February 2018.

29 생활 여건의 절대적 개선이 상대적 불평등 증가와 연동될 수 있다는 생각에 대해서는 특히, Thomas Piketty, *Capital in the Twenty-First Century* (Cambridge, MA: Harvard University Press, 2013).[토마 피케티,《21세기 자본》]

30 '2017 Statistical Report on Ultra-Orthodox Society in Israel', *Israel Democracy Institute and Jerusalem Institute for Israel Studies* (2017), https://en.idi.org.il/articles/20439, accessed 1 January 2018; Melanie Lidman, 'As ultra-Orthodox women bring home the bacon, don't say the F-word', *Times of Israel*, 1 January 2016, https://www.timesofisrael.com/as-ultra-orthodox-women-bring-home-the-bacon-dont-say-the-f-word/, accessed 15 October 2017.

31 Melanie Lidman, 'As ultra-Orthodox women bring home the bacon, don't say the F-word', *Times of Israel*, 1 January 2016, https://www.

timesofisrael.com/as-ultra-Orthodox-women-bring-home-the-bacon-dont-say-the-f-word/, accessed 15 October 2017; 'Statistical Report on Ultra-Orthodox Society in Israel', *Israel Democracy Institute and Jerusalem Institute for Israel Studies* 18 (2016), https://en.idi.org.il/media/4240/shnaton-e_8-9-16_web.pdf, accessed 15 October 2017. 행복으로 말하자면, 이스라엘은 최근 OECD가 실시한 삶의 만족도 조사에서 38개국 중 11위를 차지했다. 'Life Satisfaction', *OECD Better Life Index*, http://www.oecdbetterlifeindex.org/topics/life-satisfaction/, accessed 15 October 2017.

32 '2017 Statistical Report on Ultra-Orthodox Society in Israel', *Israel Democracy Institute and Jerusalem Institute for Israel Studies* (2017), https://en.idi.org.il/articles/20439, accessed 1 January 2018.

3장

1 Margaret Thatcher, 'Interview for *Woman's Own* ("no such thing as society")', Margaret Thatcher Foundation, 23 September 1987, https://www.margaretthatcher.org/document/106689, accessed 7 January 2018.

2 Keith Stanovich, *Who Is Rational? Studies of Individual Differences in Reasoning* (New York: Psychology Press, 1999).

3 Richard Dawkins, 'Richard Dawkins: We Need a New Party – the European Party', *NewStatesman*, 29 March 2017, https://www.newstatesman.com/politics/uk/2017/03/richard-dawkins-we-need-new-party-european-party, accessed 1 March 2018.

4 Steven Swinford, 'Boris Johnson's allies accuse Michael Gove of

507

"systematic and calculated plot" to destroy his leadership hopes',
Telegraph, 30 June 2016, http://www.telegraph.co.uk/news/2016/06/30/
boris-johnsons-allies-accuse-michael-gove- of-systematic-and-calc/,
accessed 3 September 2017; Rowena Mason and Heather Stewart, 'Gove'
s thunderbolt and Boris's breaking point: a shocking Tory morning',
Guardian, 30 June 2016, https://www.theguardian.com/politics/2016/
jun/30/goves-thunderbolt-boris-johnson-tory-morning, accessed 3
September 2017.

5   James Tapsfield, 'Gove presents himself as the integrity candidate for
Downing Street job but sticks the knife into Boris AGAIN', *Daily Mail*,
1 July 2016, http://www.dailymail.co.uk/news/article-3669702/I-m-
not-great-heart-s-right-place- Gove-makes-bizarre-pitch-Downing-
Street-admitting-no-charisma-doesn-t-really-want- job.html, accessed
3 September 2017.

6   알려진 바에 따르면 2007년 스탠퍼드 대학교 팀은 몇 장의 얼굴 사진 분석만을
토대로 동성애자인지 이성애자인지 91퍼센트의 정확도로 감지할 수 있는 알고
리즘을 제작했다. (https://osf.io/zn79k/). 하지만 그 알고리즘은 데이팅 사이트
에 올리려고 당사자 스스로 선택한 사진들을 토대로 개발되었기 때문에, 실제로
알고리즘이 파악한 것은 문화적 전형의 차이일 수 있다. 동성애자의 얼굴 특징
이 이성애자와 반드시 다른 것은 아니다. 오히려 동성애 데이팅 사이트에 사진
을 올리는 동성애 남성은 이성애 데이팅 사이트에 사진을 올리는 이성애 남성
과는 다른 문화적 전형에 맞추려고 애쓴다.

7   David Chan, 'So Why Ask Me? Are Self-Report Data Really That Bad?'
in Charles E. Lance and Robert J. Vandenberg (eds.), *Statistical and
Methodological Myths and Urban Legends* (New York, London: Routledge,

2009), 309-36; Delroy L. Paulhus and Simine Vazire, 'The Self-Report Method' in Richard W. Robins, R. Chris Farley and Robert F. Krueger (eds.), *Handbook of Research Methods in Personality Psychology* (London, New York: The Guilford Press, 2007), 228-33.

8   Elizabeth Dwoskin and Evelyn M. Rusli, 'The Technology that Unmasks Your Hidden Emotions', *Wall Street Journal*, 28 January 2015, https:// www.wsj.com/articles/startups-see-your-face-unmask-your- emotions-1422472398, accessed 6 September 2017.

9   Norberto Andrade, 'Computers Are Getting Better Than Humans at Facial Recognition', *Atlantic*, 9 June 2014, https://www.theatlantic.com/ technology/archive/2014/06/bad-news-computers-are-getting-better- than-we-are-at-facial-recognition/372377/, accessed 10 December 2017; Elizabeth Dwoskin and Evelyn M. Rusli, 'The Technology That Unmasks Your Hidden Emotions', *Wall Street Journal*, 28 June 2015, https://www.wsj.com/articles/startups-see- your-face-unmask-your- emotions-1422472398, accessed 10 December 2017; Sophie K. Scott, Nadine Lavan, Sinead Chen and Carolyn McGettigan, 'The Social Life of Laughter', *Trends in Cognitive Sciences* 18:12 (2014), 618-20.

10   Daniel First, 'Will big data algorithms dismantle the foundations of liberalism?', *AI & Soc*, 10.1007/s00146-017-0733-4.

11   Carole Cadwalladr, 'Google, Democracy and the Truth about Internet Search', *Guardian*, 4 December 2016, https://www.theguardian.com/ technology/2016/dec/04/google-democracy-truth-internet-search- facebook, accessed 6 September 2017.

12   Jeff Freak and Shannon Holloway, 'How Not to Get to Straddie', *Red*

Land City Bulletin, 15 March 2012, http://www.redlandcitybulletin.com. au/story/104929/how-not-to-get-to-straddie/, accessed 1 March 2018.

13   Michelle McQuigge, 'Woman Follows GPS, Ends Up in Ontario Lake', *Toronto Sun*, 13 May 2016, http://torontosun.com/2016/05/13/woman-follows-gps-ends-up-in-ontario-lake/wcm/fddda6d6-6b6e-41c7-88e8-aecc501faaa5, accessed 1 March 2018; 'Woman Follows GPS into Lake', News.com.au, 16 May 2016, http://www.news.com.au/technology/gadgets/woman-follows-gps-into-lake/news-story/a7d362dfc4634fd09 4651afc63f853a1, accessed 1 March 2018.

14   Henry Grabar, 'Navigation Apps Are Killing Our Sense of Direction. What if They Could Help Us Remember Places Instead?' *Slate*, http://www.slate.com/blogs/moneybox/2017/07/10/google_and_waze_are_killing_out_se nse_of_direction_what_if_they_could_help.html, accessed 6 September 2017.

15   Joel Delman, 'Are Amazon, Netflix, Google Making Too Many Decisions For Us?', *Forbes*, 24 November 2010, https://www.forbes.com/2010/11/24/amazon-netflix-google-technology-cio-network-decisions.html, accessed 6 September 2017; Cecilia Mazanec, 'Will Algorithms Erode Our Decision-Making Skills?', *NPR*, 8 February 2017, http://www.npr.org/sections/alltechconsidered/2017/02/08/514120713/will-algorithms-erode-our-decision-making-skills, accessed 6 September 2017.

16   Jean-Francois Bonnefon, Azim Shariff and Iyad Rawhan, 'The Social Dilemma of Autonomous Vehicles', *Science* 352:6293 (2016), 1573-6.

17   Christopher W. Bauman et al., 'Revisiting External Validity: Concerns about Trolley Problems and Other Sacrificial Dilemmas in Moral

Psychology', *Social and Personality Psychology Compass* 8:9 (2014), 536-54.

18   John M. Darley and Daniel C. Batson, '"From Jerusalem to Jericho": A Study of Situational and Dispositional Variables in Helping Behavior', *Journal of Personality and Social Psychology* 27:1 (1973), 100-8.

19   Kristofer D. Kusano and Hampton C. Gabler, 'Safety Benefits of Forward Collision Warning, Brake Assist, and Autonomous Braking Systems in Rear-End Collisions', *IEEE Transactions on Intelligent Transportation Systems* 13:4 (2012), 1546-55; James M. Anderson et al., *Autonomous Vehicle Technology: A Guide for Policymakers* (Santa Monica: RAND Corporation, 2014), esp. 13-15; Daniel J. Fagnant and Kara Kockelman, 'Preparing a Nation for Autonomous Vehicles: Opportunities, Barriers and Policy Recommendations', *Transportation Research Part A: Policy and Practice* 77 (2015), 167-81.

20   Tim Adams, 'Job Hunting Is a Matter of Big Data, Not How You Perform at an Interview', *Guardian*, 10 May 2014, https://www.theguardian.com/technology/2014/may/10/job-hunting-big-data-interview-algorithms-employees, accessed 6 September 2017.

21   대단히 통찰력 있는 논의로는 Cathy O'Neil, *Weapons of Math Destruction: How Big Data Increases Inequality and Threatens Democracy* (New York: Crown, 2016). [캐시 오닐,《대량살상 수학무기》] 이 책은 알고리즘이 사회와 정치에 미칠 잠재적 효과에 관심이 있는 사람이라면 반드시 읽어봐야 한다.

22   Bonnefon, Shariff and Rawhan, 'Social Dilemma of Autonomous Vehicles'.

23   Vincent C. Müller and Thomas W. Simpson, 'Autonomous Killer Robots Are Probably Good News', University of Oxford, Blavatnik School of

Government Policy Memo, November 2014; Ronald Arkin, *Governing Lethal Behaviour: Embedding Ethics in a Hybrid Deliberative/Reactive Robot Architecture*, Georgia Institute of Technology, Mobile Robot Lab, 2007, 1-13.

24 Bernd Greiner, *War without Fronts: The USA in Vietnam*, trans. Anne Wyburd and Victoria Fern (Cambridge, MA: Harvard University Press, 2009), 16. 병사들의 감정 상태에 관한 적어도 하나의 참고 사례로는 Herbert Kelman and V. Lee Hamilton, 'The My Lai Massacre: A Military Crime of Obedience' in Jodi O'Brien and David M. Newman (eds.), *Sociology: Exploring the Architecture of Everyday Life Reading* (Los Angeles: Pine Forge Press, 2010), 13-25.

25 Robert J. Donia, *Radovan Karadzic: Architect of the Bosnian Genocide* (Cambridge: Cambridge University Press, 2015). 또한 Isabella Delpla, Xavier Bougarel and Jean-Louis Fournel, *Investigating Srebrenica: Institutions, Facts, and Responsibilities* (New York, Oxford: Berghahn Books, 2012).

26 Noel E. Sharkey, 'The Evitability of Autonomous Robot Warfare', *International Rev. Red Cross* 94 (886) 2012, 787-99.

27 Ben Schiller, 'Algorithms Control Our Lives: Are They Benevolent Rulers or Evil Dictators?', *Fast Company*, 21 February 2017, https://www.fastcompany.com/3068167/algorithms-control-our-lives-are-they-benevolent-rulers-or-evil-dictators, accessed 17 September 2017.

28 Elia Zureik, David Lyon and Yasmeen Abu-Laban (eds.), *Surveillance and Control in Israel/Palestine: Population, Territory and Power* (London: Routledge, 2011); Elia Zureik, *Israel's Colonial Project in Palestine* (London: Routledge, 2015); Torin Monahan (ed.), *Surveillance and Security: Technological Politics and Power in Everyday Life* (London: Routledge, 2006); Nadera Shalhoub-

Kevorkian, 'E-Resistance and Technological In/Security in Everyday Life: The Palestinian case', *British Journal of Criminology*, 52:1 (2012), 55–72; Or Hirschauge and Hagar Sheizaf, 'Targeted Prevention: Exposing the New System for Dealing with Individual Terrorism', *Haaretz*, 26 May 2017, https://www.haaretz.co.il/magazine/.premium-1.4124379, accessed 17 September 2017; Amos Harel, 'The IDF Accelerates the Crisscrossing of the West Bank with Cameras and Plans to Surveille all Junctions', *Haaretz*, 18 June 2017, https://www.haaretz.co.il/news/politics/.premium-1.4179886, accessed 17 September 2017; Neta Alexander, 'This is How Israel Controls the Digital and Cellular Space in the Territories', 31 March 2016, https://www.haaretz.co.il/magazine/.premium-MAGAZINE-1.2899665, accessed 12 January 2018; Amos Harel, 'Israel Arrested Hundreds of Palestinians as Suspected Terrorists Due to Publications on the Internet', Haaretz, 16 April 2017, https://www.haaretz.co.il/news/politics/.premium-1.4024578, accessed 15 January 2018; Alex Fishman, 'The Argaman Era', *Yediot Aharonot, Weekend Supplement*, 28 April 2017, 6.

29 Yotam Berger, 'Police Arrested a Palestinian Based on an Erroneous Translation of "Good Morning" in His Facebook Page', *Haaretz*, 22 October 2017, https://www.haaretz.co.il/.premium-1.4528980, accessed 12 January 2018.

30 William Beik, *Louis XIV and Absolutism: A Brief Study with Documents* (Boston, MA: Bedford/St Martin's, 2000).

31 O'Neil, *Weapons of Math Destruction*, op. cit.; Penny Crosman, 'Can AI Be Programmed to Make Fair Lending Decisions?', O'NeilAmerican BankerO'Neil, 27 September 2016, https://www.americanbanker.com/

news/can-ai-be-programmed-to-make-fair-lending- decisions, accessed 17 September 2017.

32 Matt Reynolds, 'Bias Test to Prevent Algorithms Discriminating Unfairly', *New Scientist*, 29 May 2017, https://www.newscientist.com/article/ mg23431195-300-bias-test-to-prevent-algorithms-discriminating- unfairly/, accessed 17 September 2017; Claire Cain Miller, 'When Algorithms Discriminate', *New York Times*, 9 July 2015, https://www. nytimes.com/2015/07/10/upshot/when-algorithms-discriminate. html, accessed 17 September 2017; Hannah Devlin, 'Discrimination by Algorithm: Scientists Devise Test to Detect AI Bias', *Guardian*, 19 December 2016, https://www.theguardian.com/technology/2016/ dec/19/discrimination-by-algorithm- scientists-devise-test-to-detect- ai-bias, accessed 17 September 2017.

33 Snyder, *The Road to Unfreedom*, op. cit.

34 Anna Lisa Peterson, *Being Animal: Beasts and Boundaries in Nature Ethics* (New York: Columbia University Press, 2013), 100.

4장

1 'Richest 1 Percent Bagged 82 Percent of Wealth Created Last Year - Poorest Half of Humanity Got Nothing', *Oxfam*, 22 January 2018, https:// www.oxfam.org/en/pressroom/pressreleases/2018-01-22/richest-1- percent-bagged-82-percent-wealth-created-last-year, accessed 28 February 2018; Josh Lowe, 'The 1 Percent Now Have Half the World's Wealth', *Newsweek*, 14 November 2017, http://www.newsweek.com/1-

wealth-money-half-world-global-710714, accessed 28 February 2018; Adam Withnall, 'All the World's Most Unequal Countries Revealed in One Chart', *Independent*, 23 November 2016, http://www.independent. co.uk/news/world/politics/credit-suisse-global-wealth-world-most-unequal-countries-revealed-a7434431.html, accessed 11 March 2018.

2   Tim Wu, *The Attention Merchants* (New York: Alfred A. Knopf, 2016).[팀 우,《마 스터 스위치》]

3   Cara McGoogan, 'How to See All the Terrifying Things Google Knows about You', *Telegraph*, 18 August 2017, http://www.telegraph.co.uk/ technology/0/see-terrifying-things-google-knows/, accessed 19 October 2017; Caitlin Dewey, 'Everything Google Knows about You (and How It Knows It)', *Washington Post*, 19 November 2014, https://www. washingtonpost.com/news/the-intersect/wp/2014/11/19/everything-google-knows-about-you-and-how-it-knows-it/?utm_term=. b81c3ce3ddd6, accessed 19 October 2017.

4   Dan Bates, 'YouTube Is Losing Money Even Though It Has More Than 1 Billion Viewers', *Daily Mail*, 26 February 2015, http://www.dailymail. co.uk/news/article-2970777/YouTube-roughly-breaking-nine-years-purchased-Google-billion-viewers.html, accessed 19 October 2017; Olivia Solon, 'Google's Bad Week: YouTube Loses Millions As Advertising Row Reaches US', *Guardian*, 25 March 2017, https:// www.theguardian.com/technology/2017/mar/25/google-youtube-advertising-extremist-content-att-verizon, accessed 19 October 2017; Seth Fiegerman, 'Twitter Is Now Losing Users in the US', CNN, 27 July 2017, http://money.cnn.com/2017/07/27/technology/business/twitter-

earnings/index.html, accessed 19 October 2017.

5장

1   Mark Zuckerberg, 'Building Global Community', 16 February 2017, https://www.facebook.com/notes/mark-zuckerberg/building-global-community/10154544292806634/, accessed 20 August 2017.

2   John Shinal, 'Mark Zuckerberg: Facebook can play a role that churches and Little League once filled', CNBC, 26 June 2017, https://www.cnbc.com/2017/06/26/mark-zuckerberg-compares-facebook-to-church-little-league.html, accessed 20 August 2017.

3   http://www.cnbc.com/2017/06/26/mark-zuckerberg-compares-facebook-to-church-little-league.html; http://www.cnbc.com/2017/06/22/facebook-has-a-new-mission-following-fake-news-crisis-zuckerberg-says.html.

4   Robin Dunbar, *Grooming, Gossip, and the Evolution of Language* (Cambridge, MA: Harvard University Press, 1998).

5   예를 들면, Pankaj Mishra, *Age of Anger: A History of the Present* (London: Penguin, 2017).[판카지 미슈라,《분노의 시대》]

6   개괄적인 조사와 비판으로는 Derek Y. Darves and Michael C. Dreiling, *Agents of Neoliberal Globalization: Corporate Networks, State Structures and Trade Policy* (Cambridge: Cambridge University Press, 2016).

7   Lisa Eadicicco, 'Americans Check Their Phones 8 Billion Times a Day', *Time*, 15 December 2015, http://time.com/4147614/smartphone-usage-us-2015/, accessed 20 August 2017; Julie Beck, 'Ignoring People

for Phones Is the New Normal', *Atlantic*, 14 June 2016, https://www.
theatlantic.com/technology/archive/2016/06/ignoring-people-for-
phones-is-the-new-normal-phubbing-study/486845/, accessed 20
August 2017. 3 http://www.cnbc.com/2017/06/26/mark-zuckerberg-
compares-facebook-to-church-little-league.html; http://www.cnbc.
com/2017/06/22/facebook-has-a-new-mission-following-fake-news-
crisis-zuckerberg-says.html.

8　Zuckerberg, 'Building Global Community', op. cit.

9　Time Well Spent, http://www.timewellspent.io/, accessed September 3,
2017.

10　Zuckerberg, 'Building Global Community', op. cit.

11　https://www.theguardian.com/technology/2017/oct/04/facebook-uk-
corporation-tax-profit; https://www.theguardian.com/business/2017/
sep/21/tech-firms-tax-eu-turnover-google-amazon-apple; http://
www.wired.co.uk/article/facebook-apple-tax-loopholes-deals.

6장

1　Samuel P. Huntington, *The Clash of Civilizations and the Remaking of World
Order* (New York: Simon & Schuster, 1996)[새뮤얼 헌팅턴, 《문명의 충돌》];
David Lauter and Brian Bennett, 'Trump Frames Anti-Terrorism Fight As
a Clash of Civilizations, Defending Western Culture against Enemies', *Los
Angeles Times*, 6 July 2017, http://www.latimes.com/politics/la-na-pol-
trump-clash-20170706-story.html, accessed 29 January 2018. Naomi O'
Leary, 'The Man Who Invented Trumpism: Geert Wilders' Radical Path to

the Pinnacle of Dutch Politics', *Politico*, 23 February 2017, https://www.politico.eu/article/the-man-who-invented-trumpism-geert-wilders-netherlands-pvv-vvd-populist/, accessed 31 January 2018.

2   Pankaj Mishra, *From the Ruins of Empire: The Revolt Against the West and the Remaking of Asia* (London: Penguin, 2013)[판카지 미슈라, 《제국의 폐허에 서》]; Mishra, *Age of Anger*, op. cit.; Christopher de Bellaigue, *The Muslim Enlightenment: The Modern Struggle Between Faith and Reason* (London: The Bodley Head, 2017).

3   'Treaty Establishing A Constitution for Europe', European Union, https://europa.eu/european-union/sites/europaeu/files/docs/body/treaty_establishing_a_constitution_for_europe_en.p df, accessed 18 October 2017.

4   Phoebe Greenwood, 'Jerusalem Mayor Battles Ultra-Orthodox Groups over Women-Free Billboards', *Guardian*, 15 November 2011, https://www.theguardian.com/world/2011/nov/15/jerusalem-mayor-battle-orthodox- billboards, accessed 7 January 2018.

5   http://nypost.com/2015/10/01/orthodox-publications-wont-show-hillary-clintons-photo/

6   Simon Schama, *The Story of the Jews: Finding the Words 1000 BC-1492 AD* (New York: Ecco, 2014), 190-7; Hannah Wortzman, 'Jewish Women in Ancient Synagogues: Archaeological Reality vs. Rabbinical Legislation', *Women in Judaism* 5:2 (2008), http://wjudaism.library.utoronto.ca/index.php/wjudaism/article/view/3537, accessed 29 January 2018; Ross S. Kraemer, 'Jewish Women in the Diaspora World of Late Antiquity' in Judith R. Baskin (ed.), *Jewish Women in Historical Perspective* (Detroit: Wayne

State University Press, 1991), esp. 49; Hachlili Rachel, *Ancient Synagogues-Archaeology and Art: New Discoveries and Current Research* (Leiden: Brill, 2014), 578-81; Zeev Weiss, 'The Sepphoris Synagogue Mosaic: Abraham, the Temple and the Sun God-They're All in There', *Biblical Archeology Society* 26:5 (2000), 48-61; David Milson, *Art and Architecture of the Synagogue in Late Antique Palestine* (Leiden: Brill, 2007), 48.

7   Ivan Watson and Pamela Boykoff, 'World's Largest Muslim Group Denounces Islamist Extremism', CNN, 10 May 2016, http://edition.cnn.com/2016/05/10/asia/indonesia-extremism/index.html, accessed 8 January 2018; Lauren Markoe, 'Muslim Scholars Release Open Letter To Islamic State Meticulously Blasting Its Ideology', *Huffington Post*, 25 September 2014, https://www.huffingtonpost.com/2014/09/24/muslim-scholars-islamic-state_n_5878038.html, accessed 8 January 2018; 편지에 관해서는 'Open Letter to Al-Baghdadi', http://www.lettertobaghdadi.com/, accessed 8 January 2018.

8   Chris Perez, 'Obama Defends the "True Peaceful Nature of Islam"', *New York Post*, 18 February 2015, http://nypost.com/2015/02/18/obama-defends-the-true-peaceful-nature-of-islam/, accessed 17 October 2017; Dave Boyer, 'Obama Says Terrorists Not Motivated By True Islam', *Washington Times*, 1 February 2015, http://www.washingtontimes.com/news/2015/feb/1/obama-says-terrorists-not-motivated-true-islam/, accessed 18 October 2017.

9   De Bellaigue, *The Islamic Enlightenment*, op. cit.

10 Christopher McIntosh, *The Swan King: Ludwig II of Bavaria* (London: I. B. Tauris, 2012), 100.

11 Robert Mitchell Stern, *Globalization and International Trade Policies* (Hackensack: World Scientific, 2009), 23.

12 John K. Thornton, *A Cultural History of the Atlantic World, 1250-1820* (Cambridge: Cambridge University Press, 2012), 110.

13 Susannah Cullinane, Hamdi Alkhshali and Mohammed Tawfeeq, 'Tracking a Trail of Historical Obliteration: ISIS Trumpets Destruction of Nimrud', CNN, 14 April 2015, http://edition.cnn.com/2015/03/09/world/iraq-isis-heritage/index.html, accessed 18 October 2017.

14 Kenneth Pomeranz, *The Great Divergence: China, Europe and the Making of the Modern World Economy* (Princeton, Oxford: Princeton University Press, 2001), 36-8.[케네스 포메란츠, 《대분기》]

15 'ISIS Leader Calls for Muslims to Help Build Islamic State in Iraq', CBCNEWS, 1 July 2014, http://www.cbc.ca/news/world/isis-leader-calls-for-muslims-to-help-build-islamic-state-in-iraq-1.2693353, accessed 18 October 2017; Mark Townsend, 'What Happened to the British Medics Who Went to Work for ISIS?', *Guardian*, 12 July 2015, https://www.theguardian.com/world/2015/jul/12/british-medics-isis-turkey-islamic-state, accessed 18 October 2017.

7장

1 Francis Fukuyama, *Political Order and Political Decay: From the Industrial Revolution to the Globalization of Democracy* (New York: Farrar, Straus & Giroux, 2014).

2 Ashley Killough, 'Lyndon Johnson's "Daisy" Ad, Which Changed the

World of Politics, Turns 50', CNN, 8 September 2014, http://edition.cnn.com/2014/09/07/politics/daisy-ad-turns-50/index.html, accessed 19 October 2017.

3 'Cause-Specific Mortality: Estimates for 2000-2015', World Health Organization, http://www.who.int/healthinfo/global_burden_disease/estimates/en/index1.html, accessed 19 October 2017.

4 David E. Sanger and William J. Broad, 'To counter Russia, US signals nuclear arms are back in a big way', *New York Times*, 4 February 2018, https://www.nytimes.com/2018/02/04/us/politics/trump-nuclear-russia.html accessed 6 February 2018; US Department of Defense, 'Nuclear Posture Review 2018', https://www.defense.gov/News/Special-Reports/0218_npr/ accessed 6 February 2018; Jennifer Hansler, 'Trump Says He Wants Nuclear Arsenal in "Tip-Top Shape", Denies Desire to Increase Stockpile', CNN, 12 October 2017, http://edition.cnn.com/2017/10/11/politics/nuclear-arsenal-trump/index.html, accessed 19 October 2017; Jim Garamone, 'DoD Official: National Defense Strategy Will Enhance Deterrence', *Department of Defense News, Defense Media Activity*, 19 January 2018, https://www.defense.gov/News/Article/Article/1419045/dod-official-national-defense-strategy-will-rebuild-dominance-enhance-deterrence/, accessed 28 January 2018.

5 Michael Mandelbaum, *Mission Failure: America and the World in the Post-Cold War Era* (New York: Oxford University Press, 2016).

6 Elizabeth Kolbert, *Field Notes from a Catastrophe* (London: Bloomsbury, 2006)[엘리자베스 콜버트, 《지구 재앙 보고서》]; Elizabeth Kolbert, *The Sixth Extinction: An Unnatural History* (London: Bloomsbury, 2014)[엘리자베스

콜버트, 《여섯 번째 대멸종》]; Will Steffen et al., 'Planetary Boundaries: Guiding Human Development on a Changing Planet', *Science* 347:6223, 13 February 2015, DOI: 10.1126/science.1259855.

7   John Cook et al., 'Quantifying the Consensus on Anthropogenic Global Warming in the Scientific Literature', *Environmental Research Letters* 8:2 (2013); John Cook et al., 'Consensus on Consensus: A Synthesis of Consensus Estimates on Human-Caused Global Warming', *Environmental Research Letters* 11:4 (2016); Andrew Griffin, '15,000 Scientists Give Catastrophic Warning about the Fate of the World in New "Letter to Humanity"', *Independent*, 13 November 2017, http://www.independent. co.uk/environment/letter-to-humanity-warning-climate-change-global-warming-scientists-union-concerned-a8052481.html, accessed 8 January 2018; Justin Worland, 'Climate Change Is Already Wreaking Havoc on Our Weather, Scientists Find', *Time*, 15 December 2017, http:// time.com/5064577/climate-change-arctic/, accessed 8 January 2018.

8   Richard J. Millar et al., 'Emission Budgets and Pathways Consistent with Limiting Warming to 1.5 C', *Nature Geoscience* 10 (2017), 741-7; Joeri Rogelj et al., 'Differences between Carbon Budget Estimates Unraveled', *Nature Climate Change* 6 (2016), 245-52; Akshat Rathi, 'Did We Just Buy Decades More Time to Hit Climate Goals', *Quartz*, 21 September 2017, https:// qz.com/1080883/the-breathtaking-new-climate-change-study-hasnt-changed-the-urgency-with-which-we-must-reduce-emissions/, accessed 11 February 2018; Roz Pidcock, 'Carbon Briefing: Making Sense of the IPCC's New Carbon Budget', *Carbon Brief*, 23 October 2013, https://www.carbonbrief.org/carbon-briefing-making-sense-of-the-

ipccs-new-carbon-budget, accessed 11 February 2018.

9   Jianping Huang et al., 'Accelerated Dryland Expansion under Climate Change', *Nature Climate Change* 6 (2016), 166-71; Thomas R. Knutson, 'Tropical Cyclones and Climate Change', *Nature Geoscience* 3 (2010), 157-63; Edward Hanna et al., 'Ice-Sheet Mass Balance and Climate Change', *Nature* 498 (2013), 51-9; Tim Wheeler and Joachim von Braun, 'Climate Change Impacts on Global Food Security', *Science* 341:6145 (2013), 508-13; A. J. Challinor et al., 'A Meta-Analysis of Crop Yield under Climate Change and Adaptation', *Nature Climate Change* 4 (2014), 287-91; Elisabeth Lingren et al., 'Monitoring EU Emerging Infectious Disease Risk Due to Climate Change', *Science* 336:6080 (2012), 418-19; Frank Biermann and Ingrid Boas, 'Preparing for a Warmer World: Towards a Global Governance System to Protect Climate Change', *Global Environmental Politics* 10:1 (2010), 60-88; Jeff Goodell, *The Water Will Come: Rising Seas, Sinking Cities and the Remaking of the Civilized World* (New York: Little, Brown and Company, 2017); Mark Lynas, *Six Degrees: Our Future on a Hotter Planet* (Washington: National Geographic, 2008); Naomi Klein, *This Changes Everything: Capitalism vs. Climate* (New York: Simon & Schuster, 2014)[나오미 클라인,《이것이 모든 것을 바꾼다》]; Kolbert, *The Sixth Extinction*, op. cit.

10   Johan Rockström et al., 'A Roadmap for Rapid Decarbonization', *Science* 355:6331, 23 March 2017, DOI: 10.1126/science.aah3443.

11   Institution of Mechanical Engineers, *Global Food: Waste Not, Want Not* (London: Institution of Mechanical Engineers, 2013), 12.

12   Paul Shapiro, *Clean Meat: How Growing Meat Without Animals Will Revolutionize Dinner and the World* (New York: Gallery Books, 2018).

523

13 'Russia's Putin Says Climate Change in Arctic Good for Economy,' CBS News, 30 March 2017, http://www.cbc.ca/news/technology/russia-putin-climate-change-beneficial-economy-1.4048430, accessed 1 March 2018; Neela Banerjee, 'Russia and the US Could be Partners in Climate Change Inaction,' *Inside Climate News*, 7 February 2017, https://insideclimatenews.org/news/06022017/russia-vladimir-putin-donald-trump-climate-change-paris-climate-agreement, accessed 1 March 2018; Noah Smith, 'Russia Wins in a Retreat on Climate Change', *Bloomberg View*, 15 December 2016, https://www.bloomberg.com/view/articles/2016-12-15/russia-wins-in-a-retreat-on-climate-change, accessed March 1, 2018; Gregg Easterbrook, 'Global Warming: Who Loses-and Who Wins?', *Atlantic* (April 2007), https://www.theatlantic.com/magazine/archive/2007/04/global-warming-who-loses-and-who-wins/305698/, accessed 1 March 2018; Quentin Buckholz, 'Russia and Climate Change: A Looming Threat', *Diplomat*, 4 February 2016, https://thediplomat.com/2016/02/russia-and-climate-change-a-looming-threat/, accessed 1 March 2018.

14 Brian Eckhouse, Ari Natter and Christopher Martin, 'President Trump slaps tariffs on solar panels in major blow to renewable energy', 22 January 2018, http://time.com/5113472/donald-trump-solar-panel-tariff/, accessed 30 January 2018.

15 Miranda Green and Rene Marsh, 'Trump Administration Doesn't Want to Talk about Climate Change', CNN, 13 September 2017, http://edition.cnn.com/2017/09/12/politics/trump-climate-change-silence/index.html, accessed 22 October 2017; Lydia Smith, 'Trump Administration Deletes

Mention of "Climate Change" from Environmental Protection Agency's Website', *Independent*, 22 October 2017, http://www.independent.co.uk/news/world/americas/us-politics/donald-trump-administration-climate-change-deleted-environmental-protection-agency-website-a8012581.html, accessed 22 October 2017; Alana Abramson, 'No, Trump Still Hasn't Changed His Mind About Climate Change After Hurricane Irma and Harvey', *Time*, 11 September 2017, http://time.com/4936507/donald-trump-climate-change-hurricane-irma-hurricane-harvey/, accessed 22 October 2017.

16 'Treaty Establishing A Constitution for Europe', European Union, https://europa.eu/european-union/sites/europaeu/files/docs/body/treaty_establishing_a_constitution_for_europe_en.p df, accessed 23 October 2017.

8장

1 Bernard S. Cohn, *Colonialism and Its Forms of Knowledge: The British in India* (Princeton: Princeton University Press, 1996), 148.

2 프란치스코 교황의 두 번째 회칙 '찬미 받으소서'. 'Encyclical Letter Laudato Si' of the Holy Father Francis on Care for Our Common Home', *The Holy See*, http://w2.vatican.va/content/francesco/en/encyclicals/documents/papa-francesco_20150524_enciclica-laudato-si.html, accessed 3 December 2017.

3 프로이트의 1930년 저술 《문명과 그 불만》에서 처음 소개되었다. Sigmund Freud, *Civilization and Its Discontents*, trans. James Strachey (New York: W. W.

Norton, 1961), 61.[지크문트 프로이트,《문명 속의 불만》]

4 Ian Buruma, *Inventing Japan, 1853-1964* (New York: Modern Library, 2003). [이안 부루마,《근대 일본》]

5 Robert Axell, *Kamikaze: Japan's Suicide Gods* (London: Longman, 2002).

6 Charles K. Armstrong, Familism, Socialism and Political Religion in North Korea', *Totalitarian Movements and Political Religions* 6:3 (2005), 383–94; Daniel Byman and Jennifer Lind, 'Pyongyang's Survival Strategy: Tools of Authoritarian Control in North Korea', *International Security* 35:1 (2010), 44–74; Paul French, *North Korea: The Paranoid Peninsula*, 2nd edn (London, New York: Zed Books, 2007); Andrei Lankov, *The Real North Korea: Life and Politics in the Failed Stalinist Utopia* (Oxford: Oxford University Press, 2015) [안드레이 란코프,《리얼 노스코리아》]; Young Whan Kihl, 'Staying Power of the Socialist "Hermit Kingdom"', in Hong Nack Kim and Young Whan Kihl (eds.), *North Korea: The Politics of Regime Survival* (New York: Routledge, 2006), 3–36.

9장

1 'Global Trends: Forced Displacement in 2016', *UNHCR*, http://www.unhcr.org/5943e8a34.pdf, accessed 11 January 2018.

2 Lauren Gambini, 'Trump Pans Immigration Proposal as Bringing People from "Shithole Countries"', *Guardian*, 12 January 2018, https://www.theguardian.com/us-news/2018/jan/11/trump-pans-immigration-proposal-as-bringing-people-from-shithole-countries, accessed 11 February 2018.

3   Tal Kopan, 'What Donald Trump Has Said about Mexico and Vice Versa', CNN, 31 August 2016, https://edition.cnn.com/2016/08/31/politics/ donald-trump-mexico-statements/index.html, accessed 28 February 2018.

10장

1   http://www.telegraph.co.uk/news/0/many-people-killed-terrorist-attacks-uk/; National Consortium for the Study of Terrorism and Responses to Terrorism (START) (2016), Global Terrorism Database [Data file]. Retrieved from https://www.start.umd.edu/gtd; http://www. cnsnews.com/news/article/susan-jones/11774-number-terror-attacks-worldwide-dropped-13-2015; http://www.datagraver.com/case/ people-killed-by-terrorism-per-year-in-western-europe-1970-2015; http://www.jewishvirtuallibrary.org/statistics-on-incidents-of-terrorism-worldwide; Gary LaFree, Laura Dugan and Erin Miller, *Putting Terrorism in Context: Lessons from the Global Terrorism Database* (London: Routledge, 2015); Gary LaFree, 'Using open source data to counter common myths about terrorism' in Brian Forst, Jack Greene and Jim Lynch (eds.), *Criminologists on Terrorism and Homeland Security* (Cambridge: Cambridge University Press, 2011), 411-42; Gary LaFree, 'The Global Terrorism Database: Accomplishments and challenges', *Perspectives on Terrorism* 4 (2010), 24-46; Gary LaFree and Laura Dugan, 'Research on terrorism and countering terrorism' in M. Tonry (ed.), *Crime and Justice: A Review of Research* (Chicago: University of Chicago Press, 2009), 413-77; Gary

LaFree and Laura Dugan, 'Introducing the global terrorism database', *Political Violence and Terrorism* 19 (2007), 181-204.

2   'Deaths on the roads: Based on the WHO Global Status Report on Road Safety 2015', World Health Organization, accessed 26 January 2016; https://wonder.cdc.gov/mcd-icd10.html; 'Global Status Report on Road Safety 2013', World Health Organization; http://gamapserver.who.int/gho/interactive_charts/road_safety/road_traffic_deaths/atlas.h tml; http://www.who.int/violence_injury_prevention/road_safety_status/2013/en/; http://www.newsweek.com/2015-brought-biggest-us-traffic-death-increase-50-years-427759.

3   http://www.euro.who.int/en/health-topics/noncommunicable-diseases/diabetes/data-and-statistics; http://apps.who.int/iris/bitstream/10665/204871/1/9789241565257_eng.pdf?ua=1; https://www.theguardian.com/environment/2016/sep/27/more-than-million-died-due-air-pollution-china-one-year.

4   그 전투에 관해서는 Gary Sheffield, *Forgotten Victory: The First World War. Myths and Reality* (London: Headline, 2001), 137-64.

5   'Victims of Palestinian Violence and Terrorism since September 2000', Israel Ministry of Foreign Affairs, http://mfa.gov.il/MFA/ForeignPolicy/Terrorism/Palestinian/Pages/Victims%20of%20Pal estinian%20Violence%20and%20Terrorism%20sinc.aspx, accessed 23 October 2017.

6   'Car Accidents with Casualties, 2002', Central Bureau of Statistics (in Hebrew), http://www.cbs.gov.il/www/publications/acci02/acci02h.pdf, accessed 23 October 2017.

7   'Pan Am Flight 103 Fast Facts', CNN, 16 December 2016, http://edition.

cnn.com/2013/09/26/world/pan-am-flight-103-fast-facts/index.html, accessed 23 October 2017.

8   Tom Templeton and Tom Lumley, '9.11 in Numbers', *Guardian*, 18 August 2002, https://www.theguardian.com/world/2002/aug/18/usa.terrorism, accessed 23 October 2017.

9   Ian Westwell and Dennis Cove (eds.), *History of World War I*, vol. 2 (New York: Marshall Cavendish, 2002), 431. For Isonzo, see John R. Schindler, *Isonzo: The Forgotten Sacrifice of the Great War* (Westport: Praeger, 2001), 217–18.

10   Sergio Catignani, *Israeli Counter-Insurgency and the Intifadas: Dilemmas of a Conventional Army* (London: Routledge, 2008).

11   'Reported Rapes in France Jump 18% in Five Years', France 24, 11 August 2015, http://www.france24.com/en/20150811-reported-rapes-france-jump-18-five-years, accessed 11 January 2018.

11장

1   Yuval Noah Harari, *Homo Deus: A Brief History of Tomorrow* (New York: HarperCollins, 2017), 14-19[유발 하라리, 《호모 데우스》; 'Global Health Observatory Data Repository, 2012', World Health Organization, http://apps.who.int/gho/data/node.main.RCODWORLD?lang=en, accessed 16 August 2015; 'Global Study on Homicide, 2013', UNDOC, http://www.unodc.org/documents/gsh/pdfs/2014_GLOBAL_HOMICIDE_BOOK_web.p df; accessed 16 August 2015; http://www.who.int/healthinfo/global_burden_disease/estimates/en/index1.html.

2   'World Military Spending: Increases in the USA and Europe, Decreases in Oil- Exporting Countries', *Stockholm International Peace Research Institute*, 24 April 2017, https://www.sipri.org/media/press-release/2017/world-military-spending-increases-usa-and-europe, accessed October 23, 2017.

3   http://www.nationalarchives.gov.uk/battles/egypt/popup/telel4.htm.

4   Spencer C. Tucker (ed.), *The Encyclopedia of the Mexican-American War: A Political, Social and Military History* (Santa Barbara: ABC-CLIO, 2013), 131.

5   Ivana Kottasova, 'Putin Meets Xi: Two Economies, Only One to Envy', CNN, 2 July 2017, http://money.cnn.com/2017/07/02/news/economy/china-russia-putin-xi-meeting/index.html, accessed 23 October 2017.

6   GDP는 IMF 통계에 따른 것으로 구매력평가지수(PPP)를 기반으로 환산한 수치다. International Monetary Fund, 'Report for Selected Countries and Subjects, 2017', https://www.imf.org/external/pubs/ft/weo/2017/02/weodata/index.aspx, accessed 27 February 2018.

7   http://www.businessinsider.com/isis-making-50-million-a-month-from-oil-sales-2015-10.

8   Ian Buruma, *Inventing Japan*, op. cit.; Eri Hotta, *Japan 1941: Countdown to Infamy* (London: Vintage, 2014).

12장

1   http://www.ancientpages.com/2015/10/19/10-remarkable-ancient-indian-sages-familiar-with-advanced-technology-science-long-before-modern-era/; https://www.hindujagruti.org/articles/31.html;

http://mcknowledge.info/about-vedas/what-is-vedic-science/.

2   이 숫자들과 비율은 다음 그래프에서 명확히 나타난다. Conrad Hackett and
    David McClendon, 'Christians Remain World's Largest Religious Group,
    but They Are Declining in Europe', Pew Research Center, 5 April 2017,
    http://www.pewresearch.org/fact-tank/2017/04/05/christians-remain-
    worlds-largest-religious-group-but-they-are-declining-in-europe/,
    accessed 13 November 2017.

3   Jonathan Haidt, *The Righteous Mind: Why Good People Are Divided by Politics
    and Religio*n (New York: Pantheon, 2012)[조너선 하이트, 《바른 마음》]; Joshua
    Greene, *Moral Tribes: Emotion, Reason, and the Gap Between Us and Them* (New
    York: Penguin Press, 2013)[조슈아 그린, 《옳고 그름》].

4   Marc Bekoff and Jessica Pierce, 'Wild Justice – Honor and Fairness
    among Beasts at Play', *American Journal of Play* 1:4 (2009), 451–75.

5   Frans de Waal, *Our Inner Ape* (London: Granta, 2005), ch. 5.[프란스 드 발, 《내
    안의 유인원》]

6   Frans de Waal, *Bonobo: The Forgotten Ape* (Berkeley: University of California
    Press, 1997), 157.[프란스 드 발, 《보노보》]

7   이 이야기는 2010년 디즈니네이처(Disneynature)에 의해 발매된 〈침팬지〉라는
    제목의 다큐멘터리 주제가 되었다.

8   M. E. J. Richardson, *Hammurabi's Laws* (London, New York: T&T Clark
    International, 2000), 29–31.

9   Loren R. Fisher, *The Eloquent Peasant*, 2nd edn (Eugene: Wipf & Stock
    Publishers, 2015).

10 어떤 랍비들은 전형적인 탈무드식 기지를 발휘해 비유대인을 구하기 위해 안식
    일을 어기는 것을 허용했다. 이들은 만약 유대인이 비유대인을 구하는 일을 삼

가면 이것이 비유대인을 화나게 할 것이고, 그들로 하여금 유대인을 공격하고 죽이게 만들 것이라고 주장했다. 따라서 비유대인을 구함으로써 간접적으로 한 명의 유대인을 구할 수 있을 거라는 논리다. 하지만 이런 주장조차 비유대인과 유대인의 생명에 부여하는 가치가 상이함을 부각시킨다.

11 Catherine Nixey, *The Darkening Age: The Christian Destruction of the Classical World* (London: Macmillan, 2017).

12 Charles Allen, *Ashoka: The Search for India's Lost Emperor* (London: Little, Brown, 2012), 412-13.

13 Clyde Pharr et al. (eds.), *The Theodosian Code and Novels, and the Sirmondian Constitutions* (Princeton: Princeton University Press, 1952), 440, 467-71.

14 Ibid., esp. 472-3.

15 Sofie Remijsen, *The End of Greek Athletics in Late Antiquity* (Cambridge: Cambridge University Press, 2015), 45-51.

16 Ruth Schuster, 'Why Do Jews Win So Many Nobels?', *Haaretz*, 9 October 2013, https://www.haaretz.com/jewish/news/1.551520, accessed 13 November 2017.

13장

1 Lillian Faderman, *The Gay Revolution: The Story of the Struggle* (New York: Simon & Schuster, 2015).

2 Elaine Scarry, *The Body in Pain: The Making and Unmaking of the World* (New York: Oxford University Press, 1985).

14장

1 Jonathan H. Turner, *Incest: Origins of the Taboo* (Boulder: Paradigm Publishers, 2005); Robert J. Kelly et al., 'Effects of Mother-Son Incest and Positive Perceptions of Sexual Abuse Experiences on the Psychosocial Adjustment of Clinic-Referred Men', *Child Abuse & Neglect* 26:4 (2002), 425-41; Mireille Cyr et al., 'Intrafamilial Sexual Abuse: Brother-Sister Incest Does Not Differ from Father-Daughter and Stepfather-Stepdaughter Incest', *Child Abuse & Neglect* 26:9 (2002), 957-73; Sandra S. Stroebel, 'Father - Daughter Incest: Data from an Anonymous Computerized Survey', *Journal of Child Sexual Abuse* 21:2 (2010), 176-99.

15장

1 Steven A. Sloman and Philip Fernbach, *The Knowledge Illusion: Why We Never Think Alone* (New York: Riverhead Books, 2017)[스티븐 슬로먼·필립 페른백, 《지식의 착각》]; Greene, *Moral Tribes*, op. cit.

2 Sloman and Fernbach, *The Knowledge Illusion*, op. cit., 20.

3 Eli Pariser, *The Filter Bubble* (London: Penguin Books, 2012)[엘리 프레이저, 《생각 조종자들》]; Greene, *Moral Tribes*, op. cit.

4 Greene, *Moral Tribes*, op. cit.; Dan M. Kahan, 'The Polarizing Impact of Science Literacy and Numeracy on Perceived Climate Change Risks', *Nature Climate Change* 2 (2012), 732-5. 하지만 상반된 견해로는 Sophie Guy et al., 'Investigating the Effects of Knowledge and Ideology on Climate Change Beliefs', *European Journal of Social Psychology* 44:5 (2014), 421-9.

533

5   Arlie Russell Hochschild, *Strangers in Their Own Land: Anger and Mourning on the American Right* (New York: The New Press, 2016).

16장

1   Greene, *Moral Tribes*, op. cit.; Robert Wright, *The Moral Animal* (New York: Pantheon, 1994).[로버트 라이트,《도덕적 동물》]

2   Kelsey Timmerman, *Where Am I Wearing?: A Global Tour of the Countries, Factories, and People That Make Our Clothes* (Hoboken: Wiley, 2012); Kelsey Timmerman, *Where Am I Eating?: An Adventure Through the Global Food Economy* (Hoboken: Wiley, 2013).[켈시 티머먼,《식탁 위의 세상》]

3   Reni Eddo-Lodge, *Why I Am No Longer Talking to White People About Race* (London: Bloomsbury, 2017); Ta-Nehisi Coates, *Between the World and Me* (Melbourne: Text Publishing Company, 2015).[타네하시 코츠,《세상과 나 사이》]

4   Josie Ensor, ''Everyone in Syria Is Bad Now'', Says UN War Crimes Prosecutor as She Quits Post', *New York Times*, 17 August 2017, http://www.telegraph.co.uk/news/2017/08/07/everyone-syria-bad-now-says-un-war-crimes-prosecutor-quits-post/, accessed 18 October 2017.

5   For example, Helena Smith, 'Shocking Images of Drowned Syrian Boy Show Tragic Plight of Refugees', *Guardian*, 2 September 2015, https://www.theguardian.com/world/2015/sep/02/shocking-image-of-drowned-syrian-boy-shows-tragic-plight-of-refugees, accessed 18 October 2017.

6   T. Kogut and I. Ritov, 'The singularity effect of identified victims in separate and joint evaluations', *Organizational Behavior and Human Decision Processes* 97:2 (2005), 106-16; D. A. Small and G. Loewenstein, 'Helping a victim or helping the victim: Altruism and identifiability', *Journal of Risk and Uncertainty* 26:1 (2003), 5-16; Greene, *Moral Tribes*, op. cit., 264.

7   Russ Alan Prince, 'Who Rules the World?', *Forbes*, 22 July 2013, https://www.forbes.com/sites/russalanprince/2013/07/22/who-rules-the-world/#63c9e31d7625, accessed 18 October 2017.

17장

1   Julian Borger, 'Putin Offers Ukraine Olive Branches Delivered by Russian Tanks', *Guardian*, 4 March 2014, https://www.theguardian.com/world/2014/mar/04/putin-ukraine-olive-branches-russian-tanks, accessed 11 March 2018.

2   Serhii Plokhy, *Lost Kingdom: The Quest for Empire and the Making of the Russian Nation* (New York: Basic Books, 2017); Snyder, *The Road to Unfreedom*, op. cit.

3   Matthew Paris, *Matthew Paris' English History*, trans. J. A. Gyles, vol. 3 (London: Henry G. Bohn, 1854), 138-41; Patricia Healy Wasyliw, *Martyrdom, Murder and Magic: Child Saints and Their Cults in Medieval Europe* (New York: Peter Lang, 2008), 123-5.

4   Cecilia Kang and Adam Goldman, 'In Washington Pizzeria Attack, Fake News Brought Real Guns', *New York Times*, 5 December 2016, https://www.nytimes.com/2016/12/05/business/media/comet-ping-pong-pizza-shooting-fake-news-consequences.html, accessed 12 January

2018.

5   Leonard B. Glick, *Abraham's Heirs: Jews and Christians in Medieval Europe* (Syracuse: Syracuse University Press, 1999), 228-9.

6   Anthony Bale, 'Afterword: Violence, Memory and the Traumatic Middle Ages' in Sarah Rees Jones and Sethina Watson (eds.), *Christians and Jews in Angevin England: The York Massacre of 1190, Narrative and Contexts* (York: York Medieval Press, 2013), 297.

7   이 인용문의 출처로 흔히 괴벨스가 거명되지만 그가 실제로 그렇게 썼거나 말했는지는 나도, 나의 헌신적인 자료조사 비서도 확인할 수 없었다고 말해두는 것이 맞겠다.

8   Hilmar Hoffman, *The Triumph of Propaganda: Film and National Socialism, 1933-1945* (Providence: Berghahn Books, 1997), 140.

9   Lee Hockstader, 'From A Ruler's Embrace To A Life In Disgrace', *Washington Post*, 10 March 1995, accessed 29 January 2018.

10 Thomas Pakenham, *The Scramble for Africa* (London: Weidenfeld & Nicolson, 1991), 616-17.

18장

1   Aldous Huxley, *Brave New World* (London: Vintage, 2007), ch. 17.[올더스 헉슬리, 《멋진 신세계》]

19장

1   Wayne A. Wiegand and Donald G. Davis (eds.), *Encyclopedia of Library*

History (New York, London: Garland Publishing, 1994), 432-3.

2   Verity Smith (ed.), *Concise Encyclopedia of Latin American Literature* (London, New York: Routledge, 2013), 142, 180.

3   Cathy N. Davidson, *The New Education: How to Revolutionize the University to Prepare Students for a World in Flux* (New York: Basic Books, 2017); Bernie Trilling, *21st Century Skills: Learning for Life in Our Times* (San Francisco: Jossey-Bass, 2009)[버니 트릴링, 《21세기 핵심역량》]; Charles Kivunja, 'Teaching Students to Learn and to Work Well with 21st Century Skills: Unpacking the Career and Life Skills Domain of the New Learning Paradigm', *International Journal of Higher Education* 4:1 (2015). P21 웹사이트 는 'P21 Partnership for 21st Century Learning', http://www.p21.org/our-work/4cs-research- series, accessed 12 January 2018. 새로운 교육학적 방법의 수행을 위한 사례로는 전미교육협회 간행물인 'Preparing 21st Century Students for a Global Society', NEA, http://www.nea.org/assets/docs/A-Guide-to-Four-Cs.pdf, accessed 21 January 2018.

4   Maddalaine Ansell, 'Jobs for Life Are a Thing of the Past. Bring On Lifelong Learning', *Guardian*, 31 May 2016, https://www.theguardian.com/higher-education-network/2016/may/31/jobs-for-life-are-a-thing-of-the-past-bring-on-lifelong-learning.

5   Erik B. Bloss et al., 'Evidence for Reduced Experience-Dependent Dendritic Spine Plasticity in the Aging Prefrontal Cortex', *Journal of Neuroscience* 31:21 (2011): 7831-9; Miriam Matamales et al., 'Aging-Related Dysfunction of Striatal Cholinergic Interneurons Produces Conflict in Action Selection', *Neuron* 90:2 (2016), 362-72; Mo Costandi, 'Does your brain produce new cells? A skeptical view of human adult

neurogenesis', *Guardian*, 23 February 2012, https://www.theguardian.com/science/neurophilosophy/2012/feb/23/brain-new-cells-adult-neurogenesis, accessed 17 August 2017; Gianluigi Mongillo, Simon Rumpel and Yonatan Loewenstein, 'Intrinsic volatility of synaptic connections – a challenge to the synaptic trace theory of memory', *Current Opinion in Neurobiology* 46 (2017), 7-13.

20장

1   Karl Marx and Friedrich Engels, *The Communist Manifesto* (London, New York: Verso, 2012), 34-5.[카를 마르크스·프리드리히 엥겔스, 《공산당 선언》]

2   Ibid., 35.

3   Raoul Wootlif, 'Netanyahu Welcomes Envoy Friedman to "Jerusalem, Our Eternal Capital"', *Times of Israel*, 16 May 2017, https://www.timesofisrael.com/netanyahu-welcomes-envoy-friedman-to-jerusalem-our-eternal-capital/, accessed 12 January 2018; Peter Beaumont, 'Israeli Minister's Jerusalem Dress Proves Controversial in Cannes', *Guardian*, 18 May 2017, https://www.theguardian.com/world/2017/may/18/israeli-minister-miri-regev-jerusalem-dress-controversial-cannes, accessed 12 January 2018; Lahav Harkov, 'New 80-Majority Jerusalem Bill Has Loophole Enabling City to Be Divided', *Jerusalem Post*, 2 January 2018, http://www.jpost.com/Israel-News/Right-wing-coalition-passes-law-allowing-Jerusalem-to-be-divided-522627, accessed 12 January 2018.

4   K. P. Schroder and Robert Connon Smith, 'Distant Future of the Sun and Earth Revisited', *Monthly Notices of the Royal Astronomical Society* 386:1 (2008),

155-63.

5   특히 Roy A. Rappaport, *Ritual and Religion in the Making of Humanity* (Cambridge: Cambridge University Press, 1999)[로이 라파포트, 《인류를 만든 의례와 종교》]; Graham Harvey, *Ritual and Religious Belief: A Reader* (New York: Routledge, 2005).

6   이는 호쿠스 포쿠스의 조어에 관한 유일한 것은 아니지만 가장 흔한 해석이다. Leslie K. Arnovick, *Written Reliquaries* (Amsterdam: John Benjamins Publishing Company, 2006), 250, n.30.

7   Joseph Campbell, *The Hero with a Thousand Faces* (London: Fontana Press, 1993), 235.[조지프 캠벨, 《천의 얼굴을 가진 영웅》]

8   Xinzhong Yao, *An Introduction to Confucianism* (Cambridge: Cambridge University Press, 2000), 190-9.

9   'Flag Code of India, 2002', Press Information Bureau, Government of India, http://pib.nic.in/feature/feyr2002/fapr2002/f030420021.html, accessed 13 August 2017.

10   http://pib.nic.in/feature/feyr2002/fapr2002/f030420021.html.

11   https://www.thenews.com.pk/latest/195493-Heres-why-Indias-tallest-flag-cannot-be-hoisted-at-Pakistan-border.

12   Stephen C. Poulson, *Social Movements in Twentieth-Century Iran: Culture, Ideology and Mobilizing Frameworks* (Lanham: Lexington Books, 2006), 44.

13   Houman Sharshar (ed.), *The Jews of Iran: The History, Religion and Culture of a Community in the Islamic World* (New York: Palgrave Macmillan, 2014), 52-5; Houman M. Sarshar, *Jewish Communities of Iran* (New York: Encyclopedia Iranica Foundation, 2011), 158-60.

14   Gersion Appel, *The Concise Code of Jewish Law*, 2nd edn (New York: KTAV

Publishing House, 1991), 191.

15 특히 Robert O. Paxton, *The Anatomy of Fascism* (New York: Vintage Books, 2005).[로버트 O. 팩스턴,《파시즘》]

16 Richard Griffiths, *Fascism* (London, New York: Continuum, 2005), 33.

17 Christian Goeschel, *Suicide in the Third Reich* (Oxford: Oxford University Press, 2009).

18 'Paris attacks: What happened on the night', BBC, 9 December 2015, http://www.bbc.com/news/world-europe-34818994, accessed 13 August 2017; Anna Cara, 'ISIS expresses fury over French airstrikes in Syria; France says they will continue', CTV News, 14 November 2015, http://www.ctvnews.ca/world/isis-expresses-fury-over-french-airstrikes-in-syria-france-says-they-will-continue-1.2658642, accessed 13 August 2017.

19 Jean de Joinville, *The Life of Saint Louis* in M. R. B. Shaw (ed.), *Chronicles of the Crusades* (London: Penguin, 1963), 243; Jean de Joinville, *Vie de saint Louis*, ed. Jacques Monfrin (Paris, 1995), ch. 319, p. 156.

20 Ray Williams, 'How Facebook Can Amplify Low Self-Esteem/Narcissism/Anxiety', *Psychology Today*, 20 May 2014, https://www.psychologytoday.com/blog/wired-success/201405/how-facebook-can-amplify-low-self-esteemnarcissismanxiety, accessed 17 August 2017.

21 *Mahasatipatthana Sutta*, ch. 2, section 1, ed. Vipassana Research Institute (Igatpuri: Vipassana Research Institute, 2006), 12-13.

22 Ibid., 5.

23 G. E. Harvey, *History of Burma: From the Earliest Times to 10 March 1824* (London: Frank Cass & Co. Ltd, 1925), 252-60.

540

24 Brian Daizen Victoria, *Zen at War* (Lanham: Rowman & Littlefield, 2006); Buruma, *Inventing Japan*, op. cit.; Stephen S. Large, 'Nationalist Extremism in Early Showa Japan: Inoue Nissho and the "Blood-Pledge Corps Incident", 1932', *Modern Asian Studies* 35:3 (2001), 533-64; W. L. King, *Zen and the Way of the Sword: Arming the Samurai Psyche* (New York: Oxford University Press, 1993); Danny Orbach, 'A Japanese prophet: eschatology and epistemology in the thought of Kita Ikki', *Japan Forum* 23:3 (2011), 339-61.

25 'Facebook removes Myanmar monk's page for "inflammatory posts" about Muslims', *Scroll.in*, 27 February 2018, https://amp.scroll.in/article/870245/facebook-removes-myanmar-monks-page-for-inflammatory-posts-about-muslims, accessed 4 March 2018; Marella Oppenheim, '"It only takes one terrorist": The Buddhist monk who reviles Myanmar's Muslims', *Guardian*, 12 May 2017, https://www.theguardian.com/global- development/2017/may/12/only-takes-one-terrorist-buddhist-monk-reviles-myanmar- muslims-rohingya-refugees-ashin-wirathu, accessed 4 March 2018.

26 Jerzy Lukowski and Hubert Zawadzki, *A Concise History of Poland* (Cambridge: Cambridge University Press, 2001), 163.

21장

1 www.dhamma.org.

2 Britta K. Hölzel et al., 'How Does Mindfulness Meditation Work? Proposing Mechanisms of Action from a Conceptual and Neural

Perspective', *Perspectives on Psychological Science* 6:6 (2011), 537−59; Adam Moore and Peter Malinowski, 'Meditation, Mindfulness and Cognitive Flexibility', *Consciousness and Cognition* 18:1 (2009), 176−86; Alberto Chiesa, Raffaella Calati and Alessandro Serretti, 'Does Mindfulness Training Improve Cognitive Abilities? A Systematic Review of Neuropsychological Findings', *Clinical Psychology Review* 31:3 (2011), 449−64; Antoine Lutz et al., 'Attention Regulation and Monitoring in Meditation', *Trends in Cognitive Sciences* 12:4 (2008), 163−9; Richard J. Davidson et al., 'Alterations in Brain and Immune Function Produced by Mindfulness Meditation', *Psychosomatic Medicine* 65:4 (2003), 564−70; Fadel Zeidan et al., 'Mindfulness Meditation Improves Cognition: Evidence of Brief Mental Training', *Consciousness and Cognition* 19:2 (2010), 597−605.

이 글을 쓰고, 또 지우는 데 도움을 준 모든 분들께 감사 드리고 싶다.

책을 출간해준 영국 펭귄랜덤하우스의 마이클 섀빗Michal Shavit에게. 이 책의 기획안을 맨 처음 제시했고, 오랜 집필 과정 내내 나를 이끌어주었다. 펭귄랜덤하우스 팀 모두의 수고와 지원에 감사한다.

데이비드 밀너David Milner에게. 늘 그랬듯이 이번에도 초고를 멋지게 편집해주었다. 가끔은 그가 뭐라고 할지 생각만 하고서도 원고를 더 열심히 쓸 수 있었다.

펭귄랜덤하우스의 크리에이티브 디렉터 수잰 딘Suzanne Dean에게. 이 책의 표지 재킷 뒤의 숨은 천재다.

프리나 개드허Preena Gadher와 동료들에게. 뛰어난 홍보 캠페인을 편성해주었다.

슈피겔 & 그라우의 신디 슈피겔Cindy Spiegel에게. 의견을 들려주고

대서양을 오가는 업무를 처리해주었다.

내 책을 출간해준 세계 모든 대륙(남극만 제외)의 다른 출판사들에. 신뢰와 헌신과 전문적인 일 처리에 감사한다.

자료조사 비서 이든 셔러Idan Sherer에게. 고대 유대교 회당부터 인공지능에 이르기까지 모든 것의 사실 관계를 확인해주었다.

슈무엘 로스너Shmuel Rosner에게. 계속된 지원과 좋은 조언에 감사한다.

이갈 보로초프스키Yigal Borochovsky와 사라이 아하로니Sarai Aharoni에게. 초고를 읽고 많은 시간과 노력을 들여 나의 실수를 고쳐주었다. 덕분에 새로운 관점을 가질 수 있었다.

대니 오바흐Danny Orbach, 유리 새바흐Uri Sabach, 요람 요벨Yoram Yovell과 론 메롬Ron Merom에게. 가미카제와 감시, 심리학과 알고리즘에 관한 그들의 통찰에 감사한다.

나의 헌신적인 팀원들인 이도 아얄Ido Ayal, 마야 오바흐Maya Orbach, 나마 워텐버Naama Wartenburg그와 에일로나 아리엘Eilona Ariel에게. 며칠이 걸려 내 이메일 계정에 쌓인 메일더미를 처리해주었다.

나의 모든 친구와 가족들에게. 인내와 사랑에 감사한다.

나의 어머니 프니나Pnina와 내 배우자의 어머니 한나Hannah에게. 시간과 경험을 기부해주었다.

나의 반려이자 매니저인 이치크Itzik에게. 그가 없이는 아무것도 일어나지 않았을 것이다. 나는 책을 쓸 줄만 알 뿐, 다른 것은 다 그가 한다.

마지막으로 모든 나의 독자들께. 관심과 시간과 논평에 감사드린다. 책이 서가에 꽂혀 있어도 읽는 사람이 없다면 무슨 소용이겠는가?

서문에서 언급했듯이, 이 책은 대중과의 대화 속에서 쓰였다. 많은 장들이 독자와 기자, 동료 들이 물어온 질문에 답을 하는 중에 작성되었다. 일부는 그전에 초고 형태로 별개의 에세이와 기고문으로 발표되었으며, 덕분에 의견을 듣고 나의 주장을 다듬을 수 있었다. 초기 버전의 에세이와 기고문은 다음과 같다.

'If We Know Meat Is Murder, Why Is It So Hard For Us to Change and Become Moral?', *Haaretz*, 21 June 2012.

'The Theatre of Terror', *Guardian*, 31 January 2015.

'Judaism Is Not a Major Player in the History of Humankind', *Haaretz*, 31 July 2016.

'Yuval Noah Harari on Big Data, Google and the End of Free Will', FT.com, 26 August 2016.

'Isis is as much an offshoot of our global civilisation as Google', *Guardian*, 9 September 2016.

'Salvation by Algorithm: God, Technology and New 21st Century Religion', *New Statesman*, 9 September 2016.

'Does Trump's Rise Mean Liberalism's End?', *New Yorker*, 7 October 2016.

'Yuval Noah Harari Challenges the Future According to Facebook', *Financial Times*, 23 March 2017.

'Humankind: The Post-Truth Species', Bloomberg.com, 13 April 2017.

'People Have Limited Knowledge. What's the Remedy? Nobody Knows',

New York Times, 18 April 2017.

'The Meaning of Life in a World Without Work', *Guardian*, 8 May 2017.

'In Big Data vs. Bach, Computers Might Win', *Bloomberg View*, 13 May 2017.

'Are We About to Witness the Most Unequal Societies in History?', *Guardian*, 24 May 2017.

'Universal Basic Income is Neither Universal Nor Basic', *Bloomberg View*, 4 June 2017. 'Why It's No Longer Possible For Any Country to Win a War', Time.com, 23 June 2017.

376

'The Age of Disorder: Why Technology is the Greatest Threat to Humankind', *New Statesman*, 25 July 2017.

'Reboot for the AI Revolution', *Nature News*, 17 October 2017.

    다른 곳에서도 언급한 적이 있지만 내가 유발 하리리를 처음 알게 된 것은 2015년 초 한 영문 사이트의 인터뷰를 통해서였다. 지금도 인터넷에서 찾아볼 수 있다. 과학적 지식의 융합과 확산을 주도해온 출판기획자 존 브록만John Brockman이 운영하는 '엣지www.edge.org'에 떠 있는 하리리의 까까머리 얼굴은 앳돼 보이기까지 한다. 함께 실린 대담자 대니얼 카너먼의 사진 속 표정이 재미있다. 심리학자로서 행동경제학을 개척한 공로로 노벨상까지 받은 이 원로 유대인 석학은 30대 후반의 젊은 후배 학자가 대견하다는 듯 미소짓고 있다.

    그때 하리리는 원래 이스라엘에서 히브리어로 출간됐다가 입소문을 타고 영어권에도 소개된 화제작《사피엔스》의 저자로 초대받은 터였다. 당시만 해도 그는 세계 지식인들 사이에서 무명의 햇병

아리였다. 옥스퍼드 대학교에서 중세 전쟁사를 주제로 박사학위를 받고 히브리 대학에서 강의를 시작한 새파란 소장 역사학자에 지나지 않았다.

그때 내 눈길을 끈 것은 '죽음은 선택의 문제'라는 등의 도발적인 주장들보다, 천진할 정도로까지 느껴지는 그의 깊은 호기심이었다. 처음 이메일로 인터뷰했을 때 그의 첫 대답을 아직도 기억한다. "10대 시절 나는 세상 일이 이해가 안 돼서 고민이 많았다. 왜 세상 일들이 지금 같은 건지, 인생의 목표나 의미는 무엇인지도 궁금했다. 부모님과 선생님, 다른 어른들한테 물어봤다. 하지만 놀랍게도 그들 역시 잘 모른다는 것을 알았다. 더 의아했던 것은 그들이 그런 걸 몰라도 전혀 개의치 않는 것처럼 보였다는 거다. 돈과 경력, 주택대출금, 정치 문제에 대해서는 걱정을 많이 하면서도, 인생이 뭔지 모른다는 사실에 대해서는 완전히 태평이었다. 나는 혼자 다짐했다. 크면 일상적인 세상사에 함몰되지 않고 큰 그림을 이해하는 데 전력을 기울이겠다고. 이 책은 어떤 면에서 그 약속을 지키는 것이었다."

그 약속의 이행이 세계적 베스트셀러로 이어질 거란 기대는 했을까. 며칠 전 영국 〈가디언〉 기사를 보니 《사피엔스》와 《호모 데우스》가 영문판 기준으로 출간 2년 반 만에 50개국어로 번역됐고, 모두 1,200만 부 이상 팔렸다고 한다. 이제는 각종 강연과 인터뷰에 초대받는 명사가 된 그의 이름 앞에는 자연스럽게 '신데렐라'가 따라붙는다. 그처럼 단기간에 혜성처럼 떠오른 비결은 무엇이었을까?

〈가디언〉 기사에는 그의 책이 요즘 성인들 사이에서 일고 있는 논픽션 독서의 새로운 흐름을 주도하고 있는 것으로 소개돼 있었다. 정치, 경제, 사회, 문화, 거의 모든 영역에 걸쳐 혼돈을 더해가는 불확실한 세계에서 자신의 위치와 의미를 가늠하려는 사람들의 내적 욕구가 그런 지적인 탐구 서적을 찾는 것으로 나타나고 있다는 풀이였다. 일리가 있는 해석 같았다. 내 주변에서도 그런 이야기를 자주 듣는다. 요즘 세계 곳곳에서 다양하게 표출되는 정체성 정치의 거센 물결도 그런 흐름과 관련이 있을 것이다. 한 여린 유대인 소년의 실존적 호기심에서 시작된 지적 걸음마가 지금 혼돈 속의 지구촌 다수가 보이는 관심의 궤적과 맞아떨어진 셈이다.

저자로서 하라리의 장기는 남다른 데가 있다. 무엇보다 이야기를 이어가는 특유의 경쾌한 직조법이 강점이다. 시간을 축으로 종으로는 오랜 과거부터 먼 미래까지, 횡으로는 다양한 분야를 넘나들면서도 어려운 학술 용어나 술어가 아닌 일반인의 어휘로 수월하게 이야기를 풀어내는 능력 말이다. 특히 역사학자이면서도 최신 과학의 연구 성과, 좀 더 구체적으로 말하면 요즘 두각을 나타내는 정보기술과 생명공학, 진화생물학과 인지과학의 연구 결과까지 섭렵해 일상 언어로 옮겨 이야기할 줄 안다. 물론 다루는 범위가 넓다 보니 개별 분야의 전문 연구자들로부터 비판과 논쟁을 자초하는 대목이 있는 것도 사실이다. 하지만 그만큼 많은 분야를 평소에 접하기 힘든 일반 독자들로 하여금 다양한 주제에 눈뜨게 하고 생각의 범위와 깊이를 종횡으로 확장하는 데 기여한 저자도 근래에 드물 것이다. 그는 기존 역사책들이 풍겨온 중압감과 엄숙주의를 가볍게 털어내고, 거듭된 역설과 아이러니를 통해 인간의 영특함과 어리석음을 함께 드러낸다. 그런 그에게 인류 세계사란 헤겔이 중후하게 말한 '이성의 전개'보다는 쿤데라의 참을 수 없도록 가벼운 '농담' 쪽에 가깝다. 하지만 그 안에 담긴 메시지는 조금도 가볍지 않다. 이번 책도 그 연장선 위에 있다.

《사피엔스》가 인류의 극적인 성공 내력을,《호모 데우스》가 미래의 위태로운 전망을 이야기했다면 이번 책은 제목이 이야기하는 대로 눈앞에 펼쳐진 현재를 병풍처럼 펼쳐 보인다. 앞의 두 책이 시계열에 따라 인류 역사의 전후를 오간 데 이어, 이번엔 목하 지구촌의 상황을 횡으로 조망한다. "지금 세계에는 무슨 일이 일어나고 있으며, 이 사건들의 심층적인 의미는 무엇인가?" 그가 아니면 엄두도 내기 어려울 만큼 무모한 질문이면서, 누구라도 궁금해할 만한 절실한 물음에 대한 스물한 편의 답변이다.

그의 전작을 읽지 않은 독자를 위해 아주 간략히 설명하자면, 첫 책《사피엔스》는 '인류가 어떻게 지금 같은 지배적인 위치에 이를 수 있었던가'라는 질문에 답한 것이었다. 그 핵심에 인지력과 이야기의 힘이 있었다는 것이 하라리의 분석이었다. 보잘것없는 신체 조건에서도 사피엔스가 지구를 평정할 수 있게 된 것은 유별난 사회적 협동력 덕분이었고, 그 협력은 허구의 이야기와 제도를 만들 수 있었던 것이 결정적이었다는 설명이었다.

그다음 책《호모 데우스》에 와서는 그 의미 창출의 능력이 과학 기술로 전화하면서 '신'의 자리를 넘볼 정도가 되었으며, 그것이 역설적으로 인류를 위기로 몰아갈 수 있음을 경고했다. 이야기 경쟁의 최종 승자였던 자유민주주의가 근대에 와서 한계를 드러내기 시작했고, 과학 기술의 결과물은 인간의 조건은 물론 정체성까지 위협할 상황에 이르렀다는 것이 하라리의 진단이었다.

이번 책은 인류가 처한 위기 상황을 보다 구체적으로 토막 내 진단하는 형식을 취한다. 바로 전작인《호모 데우스》가 데이터와 알고리즘을 토대로 한 인공지능의 위협을 부각시키는 것으로 끝을 맺은 반면, 이번 책에서는 그보다 훨씬 다양한 도전적 현안들이 조목조목 거론된다. 자동화에 따른 일자리 문제를 비롯해, 자유주의의 실추와 디지털 전체주의의 부상, 데이터 소유에 따른 불평등 심화, 복잡하게 교차 갈등하는 정체성 문제, 민족주의와 종교적 근본주의의 부활, 탈진실 시대와 대안으로서의 세속주의(=과학적 회의주의)가 지니는 장점과 한계, 지식과 윤리에 대한 근본적 회의와 겸허의 문제 등등, 떠올려볼 수 있는 거의 모든 공동의 관심사들이 망라된다. 굳이 빠진 것을 꼽자면 젠더 정도라고나 할까. (자신이 게이라는 사실을 일찌감치 커밍아웃한 그가 요즘 가장 뜨거운 젠더 문제를 누락한 것은 다소 의아하기까지 하다.)

그가 봤을 때, 인류가 탄 지구호는 현재 삼각 파도를 향해 앞으로 돌진하는 난파선 형국이다. (하지만 이 거함에 조타실은 따로 없다는 사실이 타이타닉 이상의 비극을 예고한다.) 어느 하나라도 그것만으로도 배를 삼킬 듯한 세 가지 대형 파도다. 1) 기술적 혁신이 불러올 항구적, 파괴적 변화, 2) 생명공학 기술 발전에 따른 인류의 생물학적 분화, 3) 무한 개발이 초래할 생태학적 파괴. 여기에 지금껏 산업화를 이끌었던 기술은 조만간 인간을 고용 시장에서 밀어내고, 빅데이터와 알고리즘은 디지털 독재를 초래해 개인의 자유와 평등까지 껍데기로 만들 수 있다. 이제 인간 대중이 두려워해야 할 것은 '착취'가 아니라 그보다 못한 '무관한Irrelevant 존재'로의 전락이라고 유발 하라리는 말한다.

한 배를 탄 사람들이 그렇듯, 어느 누구도 피할 수 없는 지구촌 공동의 문제는 시한폭탄처럼 위협이 커져가는데 설상가상, 그마나 합의돼온 이야기이자 질서였던 자유주의는 효력과 신뢰를 잃고 있다. 모든 신화와 이데올로기 들과의 싸움을 평정하는 듯했던 자유주의는 자중지란의 모습을 보이고 있다는 진단이다. 하지만 새로운 대안적 이야기는 아직 보이지 않는다. 그것을 기대할 수 있는지조차 현재로선 불투명한 처지다. 이런 상황에서 개별 민족국가의 자국우선주의와 포퓰리스트 정치 지도자의 위세는 커져만 간다.

앞에서 언급했듯, 인류가 세계를 정복한 것은 연대를 가능케 한 허구적 이야기를 만들고 믿는 능력 덕분이었다. 그러나 "자유주의는 모든 우주적 드라마를 부인함으로써 급진적인 일보를 내디뎠지만, 인간 존재 내부의 드라마 속으로 뒷걸음질쳤다." 지금까지 대부분의 이야기는 지반이 튼튼해서라기보다 '지붕의 무게' 덕분이었다는 비유가 웃프다. 정작 이야기를 떠받쳐온 것은 의미 자체의 설득력이라기보다 집단이 관행적으로 이어온 의식, 의례의 힘이었다는 얘기다. 이제 각종 신화와 믿음의 구속에서 자유로워진 개인은 갖가지 정체성의 쇼핑몰에서 자기만의 포트폴리오를 짜고 분산투자한다. 축복이라 할 것인가.

그런가 하면 인간 인지 능력의 정점인 과학 기술의 힘은 이제 인간을 인간보다 더 잘 파악하고 길들이고 조종할 기세다. 그것은 이미 인간이 의존해온 자율과 의미의 기반마저 허물기 시작했다. 하라리는 인간 종의 분화 가능성까지 이야기한다. 부지불식간 나는 세상에서 무용 무관한 다수 대중으로 전락할 것인가, 운 좋게 기술적 이점에 편승한 슈퍼휴먼으로 또 한 번 도약할 것인가. 그것이 사회적으로 빚어낼 충돌과 혼돈, 파국의 위험은 누구의 몫이 될 것인가.

전작《호모 데우스》에서 '인류는 힘을 얻고 의미를 잃었다'라고 쓴 명제의 속뜻이 이번 책에서 세세하게 열거된다. 지금이라도 '잃어버린 의미'는 찾아야 하지만, 문제는 숨 가쁜 현실 변화의 파도는 사피엔스의 존재 따위는 기다려줄 생각이 없다는 사실이다. 하라리는 이제는 더 이상 허구의 이야기가 아니라, 내가 어떤 존재이며 어떤 존재가 될 것인지 자문해 봐야 한다는 제안으로 말을 맺는다. 그러나, 이야기를 떠나 의미는 어디에서 어떻게 찾아질 수 있을까. 현란한 드리블을 지켜보다가 마지막 문전 앞에서 슈팅 순간 공을 넘겨받은 기분이다.

그의 막다른 결론은 최근 몇몇 서양 지식인들이 불교적 세계관에 이른 것과 흐름을 같이한다. 이런 지적 깨달음은 '인간 존재에는 무심한 우주'라는 과학적 세계관과도 통하는 바가 있다. "수천 년 전에 이미 고대 불교는 모든 우주적 드라마뿐 아니라 인간이 만들어낸 내적 드라마까지 부인했다. 우주는 의미가 없으며 인간의 느낌에도 의미가 없다. 그것이 진실이다."

개인적으로 가장 흥미롭게 읽은 부분은 마지막 20장과 21장이었다. 마치 요즘 유행하는 SF 영화 시리즈의 프리퀄 같다. 이른바 '인류 3부작'의 탄생 내력을 소급해 이야기한다. 인류가 화려한 역사를 이어왔고 눈부신 미래를 기대하지만 여전히 자신이 어떤 존재인지 핵심적 물음에 대한 생각의 정리가 선행돼야 함을, 저자 자신의 개인적 체험을 통해 우회적으로 제안하는 것처럼 읽힌다.

그 외에도 이번 책에서는 저자의 사적인 색체가 짙게 드러난다. 어릴 적 성 정체성으로 고민했던 이야기, 유대인의 종교적 도그마와 이스라엘의 민족주의에 대한 불만과 반감을 곳곳에서 피력한다. 그런 점에서 그의 3부작 중에서 '가장 하라리스러운 책'이라고 할 수 있다. 그런 만큼 전작에서는 누리지 못했던 색다른 읽기의 재미를 더한다.

그만큼 논쟁을 유발할 수 있는 대목도 많아 보인다. 모쪼록 생산적인 사고와 논의로 이어질 수 있었으면 하는 바람이다. 지금 우리가 처한 상황이 인류 공동체 차원의 사고와 대책과 행동을 필요로 한다는 데 그와 생각을 같이한다. 이 책이 함께 문제를 파악하고 해법을 찾기 위한 단초가 될 수 있다면 옮긴이로서 큰 보람이겠다.

ㅈ

21 Lessons
for the
21st Century